PABLO ESCOBAR SU DEFENSA

LO MALO FUE SER BUENO.

PARTE I

LEONARDO BELLO LEÓN

BELLOLEÓN. COM

II

Copyright © 2021 Leonardo Bello León

Todos los derechos reservados.

ISBN: 978-958-49-2449-0

Este espacio iba a ser suprimido por carecer yo de alguien a quien dedicarle este trabajo; pero, principalmente porque sé que más que un homenaje era un problema el que le estaría llevando, por la naturaleza controvertida del tema o del protagonista.

Quienes cazaron a Pablo Escobar son gente poderosa y peligrosa.

Pido disculpas a mis allegados por los problemas que eventualmente les puedo estar causando. Hice todo lo posible por mantenerlos al margen, para que no tengan que responder por lo que no han hecho.

Dios sabe que traté de no involucrarlos, ni siquiera quise usar los apellidos que tenemos en común, aunque eso me haría parecer como quien tira la piedra y esconde la mano.

Por los pre-natales lazos que nos vinculan tendrán que cargar con mi cruz, como yo hubiese tenido que cargar con la de alguno de ustedes.

A ustedes: Mil disculpas

ÍNDICE

Prólogo 1

1949 41

1953 44

1959 47

1961 61

1964 74

1965 77

1966 78

1967 82

1968 85

1969 86

1970 87

1971 107

1972 110

1973 116

1974 121

1975 141

1976 164

1977 200

1978 227

1979 254

1980 282

1981 291

1982 312

1983 493

PABLO ESCOBAR. SU DEFENSA.

Prólogo

Esto es una defensa de frente y sin miedo. Y pago el precio que quieran cobrar.

Aunque busqué en un principio a alguien calificado para que me hiciera la merced de prologar este trabajo, como es usanza, al final desistí. Al concientizarme de la peligrosidad de la élite bogotana no quise cargar con la culpa de llevarle la muerta a alguien que no tendría por qué pagar con su vida mi decisión de socorrer la memoria de un patriota injustamente pisoteado, humillado y calumniado. Por eso prólogo, contenido y epílogo lo hago yo mismo y yo respondo por todo.

Era un texto muy voluminoso, lo reduje e igual seguía siendo muy grande, entonces decidí, sobre el final, hacer cuatro partes del mismo, a pesar de que había planes para una segunda parte. Construirlo me costó unos seis años de mi sublime juventud —además de otras perdidas invaluables—. Esta no es toda la historia de Pablo Escobar. Más fue la información que quedó por fuera, que la que la que se incluyó.
Ya no pude más, estaba exhausto en todo sentido.

NO me considero un escritor, ni tenía con que contratar personas profesionales que me le dieran el acabado que muchos lectores esperarían, que como mínimo, debería tener un libro por el que muchos habrán de pagar, pero me tocó decidir entre sacarlo solo con mi esfuerzo o no sacarlo, y ya puede ver por cual opté

Este es un trabajo hecho 100% por mí. Original y genuino a cabalidad — a capela—. No como muchos que quieren prestigio de escritores y pagan todo el proceso, solo para que se les pongan sus nombres en las portadas.

Pido disculpas si se encuentran errores minúsculos de escritura o edición que se presumen no deberían estar en un libro publicado. Además, por filosofía de vida no soy extremista o riguroso en nada, ni siquiera en las reglas de escritura; que en el fondo son un extremismo.

Juro por lo más sagrado que nunca me animó un interés monetario o de otro beneficio. Además, tengo entendido que no es buen negocio vivir de vender libros, salvo los famosos escritores. Tampoco creo que no lo merezca; sino, que este trabajo es de esas cosas que nacen del corazón hacerlas, en donde la sola palabra dinero es una mancha. La primera intensión —y así se hizo un ensayo— fue ponerle el precio más alto posible en la tienda Amazon y, posteriormente contactar a quienes lo compraron y devolverles el dinero. Como el ser humano menosprecia lo que le cuesta poco o nada, esta es la razón por la que no es gratuito.

Seguramente haya un segundo trabajo —aparte de las otras tres partes de este—, que aspiro hacer con calma y sin penurias, posiblemente sea un texto histórico en el que espero la colaboración de personas interesadas en reconstruir la historia de Colombia lo más objetivamente que se pueda.

No le tengas miedo a cara cortada, sino al que se la cortó. Sé todo lo que le hicieron a Pablo Escobar y sé todo lo que podrán hacer conmigo. Si tu viera algo más que letras que dejar, también dejara aquí en este prólogo mi testamento.

Este libro no nació tal como lo verá, ni fue concebido así en un principio. Se trataba de hacer una defensa exprés

que no debería durar más de seis meses terminarla, con el acelerador a fondo. Fueron tantas las mentiras que se decían a diestra y siniestra que no di abasto para tantas en tan corto tiempo. Donde veía una mentira sobre él comenzaba a buscarle una evidencia o testimonio que la dejara al descubierto. Así llegue a recopilar una gran cantidad de pequeñas partes de varios libros, artículos, documentales y entrevistar, sin un orden o guía, más o menos 1500 páginas se hicieron, en Word. Las organicé de una manera, de otra... no me sentía cómodo con ninguna. Un día vi toda esta historia como un rompecabezas y me dedicaba a buscar las piezas. Pero necesitaba refutar a un solo libro o, a un solo documental, a una sola serie. Vi que la serie PABLO ESCOBAR EL PATRÓN DEL MAL era la más vista, la que abarcaba la historia desde la niñez y la descaradamente más mentirosa, sobre todo en comparación con el mismo libro en que dicen basarse, así que fue la elegida. Aquí seguimos su secuencia y la vamos desmintiendo con relación al mismo libro en el que dicen basarse y a la historia real.
Nunca la había visto, pero si oía la fama que le daban. Cuando la vi, me desilusioné, eso es una porquería completa. Tal vez hubo otras peores y por eso esta tuvo tanta fama, pero para mí que sigo estrictamente su fidelidad con la historia eso es un vulgar desastre. Y no uso eufemismo para decirlo.
Ya verá usted porque se lo digo.

Por eso recomiendo que se lea este libro al compás que ve la serie, así lo entenderá mejor y también mis argumentos. En verdad este libro-juicio está diseñado para que se lea preferiblemente de esa manera.

Este breve prólogo es una cordial invitación a que usted sea un lector y juez al mismo tiempo, así lo trato durante todo este viaje por la defensa de Pablo Escobar, porque este trabajo es en esencia eso: un juicio civil a Pablo Escobar y esta es su defensa.

Él, Pablo Escobar, pidió muchas veces en vida para sí un juicio público; los que hoy lo culpan de todo astutamente se lo negaron. Sé que no soy el mejor defensor que se pudo ofrecerse, pero a falta de algo mejor, soy mejor que nada.

Un último detalle: NO soy *pablista*, ni fanático de él, ni su familiar, ni lo conocí, ni le debo nada. Solo pretendo ser justo. Cuando me exaspero y ataco a las élites de Bogotá y los norteamericanos es porque yo vivo en Colombia y sé quiénes son ellos y lo que nos han hecho. Dejé por ahí una que otra grosería en contra de ellos por queme nació del alma decírselas.

De ante mano se hace claridad en lo siguiente: no por miedo, sino para evitar confusiones sobre posiciones extremistas, en este libro se le da duro y con todo a los Estados Unidos de Norte América, por ser antagonistas de Pablo Escobar, mi defendido, en aquella guerra. Pero, personalmente y por filosofía de vida, intento ser lo más correcto posible en mis apreciaciones y en mi accionar. Por lo tanto, dejo claro que, a los americanos, y en general a cualquiera, le aplaudo lo plausible y le censuro lo censurable. No hay que ser un genio en esta vida para saber que no todo lo de los americanos es bueno, como lo imponen ellos, ni todo lo de los norteamericanos es malo como lo dicen lo antiamericanos en sus discursos populistas.

Por la naturaleza de este libro, donde vea la oportunidad de atacar a los norteamericanos referente a esa guerra, lo haré. Donde pueda anotar un punto en contra de los americanos, estaré anotando uno a favor de Pablo Escobar, mi defendido y enemigo de aquellos. Así como ellos lo han hecho todos estos años, anotándole puntos en contra a Pablo Escobar para así de paso anotárselos a su favor.

Las expresiones antiamericanas y anti oligarcas expresadas en este libro son a manera de repetición de las expresiones utilizadas por Pablo Escobar y LOS EXTRADITABLES para referirse a ellos, o hacer la defensa de su causa, así como ellos usaban expresiones dañinas y denigrantes contra él. Ambos decían verdades y mentiras en sus argumentos.

Mi posición antagónica frente a los enemigos de Pablo Escobar es exclusivamente en relación a aquella guerra; es decir, que los conceptos sobre estas personas emitidas en este libro están en función de su enfrentamiento con Pablo Escobar, puedo tener otro concepto favorable de esas mismas personas en otros temas diferentes.

Venga, sea lector y juez en este juicio y mire lo que nunca han dejado hacer: Ejercer a Pablo Escobar su derecho a la defensa.

Así pues, comencemos sin pérdida de tiempo a combatir:

WIKIPEDIA: ESCOBAR, EL PATRÓN DEL MAL.
*ESCOBAR, EL PATRÓN DEL MAL, en inglés: Pablo Escobar, the Drug Lord. Es una **telenovela colombiana producida por Caracol Televisión entre 2009 y 2012**. Está basada y mezclada con escenas y relatos ficticios. Se estrenó el 28 de mayo de 2012 en el horario de las 9 pm, con un índice de audiencia de 26,9 puntos y logrando, al finalizar el primer capítulo un pico de 79%, en total logró el 62,7% de cuota de audiencia promedio, lo que le convirtió en el estreno*

más visto en la historia de la televisión colombiana. ESCOBAR, EL PATRÓN DEL MAL *es una historia basada en el libro LA PARÁBOLA DE PABLO, del periodista y ex alcalde de Medellín (2008-2011) Alonso Salazar, basada en varios documentos periodísticos y testimonios reales, aunque también en relatos ficticios, según su productora general Juana Uribe, sobrina del político Luis Carlos Galán, donde también trabaja Camilo Cano, hijo del ex director del diario El Espectador, Guillermo Cano. Cada día de rodaje en óptica de esta serie tuvo un costo alrededor de 300 millones de pesos (US$164,000). Su guionista es Juan Camilo Ferrand, conocido también por sus otras series como El Cartel y libros como Las Muñecas de la Mafia.*

Diccionario Santillana de español. *Patrón: 1. Defensor o protector de alguien o algo. 2. Santo del nombre de una persona. 3. Santo o Virgen a la que se dedica una iglesia o se elige como protector de un lugar o una institución. 4. Dueño de una casa en que se aloja alguien. 5. Amo, señor. 6. Persona que contrata obreros o empleados. 7. Persona que dirige una empresa o fabrica.*

Estas son las acepciones —entre otras— de la palabra Patrón. En todos los casos vemos como se refieren a una persona que está en un nivel superior a la base.
En el caso de Pablo Escobar nos quedaremos con las acepciones 5, 6 y 7, por considerarlas más acorde con la intensión con que se querían referir a él quienes lo llamaban así. Era una manera de mostrarle respeto, incluso por quienes nunca trabajaron para él. Todas las acepciones

son perfectamente aplicables a la figura de Pablo El Grande.

Patrón no era su alias, como lo manifiestan sus enemigos de manera malintencionada en varios escritos. Patrón era una especie de título que le habían otorgado sus dirigidos, sus guerreros; incluso lo llamaron frecuentemente El Patrón de patrones.

Pido al lector y juez, que note la mala fe en tergiversar la connotación 'superior' con que se le quería alagar a Pablo Escobar cuando lo llamaban Patrón. Parece que a sus enemigos en Bogotá les duele que le hicieran ese reconocimiento.

Mire con cuidado como usan solo la palabra Escobar, a manera despectiva, en vez de poner su nombre completo: Pablo Emilio. ¿Por qué cree que no lo llaman Pablo solamente? Porque la actitud e intensión siempre fue, y es, menospreciar a Pablo Escobar. Eso lo han hecho sistemáticamente y de manera premeditada desde que él se ganó una curul como suplente a la Cámara de Representante por Antioquia, su departamento. Desde que vieron que sería un fenómeno político, que poseía la firme intención, y una altísima posibilidad, de llegar a ser presidente de Colombia y, que, además, comenzaba a ser reconocido a nivel nacional como el benefactor de los pobres, como un ultraísta, como el redentor de las clases populares, como el Robín Hood paisa, como un ejemplo de superación.

Desde aquellos días, principio de la década de los 80, se viene dando ese ataque mediático contra el nombre de ese señor, con mentiras, aumento u ocultamiento de la información concerniente a él; pero que siempre lo haga quedar como el malo, en resumen: con manipulación dañina. En algunos casos los ataques llegan a tal extremo de la ridiculez, que cualquier colombiano podría sentirse ofendido al ver cómo nos ven la cara de estúpidos cuando pretenden que creamos semejantes desafueros. Como por ejemplo aquella de que los Pepes —Perseguidores de Pablo Escobar— eran los buenos, unos santos y Pablo Escobar el malo, el demonio.

Lector y juez, fíjese siempre que vea información sobre Pablo Escobar y verá que sus antagonistas se referirán a él de manera despectiva como Escobar, y sus allegados o simpatizantes como Pablo. Por eso usted verá aquí que siempre me referiré a él con su nombre y apellido: Pablo Escobar. Ni *pablista*, ni Pepe, a pesar de que este libro es una defensa de él.

Al llamarlo Escobar, queda en evidencia que los que están detrás de esta serie son Pepes, es decir enemigos de Pablo Escobar y nunca usted verá que un enemigo suyo hable bien de usted y mucho menos que sea objetivo, que es lo que se les pide aquí: que a <u>Pablo Escobar no le den, pero que tampoco le quiten.</u>

Comience a razonar por ahí, a ver si esa serie puede ser fiel a la verdad, que es lo todos con ilusión creímos venir a ver en ella.

¿Cree el lector y juez, que iban a dejar circular una serie de televisión con esa envergadura que se llamara Pablo, el mártir de los oprimidos? Ese nombre sería totalmente válido y no mentiroso. Como prueba de lo que se acaba de afirmar en cuanto a la negra intensión de desprestigiar el nombre de Pablo Escobar a cualquier costo, le pido al lector y juez que vea el complemento que le pusieron al nombre de la serie: DEL MAL.

No encontrará persona alguna, ningún texto, ninguna palabra oral o escrita, antes del lanzamiento de la falaz serie en mención, que digan o se refieran a Pablo Escobar como El Patrón del mal. Gústese o no él era: El Patrón, a secas.

Dejo a la sapiencia del lector y juez que deduzca el por qué hay la necesidad de venderlo negativamente con amaños, si fue tan malo como ellos juran.

Es como decir Simón Bolívar, El Libertador. Y vinieran a decirle a usted: Bolívar, El Libertador del mal. Por sensatez usted diría que quienes lo dicen deben ser del imperio español, de mala fe por que fue su enemigo en vida. Miremos testimonios:

ASÍ MATAMOS AL PATRÓN, LA CACERIA DE PABLO ESCOBAR.
Don Berna.

EL PATRÓN, VIDA Y MUERTE DE PABLO ESCOBAR.
Luis Cañón.

Estos son, nada más y nada menos, los títulos de dos libros sobre Pablo Escobar. El uno de un hombre que vivió en Medellín en la época de la guerra, y se enfrentó a él, y el otro un de periodista que lo lanzó al mercado muchos años antes de que saliera la falaz serie en cuestión. Lector y juez, no ve usted por ningún lado Patrón del mal, ni Patrón del bien, ni ninguna otra palabra que lo favorezca o desfavorezca. ¿Qué cree que sentirían los enemigos de Pablo Escobar si sale un libro que se llamara Pablo El Patrón del bien? Así como ese título estaría errado, inexacto, mentiroso y manipulado, así está de errada, mentirosa, inexacta y manipulada, es esta serie que se hace mañosamente llamar PABLO ESCOBAR EL PATRÓN DEL MAL.

Dice el artículo de WIKIPEDIA que analizamos: *Está basada y mezclada con escenas y relatos ficticios.* ¿Cree que es serio ponerse a inventar sobre hechos que fueron tan delicados? ¿Cree el lector y juez que esos hechos inventados o ficción —que es el eufemismo que utilizan— los van a poner a favor de Pablo Escobar? ¿Cómo saben las nuevas generaciones y los extranjeros que es verdad y que es ficción? ¿Quién les va a creer que no están acomodando la historia con esos hechos de "ficción" para su beneficio y perjuicio de Pablo Escobar, su enemigo?
Si, según ellos, la historia es tan contundente en contra de Pablo Escobar ¿Por qué tiene necesidad de inventar?

A lo largo de este libro les mostraré como borran de su serie personajes y pasajes importunísimos en la verdadera historia, para inventar mentiras en contra de Pablo Escobar.

Dice la nota de WIKIPEDIA: *Según su productora general Juana Uribe, sobrina del político Luis Carlos Galán, donde también trabaja Camilo Cano, hijo del exdirector del diario El Espectador, Guillermo Cano.*

Miremos someramente quien era Luis Carlos Galán y quien era Guillermo Cano en esta historia, aparte de lo que hallará aportado a lo largo de este libro y lo que seguro sabe el lector y juez por otras fuentes:

EL TIEMPO: PABLO ESCOBAR FUE DEJANDO A SU PASO UN ROSARIO DE MUERTE Y TERROR.

Diciembre 17 de 1986: Sicarios motorizados asesinan al director de El Espectador, Guillermo Cano Isaza, quien había denunciado el poder criminal del narcotráfico. <u>*La Policía, la DIJIN, el DAS y varios juzgados sindicaron a Pablo Escobar.*</u>

Agosto 18 de 1989: Asesinan, en Soacha (Cundinamarca), al candidato presidencial Luis Carlos Galán Sarmiento, quien ocho años atrás ordenó expulsar a Escobar del movimiento político Nuevo Liberalismo. El crimen, <u>*según el Departamento Administrativo de Seguridad (DAS), fue ordenado por Pablo Escobar y Gonzalo Rodríguez Gacha.*</u>

Vea el lector y juez quienes eran Galán y Cano en esta historia. Hago claridad y pido que se mire con especial cuidado en que la culpabilidad de Pablo Escobar en esos dos asesinatos es supuesta.

¿Cree el lector y juez, que esas dos personas que son descendientes de los enemigos directos y mortales de Pablo Escobar y que lo señalan de ser su asesino, pueden ser las más indicadas para contar la historia? ¿Cree que van a favorecer a Pablo Escobar o por lo menos ser objetivos?

¿Le gustaría a usted que quien lo juzgue sea el hijo de su enemigo, quien lo culpa de haber matado a su padre?

Como respuesta a esta clara intensión de manipular la opinión pública y la historia en vulgar detrimento del nombre de Pablo Escobar, agregándole de manera ruin y baja las palabras nefastas <u>DEL MAL</u>, para hacerlo parecer como ellos quieren que lo veamos, en este libro lo rotulamos como: El Grande, Magno, El Genio o El Magnánimo. Y en verdad que lo fue. Pero además para no ser repetitivo en la narración con el nombre Pablo Escobar.

EL TIEMPO: EL BARRIO PABLO ESCOBAR, ÚLTIMO FEUDO DEL NARCOTRAFICANTE EN COLOMBIA.
12 de agosto del 2012.

En Medellín existe un barrio que lleva el nombre del narcotraficante, en donde le rinden tributo.
"¿usted se imagina salir de un basurero para recibir una casa digna? Eso sólo lo daba Pablo Escobar, ¡que era un hombre bueno!", explicó a EFE *Wberney Zabala, presidente de la Junta de Acción Vecinal del barrio. Fue precisamente Zabala quien pintó hace unas semanas el mural, que está custodiado por dos imágenes del rostro de Escobar "para recordar a los políticos de Medellín quién entregó estas casas".*

El líder comunal explica que el barrio, oficialmente conocido como "Medellín sin Tugurios" ya que la administración <u>no admitió su denominación popular</u>, carece de todo tipo de servicio: escuelas y cancha de futbol y lo atribuye a una especie de venganza de los poderes públicos por no *querer renunciar al nombre. "Uno puede renunciar a muchas cosas, pero nunca a la dignidad, este barrio lo hizo Pablo Escobar y la historia no se puede cambiar", afirmó Zabala. Cada noche, pocos minutos antes de las nueve, el barrio pierde su habitual vitalidad y se paraliza.*

¿Adivinen quién era ese alcalde que privó de sus derechos básicos a esos ciudadanos? Nada más y nada menos que Alonso Salazar, el mismo que escribió el libro LA PARÁBOLA DE PABLO en el que según se basa la amañada serie ESCOBAR EL PATRÓN DEL MAL... Qué cosas ¿No?

Mire como este político —a los que Pablo Escobar definía como ratas de alcantarilla— que se hizo famoso a costa del nombre Pablo Escobar, de manera ilegal, inmoral e inhumana maltrataba a esas personas y a ese sector solo porque reconocen en Pablo Escobar una buena persona.

¿Cree el lector y juez que el libro que escribió este individuo y en el cual se basa la serie sobre Pablo Escobar es de fiar?

Mírese la fecha de la publicación de esa noticia. Tres décadas después de que Pablo Escobar fundó ese barrio, los políticos le tenían un "embargo" (al estilo Estados Unidos-Cuba) de los servicios públicos y otros bienes comunitarios como escuelas y canchas deportivas; tratando de obligarlos a renegar del nombre que ellos querían para su barrio. Mismo nombre que perteneció en vida a un hombre que, sin tener obligación de hacerlo, les tendió la mano; a ellos y a otros de su mísera clase social, sin más interés que el de hacerle caso a un llamado de su corazón humanitario.

A la clase política corrupta de Medellín y de Colombia, se le olvida que ese es un derecho que esas personas tienen, independientemente del nombre del barrio. Porque la plata con la que ha de brindársenos los derechos que todos tenemos por igual —que es la misma que ellos se cogen—, esa plata la aportamos TODOS y no es que ellos la estén poniendo de su bolsillo ni que los moradores del barrio Pablo Escobar tengan que rogarles nada. Actos como ese, de injusticia social, de abuso de los políticos, fueron los que desataron la ira del Magno.

Lo irónico es que Pablo El Grande quiso darles esas casas amobladas y con todos sus servicios básicos, y pagos por dos años. No lo dejaron, a duras penas se las pudo dar en obra negra —2000, de las 5000 proyectadas— porque el Ejército Nacional las militarizó para que no se entregaran. Ni dejaron que él —que NO tenía obligación de hacerlo— se los diera y ellos se los negaron —que sí tenían obligación de hacerlo—. Me atrevo a poner las manos en la candela al decir que si se hurga minuciosamente esa plata que debió ir para garantizar los servicios básicos de esas personas, se perdió, se la robaron esos políticos.

Anótese esta prueba para que se vaya viendo quienes eran los malos de aquella guerra. Si así es la persecución contra lo que tenga ver con Pablo Escobar hoy —30 años después—, ¿cómo habrá sido en días en que Pablo Escobar vivía y los enfrentaba?

Lector y juez, cuando Pablo Escobar dio las casas —treinta años después de redactado el artículo que analizamos— las quería dar completas, amobladas, con todos sus servicios, pero no lo dejaron por puro y físico recelo, envidia y vergüenza de los políticos de ver como Pablo El Grande los estaba dejando en ridículo al mostrar que, si se podía combatir la miseria y, que ellos eran unos la drones e inútiles. No dejaron que Pablo Escobar pusiera las escuelas gratuitas y los servicios públicos con dinero de su bolsillo y, treinta años después tampoco lo pusieron ellos con dineros del pueblo. Para colmo de males, sacan un libro y hacen una serie con mentiras y falacias para decir que Pablo Escobar es el malo. Que no lo tomen por tonto lector y juez, sea justo y diga si le gustaría estar en el lugar injusto en que han puesto a Pablo Escobar.

Quítese el prejuicio, aparte la historia burda que le han vendido de Pablo El Grande y póngase en el lugar de él y de su gente ¿Usted que hubiese hecho contra gente así?

PABLO ESCOBAR, EL PATRÓN DEL MAL. Episodio 1, minuto 1.

Sale subtitulada en grande la siguiente frase:
QUIEN NO CONOCE SU HISTORIA ESTÁ CONDENADO A REPETIRLA

Al poner estas palabras en el inicio de cada episodio intentan que el lector y juez —allá es televidente— crea que ellos contarán la verdadera historia y que nunca más debe aparecer un Pablo Escobar; que, según ellos, es el malo. Lo que no le dicen es que ellos solo le mostrarán una sola cara de la moneda, la parte que a ellos les conviene mostrar y adulterada a su favor. Le recuerdo al lector y juez que la versión o el testimonio de estas personas debe ser tomada con mucha cautela y desconfianza, pues ellos y sus familiares fueron parte de aquel conflicto, de aquella guerra y por razones obvias no van a favorecer a quien fue su enemigo mortal. Eso sería ir en contra de los instintos naturales de cada persona de 'halar para su lado', y eso es entendible, pero no correcto.

El lector y juez que no tuvo participación en aquella guerra, está en el deber de escuchar todas las versiones y, en su discreción tomar una decisión sabia, teniendo como principio el ser justo e imparcial. Así como no sería correcto decir que Pablo Escobar era un santo y sus enemigos el demonio, tampoco es correcto aceptar la imposición de sus enemigos de que él era un demonio y ellos unos santos.

Quien no conoce su historia está condenada a repetirla

¿Acaso sirve de algo tener una historia falsa como la que nos cuentan ellos? ¿Quién dijo que lo que ellos están contando es toda la historia? ¿Quién dice que ellos dicen verdad? Ellos están contando solo su parte mínima de la historia, la que les conviene vender, ellos NO están diciendo la verdad, y es más grave para el lector y juez estar engañado que no saber nada. Decía algún sabio, palabras más, palabras menos: *es mejor no saber nada a saber una mentira.* Contando la historia a medias o con mentiras SÍ se está corriendo el riesgo de que se repita.

Además, esas palabras no son muy inteligentes ni profundas como les he oído decir a muchos en otros casos, más son dichas por miedo a reproches y venganzas que otra cosa. Para que las cosas se den o no, no basta con que se conozca la historia o no, para que las cosas se den deben darse unas condiciones, caldo de cultivo que llaman algunos. Y si algún día volvemos a tener un país como en el que le tocó sobrevivir a Pablo Escobar, volveremos a tener a otro Pablo Escobar. Esto lo digo tanto para los que lo consideran su aparición algo positivo, como para los que lo consideran su surgimiento algo negativo.

Hoy (2018) 40 años después de la aparición de Pablo Escobar, Colombia es el tercer país más corrupto del mundo, el sexto más desigual, el mayor productor de cocaína, el único con grupos armados alzados en armas en todo el continente y una gran cantidad de connotaciones negativas que no alcanzarían diez manos y veinte lustros para escribirlas. Si así estamos hoy —que estamos mejor— ¿Se podrá imaginar el lector y juez como estábamos 40 años atrás cuando las condiciones hicieron aparecer a Pablo Escobar a quien rotularon el ROBÍN HOOD PAISA?

Sepa usted que para esa época había en Colombia cerca de 40 grupos alzados en armas —unos tuvieron resonancia, la mayoría no—, casi todos como protesta social a la clase política, se robaban las elecciones presidenciales, los gobernadores y alcaldes eran escogidos a dedos, no había seguridad social, ni prácticamente ninguna otra garantía social, ni tantas laborales. Si hoy estamos jodidos ¿Cómo cree que estábamos 40 años atrás?

Ve el lector y juez por qué le digo que no basta con saber la historia, sino con que tampoco se den las condiciones que se necesitan. También se da en sentido contrario, usted puede querer mucho que se repita, pero si las condiciones no son las pertinentes, no sucederá nuevamente.

Además, a la larga, esto es cíclico. Se va a volver a repetir se conozca o no la historia.

Los enemigos de Pablo Escobar, los Pepes —Perseguidores de Pablo Escobar—, han tratado desde entonces, de manera premeditada, sistemática y mal intencionada, de presentarlo como el causante de todos los males de Colombia de aquella época, algo totalmente falso. Basta con que el lector y juez de a respetar su posición de animal con capacidad de razonar para que evidencie las negras intensiones de los enemigos de él, de querer engañarlo contándole siempre una falaz versión de esta historia.
Ojalá y no volviera aparecer un Pablo Escobar en Colombia. Ojalá y aparezcan veinte más. Ojalá y aparecieran veinte líderes sociales más como él, ojalá y aparecieran veinte guerreros más como él, ojalá y aparecieran veinte colombianos más con sentido social como él. Pero ojalá y no los obliguen a defenderse, ojalá y cuando eso suceda cualquier colombiano de cualquier nivel social tenga iguales oportunidades de llegar a cargos públicos, ojalá y no se encuentre con el mismo puñado de familias que se creen que Colombia les pertenece, ojalá lo dejen trabajar por su gente, ojalá y no haya un envidioso Luis Carlos Galán, Rodrigo Lara o Guillermo Cano, ojalá no lo maten.

PABLO ESCOBAR EL PATRÓN DEL MAL. Episodio 1, minuto 1.

La última bala. Canción de la serie. Autor Yuri Buenaventura.

Vendrán terremotos, corruptos y mafiosos hombres o mujeres ya no hay miedosos mucha plata repartiste por los barrios convertiste a mis hermanos en sicarios.

Se mata la gente, pero no las almas mi patria no cae, tropieza o resbala
se pone de pie se limpia la cara... contaré esta historia mi patria no cae una y mil veces, tropieza o resbala no la borres de tu mente se pone de pie por nuestros muertos, se limpia la cara que cayeron vilmente

Nunca más, que no se borre de tu mente, en honor a nuestros muertos que cayeron vilmente.

Varias cosas por anotar lector y juez:
Primero, la letra de la canción fue hecha a la medida para que fuese dañina a la imagen de Pablo Escobar, y así se esmeró en que fuera el contratista musical a quien le confiaron ese trabajo.

Lo que quiero decirle es que paradójicamente lo negativo que intentan tatuarle a Pablo Escobar en esa canción se acopla es a sus enemigos, y lo bueno se identifica más con él. Mire y juzgue el lector y juez. Dice la canción: **Vendrán terremotos, corruptos y mafiosos, hombres o mujeres ya no hay miedosos, mucha plata repartiste por los barrios, convertiste a mis hermanos en sicarios.**

Lector y juez: ¿Quiénes son los corruptos? Pues los políticos. ¿Cuál es la segunda mafia más grande del mundo?

Pues la política. ¿Qué era Luis Carlos Galán? Pues político. ¿Qué era Rodrigo Lara? Pues político ¿Contra quién luchaba Pablo Escobar? contra los políticos ¿Cuál es la mafia más grande del mundo? Pues la prensa.

¿Cuál era el periódico y el director y dueño de dicho periódico que apoyaban a los políticos? Pues El Espectador y Guillermo Cano. Entonces ¿A quiénes hace más alusión esas frases de la canción?

Dice la canción: *mucha plata repartiste por los barrios.* Eso es cierto, Pablo Escobar dio muchísimo dinero en los barrios, pero hay que precisar que fue en los barrios pobre y en los barrios que el mismo construyó y fundó. También hay que decirle, lector y juez, que Pablo Escobar NO tenía la obligación de dar nada a nadie y menos a los pobres, pues dinero tenía de sobra para irse a vivir fuera de Colombia con todas las comodidades, como lo han hecho desde tiempos inmemoriales los ricos tradicionales de Colombia. Entre otras cosas las siguientes fueron las obras que se hicieron con la plata que dio o que gestionó Pablo El Grande para los barrios pobres, de donde él era originario: Construyó cientos de viviendas GRATIS, construyó canchas de fútbol GRATIS, iluminó otras tantas, les construyó graderías, les patrocinaba campeonatos, construyó canchas de basquetbol, construyó pistas de patinajes, pistas de motocrós, les construyó centros de salud, les dotó centros de salud, construyó hospitales, les dotó hospitales en Antioquia y zonas apartadas de Colombia a donde el tal "Estado" solo mandaba soldados, les pagó universidades a muchos, les regaló taxis a otros, les financió negocios a otros, quiso hacer dos mega universidades dotadas y gratis, construyó escuelas, dotó escuelas, construyó bibliotecas, dio alimentación a los alumnos de las escuelas, sembró miles de árboles por toda Antioquia, repartía mercados, alimentos por doquier, repartía millones de juguetes por Antioquia y departamentos vecinos en las navidades, pagaba cirugías, tratamientos médicos y costeaba las medicinas de quien las necesaria, les construyó el mejor zoológico del continente y si, es culpable... también regalaba plata en efectivo a los pobres. Esto no es todo lo que ese hombre hizo, pero con esta muestra se puede forjar una idea. Y me es forzoso recordar que estamos hablando de un civil que hacia todo esto con dinero de su bolsillo.

Estas obras solo las ven malas los Pepes, incluyendo a Galán, Lara y Cano, por que quienes aliviaron sus pesares con esas ayudas, no son Pepes, o solo son personas justas, no creo que vean mal esas acciones.

Galán, Lara y Cano son tres ricos tradicionales de alta clase política y social capitalina. Que nacieron y se criaron con todas las comodidades y que tuvieron el cinismo de atacar a Pablo Escobar por esas obras. Las siguientes son las obras sociales de Galán, Lara y Cano:
Galán: 0, bla, bla, bla, bla, bla (solo demagogia)
Lara: 0, bla, bla, bla, bla, bla (solo mentiras)
Cano: 0, bla, bla, bla, bla, bla (solo arrogancia y cizañas)
Los tres juntos no tienen ni una sola obra humanitaria que

mostrar, ni una es ni una. Hágase su propio juicio lector y juez.

Dice la canción: *convertiste a mis hermanos en sicarios*.

PABLO ESCOBAR MI PADRE. Juan Pablo Escobar. Página 214.
El proyecto total consistía en construir cuarenta escenarios en muy poco tiempo y para ello encargó a Gustavo Upegui —al que le decían Mayor porque había sido oficial de la Policía— y a Fernando, 'el animalero'. <u>En ese momento ya había inaugurado una docena de canchas de fútbol en los municipios de La Estrella, Caldas, Itagüí y Bello y en los sectores de Campo Valdés, Moravia, El Dorado, Manrique y Castilla, en Medellín. Mi papá quería ayudar a esas localidades para que los chicos se dedicaran al deporte y, paradójicamente, no a la droga o al delito.</u>

Una prueba vale más que mil canciones.

Puede usted notar como Pablo El Grande quería exactamente lo contrario a lo que dicen quienes nos lo quieren imponer como el malo. Eso solo deja un camino: no era el malo y que en verdad lo son ellos, los que tienen necesidad de manipular la historia y la verdad para poder quedar como los buenos.

Lector y juez, hasta la fecha en que nace este libro (porque los Pepes pueden hacer aparecer de la nada testimonios dañinos en ese sentido a Pablo Escobar, como ya lo han hecho oportunamente en tantos otros casos) NO hay ni una sola evidencia, ni un solo testimonio en el cual Pablo Escobar se refiera a sus guerreros como sicarios, ni que ellos mismo se denominen así. La palabra sicario la implantó y la difundió de manera mal intencionada y con la única intensión de criminalizar a quienes los combatían, Guillermo Cano y la prensa capitalina.

Quienes combatían en las filas de Pablo Escobar y LOS EXTRADITABLES se veían así mismo como unos guerreros y no hay razón para decirles lo contrario. Ellos válidamente se veían como unos guerreros nacionalistas y sus enemigos los veían como unos sicarios y terroristas, tal como tildaron los romanos en su momento a Jesús, sus discípulos y a los primeros cristianos.

Pablo El Grande les dio a los pobres toda la ayuda humana posible, y cuando fue necesario también les dio unos ideales y una bandera que defender. Quienes los convirtieron en sicarios —según ellos— fueron los Pepes, que los obligaron a defenderse.

Dice la canción: *Se mata la gente, pero no las almas.*
Así es, ellos mataron a Pablo Escobar y su alma está más viva que nunca. Han tratado de matar su alma a punta de desprestigio, pero no han podido, por el contrario, se fortalece cada vez más.

Dice la canción: *mi patria no cae, tropieza o resbala, se pone de pie, se limpia la cara.* Así es, tanto tiempo hemos padecido el suplicio del cáncer que son los políticos, la corrupción y la clase dominante capitalina y, aun así, nos mantenemos en pie y tratamos de seguir adelante. Clase política y dominante capitalina de la que hicieron parte Galán, Lara y Cano, y hoy hacen parte sus ricas familias que solo saben succionar de la *teta* del Estado. A los incrédulos los invito a que vean a lo largo de este libro quienes son, que hacen y donde viven los hijos y familiares de estos ricos hoy en día. O averígüelo —convénzase— por su propia cuenta.

Dice la canción: **nunca más, que no se borre de tu mente en honor a nuestros muertos que cayeron vilmente.** Así es lector y juez, nunca más ni Colombia ni ningún otro país debe olvidar ni padecer a quienes fueron y lo que hicieron los Pepes. La barbarie que cometieron no tiene parangón ni justificación alguna, por más que ninguno de ellos NUNCA haya pagado cárcel por eso: Actos atroces, de lesa humanidad quedaron impunes totalmente. El Pepe mayor: Cesar Gaviria, se dedica a comprar y vender obras de arte, en Medellín sus asesinos robaron abundante dinero y obras de arte. Ni que decir de la sangre colombiana que han hecho correr los norteamericanos: ellos son intocables.

En el desarrollo de este libro verá una parte de lo que esas bestias hicieron.
Cuando ellos hablan y dicen: **nuestros muertos que cayeron vilmente** solo hacen referencia a los muertos de su bando, 3 o 4 *pupis* de Bogotá. Esos para ellos murieron vilmente, los miles que murieron torturados del lado de Pablo Escobar, esos no murieron vilmente, según ellos.

Esos eran los malos y ellos eran los buenos, según su parecer. Los que murieron salvajemente del lado de Pablo Escobar, Rodrigo Lara los llamaba *los perros esos...*

Al señor al que le pagaron por hacer esta canción en contra de Pablo Escobar se llama Yuri Bedoya, alias *Yuri Buenaventura* en honor a la tierra donde nació, Buenaventura, Valle del Cauca. La capital del Valle del Cauca es Cali. Y distan Cali y Buenaventura tan solo 121 kilómetros. Le recuerdo al lector y juez en este punto algo que ya debe saber y que profundizaremos más adelante, y es que unos de los miembros más poderosos de los Pepes —Perseguidores de Pablo Escobar— era la sanguinaria mafia de Cali y formaban equipo con la élite de Bogotá (los que hicieron la serie) en esa *Hidra de Lerna*. Póngale raciocinio básico a ese detalle.

Otro detalle no menos importante es el hecho de que este señor recibió una multimillonaria suma por esa *vuelta*, pues él hizo la totalidad de la parte musical de aquella ponzoñosa serie. En palabras llanas y sencillas le pagaron una millonaria suma por hacer ver mal a Pablo Escobar y enaltecer a sus enemigos, ya le dejaré las pruebas de esto. Lector y juez, a este señor no le pagaron una millonada para que le contara la historia a usted, como dicen ellos, le pagaron una millonada para que ayudara, atreves de la parte musical de la serie, a que usted comprara su versión de que Pablo Escobar es él malo y ellos los buenos. ¿Qué diría usted si el hijo de Pablo Escobar paga una millonada para que le hagan una canción a su padre, cree que sería objetiva? ¿Cree el lector y juez que los hijos de Galán, Lara y Cano van a pagar una millonada para que les hagan una canción donde les digan las verdades ocultas de sus padres?

Si así lo hicieron contra Pablo El Grande en el 2012 ¿Cuánto más cínicos serían los ataques de desprestigio en plena guerra cuando él los combatía?

Le pido al lector y juez que se haga la siguiente pregunta: ¿Si Pablo Escobar fue tan malo como nos dicen, porque hay necesidad contratar a un músico mercenario para que te haga un disco malo sobre él y discos buenos a sus enemigos?

Existe cantidades de canciones en el mundo en honor a Pablo Escobar, TODAS hechas de manera espontánea y sin que se haya pagada un solo peso por ello. ¿Por qué cree el lector y juez que unos tienen que pagar para que se cante mal de Pablo Escobar y otros cantan bien de él espontánea y desinteresadamente? ¿Cuál de las dos condiciones le parece más sincera y digna de respeto?

¿Sabe el lector y juez cuantas canciones espontáneas hay hechas en honor de Luis Carlos Galán? ni una sola. ¿Sabe cuántas canciones hay hechas en honor de Rodrigo Lara? Ni una sola. ¿Sabe cuántas canciones hay hechas en honor de Guillermo Cano? Ni una sola ¿Sabe cuántas canciones hay en honor a Cesar Gaviria? Ni una sola ¿Sabe cuántas canciones hay en honor a Hugo Aguilar? Ni una sola. Así serían ellos de buenos y Pablo Escobar de malo.

REVISTA DINERS: YURI BUENAVENTURA ES EL AUTOR DE LA MÚSICA DE EL PATRÓN DEL MAL

Se mata la gente, pero no las almas, mi patria no cae, tropieza o resbala, se pone de pie y se limpia la cara". Así suena el cabezote de los créditos de *Escobar, el Patrón del Mal.* Es una respuesta, un himno de valentía que parece como si Colombia entera en 2012 se la cantara al capo Pablo Escobar, quien durante los años ochenta aterrorizó al país con su campaña del narcotráfico.

Buenaventura se le midió al reto de componer, no solo el tema principal, sino toda la música incidental de la serie. Son más de trescientas las piezas musicales que completan la cuidadosa narrativa de Escobar.

Aunque la canción no tiene título, Buenaventura cree que podría llamarse 'La última bala', pues "no importa lo que haga, el narcotraficante recibe la última bala en esa guerra que él mismo inició", dice. El tema, cuenta, es un rap muy urbano y juvenil pues Juana Uribe, la productora de la serie, quiso hacer un énfasis muy importante sobre el atractivo que debe tener la serie para los jóvenes que no alcanzaron a vivir la época de oro del capo.

Pero no solo el cabezote tiene un trasfondo para Yuri Buenaventura. Cada escena, cada personaje, tiene su propio estilo musical. Para su composición, Buenaventura se inspiró no solo en la música popular que rodea al mito de Pablo Escobar, como los "narcocorridos" y el rap de las comunas de Medellín, sino también en las personalidades y el recuerdo de los personajes principales. "Escobar tocó muchos mundos muy diferentes, que eran a su vez mundos sonoros muy diferentes".

Por ejemplo, las escenas cumbre de los tres personajes

que se enfrentan a Pablo Escobar: Guillermo Cano, Rodrigo Lara Bonilla y Luis Carlos Galán, tienen tonos acordes con cada uno de los personajes.

En el caso de Guillermo Cano, Buenaventura utilizó sonidos clásicos, inspirados en la obra de Wagner, "pues él era un personaje muy culto, con una imagen muy limpia", mientras que para la muerte de Lara Bonilla se inspiró en la canción 'Ne me quitte pas', de Jacques Brel, pues para él reflejaba "el futuro de la familia Lara Bonilla en Francia"; y para ilustrar la muerte de Luis Carlos Galán, el líder santandereano, tomó los sonidos de su región, el bambuco, y los mezcló con un cuarteto de cuerdas, pues también era un hombre muy culto. Música de heavy metal acompaña a los sicarios de Medellín, pues era ésta la música que escuchaban entonces. "La periodista, la reina de belleza, el Congreso, la familia Escobar en el campo, también eran mundos sonoros y también tienen su propia música".

Buenaventura, quien lleva 22 años viviendo fuera de Colombia, siente, como el resto de los miembros de la producción, una profunda responsabilidad con el hecho de contar la historia de Escobar de una manera objetiva y sin glorificar al capo. "Antes de que existieran Shakira y Juanes, en cualquier parte del mundo relacionaban a Colombia con cocaína. Los jóvenes en Europa usaban camisetas con el rostro de Pablo Escobar pues lo consideraban un Robín Hood. Eso ahora ha cambiado, aunque no haya frenado el narcotráfico."

El trabajo minucioso de Buenaventura complementa la investigación que se llevó a cabo en la creación de los personajes y del ambiente general de la serie. Refleja cuán juiciosa es la producción, y su compromiso por mostrar la historia sin defender a los que, sin lugar a dudas, son los grandes villanos de nuestro tiempo.

Analicemos esta entrevista por partes. Dice: *Es una respuesta, un himno de valentía que parece como si Colombia entera en 2012 se la cantara al capo Pablo Escobar, quien durante los años ochenta aterrorizó al país con su campaña del narcotráfico.* No es cierto que sea un himno de valentía y mucho menos que Colombia entera se lo cantara en contra a Pablo Escobar. La inmensa mayoría de los colombianos están a favor de Pablo Escobar y en contra de ellos, la clase política y dirigente de este país que tiene sus cuarteles generales en Bogotá; incluso, si mira con detalle la entrevista que analizamos dice que en Europa las personas utilizan camisetas con la cara de Pablo Escobar porque lo consideran un héroe, aquí en Colombia es igual o mayor la admiración por él. Eso de tratar de hablar en nombre de todos los colombianos es una constante y un atrevimiento de la prensa capitalina, ponen sus opiniones personales en boca de todo el país. Así lo hacen y así lo hicieron durante la guerra contra Pablo Escobar y su grupo nacionalista LOS EXTRADITABLES.
Disque himno de valentía... valiente fue Pablo Magno que se enfrentó a todos ellos al mismo tiempo: **Los narcoterroristas del cartel de Cali, los paramilitares, los narcoterroristas 'oficiales' amparados en la fuerza pública pagados**

con dineros de los colombianos por los políticos y con dineros de los narcotraficantes (DAS, Policía, DIJIN, Fiscalía, Procuraduría), políticos de la elite de Bogotá — oligarcas que llamaban las gentes de izquierdas, ratas de alcantarillas que llamaba Pablo Escobar—, altos empresarios de Colombia principalmente de Medellín, traidores a la causa de Pablo Escobar que por diversas razones se fueron en su contra (algunos para salvar sus vidas porque la balanza ya no favorecía a Pablo Escobar, otros por resentimientos, otros por los beneficios y paga que le ofrecieron los enemigos de él, otros por codicia, otros por quedarse con sus bienes, otros bajo amenazas, otros manipulados hábilmente, y otros porque sencillamente ya Pablo Escobar no les era útil), las agencias americanas (Ejército, Marina, la CIA, la DEA, el FBI, Agencia de Seguridad Nacional), inteligencia británica e israelí, caza recompensas de varios países y los medios de comunicación de Bogotá... Y les ganó la guerra. Un solo hombre les ganó, eso sí es valentía. Ni Lara, ni Galán, ni Cano tienen nada de valientes, al contrario, cobardemente solo sabían mandar a policías y soldados humildes que por la necesidad de un mísero sueldo debían ir a poner el pecho a las balas en una guerra que no era de ellos, ni legitima, ni de los colombianos. Y eso lo veremos en este libro.

Dicen que Pablo Escobar aterrorizó al país en la década de los 80 con una campaña de narcotráfico. Ya veremos en el transcurso de este libro, lector y juez, quienes fueron los que aterrorizaron a Colombia desde Bogotá —aún después de muerto Pablo Escobar con la máquina de matar más mortal que ha tenido Colombia y que fue creada por la CIA: Carlos Castaño—, ayudaron a verdaderos narcotraficantes en sus ilícitos y recibiendo sus dineros, hablo de narcotraficantes de verdad, verdad... por allá por Cali, el Norte del Valle, dentro de la cúpula de la policía y Oliver North.

Dice: *Aunque la canción no tiene título, Buenaventura cree que podría llamarse 'La última bala', pues "no importa lo que haga, el narcotraficante recibe la última bala en esa guerra que él mismo inició", dice.* Diga o haga lo que sea Pablo Escobar debe perder, porque sí o porque no él debe ser el malo. Esa fue la política de los Pepes, y vemos que sus herederos continúan esa directriz.
Claro que recibe la última bala porque hasta allí dejan ellos la historia. Si la dejaran hasta el día de la muerte de Galán ¿Quién recibe la última bala? Si dejan la historia hasta el día de la muerte de Guillermo Cano ¿Quién recibe la última bala? Si dejan la historia hasta el día de la muerte de Lara Bonilla ¿Quién recibe la última bala? ¿Por qué no siguen contando la historia para que veamos como siguen llegando las últimas balas para cada uno de los enemigos de Pablo Escobar? Entre ellos los Castaños, muchos del Bloque de Búsqueda, el cartel de Cali... En verdad esa intensión de mostrar que Pablo Escobar es quien recibe la última bala porque él es el malo de la historia y debe recibir su castigo, me parece de lo más estúpido. La historia después de la muerte de Pablo Escobar siguió y nos mostró que la de él no fue la última bala y mucho menos que

fuera el villano de esa historia. Tampoco es cierto que Pablo El Grande iniciara la guerra y eso lo demostraré a lo largo de este libro. Note el lector y juez que este señor está engañado o pretende engañarnos al contarnos su falaz versión de la historia.

Ese tal Yuri *Malaventura* es mejor que siga traficando con su música, porque de la historia de Colombia y en especial la de Pablo Escobar se ve que no sabe un carajo. Este mercenario como que no le dijeron que los Pepes —esos "angelitos" que forzaron el suicidio de Pablo El Grande después de que le torturan y asesinaron a sus familiares y allegados— siguieron matando a lo largo y ancho de toda Colombia, entre otros a: el ídolo del futbol Andrés Escobar, el periodista y humorista Jaime Garzón y al ex candidato presidencial Álvaro Gómez. Esto solo es una muestra de los personajes más reconocidos asesinados por los Pepes. Mataron cientos de personas de izquierda o sindicalistas, miles de campesinos y desplazaron a millones de sus tierras. No exagero ni una coma. Hasta jugaban futbol con la cabeza de sus víctimas decapitados con motosierra. El lector y juez debe saber que este mercenario de la música se cree francés, no colombiano. Él prefiere ser del primer mundo, no de este mierdero llamado Colombia en el que nos tienen sus patrones. Lo irónico es que Pablo Escobar lleno de millones de dólares pudo montar su hacienda Nápoles en Nápoles, Italia, pero precio quedarse aquí ayudando a los suyos. Este que prefiere las comodidades del primer mundo nos viene a hablar mal de Pablo El Grande. Vaya a ver cuántas obras cívicas, sociales, ecológicas o deportivas hizo este miserable del *Malaventura* en Buenaventura, su pueblo natal, con los millones que se ganó, un pueblo agobiado por la pobreza.

Dice: *El tema, cuenta, es un rap muy urbano y juvenil pues Juana Uribe, la productora de la serie, quiso hacer un énfasis muy importante sobre el atractivo que debe tener la serie para los jóvenes que no alcanzaron a vivir la época de oro del capo.*

Esto en pocas palabras lo que quiere decir es que a quienes quieren embaucar es a los jóvenes. Pero, la verdadera razón por la que eligieron un rap para hacer la canción de Pablo Escobar es esta: **Pero no solo el cabezote tiene un trasfondo para Yuri Buenaventura. Cada escena, cada personaje, tiene su propio estilo musical. Para su composición, <u>Buenaventura se inspiró no solo en la música popular que rodea al mito de Pablo Escobar, como los "narcocorridos" y el rap de las comunas de Medellín</u>, sino también en las personalidades y el recuerdo de los personajes principales. "Escobar tocó muchos mundos muy diferentes, que eran a su vez mundos sonoros muy diferentes.**
Por ejemplo, las escenas cumbre de los tres personajes que se enfrentan a Pablo Escobar: Guillermo Cano, Rodrigo Lara Bonilla y Luis Carlos Galán, tienen tonos acordes con cada uno de los personajes.
<u>En el caso de Guillermo Cano, Buenaventura utilizó sonidos clásicos, inspirados en la obra de Wagner,</u> "pues <u>él era un personaje muy culto, con una imagen muy limpia</u>", <u>mientras que para la muerte de Lara Bonilla se inspiró en</u>

la canción 'Ne me quitte pas', de Jacques Brel, para él reflejaba "el futuro de la familia Lara Bonilla en Francia"; y para ilustrar la muerte de Luis Carlos Galán, el líder santandereano, tomó los sonidos de su región, el bambuco, y los mezcló con un cuarteto de cuerdas, pues también era un hombre muy culto. Música de heavy metal acompaña a los sicarios de Medellín, pues era ésta la música que escuchaban entonces. "La periodista, la reina de belleza, el Congreso, la familia Escobar en el campo, también eran mundos sonoros y también tienen su propia música".

Aquí vemos la verdadera razón del por qué contra Pablo Escobar escogieron un rap. La razón que podemos ver es que era la música de las comunas, de gente baja, de gentuza según la clase alta de Bogotá, *los perros esos...* como los llamaba Lara. Y contrasta con la que les hicieron a sus enemigos. Es decir, los familiares de los que pagaron por esas canciones, gente culta y fina, que, sí conocían del primer mundo como la familia Lara Bonilla y el francés autor de la música de la serie, Yuri *Malaventura*.

Por lo que he conocido atreves de esta investigación sobre la vida de Pablo Escobar, no creo que a ese señor le molestara que lo identifiquen con las comunas, por el contrario, fue a donde nunca quiso dejar de pertenecer por más dinero que tuvo. Por ese lado también les salió *el tiro por la culata*, porque Pablo Escobar, seguramente, estará más orgulloso de que se le represente con música de las comunas de Medellín que con música de alta sociedad de Bogotá.

Puede ver lector y juez como la intensión de los Pepes es resaltar a sus familiares, hundiendo a Pablo Escobar.

Pablo El Grande siendo uno de los hombres más ricos del mundo no se afanó —por el contrario, mantuvo su sencillez y sentimiento social— en adquirir estatus social. Era apático a la parafernalia cultural de la clase alta de Colombia, a la que pertenecían sus perseguidores.

Como Dios no castiga ni con rejos ni con palos debo decirle al lector y juez que la canción *La Donna è Mobile*, del tenor italiano Luciano Pavarotty —la versión más famosa— era la que prefería escucharle cantar su pequeña hija. Es más, en el documental LOS PECADOS DE MI PADRE, de Juan Pablo Escobar, más o menos al minuto 46, se le escucha cantar a Pablo Escobar esa canción mientras se baña y, personas que fueron cercanas a él juran que Pablo Magno hablaba —o por lo menos se defendía— en ocho idiomas diferentes, entre ellos el francés. Cosa que el francés Yuri *Malaventura*, que pretende ofenderlo llamándolo inculto, seguramente no sabía.

Con esto no se quiere decir que Pablo Escobar fuera culto, solo se muestra para que se vea que el pretexto que ellos ponen para intentar denigrarlo, es otra acción de mala fe. Pues si bien no era culto como tal, tampoco era un vulgar ignorante ajeno a la música clásica como lo tratan de vender y, que, si no fue culto, fue porque no le dio la gana.

Dice: **Buenaventura, quien lleva 22 años viviendo fuera de Colombia, siente, como el resto de los miembros de la producción, una profunda responsabilidad con el hecho de contar la historia de Escobar de una manera objetiva y sin glorificar al capo.**

Esto que se dice aquí sería magnífico si se cumpliera, aquello de mostrar la historia objetivamente y sin glorificar al capo. Pero la realidad es que NO cuentan la historia objetivamente y sin glorificar al capo, sino que la cuentan amañadamente a favor de ellos y en denigrando al capo. Por lo tanto, eso que dicen allí es mentira y el lector y juez lo podrá comprobar.

SE LE PIDE QUE NO LE DEN NADA A PABLO ESCOBAR EN ESTA HISTORIA, PERO QUE TAMPOCO LE ROBEN.

Dice: **Los jóvenes en Europa usaban camisetas con el rostro de Pablo Escobar pues lo consideraban un Robín Hood. Eso ahora ha cambiado, aunque no haya frenado el narcotráfico.**

Esto, lector y juez, es lo que les duele a los Pepes, que el reconocimiento a nivel mundial se le dé meritoriamente a Pablo Escobar y no a ellos. Que las personas fuera de Colombia —que ven las cosas más objetivamente por que no son parte interna de las guerras que se han vivido aquí y están menos expuesta a la manipulación mediática impuesta desde Bogotá— vean las cosas como son, o fueron, y no como ellos nos la han impuesto a los colombianos hasta el día de hoy.

Les duele, les arde que el mundo reconozca la magnanimidad de Pablo Escobar. El mundo no político espontáneamente se manifiesta y reconoce la grandeza de Pablo El Grande, mientras ellos, los Pepes, deben gastar millones en propaganda fraudulenta para dañarle la imagen de benefactor.

A Galán, Lara y Cano nadie los conoce en el mundo si no es atreves de Pablo Escobar, por ser supuestamente víctimas de él. A Galán, Lara y Cano nadie les recuerda en Colombia, y menos en el mundo entero, ni hay una sola obra buena porque recordarlos, lo único que se sabe de obras "positivas" de ellos es que atacaron a Pablo Escobar, el hombre pobre que llegó a ser uno de los más ricos del mundo y dedicaba cada fin de semana a construir con las comunidades desamparadas las obras que estaban necesitando para mejorar su calidad de vida. Eso era lo que hacía el supuesto monstruo, según sus enemigos.

Dice Yuri *Malaventura* que el narcotráfico no se ha frenado.

¿Está loco? ¿De qué país habla este señor? Olvidaba yo que el señor no sufre Colombia desde hace más de dos décadas, o tal vez como vive en el primer mundo se volvió consumidor y no vendedor como los del tercero, y por eso anda en ese tema más perdido que la mamá del Chavo del Ocho.

EL MUNDO: **LA HERENCIA ENVENENADA QUE RECIBE DUQUE DE SANTOS: UNA COLOMBIA CON RÉCORD DE CULTIVOS DE COCA**

El nuevo presidente toma posesión de un país con 209.000 hectáreas de cultivos de coca. El mandato de su predecesor, Santos, ha fortalecido los cárteles y favorecido las bandas disidentes de las FARC.

Cuando murió Pablo Escobar en Colombia no había prácticamente nada de matas de coca sembradas, 'coronar' una tonelada de cocaína a los Estados Unidos era un gran éxito, hoy un narcotraficante sino mete 30.000 kilos en un solo embarque es un fracaso. ¿De qué narcotráfico habla ese payaso entonces?

El problema no es que no se haya detenido, es que aumentó un 209.000%, midiéndolo en hectáreas de coca cultivadas.

Para cerrar este capítulo lector y juez les informo que el señor Yuri *Malaventura*, autor de las canciones por encargo denigrantes contra Pablo Escobar y las enaltecedoras de sus enemigos, le dieron el premio India Catalina por *el corone de esa vuelta*. Ese es un premio colombiano de televisión y es el primer premio colombiano que se gana ese señor. ¿Casualidad?, ¿no se ve diáfano que se lo dieron perjudicar a Pablo Escobar? Le dieron ese premio y otros multimillonarios contratos (con plata del Estado de por medio) por lambón.

Premiar a quienes hablan mal de él y castigar, hasta con la muerte, a quienes osamos decir lo contrario a lo que ellos quieren que se diga, fue y ha sido una práctica habitual de la gran sociedad bogotana, los enemigos de Pablo El Grande.

¿Cree el lector y juez que, si cambiamos la letra de las canciones de la serie y colocamos unas alusivas a Pablo Escobar, le darían igualmente el premio India Catalina a quien compusiera esas canciones?

Es sicario quien mata a una persona físicamente por dinero, pero también lo es quien lo mata moralmente con canciones amañadas por unas monedas de plata.

Aquí dejo una de las tantas canciones que de manera espontánea y <u>gratuita</u> le han regalado a la memoria de Pablo Escobar:

FRANK DUBÈ: DON PABLO ESCOBAR GAVIRIA.

Fue hombre de familia
Fue hombre de palabra
Fue rey de la coca y construyó canchas

Regalaba casas a los más necesitados
¡Construyó un barrio y puso la luz

! Don Pablo Escobar que su alma descansa en paz.
¡Viva Pablo Escobar Gaviria!
!¡El hombre y líder del pueblo de Colombia

¡La gente se espanta por la violencia, ¿pero el Gobierno no es así cierto?

La única diferencia entre Don Pablo y los políticos de ahora es qué Don Pablo cumplió a sus palabras.

Culpan a usted de haber hecho una democracia restringida, incompleta y tímida. Pero pienso yo que usted no hizo esto Colombia no necesitaba de usted por esto...

Don Pablo Escobar que su alma descansa en paz. ¡Viva Pablo Escobar Gaviria!!¡El hombre y líder del pueblo de Colombia!

Canadá es igual de falsa democracia y podrida que los Estados Unidos!
¡Don Pablo Escobar usted fue un gran hombre!¡Usted fue el Patrón, el mero chingon!

A este canta-autor canadiense no creo que le den un premio India Catalina por esa canción, por lo menos no aquí en Colombia, donde mandas los Pepes, los enemigos de Pablo El Grande.

1949

Lo siguiente no lo recrean en la serie, pero lo dice el libro en el que dicen basarse:

LA PARÁBOLA DE PABLO, **Alonso Salazar, página 39**: *Lo parió el 2 de diciembre de 1949, a las doce del día. Lo bautizó Pablo, como el evangelista que fue avezado en las artes del mal, pero luego se consagró hasta ofrecer la vida al servicio de Dios.*

Un dato curioso lector y juez, no poco trascendental, es la fecha del nacimiento. Es de público conocimiento que el día del nacimiento de Pablo Escobar fue el 1 de diciembre de 1949. No tenemos la menor idea de por qué aquí es cambiada. Con lo maquiavélicos y mal intencionados que son en Bogotá con Pablo Escobar, estaremos atentos a ver que se traen entre manos con esta maniobra.

¿Dónde nació? Ahí mismo dice: *A Hermilda, autodidacta en su formación, don Joaquín Vallejo, Secretario de Educación de Antioquia, la nombró maestra para cubrir una vacante en la vereda El Tablazo, en la fría altiplanicie del municipio de Rionegro, al oriente de Medellín, donde él tenía una finca.*

Pablo Escobar nació en una vereda, en una finca ajena, porque su papá era solo el cuidandero. Nació siendo un campesino. Aunque ellos lo omiten. El 2 de diciembre de 1993, los Pepes mataron a un campesino de nacimiento, eso no se lo dirán nunca, es más rentable vendernos que mataron a un monstruo o terrorista multimillonario; eso hace, por fuerza, más héroes a quienes lo forzaron a suicidarse.

El origen campesino de Pablo Escobar, que ellos ocultan, hay que tenerlo presente en esta historia. Cuando fue uno de los hombres más ricos del mundo y tuvo miles de hectáreas de tierras, ayudó a todos los "colegas" campesinos que le fue posible.

De mala fe sus enemigos, en una campaña de desprestigio, uno de los flancos que atacaron fue precisamente su actitud con los campesinos, poniéndolo como asesino de campesinos, cuando fue todo lo contrario, él los ayudó en demasía y ellos (sus cazadores) eran los que los mataban para apropiarse de sus tierras.

EL ROJO DE GALÁN, Juan Manuel Galán, página 111.

En 1981 durante la primera campaña legislativa y presidencial del N. L., Luis Carlos Galán recibe un informe del director del movimiento en el departamento de Antioquia, Iván Marulanda, quien manifiesta que cierto personaje, llamado Pablo Escobar, está regalando motores fuera de borda a los campesinos, atreves de asociaciones caritativas. Escobar es ya en aquella época un hombre muy rico, propietario de su propio escuadrón de aviones, quien atribuye su fortuna a la venta de bicicletas.

Ahí está una pequeña prueba de las docenas que puedo mostrar de cómo fue Pablo Escobar con ese 'gremio'. Juzgue si eso fue bueno o malo.

En el 1948 —un año antes— la oligarquía bogotana y los Estados Unidos habían matado Jorge Eliecer Gaitán, líder y candidato presidencial de los liberales y de la clase obrera, dando inicio a una guerra civil que ya se venía madurando por los repetidos enfrentamientos entre liberales y conservadores a nivel nacional.

La ola de protestas por el asesino del líder y agitador liberal se sintió más notablemente en Bogotá, donde los liberales arremetieron contra los símbolos de sus enemigos, destruyendo y saqueando edificaciones y puntos clave de la ciudad. Este caos es conocido históricamente cono El Bogotazo. Dejó cientos de muertos.

Conservadores y liberales se mataron por décadas a lo largo y ancho del territorio nacional. Hasta hoy sobreviven guerrillas producto de la situación social de esos días.

Pablo Escobar nació, creció, reino y murió en medio de esa guerra interna. Incluso fue parte de ella.

En la serie todo esto lo ocultan para sostener una directriz impuestas desde los días de la guerra entre las familias poderosas de Bogotá y los Estados Unidos versus Pablo Escobar, la cual consistía en hacerlo ver como la causa de todos los males de Colombia y hacernos creer, que, con su muerte todos nuestros problemas se solucionarían.

1953

LA PARÁBOLA DE PABLO, Alonso Salazar, página 40.

El Osito cuenta que se levantaba a las tres de la mañana, en medio de la niebla y el frío, a traer las vacas de los potreros, ayudar al ordeño y recoger leña. Recuerda a doña Hermilda como una madre estricta pero cariñosa quien, como maestra de primaria, le enseñó a leer y escribir. Luego lo matriculó en un colegio de la cabecera municipal de Rionegro; para asistir a clases caminaba dos horas de ida y dos de regreso por caminos en los que no faltaban, en tiempos de invierno, los atascaderos. Para aliviarle la jornada, le compró una bicicleta que le redujo el tiempo a una hora. Al año siguiente le impuso una tarea pesada: llevar diariamente a Pablo en la parrilla.

Aquello funcionaba bien mientras iban a terreno plano, pero en las subidas la situación se complicaba: El Osito tomaba impulso y pedaleaba hasta donde le daban las fuerzas, y ya a punto de rendirse, para poder coronar la cumbre, le gritaba: «¡Tírese!». Al iniciar el descenso lo volvía a montar. Más adelante, doña Hermilda le regaló una bicicleta a Pablo y la carga se alivió.

Esta fecha que he atribuido es arbitraria.
Estas eran las condiciones en las que se criaba Pablo Escobar. Puede usted ver cómo era la vida de esos campesinos y preguntarse por qué esas cosas no las recrean. Ellos, los Galán y Cano, no van a poner esto porque los orígenes humildes lo enaltecen en cierto modo, sería como matar la gallina de los huevos de oro. A ellos solo les sirve vender al multimillonario que hacía obras sociales porque le sobraba la plata.

Esto haría ver mal a sus parientes inmaculados, quienes, cuando vean que estos campesinos tengan mucho más dinero que ellos se escudaran en cualquier trivialidad para despreciarlos, humillarlos, quitarles el dinero y matarlos. Dos horas de ida y dos de venida para poder estudiar.

En su momento, en el siguiente libro histórico, les mostraré la gran diferencia con los cómodos estudios de Galán, Lara y Cano. Los héroes de esta historia según su pariente que han financiado esta serie.

LA PARÁBOLA DE PABLO, Alonso Salazar, página 69.
En 1958, para cesar la confrontación, la cúpula de los partidos liberal y conservador suscribieron un acuerdo político en el que, durante 16 años, decidieron alternarse cada cuatro años en el control del Estado. Un periodo sería presidente un liberal y al siguiente lo sería un conservador. Pero este pacto no incluyó reformas sociales ni incorporó a las masas campesinas y a los nuevos pobres de la ciudad.

Lector y juez primeramente se le llamó El Pacto de Benidorm, en honor a la ciudad española en la que fue firmado, lo hicieron por los liberales Alberto Lleras Camargo y por el conservador Laureano Gómez, intentaron con este acuerdo frenar la guerra civil entre los miembros de estos dos bandos.

Esto, como usted lo puede notar, lo dice el libro en el que dicen basarse para la serie. Olímpicamente se lo vuelan, para luego poner las consecuencias de estos sucesos como generación espontánea.

De la nada usted verá aparecer personajes y situaciones en donde los malos somos todos menos la elite de Bogotá, clase social a la que pertenecen quienes hacen esta serie, quienes a su vez descienden o pertenecen a la clase social de los políticos que hicieron el pacto, fallido, aquí mencionado.

Ese pacto bipartidista se le conoce en la historia de Colombia como El Frente Nacional, para muchos una dictadura bipartidista porque excluyeron a los demás políticos que no querían estar con ninguno de ellos dos, y trajo consecuencias negativas para, la ya pésima, situación social de la Colombia de aquellos días.

Ese régimen bipartidista que narran en el libro y omiten los *cachacos* que hicieron la serie, fue abono, o gasolina al fuego, para las protestas sociales, por inconformidades que se estaban dando en Colombia, y en general en toda América Latina.

Esa sociedad en guerra civil es en la que se ha de levantar Pablo Escobar, y no solo él, también todos y cada uno de los protagonistas de las guerras de Colombia de mitad del siglo XX hasta hoy.

Los culpables de esta situación han sido siempre la élite de Bogotá, y siempre se han vendido como los buenos y a quienes los combaten como a los malos.

Esto que narra el libro los hace ver mal a ellos, por eso se lo vuelan, pero si fuera algo dañino para Pablo Escobar, lo aumentan y lo recalcan.

PABLO ESCOBAR. SU DEFENSA.

1959

PABLO ESCOBAR, EL PATRÓN DEL MAL. Episodio 1, minuto 05.

En la procesión a una virgen, el pequeño Pablo Escobar en uniforme escolar, hace estallar pólvora en una bolsa de papel. Los feligreses salen despavoridos y el Pablo Escobar junior sale a burlarse y festejar con otro pequeño.

Arrancan a contar la historia de Pablo Escobar 10 años después, años no dañinos para la imagen negativa que de él quieren vender. Si algo malo se dijese de Pablo Escobar en esos primeros años, lo pondrían con lujo de detalles.

No hay registros de que esa pilatuna haya sucedido en la vida real, por lo tanto, dejo en claro que es un invento o ficción, como es el eufemismo que utilizan en la serie para sus mentiras.

El libro **LA PARÁBOLA DE PABLO,** en el cual según ellos se basa su historia, dice en la página 33: *Arcángel su amigo entrañable de la niñez, recuerda al Pablo de entonces con su aire tímido, con su pelo a ras, copete y pantalón corto.* Puede ver el lector y juez como toman del libro solo lo perjudicial a Pablo Escobar, además de adulterar el contenido original del mismo, que de por sí, ya es mañoso. Dice claramente tí-mi-do, no pícaro, ni haciendo travesuras de esa índole.

En la serie, la escena siguiente a esa es una celebración popular con ingentes juegos pirotécnicos y no se ve por ningún lado a nadie corriendo despavorido porque estalló un artefacto de esos. Pero sí corrieron despavoridos cuando quien hizo estallar la pólvora fue el "Pablo Escobar" junior, en esa escena inventada; ¿qué cree usted que quieren representar en esa escena inventada con explosivos puestos por Pablo Escobar junior, gente corriendo despavorida y él festejando a carcajadas escondido con su primo 'Gonzalo'? Yo le digo: quieren que usted suponga que desde que era un infante Pablo Escobar ya era el monstruo terrorista que según ellos —sus enemigos— dicen que fue cuando adulto. Le están mandando un mensaje subliminar a su subconsciente, para que usted suponga y esté predispuesto a creer que un infante a esa edad ya era un ser perverso que disfrutaba haciendo el mal. Un niño de esa edad —inocente como lo fuimos todos— no puede saber que será el líder de un grupo político-militar nacionalista y que le tocará hacer frente a una guerra y cacería brutal e inhumana. Así que, lector y juez, lo están induciendo a que usted siga la serie predispuesto a ver a Pablo Escobar como el monstruo que ellos quieren que usted vea. **NO** se los compre.

¿Por qué cree que no hicieron una escena de Pablo Escobar junior compartiendo su merienda con otros niños? ¿Por qué cree que no hicieron una escena del Pablo Escobar junior recogiendo fondos para una causa social? ¿Por qué cree que no hicieron una escena del Pablo Escobar junior reclamando justicia social? Todo esto también lo hizo Pablo Magno, en la vida real cuando niño y cuando adulto.

Las respuestas a estas preguntas quedan en la intimidad de cada lector y juez. Yo solo le pido que vea la mala fe en contra de él y se convenza de que ellos no son ni objetivos ni serios en su narración.

Queda claro que Pablo Escobar era en sus infantes días parco o, mejor dicho: bobo, esas no eran sus tipos de pilatunas, lo dice claramente, más extenso y varias veces en el libro en el que nos dicen que se basan para que creamos que es verdad lo que muestran.

Ya estamos viendo que en la serie la mayor de las cosas son falsedades.

Así como algunas religiones necesitan de un villano para mantener su dominio, así mismo la elite de Bogotá necesita vender un monstruo para justificar su saqueo al pueblo colombiano.

PABLO ESCOBAR, EL PATRÓN DEL MAL. Episodio 1, minuto 6.

La escena es una fiesta del pueblo con la muchedumbre aglomerada. Toca una banda de porros, con gran cantidad de juegos artificiales. Todos se divierten viendo la *vacaloca*.
El Pablo Escobar junior, de temerario, desafía a la temida *vacaloca* y después esquiva su embestida.

Aquí se le pide al lector y juez que tenga en cuenta a los músicos, ellos aparecerán nuevamente en esta historia y es necesario dejar esta referencia.
En el libro en el que se "basan" para la soportar la serie dice textualmente en la página 33: *Llamaba la atención a*

los niños la vacaloca, una calavera de bovino de prominentes cachos y llamas que, al correr, frenética y amenazante al mismo tiempo, espantaba y atraía a la muchedumbre de chiquillos. La banda <u>Marco Fidel Suárez</u> le daba, con sus instrumentos de viento y sus redoblantes, un aire épico a la celebración.

Puede ver el lector y juez como se llamaba la banda de música y como no dice por ningún lado que el tímido niño Pablo Escobar desafió a la 'vacaloca' o hizo algo temerario frente a ella. Puede notar la manipulación para que usted vaya sesgando su juicio en contra del verdadero Pablo Escobar, el malo según la gran prensa de Bogotá. El libro que citan para vender como verdadera su mediocre serie lo dice claro en varias partes, además de otros escritos: Pablo Escobar cuando niño era tímido, bobo, pollerón con la mamá.

Los Cano y los Galán que han pagado por esta serie están manipulando la historia su favor. Ellos son los poderosos de Colombia, ellos son los que pueden.

Muestran al pequeño como alguien desafiante para que usted se vaya predisponiendo a ver a Pablo Escobar así.

¡Claro! que él fue desafiante con la oligarquía y los norteamericanos, pero lo fue cuando le tocó, cuando niño no era tal.

PABLO ESCOBAR, EL PATRÓN DEL MAL. Episodio 1, minuto 9.

PABLO ESCOBAR. SU DEFENSA.

Llega Fidel, el padre del Pablo Escobar junior, a su casa, molesto con este y los otros niños, porque le hicieron una pilatuna con unas velas en un balde cuando él iba a buscar un supuesto tesoro.

Pone a los tres pequeños en fila para ver de quien había sido la idea de la broma. En verdad había sido idea del Pablo Escobar junior.

El papá de Pablo Escobar señala de ser el autor de la idea a *Peluche*, este en su defensa dice que fue el Pablo Escobar junior quien lo convenció y amenazó para que hicieran aquella broma al papá.
Al ser inquirido el Pablo Escobar junior dice que quien tuvo la idea y quien los chantajeó para que lo ayudaran a cambio de no acusarlos con sus padres fue *Peluche*. El padre le cree y procede a azotar a *Peluche*, mientras el Pablo Escobar junior y el otro niño, Gonzalo, son abrazos por la madre. Se dibuja en la cara del Pablo Escobar junior una sonrisa picaresca por haberse salido con la suyas.

Lector y juez, una vez más tratan de hacerlo direccionar su prejuicio negativo hacía Pablo Escobar. En este episodio dibujan al pequeño como un cínico que cobardemente le echa la culpa a un 'socio' para salvarse y, por haberse salido con la suya, remata la escena con una maliciosa sonrisa, que la lógica común dicta que no es propia de un niño de esa edad, pero como la intención es hacer ver al verdadero Pablo Escobar como un monstruo desde niño, no reparan en eso.

Nunca existió en la vida real, ni mencionado en el libro original ningún 'Fidel', padre de "Pablo Escobar". Creemos que tratan de representar a Abel Escobar. Tampoco existió nunca ningún 'Peluche', por algunos rasgos creemos que tratan de decir que era Roberto Escobar, conocido como *Osito* y mucho menos existió ningún 'Gonzalo', es posible que se refieran a Gustavo Gaviria, respectivamente: padre, hermano mayor y primo, de sangre y hermano de crianza en la historia real, de Pablo Escobar. Por lo tanto, estos personajes son inventados. Pues poco tienen de los que aparecen en el libro y mucho menos de los que alguna vez fueron de carne y hueso. Y no los desconocemos por los nombres ligeramente cambiados, sino por la falta de fidelidad con lo que narra el libro, en el que según ellos se basa la historia que nos están mostrando.

Quieren que el lector y juez presuma al ver la serie, que en la vida real Pablo Escobar fue así y, que, además, desde pequeño tenía esas feas cualidades que ellos —sus enemigos— le dibujan.

Note una vez más la mala fe, ¿por qué cree que no hacen una escena del Pablo Escobar junior ganándose problemas y librando guerras por ayudar a sus amigos y socios, como fue verídico que sucedió en múltiples ocasiones en la vida real?

Lector y juez, la familia de Pablo Escobar tuvo que sufrir en carne propia los rigores brutales de aquellas guerras, y culpan de aquellos sufrimientos a los actos 'violentos' de Pablo Escobar durante las mismas, muchas de las cuales realizó por ayudar a sus amigos, socios o compinches. Así, que, desde este punto de vista es injusto que de una persona que fue un amigo como el que quisiéramos tener muchos, vengan a hora de manera vil y descarada a decir lo contrario.

A lo largo de toda su vida Pablo El Grande, recibió muchos honores y lealtades por su manera de ser como amigo. Si estos, sus enemigos, tratan de ponerlo como todo lo contrario debe ser por una razón, dejo a su inteligencia que conjeturen cuales pueden ser sus negras intensiones al distorsionar la historia en contra de Pablo Escobar en este sentido.

Mostraré ejemplos, con testimonios de los protagonistas, de cómo era Pablo Escobar para con sus amigos y socios y, también de cómo eran los Pepes, sus enemigos, como Galán, que abandonó a Lara cuando este más lo necesitaba, aunque Lara era culpable. Verá el lector y juez que no es cierto, y fue de mala fe, el tratar de inducirlo a usted, o a los televidentes, a que se comprara una imagen de un Pablo Escobar ruin con sus "socios" desde niño.

Mire lo que dice originalmente en el libro en que se "basan" para justificar esta mala historia:

LA PARÁBOLA DE PABLO, Alonso Salazar, página 41: *pronto se curó del espanto: se trataba de un tarro de galletas transparente con una vela adentro, colgado de un árbol que algún mortal hacía subir y bajar con una cuerda. «¿Quién me haría esta perrada?», preguntó furibundo al regresar a casa. «Yo sé quién» —dijo doña Hermilda recordando que unos minutos antes el Osito y Pablo habían* llegado agitados—. *Lo que siguió fue una tunda de correa que al Osito le talló la carne, a pesar de que se había envuelto en una cobija. Pablo por ser pequeño, gozaba de inmunidad.*

En general en ese pasaje del libro se narran son las pilatunas de Roberto Escobar, el *Osito*. Los dueños de la serie hábilmente, como son algo negativo, se las adjudican a Pablo Escobar y las exageran. Puede juzgar nuestro lector y juez si hay o no mala fe en contra de Pablo El Grande por parte de los que han hecho esta mentirosa serie. Recordando una vez más que fueron enemigos de él en la vida real y que ningún enemigo suyo hablara bien de usted. Y menos si usted le ganó la pelea.

En ningún momento se lee en el libro original que Pablo Escobar delató a su hermano para salvarse, como lo presentan en la serie. Además, le dejo esta nota sacada del mismo libro en el que dicen basarse:

LA PARÁBOLA DE PABLO, página 41: *El Osito se ubicaba en un extremo del frágil puente colgante sobre el rio Negro, y Gustavo en el otro. Sacudían el puente y Pablo, atrapado en la mitad, gritaba aterrorizado y cuando podía corría a las faldas de su mamá.* <u>*Al Osito le zumbaban fuertes muendas de correa, pero él, muchacho empalagoso, no se cansaba de la maldad.*</u>

Esta es la primera escena en la que sale cuando niño, al principio del capítulo 1. Puede ver el lector y juez como era Pablo Escobar un pollerón, que lloraba por todo y se refugiaba en la mamá. Puede ver como a él era a quien le hacían maldades los otros pequeños, puede ver como el pícaro y travieso era su hermano mayor a quien pintan como un tonto en la serie. Puede ver la mala fe de los que hicieron esa serie, puede ver como tratan de forzarle a usted a que vea que desde pequeño Pablo Escobar era malo. ¿Por qué deben mentir?

Si fue tan malo como ellos dicen, ¿habrá necesidad de mentir? o, ¿es que no fue tan malo como dicen?

PABLO ESCOBAR, EL PATRÓN DEL MAL. Episodio, minuto 9.

En esta escena viene el infante Pablo Escobar con su familia por la calle. De repente vienen dos hombres corriendo y otros con escopetas detrás de él. Se cae y le disparan. Pablo Escobar junior y su familia entra a toda prisa a su casa y se encierran. Los padres aseguran la casa, meten a los niños bajo la cama mientras Enelia, la mamá de Pablo Escobar, coge la figura de un santo, la del Divino Niño Jesús de Atocha, y comienza a rezar.

Afuera se escuchan los gritos de los asesinos tratando de entrar e inquiriendo por la profesora para matarlos a todos.

El peligro pasa y los Escobar Gaviria salen a oscuras de su casa con lo poco que pueden llevar. En la calle se muestran los destrozos y el caos después de la masacre.

Pablo Escobar junior ve a un muerto ensangrentado y colgado de una ventana, caminando a paso lento y con una pequeña maleta en la mano.

Eso, al igual que muchas otras escenas a lo largo de toda la serie, no aparece en la versión de *Netflyx*. Pero si en un primer capítulo de más de una hora que esta *You Tube*, en el Canal Internacional de Caracol Televisión, dueño original de la serie.

Lector y juez, ahí no le muestran, o no le dicen, por qué querían matar a la mamá y a la familia de Pablo Escobar y solo muestran en la escena a un solo muerto.

Lo que muestran allí no es ni el 5% de lo que se vivía en la Colombia de aquellos años, pero aceptamos que el lector y juez lo tome como muestra del país en que le tocó crecer a Pablo El Grande.
Mire las condiciones sociales en que él vivía, para que pueda entender, o por lo menos tener una idea, del porqué de su conducta bondadosa cuando fue uno de los hombres más ricos del mundo.

Aquí, en este momento de su vida, usted no ve a la prensa capitalina acosándolo día y noche con mentiras, usted no ve a los norteamericanos pagando por su muerte, aquí no ve a Lara o a Galán haciendo política a costa del pellejo de Pablo Escobar. Aquí usted ve a una familia campesina muerta de hambre y de miedo. Sin casa, sin dinero, sin poder... sin rumbo. Aquí no tenían nada que envidiar.

Pablo Escobar y su familia no vivían en un pueblo como lo muestran en la serie, vivían en una escuela rural, en una vereda.

Le mostraré lo que dice el libro original, de donde supuestamente se basa la serie, para que compruebe usted la mala fe de estos señores:
LA PARÁBOLA DE PABLO, **Alonso Salazar,** *página 42: Gentes*

del liberalismo y el conservatismo, los dos partidos tradicionales, se organizaron en bandas armadas, conocidas como chusmas, para incendiar pueblos, eliminar a sus enemigos y apoderarse de sus tierras, en una larga confrontación en la que practicas extremas —como abrir el vientre de las mujeres embarazadas para eliminar la semilla del enemigo— se hicieron corrientes.

En plena violencia, a doña Hermilda la trasladaron a ejercer de maestra <u>a una vereda del lejano municipio de Titiribí. Se instaló con su esposo y sus hijos en una casa anexa a la escuela.</u> La chusma de Godos —como les decían a los conservadores— no soportó que una maestra liberal, como Hermilda Gaviria, supuestamente portadora de espíritus masónicos e impíos, educara a los hijos de la vereda, y rodeó la escuela. Al sentir el estruendo y la amenaza de la muerte, doña Hermilda, Abelito, Roberto, Pablo y los demás hijos, como única defensa, se subieron a la cama y abrazados le rezaron al Niño Jesús de Atocha...

La fe al Niño de Atocha doña Hermilda la había aprendido de su abuela, quien se lo encomendaba para todo. Y en este momento crucial, él de nuevo la ayudó. <u>La chusma intento incendiar la casa, pero las maderas no prendieron, intentó tumbar las puertas, pero el Niño convirtió la frágil casa en un búnker. Los guardó hasta que el ejército los rescató en las horas de la madrugada. Al salir vieron algo que no habrían de olvidar nunca: campesinos liberales de la vereda habían sido colgados por los pies de las vigas de la escuela y decapitados con machete. La sangre, oscura y espesa, cubría el corredor y se pegó a sus pies. El ejército les recomendó huir de inmediato, sin recoger siquiera la ropa, y los escoltó unas dos horas hasta llegar al pueblo,</u>

donde siguieron solos el camino hasta el tren que los lle-varía de nuevo a Medellín.

Puede ver como Pablo Escobar y su familia fueron unos desplazados por la violencia. Eso no lo oirá nunca mencionar en ninguna otra parte, porque esto lo hace víctima, y a ellos les conviene solo venderlo como victimario.

Note bien la brutalidad a medio describir, porque había unas mucho peores, como la de sacar los fetos y obligar a que se los comiera. Solo mire el país en que creía aquel niño.

Mire y compare las dos historias, lo que a medias recrean en la mala serie y la que narra el libro, que no es gran cosa, pero deja ver la mediocridad o mala intención de los que hicieron esa falaz serie. Y para colmo de males en *Netflyx* la cortaron de un todo.

Mírese como a duras penas muestran un solo muerto y, en el libro se habla de muchos muertos y de forma más cruel. Mírese como en la serie ponen al "Pablo Escobar" junior de ellos con una maleta y la narración y en el libro en que se 'basan' dicen que no se pudieron llevar nada y descalzos.

Estos mentirosos y manipuladores hacen todo lo posible por hacer ver mal a Pablo Escobar y, cualquier otra cosa que le favorezca la omiten. En el mejor de los casos la minimizan.
Póngase en el lugar de Pablo Escobar y su familia en un momento así. Piense que este es usted y su familia, piense

en la angustia que sentiría como hijo, o como padre en una situación de esas.

Como son Pablo Escobar y su familia los que sufren, mediocremente la recrean y siguen hacia adelante, nada que ver cuando se despeine Galán, Lara o Cano (sus familiares) que pondrán los mejores efectos especiales, música culta de fondo y todo un melodrama repugnante. Pregúntese lector y juez, en esos mismos momentos de la historia ¿Dónde estaban y que buena vida se daban Lara, Galán y Cano? Los héroes según sus familiares que hicieron esta serie.

En las siguientes etapas de este libro, o más bien en el siguiente libro, le iré mostrando la gran vida que se daban esos tres y sus familias millonarias, mientras los paupérrimos Escobar Gaviria escasamente sobrevivían. Esto le abrirá los ojos y le mostrará como la envidia jugó el papel más importante en desatar la guerra entre Pablo Escobar y la oligarquía colombiana. Usted verá como un miserable, como lo es Pablo Escobar en ese momento de la historia, llegará a tener más dinero que ellos tres juntos y todas sus generaciones por venir, y eso no lo soportaran, al punto de bregar por su muerte amparados en silogismos morales para ocultar el virus que sufrían: envidia crónica.

Esta escena que se narra es la primera vez que Pablo Escobar escapó de la muerte, de asesinos dirigidos desde Bogotá. Por qué ha saber el lector y juez que la violencia que se ha vivido en Colombia SIEMPRE ha estado ordenada desde Bogotá.

Aquí se salvaba el infante Pablo Escobar de la muerte, tal como se salvó Jesús el día en que Herodes Antipas mandó a matar a todo niño menor de dos años.

PABLO ESCOBAR. SU DEFENSA.

1961

PABLO ESCOBAR, EL PATRÓN DEL MAL. Episodio 1, minuto 10.

Sale un subtítulo que dice:
Envigado 1959.
Pablo Escobar junior sustrae clandestinamente un examen de matemáticas del salón de clases después de entrar valiéndose de una navaja para burlar la cerradura, para vendérselos a su hermano y primo, después de negociar un alto precio por eso. Precio que al final les vuelve a cambiar, aumentándoselos mucho más.

Peluche, su hermano mayor, le dice que sostenga la palabra que les había dado.
El profesor se da cuenta y les cambia las preguntas de dicho examen. Ante esto, el Pablo Escobar junior protesta e ínsita a los compañeros de clase a hacer una "revuelta" alegando injusticia

Se preguntará el lector y juez por qué hemos ubicado esta escena en el 1961 y no en el 1959 como indica la torpe serie. La respuesta es muy sencilla: por qué en el libro de donde supuestamente se basan para realizar esta serie, dice que ellos llegaron a Envigado en 1961 y no en 1959, como lo muestran en la serie. Ni en mantener esa pequeña fidelidad son serios. Mire:

LA PARÁBOLA DE PABLO, Alonso Salazar, página 32: *Me cuenta que su familia llegó a Envigado, uno de los pueblos ubicados al sur de Medellín, en 1961, a una casa asignada por el Instituto de Vivienda Social del Estado.*

Ahí lo puede ver mejor, y también puede ver cómo vivían en una casa de interés social, cosa que de seguro usted no sabía y que ellos, en la serie, nunca le dirían, porque eso refuerza la grandeza de Pablo Escobar y, ellos solo están en función de hundirlo para así enaltecer a sus poco virtuosos familiares, además de seguir ganando dinero acosta de los difuntos.

Usted verá como un hombre que vivió en una "casita" de interés social llegó a ser uno de los hombres más ricos del mundo, y los ricos tradicionales nunca se lo perdonaron. A juicio de ellos cualquier colombiano pobre puede superarse, pero hasta cierto punto, siempre inferior al de ellos. Trate de responderse por qué le ocultan ese tipo de detalles que muestran la proveniencia humilde de Pablo El Grande.

El mismo libro en que dicen basarse le dice como era Envigado el barrio La Paz en aquel entonces. Es necesario que el lector y juez sepa esto que le ocultan, porque un día, bajo la batuta de Pablo Escobar, ese pueblucho del sur de Antioquia, será llamado el Mónaco de América Latina. Única parte del sur América en donde no había pobreza. Todo desempleado tenía un subsidio y no había indigentes, entre otras bondades de prosperidad que contrastaban con la pobreza y desorden del resto de Colombia. Mire:

LA PARÁBOLA DE PABLO, Alonso Salazar, página 32:
Envigado, alrededor del cual giraría la mayor parte de la vida de Pablo, era entonces un pueblo tranquilo de casas republicanas, con grandes patios interiores y techos de

teja de barro, recostados en las montañas del suroriente del Valle de Aburrá. (El Valle de Aburrá, principal escenario de esta narración, se identifica con Medellín, pero en realidad tiene ocho pequeños pueblos que se ubican a lado y lado del rio que lo cruza de sur a norte.)

No olvide lector y juez como dice aquí que era Envigado entonces. Y no como lo pintan o lo muestran en la serie, con grandes edificaciones o como una gran urbe. Ahora miremos como describen al barrio La Paz, lo cual "olvidaron" recrear los mentirosos de la serie:

LA PARÁBOLA DE PABLO, Alonso Salazar, página 33:
La Paz era un barrio nuevo, de pocas viviendas y calles sin pavimentar, construido en una hacienda de las afueras de Envigado. Lo habitaba una comunidad en la que, a pesar de la humildad, ninguno de sus hogares carecía de comida y en la cual el personaje más peligroso, al que llamaban Arturo Malo, era un inofensivo marihuanero. En un sector vivían profesores universitarios, entre quienes <u>abundaba el pensamiento de izquierda</u>, en otro vivían periodistas, y en el tercero, familias de diverso origen.

Puede ver el lector y juez, y comparar, con las escenas recreadas por los de la serie, como no hay parangón a aquel Envigado ni al barrio de casas de interés social y calles sin pavimentar que era La Paz. Puede ver como evitan poner los orígenes humildes y las penurias que vivieron Pablo Escobar y su familia. Le ruego tener esto presente para que compare como se esmerarán en recrear y exagerar las escenas cuando Pablo Escobar ya sea uno de los hombres más ricos del mundo.

La Paz era un barrio a las afueras del pueblo, allí debe dimensionar la pobreza en que se levantó Pablo El Grande.

Las cosas de la vida: el hombre más guerrero que ha tenido Colombia se crio en el barrio La Paz.

La escena de la serie que estamos analizando aquí nunca ocurrió. Efectivamente en el libro en que según dicen basarse hay unas anécdotas parecidas, pero no son como las ponen ellos y mucho menos son perjudiciales para Pablo Escobar, como lo han manipulado, y las muestran. Le mostraré al lector y juez textualmente lo que dice el libro original:

LA PARÁBOLA DE PABLO, Alonso Salazar, página 35: *<u>Elegido presidente del Consejo de Bienestar Estudiantil, según recordó con orgullo años después, batalló por ayuda para el transporte y la alimentación de los estudiantes pobres.</u> Además, se tornó revoltoso. Sus primos, los Gaviria, compañeros de colegio, se sorprendían que Pablo cargara en su bolsillo las llaves de diferentes oficinas del liceo y de que entrara y saliera de ellas con el desparpajo de quien es su dueño. «¿Van ganando álgebra?», les preguntó alguna vez.*

«No, la vamos perdiendo». «Pues, ya la ganaron», les dijo mientras les mostraba una copia anticipada del examen final extraída de la oficina del profesor.

«Tengo que suspender a Pablo unos días» le decía el rector a doña Hermilda con ceño fruncido y aire trascendental. «Y esta vez ¿por qué?». «Es que Pablo se las da de líder, se sube a un pupitre y les dice a los compañeros que los exámenes están muy trabajosos, que no los presenten por que los van a perder, y los muchachos le obedecen».

Puede notar el lector y juez la diferencia y la mala fe. Mírese como es claro el texto original en decir tenía las llaves y no que entraba subrepticiamente forzando la cerradura con una navaja, como lo muestran en la mala serie, eso lo hacen para que usted vaya figurando en Pablo Escobar a un ladrón o algo similar.

El texto que he transcrito del libro original, dice como Pablo Escobar llegó a ser presidente de Consejo de Bienestar Estudiantil, que eso fue cuando era mucho mayor que a la edad en que lo presentan en la serie, porque a la edad en que lo presentan en la serie, la escuela era una casa acondicionada para tal, era la casa de la hacienda a las afueras del pueblo, en donde fundaron el barrio La Paz, dicho esto en el mismo libro en que se basa su historia y que ellos —nuevamente— omiten. Que esa era la razón por la cual tenía las llaves. Además, dice que él batalló por la alimentación y transporte de los estudiantes más pobres, eso no lo recrearan jamás en su serie, ni por error.

Puede usted darse cuenta desde ya de la sensibilidad social de Pablo Escobar, para que más adelante cuando sea multimillonario, y repita multiplicada por mil esta conducta y, sus enemigos traten de opacársela, usted recuerde que desde que era un 'muerto de hambre' hacía esas obras sociales.

¿Por qué cree el lector y juez que no recrearon una escena del Pablo Escobar batallando por el transporte y la alimentación de los alumnos más pobres? Antes, por el contrario, tergiversaron lo que dice el libro para con mentiras perjudicar su nombre. Puede usted leer en el texto original que él no les cobró dinero por la copia del examen, como escenifican en la serie, ni mucho menos después les cobra más de lo convenido, como lo inventan en la serie, ni los pillaron, y por ende no les cambiaron nunca el examen.

Puede apreciar el lector y juez que en la vida real convocaba a los alumnos a las protestas por causas diferentes a las injustas recreadas e inventadas en la serie y no porque lo pillaron haciendo trampa para un examen.

Le anoto que a estas alturas de la historia en el libro en que se "basa" la serie (y usted aquí ya lo puede notar si es agudo) se nota que Pablo Escobar tenía tendencias de izquierda o revolucionaria. En las próximas ediciones de estos escritos le mostraré el contexto nacional e internacional en que eso se daba, para que usted entienda bien como marchaba el mundo en esos días y desprecie, tanto como yo, a los que se han creído más inteligentes que el resto y nos han mentido como a tontos.

Lector y juez, lo que pretenden con esa escena es que usted asocie a Pablo Escobar con causas injustas, para que así, cuando en esta historia llegue el momento de la guerra contra ellos, su prejuicio sea que la causa de Pablo Escobar era injusta. ¿Ve el lector y juez como tratan de direccionarlo?

También hay otros textos que brindan testimonios de protestas lideradas por Pablo Escobar, pero no porque les cambiaran el examen que se había robado. Más bien eran por causas de mejoras escolares, y otras igual de loables.

Al unir estas dos anécdotas, de manera mal intencionada, pretender que usted vea en el niño a un cínico.

Pilatunas como esas, lector y juez, pudimos haberlas cometido cualquiera, incluso más graves que esas, y quedan en el anecdotario porque son cosas de niños o adolescentes. Pero como las hizo Pablo Escobar, ya es un acto diabólico según los Pepes —Perseguidores de Pablo Escobar—, los que se han inventado esa serie para mentirle a usted sobre lo que en verdad pasó, favoreciéndose en su versión ellos y siempre perjudicando a Pablo Escobar, sin escrúpulo alguno.

Preste atención al siguiente detalle: Es fama mundial de que Pablo Escobar era un hombre de palabra, que hacía sus negocios sin ningún documento firmado y que lo que prometía lo cumplía en el tiempo y el espacio pactado. Que por eso fue respetado y llegó a ser el líder de aquel grupo.
En la serie, al "Pablo Escobar" infante lo ponen como una persona sin palabra. Que pactó una cosa y luego lo cambió abusivamente.
Ese NO era el verdadero Pablo Escobar, están jugando con usted y todas las personas que de buena fe se vieron esa porquería de serie creyendo que estaban comprando la historia verdadera de Pablo Magno.
Roberto Escobar, el hermano mayor de Pablo Escobar, quien en la serie según es el tal 'Peluche' y quien le dice a "Pablo Escobar" que mantenga la palabra dada, ha dicho en múltiples oportunidades todo lo contrario a las palabras que le ponen en su boca quienes hicieron esa serie. Ha dicho cada vez que ha podido que su hermano hacia

los negocios bajo palabra, sin que mediara documento alguno. Y no solamente él, *Popeye*, por ejemplo, siempre sostuvo que Pablo Escobar pagaba todo lo que prometía así el adeudado ya fuera un difunto. Por eso durante la guerra muchos mataron en su nombre conscientes de que seguramente perderían la vida, solo con la palabra de Pablo Escobar como garantía de que su familia recibiría lo pactado, por ejemplo, *Pachito* y *Ratón* quienes vengaron a Pablo El Grande matando al terrible paramilitar parricida, apadrinado por la élite de Bogotá y los norteamericanos Henry Pérez. Todo esto usted lo verá en su momento, en este instante solo esté atento a la manipulación que le quieren hacer.

Aquí le aporto solo una prueba —de las tantas otras que puedo aportar— de como la palabra de Pablo Escobar valía oro puro:

DOCUMENTAL PABLO ESCOBAR ANGEL O DEMONIO

José Joaquín Caicedo, abogado:
Siempre le hacía pruebas a la gente, para determinar si mantenía o no una relación de lealtad con él. Lo que se hablaba con él, se halaba con él y punto.

Este es el hombre de palabra de honor que era Pablo Escobar y que tratan de desvirtuar sus enemigos desde una desvergonzada serie.

Contrariamente, lector y juez, los Pepes son reconocidos por ser gente de poca palabra de honor. A Pablo Escobar se la incumplieron varias veces y, por ejemplo, el famoso

Proceso 8000 en donde estaban inmiscuida como protagonista principal la mafia de Cali, se dio por que dejaban documentos que probaban sus alcances en la alta clase colombiana.

Ya refutando la serie, comparándola con el libro en el que se dicen basar, le cuento lo que en verdad pasaba: **NO** era que se robaran los exámenes ni nada de eso, el joven **Pablo Escobar aprovechaba su posición privilegiada en el colegio para subrepticiamente coger la libreta de calificaciones de los profesores y le mejoraba las notas a los amigos que las iban perdiendo, y no les cobraba por eso.** Pero como la intención es venderlo lo más mal posible, se inventan o tergiversan los hechos para que se cumpla ese fin.

PABLO ESCOBAR, EL PATRÓN DEL MAL. Episodio 1, minuto…

En un paseo familiar a un rio, Pablo Escobar junior, envuelto en una toalla dialoga con su madre. Le dice que él no quiere ser celador como los ascendentes de la familia. Ella le narra la historia del abuelo, quien fue contrabandista y alcalde de Cañasgordas, quien además era muy 'avispado'.

Recrean como el abuelo traía whisky de contrabando en un ataúd, en el que simulaban un muerto, que venía con falsos dolientes y todo lo necesario para ser creíble. Le narra cómo su abuelo con picardía engañó a las autoridades una vez que fue delatado.

La madre le dice que se aparte de vicio porque la gente hace cualquier cosa por él. Pablo Escobar junior le dice que se aparta, pero de consumirlo, porque venderlo da dinero.

Lector y juez, esta escena fue suprimida de la versión que circula en *Netflyx*. Pero la encuentra en el canal de *You Tube* de Canal Caracol Internacional, dueño original de la serie. Hecha esta claridad prosigo en informarle por qué reseñamos este episodio: Eso que se narra allí, a grandes rasgos se narra en el libro en el que se basan. Empero, en él también se habla de la abuela de Pablo Escobar. Aquí le muestro lo que dice:

LA PARÁBOLA DE PABLO, Alonso Salazar, página 39: *En ese Medellín parroquiano, la abuela Inés —matrona invencible, eje de la familia— intentó hacerle el quite a la pobreza con un espectáculo de variedades y zarzuela llamado «Frutos de mi tierra», basado en la obra del escritor Tomas Carrasquilla; después de temporadas exitosas en Medellín, no se sabe cómo realizó en los años cuarenta una gira por Argentina. Esta historia la cuentan algunos familiares y parece fantasía: Evita Perón, al ver el grupo de su abuela, quedó cautivada y lo invitó a recepciones privadas donde le interpretaban con gracia el acordeón, le bailaban flamenco y le contaban chistes. Y Evita, en retribución, nombró a doña Inés jefe de un hogar de viudas, cargo que ejerció durante diez años. En los relatos no es precisa la fecha en que regresaron al país, pero los nietos afirman que su mamá Inés, católica practicante, rezandera, la impresionó el toque populista de Evita y el peronismo.*

Note el lector y juez como habiendo dos anécdotas, la una 'buena' y la otra 'mala', ellos eligen la más dañina a Pablo Escobar. Le pido que rechace la mala fe.

Eligen la del abuelo contrabandista en vez de la de la abuela que cautiva a Evita Perón, sencillamente porque es más dañina a la imagen de Pablo Escobar. Algo así como para que usted vea la vena contrabandista de Pablo Escobar, que el delito lo llevaba en la sangre o, que no se podía esperar nada diferente de él.

No solamente las anécdotas del libro hablan cosas buenas de la abuela de Pablo Escobar, también dice que el abuelo, además de ser contrabandista —que fue lo único que vieron los que hicieron la serie, como si no se les notara la mala fe a leguas— llamado Roberto, fue alcalde de Cañasgordas y trovador. Lo de alcalde lo alcanzan a mencionar, pero no hacen ninguna representación de eso, porque es más dañino para Pablo Escobar decir que era nieto de un contrabandista, que nieto de un ex alcalde. Lo de la trova también se anota, pues, en su momento le pondré unas anécdotas de Pablo Magno con unos trovadores y, como él trovaba con ellos en las tarimas durante las giras de campañas electorales, cosa que seguro usted no sabía, para entonces usted sabrá de dónde venía su pasión por ese arte muy popular en la cultura *paisa*.

Le anoto lo siguiente: el abuelo de Pablo Escobar contrabandeó licor, que era prohibido en esos días. Cuando ya Pablo Escobar vivía, era legal. ¿Por qué esta aclaración? Porque el mismo camino de legalización, tarde o temprano, sufrirá la cocaína, Pablo Escobar y su gente lo sabrán y querrán estar allí, en primer lugar, cuando eso suceda. Por eso pelearon para que no los quitaran en el primer puesto, privilegiado, en el que estarán en ese momento.

También le pido que note como el "Pablo Escobar" junior de la serie lo ponen como alguien predispuesto para vender vicio, cuando en la vida real eso nunca pasó. En esos días todavía no nos habían traído para acá los norteamericanos sus conocimientos del procesamiento de la cocaína

LA PARÁBOLA DE PABLO, Alonso Salazar, página 34:
En 1962, a sus trece años, había ingresado al Liceo de Bachillerato de la Universidad de Antioquia. <u>Allí oyó hablar de la 'revolucha', del compromiso revolucionario, de la teología de la liberación, de Camilo el cura guerrillero y de la Cuba de Fidel; aprendió una serie de frases antiimperialistas y anti oligárquicas que repetiría el resto de su vida</u>, y adquirió una efervescencia que le disparó el espíritu. Elegido presidente del Concejo de Bienestar Estudiantil, según recordó con orgullo años después, batalló por
ayuda para el transporte y la alimentación de los estudiantes
pobres. Además, se volvió revoltoso.

Puede ver el lector y juez otro aparte del libro que "olvidaron" recrear en la serie. Nada más y nada menos que la adolescencia y formación izquierdista de Pablo Escobar, normal y propia de la mayoría de los jóvenes de Colombia y América Latina en aquellos años, incluso de Galán y Lara.

Puede usted ver que este cargo estudiantil fue el primer "cargo político" que tuvo Pablo Escobar, porque él fue un político antes que otra cosa, la política fue su verdadero vicio. Tenga esto muy en cuenta, porque hasta el día de su muerte será un político y de izquierda.

Ya vimos en el año 1959 cómo se volaron olímpicamente los 10 primeros años en esta historia. Diez años de humildad y penurias de los Escobar Gaviria. Cuando ya sea un hombre multimillonario y sea el malo —según ellos— no se vuelan ni una coma, hasta le agregaran lo que no deben.

En la secuencia de la serie vemos como nuevamente brincan de un infante a un hombre o joven de 24 años.

En el fragmento del libro puede ver como en esos años que hábilmente omiten se cimentó la ideología de izquierda y anti imperialista de Pablo Escobar. Al borrar inteligentemente esta etapa de su vida le están borrando la connotación política que habrá de tener la guerra.

Desde aquí, con esa jugada, están influyéndolo para que usted crea que la guerra que se cuenta en esta historia no fue política.

Con esta evidencia debe quedarle claro que Pablo Escobar si era un político y de ideologías de izquierda y, que los mentirosos que han hecho esta serie tratan de engañarlo. De momento aquí le muestro como omiten esto mañosamente, más adelante le mostraré como lo que no pueden eliminar, lo ridiculizan.

1964

LA PARÁBOLA DE PABLO, Alonso Salazar, página 34:

Éramos adolescentes felices —relata Arcángel—. Con Pablo, sus hermanos y los demás amigos caminábamos por las fincas de los alrededores. Pescábamos corronchos y capitanes en quebradas de aguas frescas y pasábamos las horas en un bosque que bautizamos La Selvita, y allá, en noches de luna, jugábamos guerras libertadas, escondidijos y policías y ladrones. En La Selvita veíamos a los mayorcitos acariciando a sus novias, y a los primeros jipis de los que Pablo aprendió, y para siempre, los encantos de la marihuana.

Esta ubicación es arbitraria, es aproximada.
Como puede ver el lector y juez esto también está en el libro en que dicen basarse, pero no recreado en la serie ¿Sabe por qué esto no lo grabaron? La respuesta es muy sencilla: Porque poner la infancia feliz de un adolescente humilde y sus amigos del barrio es contra producente con sus intenciones de venderle a usted a un monstruo despiadado multimillonario. Le pedimos no olvidar que entre más despiadado y más 'monstruo' le compremos a Pablo Escobar, más buenos y angelicales nos están vendiendo a sus parientes, eso es inversamente proporcional. Ate cabo y verá cómo solo recrean lo malo, además de exagerarlo. Nóteles la mala fe y, tan solo una sola mala fe probada tumba todo.

Imagínese si esas calumnias y jugadas sucias que hacen contra Pablo El Grande las hicieran contando la historia de la vida de usted. Póngase en ese lugar por un instante.

LA PARÁBOLA DE PABLO, Alonso Salazar, página 70:
Algunos líderes guerrilleros que habían entregado sus armas al gobierno fueron asesinados en las calles. Ante lo que asumieron como una traición, parte de las guerrillas campesinas, lideradas por Manuel Marulanda y Jacobo Arenas, evolucionaron hacia posiciones comunistas. Como respuestas, la aviación del gobierno bombardeó a estas pequeñas guerrillas, armadas precariamente, que reclamaban el derecho a la tierra y a la democracia y la obligaron a adentrarse en las selvas del sur occidente del país donde permanecieron por décadas, bajo el nombre de FARC (Fuerzas Armadas Revolucionarias de Colombia). Por influencia de la revolución cubana, surgieron otros dos grupos guerrilleros —el ELN (Ejército de Liberación Nacional) y el EPL (Ejército Popular de Liberación— con influencia, sobre todo, en sectores campesinos y en estudiantes universitarios. A estas guerrillas, sus divisiones sectarias y las purgas internas las mantenían débiles, y el férreo control del ejército, a raya en las extensas y recónditas selvas del país.

Esto lo dice el libro en el que dicen basarse, pero que no ve usted por ningún lado en la falaz serie. Sirve para que usted siga teniendo bases para comprender el país que era la Colombia de aquellos días y, se convenza de que los malos no somos los colombianos diferentes a los todos poderosos de Bogotá.

Este era el país en el que crecía un niño llamado Pablo Escobar, no era en Europa, ni en Estados Unidos, era aquí, en medio de estas guerras, en medio de esta escoria social, propiciada por un puñado de familias tan poderosas como mezquinas, que a la fuerza nos han querido vender de que ellos son los buenos y nosotros, sus víctimas, entre ellas el ahora joven Pablo Escobar, los malos. Una de las víctimas de esa clase política corrupta y asesina es un joven que a estas alturas de su vida es un don nadie. Ese joven un día, por su talento y la voluntad divina, podrá dar a esa clase dirigente ladrona, un sorbo de su propia medicina y, ¿adivine? No les va gustar nada. Y hoy nos lo han querido vender atreves de series falaces como el demonio en persona.

PABLO ESCOBAR. SU DEFENSA.

1965

LA PARÁBOLA DE PABLO, Alonso Salazar, página 43:

Arcángel recuerda como, siendo aún chico, lo vieron armar el primer televisor de su casa, que los liberó de tener que pedir a los vecinos que les dejaran ver programas con Bonanza y Gilligan, que eran sus preferidos.

Esta fecha es arbitraria. Esto lo dice el libro en que dicen basarse y habla de cómo Roberto Escobar, que trabajaba en un almacén de electrodomésticos, con ingenio consiguió un televisor para su familia, pero como era de esperarse no lo iban a representar en la amañada serie.

Puede ver el lector y juez como los Escobar Gaviria veían televisión donde los vecinos. Aquí no despiertan envidia. Aquí, como son unos muertos de hambre, no son perseguidos para robarles. Un día, a estos arrastrados les cambiará la suerte y disfrutarán a plenitud de todo lo que en este momento de la vida carecen, ese será su pecado. Serán perseguidos por quienes en este momento de la historia sí tienen todas las comodidades, como Galán, Lara y Cano. *Curiosamente* los familiares de los que han hecho esta fétida serie en clara intención de mentir en contra de Pablo Escobar y a favor de los familiares ricos de ellos.

1966

LA PARÁBOLA DE PABLO, Alonso Salazar, página 23.

Que, desde pequeño, alquilaba bicicletas y revistas de comics, aquéllas del Llanero Solitario, del Zorro y del Santo que leían los jóvenes de los sesenta. Que vendía lápidas en los pueblos; que distribuía directorios de la empresa de teléfonos de la ciudad y que, como tenía tanta suerte, se encontraba plata entre los directorios viejos. Que vendía lotería y se la ganaba.

Lector y juez esta fecha es puesta arbitrariamente.
Puede apreciarse el instinto de negociante que tenía Pablo Escobar desde muy pequeño. Fue un hombre que no se dejó de la vida. Cambió su destino. El de él era ser pobre, así como el de Galán, Lara y Cano era ser ricos. Y llegó a ser mucho más ricos que los tres juntos.

Aunque esto lo ocultan en la serie, estando en el libro en el que dicen basarse, yo se lo reseño para que note y aprecie como la vida del gran Pablo Escobar fue en mayor parte como la de cualquier pobre rebuscador común y corriente. Pues en su afán de desprestigiarlo, la élite de Colombia solo enfatiza, una y otra vez, hasta con mentiras totalmente opuestas a la verdad, en el Pablo Escobar multimillonario, con todos los excesos que ser multimillonario y joven puede conllevar.

Este Pablo Escobar con el que la gente se puede identificar, el que puede servir de inspiración para quienes se quieran superar y no tengan espejo en quien fijarse, lo ocultan, lo tapan, lo opacan; porque, refuta al monstruo que han querido vendernos, desde el día en que fue más grande que cualquier otro *cachaco* que haya nacido o que todos ellos juntos.

El lector y juez puede apreciar cómo era la vida de este hombre cuando no era envidiado, cuando no era buscado para matarlo, cuando era un muerto de hambre.

Pregúntese ¿Dónde estaba en esos momentos Galán, Cano y Lara, que eran ricos de cuna? O mejor, ¿en qué parte de Europa se daban la gran vida?

En este punto de la historia los importantes son ellos, los que se daban la gran vida eran ellos, los que gozaban las *maduras* mientras Pablo Escobar y la gran mayoría del país padecían las *verdes*, eran ellos, sus familias y sus clases sociales. Un día, muchos de esos que hoy sufren las *verdes* tendrán más que ellos —que no es que ellos no tuvieran— entonces los mataran y expoliaran bajo cualquier pretexto "moral".

Mientras Pablo Escobar —el hijo del guachimán del barrio— desafiaba su destino de pobre, Luis Carlos Galán —el hijo del gerente de Ecopetrol— disfrutaba el suyo de rico. No se está criticando eso, solo se está anotando para que lo recuerde un Galán más envidioso que razonable ataque al multimillonario Pablo Escobar escondido en sofismas moralistas baratos.
Galán aquí (en esa foto) estaba probando su primer cargo **burocrático,** como miembro y secretario de la delegación colombiana a la Conferencia Mundial de Comercio y Desarrollo (UNCTAD), viajó a Nueva Delhi, y luego a Oriente Medio. Era su degustación de la "mermelada" burocrática. Desde entonces quedaría viciado en ella y siempre querría más y más. Como sus hijos hoy.

Lo nombró el presidente Carlos Lleras Restrepo, como pago por el apoyo que Galán de dio en las anteriores elecciones, en la universidad en que estudiaba. Ojo al nombre de este presidente, para cuando Galán aparezca en esta historia con un discurso populista y poco creíble en el que según él no gusta de las familias presidenciales tradicionales.

LA PARÁBOLA DE PABLO, Alonso Salazar, página 34.
Crecían en medio de la algarabía y la rivalidad. Porque sí y porque no, los de la paz se guerreaban con los del vecino barrio El Dorado. Redoblaban la guardia cuando se trataba de chicos que invadían su territorio en busca de novias. A veces el pleito se desfogaba en pedreas de galladas —así se llamaban al grupo de amigos del barrio— que dejaban algunos descalabrados, y otras veces en reñidas

contiendas de futbol con las que Pablo se apasionaba de manera especial. Él, amigo de ganar, cuando iba a perder un juego armaba la pelotera y lo abandonaba.

El lector y juez puede ver lo que dice en el libro en el que juran basarse; pero que omiten en la serie porque no representa al "monstruo" que fue Pablo Escobar por defenderse de ellos. Puede apreciar una juventud feliz, normal, pobre pero dinámica, como la de cualquiera pobre común y corriente.

Estos detalles están allí, en el libro en el que juran que se basan, son excluidos olímpicamente porque no les ayudan a vender a un Pablo Escobar diabólico. Yo los reseño porque cuando vengan las *vacas gordas* para este hombre; ellos, los Cano y los Galán que hicieron la serie, no perderán detalle alguno y, así no lo diga en el libro en el juran basarse las inventarán; siempre con el único propósito de que sea vea mal a Pablo Escobar y se le desprecie. Ya verá el lector y juez como se cumple cada palabra de lo que le estoy pronosticando.

1967

LA PÁRABOLA DE PABLO, Alonso Salazar, página *35*:

Lucho, un condiscípulo suyo, que como muchos de su generación se enrutó hacía la guerrilla, lo recuerda como un líder silencioso que no hablaba en las asambleas —se quedaba sentado, jugando con pedacitos de papel que metía a la boca una y otra vez—, pero un líder frentero, deseoso de adrenalina, metido en el barro, aguerrido en las batallas, tirador de piedras y bombas molotov.

Esto lo dice en el libro y se lo vuelan convenientemente en la serie.

A ellos no les conviene mostrar la verdad, al joven revolucionario, al joven activista, al joven protestante, al joven de izquierda, al joven político. Ellos solo quieren matar a patadas sus ideas políticas. Desvergonzadamente mienten o adulteran la historia de un pueblo, solo para venden a sus parientes como algo que nunca fueron y, para seguir comiendo del erario público por eso. Viven del falso prestigio de sus parientes, que han ganado a costa del mal nombre que han vendido de Pablo Escobar.

Estas fueron las primeras bombas de Pablo El Grande, las de las protestas sociales, las de la lucha social. Ellos nunca hablarán de esas bombas, siempre amañadamente hablaran de la del periódico El Espectador o cualquier otra que se dio en medio de la guerra, como lo muestran en los primeros minutos de cada capítulo de su serie, esas las muestran de primero, mayor tiempo y más espectacularmente. Las que le pusieron a él las borraron de la historia.

Quiero que el lector y juez vea desde ahora como era la personalidad de Pablo Escobar, como dice claramente, que era _silencioso, frentero y metido en el barro_, porque a partir de que pongan a un personaje que hará de "Pablo Escobar" de adulto comenzará un concierto de mentiras y rasgos totalmente opuestos a lo que describen aquí quienes lo trataron. Usted no verá nunca a ese líder que describen en el libro, por el contrario, verá a uno totalmente opuesto, pondrán un "Pablo Escobar" repugnante y asqueroso. Mentirán sin asco o pudor alguno.

Este hombre _silencioso, un líder frentero, deseoso de adrenalina, metido en el barro, aguerrido en las batallas_, nunca lo verá en esta mediocre serie. Por el contrario, verá un mamarracho, un payaso con el nombre de "Pablo Escobar".

Este año se crea otro grupo guerrillero, el llamado Ejército de Liberación Popular, EPL, que al igual que los grupos guerrilleros anteriores no se creaba por diversión, se creaba por lucha social. Se crearon en Córdoba, pero su radio de acción sería, Córdoba, Antioquia y el Magdalena Medio. Si mira con detenimiento son más o menos las zonas en las que se movió **Pablo El Grande** durante las guerras; es decir, este grupo tuvo protagonismo en esta historia. En la porquería de serie nunca los mencionan.

La presidencia de la época era el tercer mandato (de cuatro pactados) de la dictadura oligarca bipartidista llamada

El Frente Nacional. El turno era para los liberales en representación de Carlos Lleras Restrepo.

Este hombre que he nombrado aquí, que era el presidente de turno, se convirtió desde entonces en el mentor y padrino político de Luis Carlos Galán. Le heredará sus amigos y sus enemigos. En una de cuyas peleas en mala hora caerá en medio Pablo Escobar cuando incursione en la política nacional. Todos estos detalles sueltos tienen conexidad y sus consecuencias tendrán gran incidencia en esta historia.

PABLO ESCOBAR. SU DEFENSA.
1968

LA PARÁBOLA DE PABLO, Alonso Salazar, página 39.

Entre tanto, al final de los años cuarenta, sus hijos, los hermanos Gaviria, se ubicaron, poco a poco, en Medellín. Hernando era uno de los populares conductores del tranvía de la ciudad. Se hizo sindicalista y fundó el periódico El Tranviario con el que impulsó huelgas y protestas.

Estamos viendo aquí lector y juez, la condición de sindicalista de un tío de Pablo Escobar. Este tío fue fundamental en la construcción política del entonces joven Pablo Emilio Escobar. En el libro no lo dice, mucho menos en la serie, pero dejo la anotación para que sigua el hilo cuando sea oportuno colocar esta pieza del rompecabezas. Hernando fue el hombre que en verdad introdujo a Pablo Escobar en la política, no otro personaje que saldrá más adelante, y puede ver la línea ideológica que tenía y por lo tanto la que heredó Pablo Escobar.

1969

En este año el presidente Carlos Lleras Restrepo nombra alcalde de Neiva al joven Rodrigo Lara, con 22 años.

¿Cree el lector y juez que en la ciudad de Neiva no había personas más capacitadas y con más experiencias que un niño rico de 21 años? Todos sabemos que sí, todos sabemos que los alcaldes eran escogidos a dedo y todos sabemos que los méritos de Lara Bonilla eran ser miembro de una de la familia prestante de esa ciudad.

En estos mismos momentos en que se daba este vergonzoso acto anti democrático el joven Pablo Escobar revendía cigarrillos de contrabando para subsistir. Ahí no lo envidiaban.

Vaya viendo quien era esta joyita de Lara. Y vaya viendo quien lo puso en ese cargo, a quien le debe ese favor. Tenga el nombre del presidente que le hizo la merced, para cuando salga Lara con discurso cursi y populista disque en contra de las familias presidenciales de este país. Por cierto, puede notar que es el mismo presidente que había nombrado a Galán en un cargo pública un par de años atrás.

El mísero Pablo Escobar, el hijo del celador nocturno del barrio La Paz, en la periferia de la ciudad, NUNCA lo iban a nombrar alcalde de Medellín por más inteligente que fuera.

1970

LA PARÁBOLA DE PABLO, Alonso Salazar, página 44:

Pablo llevaba una pequeña temporada matriculado en contaduría en la Universidad Autónoma hasta que, preocupado por la pobreza de la familia, le notificó una noche a doña Hermilda que abandonaría los estudios:
«Yo le agradecí su intención de colaborarme —dice doña Hermilda—; no me pareció mal que le encontrara gusto al dinero, porque si uno no mantiene un peso en el bolsillo, se mantiene aburrido, triste, cabizbajo, no le encuentra salida a la vida. Y Pablo, con la enseñanza aprendida, solía decir: yo pobre no me muero, para mi primero Dios y después la plata».
Es en este momento cuando Pablo deja de coquetear con el delito para asumirlo como una profesión. Al renunciar a mecanismos de ascenso social como la educación, tomó definidamente el camino de la criminalidad como medio para lograr el deseo que prefiguró en su vida: ser rico.

Pablo Escobar quiso estudiar contaduría, solo un detalle no lo dejó: Su papá era el guachimán del barrio, no el gerente nacional de Ecopetrol, como sí lo era el del economista y abogado recién graduado para este año Luis Carlos Galán.

Aquí se puede ver claramente que había intentado superarse personal y socialmente por la vía ordinaria y le tocó optar por renunciar al colegio por la iliquidez económica.

de su familia. Entonces debemos acordar que fue una decisión forzada por las circunstancias.

La política, que era su gran pasión, debilidad y vicio, no era posible ejercerla en los finales de los 60 y principios de los 70. Eso solo lo podían hacer los ricos y de las familias tradicionalmente políticas, como los Galán, los Cano y los Lara.
Las "garantías" para la actividad política con que se cuentan hoy, eran nulas por aquellos días. Si a esto se le anexa que Pablo Escobar era de izquierda, en plena Guerra Fría, en un país pro americano, menos posibilidades tenía. Para esos días en Colombia los políticos de izquierda estaban condenados a ser guerrilleros o morir asesinados. Para que se haga una idea de las condiciones políticas de la época le digo al lector y juez que los alcaldes eran escogidos a dedo por los gobernadores, estos a su vez eran escogidos a dedo por los presidentes y estos por pactos entre las poderosas familias de la elite de Bogotá.

Concluye el autor con un raciocinio de su autoría:
Es en este momento cuando Pablo deja de coquetear con el delito para asumirlo como una profesión. Al renunciar a mecanismos de ascenso social como la educación, tomó definidamente el camino de la criminalidad como medio para lograr el deseo que prefiguró en su vida: ser rico.

De manera parcial estamos de acuerdo con este argumento. Creemos que en el momento en que, forzado por la vida, cometió conscientemente su primer delito, delito, no contravención o delito pequeño, fue el punto de no retorno. A partir de ese instante toda la inteligencia y el talento de este hombre se puso en función de ser el mejor en ese camino, como iba a hacerlo en cualquier otro que el destino le hubiese puesto a transitar, pero su destino en un país violento y pobre como Colombia en 1970, estaba sellado.

Si por su destino, o por decisión propia, en vez de elegir el pequeño delito como medio para conseguir dinero y estabilidad, hubiese elegido el futbol —por ejemplo—; hoy sería una leyenda en ese campo. Su talento y su genialidad las traía consigo al nacer, en donde las aplicaría fue cosa del destino, y el de él se llamaba: Colombia, para su desgracia.
El futbol, por ejemplo, fue una opción para muchísimos jóvenes de Medellín dos décadas después, cuando Pablo Escobar, el "monstruo" según sus asesinos, construyó o mejoró decenas de canchas y otros escenarios deportivos para que en lo posible ningún otro adolescente de Antioquia tuviera que optar por el camino que le tocó a él.
Si alguien hubiese hecho en estos días lo que hizo Pablo Escobar por el deporte de Antioquia unos años después, hoy se hablara del gran futbolista Pablo Escobar, el Maradona colombiano.

Lector y juez, si es usted concordante conmigo en este raciocinio, deberá por fuerza también ser concordante conmigo en afirmar que esta decisión forzada sería sin duda el peor error de Pablo Escobar en su vida, y no el haberse metido en la política directamente como muchos y la generalidad creen. Se equivocan de cabo a rabo quienes han sostenido eso. Es solo cuestión de detenerse a razonar objetivamente un instante para darse cuenta de que Pablo El Grande era un político desde 'antes de nacer'. Entonces, si era un político desde muy joven, cuando era pobre y no ilegal, y lo siguió siendo cuando fue pobre e ilegal, y lo siguió siendo cuando fue rico e ilegal y aun así por mucho tiempo no tuvo problemas con eso, no se puede decir que ese fue su gran error. En todas las etapas de su vida fue un político y solo en una tuvo problemas, por fuerza entonces ser político no debe ser considerado un error, ni en Pablo Escobar ni en nadie.

Digo que ese fue su gran error, entrar al contrabando, para no ahondar en esa discusión y perdernos de lo que quiero resaltar aquí, pero en la Colombia de esa época, y en las condiciones en que se encontraba Pablo Escobar, lo más inteligente fue el camino que eligió. Muy a pesar de lo que muchos puedan decir, el camino legal, seguro y normal NO es para los genios como él. Solo los genios lo entenderán.

Un poco más adelante, con evidencias y conjeturas validas, le mostraré que haber seguido en la política, pero a nivel nacional, no fue un error de Pablo Escobar.

Tampoco le dicen en el libro, y mucho menos en la serie, que a Pablo Escobar le hubiese gustado ser periodista. Solo un detalle no se lo permitió: su papá era el guachimán del barrio y no un rico del norte de Bogotá, dueño de un periódico de circulación nacional como lo era el papá y la familia de Guillermo Cano.

Cuando Pablo Escobar pudo, quiso tener su propio medio de comunicación regional. Ahí explotó el envidioso de Guillermo Cano.

Usted verá aquí como los privilegiados Luis Carlos Galán y Guillermo Cano harán alarde de su poder y alcurnia masacrando y humillando al hijo del guachimán del barrio. Este, lector y juez, es Pablo Escobar, el mismo que usted tiene en su imaginario como quien fue uno de los hombres más ricos del mundo, es el mismo muerto de hambre que se narra aquí. Aquí no ve a usted a Guillermo Cano haciendo dinero a costa de su pellejo, no ve a Galán haciendo su política a costa de su buen nombre, aquí usted no ve a Lara buscando escalar posiciones burocráticas y simpatías con los norteamericanos a costa de la cabeza de Pablo Escobar.

Aquí ve usted a un colombiano más, de los millones que han pasado por la misma situación de renunciar a la posibilidad de estudiar por falta de dinero.

No ve usted aquí a la DEA afanada por quitarle su dinero. Puede ver aquí lo que ese señor le tocó vivir antes de poder decir que no tenía problemas de dinero y por ende despertar la envidia de incapaces publicanos como Cano, Galán y Lara, entre otros fariseos. Sepulcros blanqueados.

Como puede notar el lector y juez los abandonos de los estudios de Pablo Escobar, y los motivos, están plasmados en el mismo libro en donde dicen basarse los que hicieron la mediocre serie. Como también puede notar que "casualmente olvidaron" ponerlo.

Tal vez usted en su intimidad encuentre otra razón para tan repugnante conducta de amañar esta historia, que es patrimonio del pueblo colombiano.

A su debido momento en esta historia le mostraré, y usted entenderá, por qué este hombre cuando pudo ayudó y socorrió a todo aquel estudiante que se le acercó a solicitarle ayuda. Lector y juez, ya le mostré donde estaban en estos mismos días en que Pablo Escobar tenía que abandonar sus estudios y como fueron los estudios de: Guillermo Cano, Rodrigo Lara y Luis Carlos Galán, entre otros Pepes, para que usted por su propio entendimiento discierna de donde viene todo y por qué le mienten, para poder quedar como los buenos.

PABLO ESCOBAR, EL PATRÓN DEL MAL. Episodio 1, minuto 14.

Aparece un subtítulo que dice: Años más tarde.
Pablo Escobar, ya adolescente, entre 20 y 24 años. Va en una moto marca Lambretta roja en la que él es parrillero y su primo Gonzalo el conductor.

Llegan donde un capo del contrabando de cigarrillos y lo convencen de que les de cigarrillos a crédito para trabajar revendiéndolos. Van de tienda entienda proponiendo su mercancía.

Lector y juez, por segunda vez en menos de los primeros 15 minutos del primer capítulo de la serie, se brincan más de una década de historia.
Eso no es casual, yo les he mostrado en lo posible el fraude que hay detrás de esa manipulación. Hemos visto solo un poco de todo lo que sucedía en los años que ellos

astutamente han dejado en blanco.

Lo presentan en una moto, pero no le dicen de donde o como un joven que deja los estudios por falta de dinero, tiene una moto. Vehículo poco barato para esa época. Usted puede ver que fue un hombre que desde joven tuvo la firmeza de espíritu para desafiar su destino pobre.

El mismo libro en que dicen basarse lo deja claro, no así la amañada serie:
LA PARÁBOLA DE PABLO, Alonso Salazar, página 34:
Por instinto, porque la genética lo hizo inteligente, por las influencias de su familia y de su tiempo o por los astros — es difícil saberlo—, Pablo sobresalía entre sus compañeros. Y hasta en los símbolos de una soñada prosperidad se diferenciaba.
Sus amigos de barrio se lo gozaban por que cuidaba exageradamente su cabello. Obsesivo con su imagen, después de que su madre le diera permiso de dejarse crecer el pelo, le dio por mantener un peine en el bolsillo para repararse los crespos frente a cualquier ventana que le devolviera la imagen. Pero el saboteo de los amigos no llegaba lejos; <u>lo respetaban porque era el único de la gallada que mantenía dinero.</u>

Hay puede ver como en el libro se deja claro la actitud del joven Pablo Escobar frente a la superación de la pobreza en que había nacido. ¿Qué hubiese pasado si hubiese nacido rico, es decir que no hubiese tenido la necesidad de poner todo su talento en función de acomodarse socialmente? ¿En qué hubiese invertido su genialidad? ¿Qué de malo tenía que este joven quisiera superarse o salir de la pobreza?

A su debido momento le mostraré la pieza que encaja ahí y como llegó esa moto a las manos de Pablo Escobar, y no como por arte de magia como lo ponen en falaz serie. Ponga este mismo joven en el lugar de un hijo de un corredor de bolsa de Wall Street. Ponga este mismo joven en un barrio pobre de Londres. Ponga a este mismo joven en una familia clase media de la Venezuela de los años 70.
Quítele a este genio el Escobar y póngale Bush. Quítele a este genio el Escobar y póngale Kennedy.
Quítele a este genio el Escobar y póngale Santo Domingo.
Quítele a este genio el Escobar y póngale Ardila.
Quítele a este genio el Escobar y póngale Cano, Galán o Lara.

La respuesta a estas situaciones hipotéticas debe darlas usted, a usted mismo en su intimidad.

Hasta aquí lector y juez, por este libro, por la serie o por el libro en que dicen basarse en la serie, usted sabe solo un poco, algo mínimo, de la porquería social que era la Colombia de aquellos días. Cuando usted sepa más sobre eso, cuando yo le muestre más profundamente en el siguiente libro histórico lo que aquí, estos oligarcas, hijos de los oligarcas de aquella época, le han ocultado fraudulentamente, le pediré entonces que ponga a la persona que usted considere más pulcra e inmaculada del mundo, en la Colombia, en la Medellín en que tuvo que crecer, sobre vivir y reinar Pablo Escobar. Entonces usted entenderá todo diáfanamente.

Mírese a donde llegan el "Pablo Escobar" de la serie y su primo. A donde un capo.
¿Capo de qué? Del contrabando, de vicio, en este caso cigarrillo.
¿De dónde venía ese vicio? De Estados Unidos para Colombia.
¿Quiénes morían con ese vicio? Los colombianos.
¿Para donde se iba la plata producto de ese vicio? Para los Estados Unidos.

Aquí no ve a la DEA cazando contrabandistas, ni tipificando de carteles a los contrabandistas, ni pidiéndolos en extradición; todo lo que sí verá cuando las cosas se den contrariamente. Como siempre lo ancho para ellos y lo angosto para uno.

El cigarrillo ha matado miles de veces más que la cocaína. Usted no veía aquí ningún editorial de Guillermo Cano velando por la salud de los colombianos y condenando a los que dejan salir el vicio en los Estados Unidos para Colombia. No veía a Galán ni a Lara armando shows políticos por la muerte de colombianos a manos de vicio *gringo*. No veía al DAS, DIJIN o el F2 —vigentes en esos días— metidos en los Estados Unidos diciéndole al FBI, CIA o DEA, que hacer o cómo hacer para que su vicio no llegue a los pulmones de los colombianos. Usted no ve aquí al embajador de Colombia ordenándole que hacer al presidente de los Estados Unidos, ni amenazando con descertificarlos. Usted no ve aquí a Colombia pidiendo en extradición a ningún contrabandista norteamericano. Usted no ve aquí a la policía de Colombia matando norteamericanos en Norte América bajo el pretexto de buscar contrabandistas. Usted no ve a Colombia repatriando los millones de pesos que van a manos de los *gringos* por el comercio de vicio, y dándole una migaja a los americanos bajo el concepto de ayuda. Usted no ve a los Pepes — Perseguidores de Pablo Escobar— tratando de matarlo, quedarse con su dinero y con el negocio.

Todo eso que usted no ve aquí, y muchas atrocidades peores, las verá cuando las cosas se den a lo contrario. Cuando el vicio sea llevado de Colombia hacía Estados Unidos, el dinero sea traído de allá para acá y cuando haya mucho más dinero en juego. Esta condición de prostituta barata de Colombia frente a los Estados Unidos, será una de las verdaderas razones de la guerra. Lo demás son mentiras y abuso de poder de quienes han controlado los medios de comunicación desde siempre en Colombia.

En estos mismos días había un negocio ilegal en el que participaba Pablo Escobar y que es poco recordado: el chance, las apuestas de lotería.

Aunque esta actividad era ilegal o no legalizada, no era mal vista, como lo era el contrabando de cocaína, hasta el día en que Lara, Galán y Cano, lo usaron como pretexto para matar a un rival político que los estaba dejando muy rezagados en tiempo record por su carisma, inteligencia, popularidad y fortuna. Cuando Lara Galán y Cano iniciaron una guerra sucia para justificar la eliminación de un rival político, dos décadas después, ya el chance había sido regulado, gravado con impuestos y en general legalizado.

Todo esto es importante porque Pablo Escobar y el gremio de contrabandistas de cocaína presumían que lo mismo habría de pasar tarde que temprano con la cocaína y querían estar ahí, en primer lugar. Eso es válido y entendible. También pelearan por no dejarse sacar.

PABLO ESCOBAR, EL PATRÓN DEL MAL. Episodio 1, minuto 15.

El joven Pablo Escobar y su primo Gonzalo, van a los expendios de su barrio y venden los cigarrillos que un contrabandista les había facilitado. Por último, llegan a la tienda de un personaje llamado don Aldemar. Quien no acepta la mercancía de contrabando y fija su posición radical contra lo ilícito.

Lector y juez esto lo cortaron en la serie que aparece en *Netflyx*, no así en la versión que se encuentra en el canal de *You Tube* de Caracol Internacional.

En el libro en el que dicen basarse NO hay mención alguna a ningún 'don Aldemar'. Tampoco hay mención alguna a él en ningún otro texto o testimonio de quienes vivieron esa época y viven para contarlo. En suma: es inventado. NUNCA existió en la vida real ningún 'don Aldemar'.

Es grave y falto de respeto que inventen un personaje en una historia tan grande y que no necesita de esas 'ayudas'. Se han volado olímpicamente 20 años de historia y ahora salen con un personaje inventado. ¿Le parece serio eso lector y juez?

Lo más grave e insultante es que tras de que es un personaje inventado sin necesidad, lo inventar con la clara y descarada intención de perjudicar la imagen de Pablo Escobar.

Al poner a este 'faro de la moral', según ellos, frente al inescrupuloso, bandido, contrabandista… Pablo Escobar—según ellos—, tratan de aumentar de manera velada la imagen negativa de Pablo El Grande que ellos quieren venderle.

Si Pablo Escobar fue tan malo, como ellos juran, ¿por qué hay necesidad de inventarse personajes para poder hacerlo quedar mal? ¿Cómo iban a saber quiénes vieron esa serie que ese personaje es inventado? ¿Ve el lector y juez el por qué me he visto en la obligación moral de dedicarle mi preciada juventud a escribir este libro?

En la escena ese 'don Aldemar' inventado está leyendo un periódico: El Espectador. Qué casualidad que ese es el periódico que lideró la ofensiva mediática enfermiza contra Pablo Escobar y los *paisas* ricos sin alcurnia. Que causalidad que ese es el periódico de los familiares de los que han pagado por hacer esta serie. Casualidad de las casualidades lector y juez, porque ese nunca ha sido el periódico más leído de Colombia, como intentan hacerlo creer en el transcurso de la serie. Eso está claro en el mismo libro en el que dicen basarse, en varias partes:

LA PARÁBOLA DE PABLO, Alonso Salazar, página 28: *Francisco Santos, una de sus víctimas, uno de los herederos de El Tiempo, el más <u>importante periódico del país</u>, lo define como «un Da Vinci del crimen».*

Puede ver el lector y juez la seriedad de los que han hecho la serie. Cada vez que vea que sale ese periódico suelto por ahí en la serie es publicidad.
Esto lo dice en el libro, pero "no lo vieron" los que hicieron la serie:

LA PARÁBOLA DE PABLO, Alonso Salazar, página 70:
Y faltaba aún otro grupo. El 19 de abril de 1970 se enfrentaron por la presidencia de la República Misael Pastrana, candidato de los partidos tradicionales, y el general Gustavo Rojas Pinilla, a nombre de un movimiento populista, la Alianza Nacional Popular (ANAPO). Los partidos tradicionales en el poder, en unas enconadas y <u>cuestionadas</u> elecciones, entregaron el poder a Misael Pastrana. Ante este hecho un sector revolucionario de la Anapo decidió conformar un nuevo grupo armado y adoptó, por la fecha de lo que consideraron un fraude, el nombre del Movimiento 19 de abril (M-19). <u>La existencia de cuatro grupos guerrilleros</u> era el anuncio de que el país no saldría pronto del laberinto de sus ancestrales violencias.

Lector y Juez, Colombia era un país en guerra civil. Más allá de las estupideces que digan quienes querían negarlo desde Bogotá.
Un país en guerra por la avaricia y crueldad de unas pocas familias aristocráticas que a sangre y fuego defendían sus lugares ultra privilegiados, no por Pablo Escobar, como lo han hecho circular desde hace años.
Una de esas familias, es la que mencionan en el aparte del libro que citamos: los Pastranas.

El escritor, y en general los periodistas, por miedo o lambonería no llama a las cosas por su nombre: Misael Pastrana se robó las elecciones presidenciales del año 1970. TODOS LOS MUERTOS DEL M-19 QUE APAREZCAN DESDE AHORA EN ESTA HISTORIA SON RESPONSABILIDAD DEL SEÑOR MISAEL PASTRANA Y CARLOS LLERAS RESTREPO, LADRONES DE ELECCIONES.

Las elecciones no fueron cuestionadas como lo trata de mitigar el escritor, periodista y político *lambón* del libro, fueron robadas y todo el mundo en Colombia lo sabe.

Aquí le dejo una prueba y, en siguiente libro les mostraré los documentos que muestran que dicho señor sí se robó las elecciones, y como fue todo aquel momento histórico y desgraciado para Colombia en el que unos dictadores mafiosos —liberares y conservadores, por que actuaban y actúan como las mafias— disfrazados de demócratas, con saco y corbata, mataron a todo aquel que no era a fin a sus mezquinas ambiciones.

Usted verá como colombianos hermanos suyos y míos se vieron obligados a alzarse en armas porque democráticamente NO era posible conquistar el poder.

El ESPECTADOR: AQUEL ESCANDALOSO FRAUDE ELECTORAL.

Que quitaron la luz, que anochecimos con un presidente y amanecimos con otro, que <u>Lleras Restrepo</u> le robó a Rojas Pinillas, que no, que no fue él, sino su ministro de Gobierno. Y así. De igual forma, el fraude electoral más escandaloso de la historia de Colombia acaeció el 19 de abril de 1970, un día de comicios presidenciales, pero, a la vez, de elección para todas las corporaciones públicas.

En resumen, ese artículo trata del robo de aquellas elecciones, con testimonios de algunos de los partícipes del fraude.
Sí se robaron las elecciones y el fraude se hizo en el departamento de Nariño y tuvo un costo de 100.000 pesos.

Como los ladrones son de la élite de Bogotá, misma clase pudiente de los que hicieron la serie, esto lo ocultan. Todo esto tiene su influencia en la historia verdadera, no así en la porquería de serie.

Note el lector y juez el nombre que he subrayado en el aparte del artículo citado: Carlos Lleras Restrepo, presidente en ejercio entonces. Este hombre era el padrino político de Galán y en menor grado de Lara. Ya puede ir discerniendo usted que Galán y Lara eran bandidos como todo el resto de políticos, que las inmaculadas imágenes que de ellos nos tratan de imponer es para tener un icono con que someternos "elegantemente" y, qué clase de personas son estas a las que combatió Pablo Escobar y que se dedican a vender repetidamente que él era el malo. **De este gobierno fraudulento, ilegal y de desigualdad social hizo parte Luis Carlos Galán, como ministro de Educación como cuota de Carlos Lleras; ese es el premio por el robo de las elecciones. Ministerio por el cual pasó con más penas que gloria. Solo es recordado por que quitó prebendas laborales a las deficientes condiciones de los maestros de esos días.**
Mire:

LAS 2 ORILLAS: ¿LUIS CARLOS GALÁN EL GRAN ENEMIGO DE LA EDUCACIÓN?

SUS MEDIDAS COMO MINISTRO DEL GOBIERNO DE MISAEL PASTRANA SON RECORDADAS COMO LAS MÁS REGRESIVAS POR LOS EDUCADORES
Por: Fabio Arévalo. Agosto 20, 2019

Bastó que Luis Carlos Galán fuera vilmente asesinado (lo cual lamentamos profundamente), para que se convirtiera en un mito y en un mártir. Pero en realidad <u>no era ni mucho menos la esperanza para esta nación y su maltratada gente</u>. <u>Era sencillamente uno más del estable cimiento, de la misma oligarquía colombiana que sigue manejando el país a su antojo</u>. No era un hombre de centro y menos de izquierda. Era compinche y protegido de César Gaviria, quien lo heredó resultando bien de derecha y el presidente más neoliberal de los últimos tiempos con las ideas galanistas.

La imagen y mito de Galán fueron vendidos en un efectista cartel. Era más imagen que ser. Los dirigentes galanistas eran niños bien, yuppies de moda, delfines políticos como Vargas Lleras y otros similares ultraderechistas. Mucha gente los seguía más por moda, y trataron de vender que era muy 'in' ser galanista. Y algo resultó porque muchos de ellos no tenían ni idea del ideario galanista, si es que algo de ello existía. Hoy nadie puede probarlo o mostrarlo, salvo unos emotivos discursos de cajón, mal imitando a Gaitán, ese si más genuino.

EL CAMARADA DE LOS PASTRANA

Para saber de qué estaba hecho Galán y lo que realmente pensaba, hay que recordar sus ejecuciones y acciones como funcionario público. Nada menos que fue ministro de Educación de una de las administraciones más conservadoras de la historia, con Misael Pastrana Borrero, quien dicen le rapó el triunfo electoral al popular general Rojas Pinilla el 19 de abril de 1970, <u>con apoyo del padrino de Galán, Carlos Lleras Restrepo</u>. De allí nació el M-19. Su jefe era el papá del 'niño' Andrés Pastrana, que luego también fuera *presidente igual de godo (además de alcalde de Bogotá). Galán fue subalterno y por lo tanto 'cómplice' en un gobierno que la historia sigue cuestionando su legitimidad.*

EL GOLPE "GALANISTA" A LA EDUCACIÓN

Pero veamos como atentó contra la educación colombiana. (Así nos lo refrescó hace unos 10 años, el profesor Ulises Babilonia en Sapere Aude). "El 22 de febrero de1972 siendo ministro de educación nacional Luis Carlos Galán, expide el decreto 223, o Estatuto Docente. En este decreto se establecían una serie de medidas que eliminaban los derechos gremiales y políticos conquistados por los maestros colombianos en sus luchas de los últimos años. Se les quitaba la posibilidad de organizarse sindicalmente y se les negaban los derechos de contratación colectiva y de huelga bajo la denominación de empleados públicos. Adicionalmente se dividía a los maestros en una serie de categorías que se hacían inalcanzables y que llegaron a ser ridiculizadas hasta por la prensa oficial; y, como si fuera poco, se dictaban disposiciones que impulsaban la pérdida de la estabilidad laboral.

Los maestros de secundaria a nivel nacional fueron los primeros en declarar cese de actividades en contra del Estatuto, posteriormente lo hizo la Federación Colombiana de Educadores que convoca a un paro nacional en el mes de marzo. El gobierno, con Galán a la cabeza del ministerio, lo declara ilegal e implementa medidas como la del estado de sitio para restarle posibilidades de acción; amenaza con el cierre de colegios y prohíbe las reuniones y manifestaciones; no obstante, la fuerza del movimiento es tan importante que logró la suspensión del estatuto de Galán. (Cristancho, V. 2006)

FECODE y el gobierno de Pastrana negociaron la finalización de la huelga llegando a dos acuerdos centrales: se conformaría una comisión o consejo asesor para la elaboración de las normas del escalafón y el Estatuto Docente, y, así mismo, se concertarían los aumentos salariales para el siguiente año. <u>Nada de esto fue cumplido por el gobierno (que ya tenía el sello de Galán), la negociación resultó ser un fraude para los maestros.</u>

GALÁN EL LLERISTA-TURBAYISTA

Pasaron unos buenos años. Bajo la tutoría e influencia del gran oligarca liberal Carlos Lleras Restrepo, en 1982, no hay duda que Galán al dividir al Partido Liberal facilitó el inesperado triunfo del conservador Belisario Betancur, donde fue perdedor Alfonso López y Galán sería el tercero. Para 1986 con la lección aprendida retira su candidatura y apoya a Virgilio Barco del viejo liberalismo quien gana de forma contundente. En 1987 de la mano de su amigo político Julio César Turbay Ayala vuelve al redil del Partido Liberal. En 1989 es elegido candidato oficial de ese movimiento, lo cual le avizoraba un triunfo casi seguro. <u>En realidad, se había acabado el Nuevo Liberalismo creado por su mentor, Carlos Lleras Restrepo</u> y Galán para poder ser presidente había vuelto a la vieja política que tanto detestaba (algo así como vender al alma al diablo). Pero luego ocurriría su lamentable asesinato, el 18 de agosto en plena campaña.

<u>Luis Carlos Galán sigue siendo un tabú más prefabricado por los grandes medios de comunicación colombianos (con sus amigos columnistas y periodistas incluidos)</u>, felices de preservar una historia que vende. Era un político más, que aprovechaba momentos de coyuntura con temas sensibles como el narcotráfico y su enorme poder, la extradición, su cierta frescura de imagen frente otros aburridos como Serpa, Samper, Durán Dussán, Santofimio, etc.

Pero no prometía nada evidentemente distinto. Su historia nos la venden (e inventan) como el mito de Bolívar (quien más que 'Padre de la Patria', fue progenitor del Partido Conservador Colombiano) hoy desnudado en obras como "La carroza de Bolívar" y otros trabajos similares.

Si Galán viviera Ahora, si Galán estuviera vivo<u>, sin duda el país seguiría igual o peor en manos de la Casa Gaviria, la Casa Galán, la estirpe samperista y afines</u>. Miremos no más las andanzas de sus hijos. El uno ofició hasta hace poco como jefe del ultra godo Cambio Radical de propiedad de Vargas Lleras. Y el otro algo despistado en el mismo Partido Liberal que tanto combatió, criticó y denostó su progenitor. Está aliado y hermanado con los mismos 'enemigos' políticos del movimiento que renegó su viejo, tipo Serpa y Cristo (herederos de Samper y Durán Dussán – QEPD). Juan Manuel Galán (de figura 'chespirinesca') sigue usufructuando la imagen del afiche del papá, ya que, de propuestas propias, nada que ver. Entonces, <u>¿cuál es el legado de Galán, aparte de la huella y actuaciones dejadas en contra de los educadores colombianos?</u>

Apostilla: Me disculpan los galanistas extremos acostumbrados a tanto consentimiento y elogios, pero la información sobre estos personajes reconocidos y famosos, debe ser balanceada. Los grandes medios aún tienen sesgo en estos casos (y tal vez intereses ocultos), lo cual no contribuye a fortalecer la democracia y a un periodismo más objetivo (menos arrodillado al sistema).

1: Aunque es muy prematuro, vaya viendo la falsa y el negocio que detrás de la manipulada figura de Galán.

2: Esta porquería de serie no dice ni el 1% de la verdad, ni cuenta el 5 % de la historia verdadera.

3: Vaya sacando sus propias conclusiones mientras entra este personaje en escena y le muestro más evidencias.

Note como en el artículo de LA PARÁBOLA DE PABLO hablan de cuatro grupos guerrilleros. Talvez para esa época o esos serían los más notorios, porque durante la vida de Pablo Escobar conté 35 grupos alzados en armas, de izquierda mayoritariamente, y los dejé de contar hace mucho tiempo. Esto era un mierdero amigo mío, se lo digo de corazón, el tal paraíso que vino a dañar el "monstruo" de Pablo Escobar nunca existió.

Galán entró a formar parte de ese gobierno también porque su papá tenía un cargo muy útil para el presidente: La gerencia de Ecopetrol, millones de dólares de la nación sin tanto tramite. NUNCA entró a ser ministro por mérito o experiencia, lo fue por politiquería y conveniencia.

1971

PABLO ESCOBAR, EL PATRÓN DEL MAL. Episodio 1, minuto 15.

Fabio, *Peluche*, Gonzalo y Pablo se encuentran sentados en un campo con vista a la pista del aeropuerto y cerca de ella, o campo de aviación como la llamaban, pensando y soñando en voz alta con poder algún día tener la oportunidad de montarse en un avión, a donde y con quien irían.

Peluche le recrimina a Pablo Escobar porque siempre pasa pensando en plata y mujeres. Además de burlarse de él porque pretende hacerse rico vendiendo cigarrillos.

Pablo Escobar dice: *Voy hacer un juramento: Si de aquí a cinco años yo no tengo un millón de pesos en el bolsillo, me pegó un tiro. Y vea: lo juro por el* **Divino Niño de Atocha**.

Palabras más, palabras menos eso es lo que narra el libro en el que dicen basarse. Dice allí que cuando Pablo Escobar lo dijo estaba tendido boca arriba, no registra ninguna conversación previa a ese momento y, que haría aquello si no cumplía su promesa a los 25 años, no en un plazo de cinco años como lo ponen en la serie.

El lector y juez puede llamar la siguiente situación como mejor le agrade: Unos adolescentes pobres soñando con poder montar algún día en avión. 10 años más tarde tenían muchos aviones y helicópteros de su propiedad. Dele una definición por favor.

En cualquier otra parte del mundo esta sería una historia que valdría la pena resaltar, esta sería una historia digna de

imitar, menos aquí en Colombia, donde la gente se muere más de envidia que de otras enfermedades.

Lector y juez ¿Sabe usted cuantas veces habían viajado en avión, hasta ese mismo día en que esos muchachos soñaban con montar por primera vez en avión, Guillermo Cano, Rodrigo Lara y Luis Carlos Galán? Las que usted quiera responder o imaginarse. Ya habían viajado y vivido varias veces en varias partes del mundo. Ellos eran ricos y eso era normal y valido.

Un día no muy lejano, esos muertos de hambre que estaban embelesados viendo despegar y aterrizar un avión, no solo volarían tanto como ellos, si no en **AVIONES PROPIOS**, cosa que nunca pudieron hacer ni Lara, ni Cano, ni Galán. Entonces los envidiosos, y hasta ahora ricos, Lara, Galán y Cano, entre otros, que esconderán su frustración y envidia tras falsos moralismos y otras escusas baratas, los atacaran, desatando una guerra entre los nuevos ricos, bien ricos; y ellos, los ricos tradicionales, no tan ricos como presumían.

También le pido que esté atento a la facilidad o frialdad con que Pablo Escobar manejaba el tema del suicidio. Aquí era pobre, no tenía una brutal persecución encima y ya mostraba poco problema en hacerlo. Es de inteligencia media suponer que cuando lo estén buscando para torturarlo y matarlo tenga en suicidio como primera opción.

Este episodio sirve como base para demostrar el suicidio de Pablo Escobar, y no su "baja".

La siguiente es una muestra de la Colombia de aquellos días, de la que ocultan en la serie:

REVISTA SEMANA: **LA PRECÓZ CARRERA POLÍTICA DE GALÁN.**

El hecho: el movimiento estudiantil de 1971, considerado el más amplio, masivo y organizado de la historia del país. Comenzó en febrero de ese año con una huelga en la Universidad del Valle y, <u>luego de una violenta represión con saldo de varios estudiantes muertos</u>, se extendió a las principales universidades del país. Los estudiantes agitaban consignas revolucionarias que proclamaban el cambio del sistema y obedecían a la militancia maoísta, troskista o comunista de la mayoría de sus dirigentes. Y se aglutinaron alrededor de lo que se conoció como el Programa Mínimo, que planteaba reivindicaciones inmediatas, entre ellas el cogobierno y la defensa del presupuesto para la universidad pública.

La Universidad Nacional, la Universidad de Antioquia, la Universidad del Valle y la Universidad Industrial de Santander fueron objeto de militarizaciones y cierres durante el año, después de manifestaciones que terminaban en enfrentamientos con la fuerza pública.

Mire el lector y juez el 'paraíso' que era Colombia y que vino a "dañar" el diablo de Pablo Escobar.

Adivine quien era el ministro de Educación. Si dijo Luis Carlos Galán, se lo ganó. Un mozalbete cuyos únicos méritos eran ser el hijo del Gerente Nacional de Ecopetrol, la empresa petrolera de la nación, para entonces la caja de flujo de plata de los presidentes —por ese cargo se desató una guerra en Colombia— y ser el niño mimado del ex presidente Carlos Lleras Restrepo. En este país en guerra fue que tuvo la desgracia de nacer el genio Pablo Escobar. Mire cuantos estudiantes muertos hubieron. Vaya viendo el ídolo que nos quieren imponer. Le recuerdo que este era un gobierno del que hacía parte Galán era ilegitimo.

BELLOLEÓN. COM

1972

PABLO ESCOBAR, EL PATRÓN DEL MAL. Episodio 1, minuto 17.

Pablo Escobar y su primo Gonzalo roban lápidas en un cementerio. Con Martillo y cincel Gonzalo quitaba las lápidas puestas mientras Pablo Escobar vigila.

La lápida que se robaron se la van a vender a don Aldemar, quien se encontraba de novedad, se da cuenta que es robada y la rechaza. Además de recriminarles por robar. Pablo Escobar y Gonzalo se defienden diciendo que el papá de Gonzalo tiene una fábrica de lápidas, que solo trataban de ganarse la vida y que habían escogido la mejor para su pariente fallecido.

La escena en donde le están ofreciendo la lápida al tal 'don Aldemar' no está en la serie que pasan en *Netflyx*, pero si en la que tiene el Canal Caracol Internacional en su canal de *You Tube*. Lector y juez, esto es lo que narra el libro en el que dicen basarse sobre ese episodio:
LA PARÁBOLA DE PABLO, **Alonso Salazar, página 44**:
Gustavo Gaviria, el serenatero, instaló una fábrica de lápidas de aluminio. De allí viene la relación tantas veces mencionada de Pablo y su primo Gustavo con los cementerios. Al inicio ambos viajaban a vender lápidas a los pueblos. Preguntaban a los sepultureros por los muertos de la semana, les ofrecían a los familiares diversos tipos de modelo con relieves de la nieve de la Virgen o del Corazón de Jesús, con el nombre del difunto bellamente marcado y un pequeño recipiente para poner flores.

*Parece que luego encontraron una variante de este negocio: robaban lápidas de mármol del Cementerio de San Pedro, <u>donde las familias ricas de Medellín tenían lujosos panteones</u>, para venderlas a recicladores. <u>¿Era buen negocio vender o arrancar lápidas a hurtadillas? **No demasiado bueno**</u>. Por esos tiempos las muertes eran escasas; y aquello de vender tumbas, ataúdes, flores y cirios, de montar casas de velación, jardines de cementerios, se volvió rentable después, cuando ellos mismos —Pablo, Gustavo y su tropa— propagaron la 'plomomanía', la epidemia grande de fin de siglo en la ciudad de Medellín.*

Puede apreciar el lector y juez como eso de que robaban lápidas es poco creíble. El mismo libro en el que dicen sacar la historia lo pone en duda, más ellos —los de la fraudulenta serie— lo afirman y le agregan su toque anti-Pablo Escobar: Ponen de mala fe —como todo lo que han hecho en su contra— que la lápida robada se la van a vender precisamente a 'don Aldemar' el personaje moralista, pulcro, incorruptible, inmaculado... mejor dicho un santo, que ellos se inventaron. Por lo menos *Netflyx* hasta ahora lo ha eliminado esa parte.

Por enésima vez usted puede comprobar como mienten y manipulan los creadores de esta serie la historia verdadera, con el común denominador de perjudicar el nombre de Pablo Escobar, el hombre que combatió a sus familiares y a su clase social.

Robar lápidas no tienen ningún sentido. Eso no ha sido negocio ni ayer, ni hoy ni nunca. ¿Sabe lo que es quitar una lápida en un cementerio sin hacer ruido?, ¿sabe lo que pesa una sola?, ¿sabe cuántas tiene que quitar para recaudar algo significativo? ¿Qué riquezas puede haber en robar lápidas usadas y vendérsela a recicladores? Tal vez habrán hecho una travesura, como pelaos que eran, y de mala fe. Para disimular la envidia y ofenderlos cuando ya eran multimillonarios, les han acusado de ser ladrones profesionales de lápidas. Esa historia de ladrones de lápidas tiene detrás más mala fe que certeza. Cuando les convenía vender que Pablo Escobar era un ambicioso desde niño lo hicieron, ahorra que les conviene venderlo como un ladronzuelo de lápidas para reciclar no reparan en las incoherencias. Extraño ambicioso este que pretender hacerse rico vendiendo pedazos de chatarra.

Ahora bien, la versión completa de la leyenda, o del chisme, no es que robaran lápidas, o no cualquier lápida. Eran unas finas, muy especiales que ellos les vendían a personas pudientes, luego regresaban y se las robaban, le quitaban el nombre y le ponían la de un nuevo cliente... y así revendían varias veces la misma mercancía, lo que es más una estafa —o una travesura— que otra cosa.

Anote este último detalle lector y juez: robaban en el cementerio de los ricos, lápidas de mármol, de ser cierto que se las robaban. Tenga presente desde donde viene la rivalidad que el verdadero Pablo Escobar tenía contra los ricos tradicionales. Por eso sugiero que de ser cierto aquello, podía ser más por el desprecio que él siempre les expresó a los ricos tradicionales, que por negocio. Aun cuando tuvo más dinero que ellos nunca se le acabó esa animadversión.

Tal vez sea esto lo único que Pablo Escobar les robó a los ricos de Medellín: lápidas de tumbas.

El 10 de abril de 1972 el presidente de la República, Misael Pastrana Borrero, <u>negó la extradición de un narcotraficante colombiano</u>, José Álvaro Córdoba Bojassen, vicecónsul en los Estados Unidos, a quien la justicia de ese país acusó de "importación ilegal y posesión y ocultamiento ilícitos de drogas narcóticas". Ingresó 15 kilos de cocaína a Nueva York.

La Corte emitió concepto favorable para extraditar a Córdoba Bojassen, porque consideró que un tratado del año 88 prevalecía sobre el Código Penal vigente, que prohibía la entrega de nacionales.

<u>Pastrana, en la Resolución Ejecutiva 90 de 1972, alegó que el Código Penal (de 1936), "no solamente no autoriza, sino que prohíbe expresamente la entrega de nacionales colombianos".</u>

<u>Y planteaba una nueva razón, que Estados Unidos había hecho reserva sobre el artículo segundo de la Convención Interamericana de Montevideo, la extradición de nacionales, por lo que temía que no existiera reciprocidad de su parte.</u>

Pastrana negó la extradición del sindicado de narcotráfico, y encargó al procurador general de la Nación de promover acción penal para que los hechos que se le imputaban a Córdoba, no quedaran en la impunidad. Pero el decreto 1118 del 70 consagraba una prescripción de un fallo para ese tipo de delitos. El ex diplomático, ni fue extraditado, ni fue juzgado en Colombia. Por esta razón, no hubo solicitudes de extradición durante la bonanza de los marimberos.

Este aparte es tomado del libro LOS JINETES DE LA COCAÍNA, de Fabio Castillo, un anti Pablo Escobar consumado.

Este episodio es transcendental en esta historia, pues es lo que motiva a los Estados Unidos a imponerle a Colombia su famoso "Tratado" de Extradición, motivo de la desgracia de tantas familias en la venidera guerra.

A raíz de esta negación, los *gringos* nos obligan a firmar el famoso *Tratado*, el cual analizaremos más a fondo en su momento. Para entonces le suplicaré que regrese a esta parte y relea las razones o argumentos que dio el ahora presidente Misael Pastrana para no extraditar a este diplomático de su administración. Usted con asombro, rabia e impotencia, como lo vi yo hoy y Pablo Escobar en su momento, verá como para algunos traficantes de cocaína las mismas razones no valdrán a pesar de lo igual de las situaciones.

En este mismo espacio de tiempo lector y juez, ya Guillermo Cano era El Patrón de El Espectador y no dijo ninguna de las barbaridades que habrá decir para tratar de justificar la extradición o muerte de Pablo Escobar bajo el pretexto de ser contrabandista de cocaína. Rodrigo Lara ya era un político de estampa nacional y había saboreado altos cargos públicos, **NO** dijo nada de las barrabasadas que habrá de esgrimir para satanizar a un rival político que le sacó en franca lid una impresionante ventaja electoral en tiempo récord. Luis Carlos Galán, ese es peor, ¡era miembro de este gobierno —ilegitimo—. Es decir, era un compañero de gabinete. **NO** dijo ninguna de las mentiras y patrañas con las que escondió la envidia que sentía por un hombre que pasó en poco tiempo de soñar con volar por primera vez en un avión a tener una flotilla personal de doce aviones, y muchas más avionetas y helicópteros. Andrés Pastrana, hijo de este presidente, la gran prensa de Bogotá y en general el resto de cínicos que después se alinearán bajo el nombre de LOS EXTRADITADORES, (para mí LOS CONSUMIDORES —de cocaína—) no mencionaron ni una sola palabra de las tantas barrabasadas y pseudoargumentos que dirán ahora que los pedidos en extradición sean *los perros esos…* —como los llamaba Lara— de Medellín. La lengua aquí la tenían de papel higiénico. Ya verá que no miento ni una coma.

1973

PABLO ESCOBAR, EL PATRÓN DEL MAL. Episodio 1, minuto 18.

El joven Pablo Escobar y su primo Gonzalo se presentan ante el *Alguacil*, poderoso contrabandista, quien estaba en un bar tomando cerveza con una novia y sus guardaespaldas.

Pablo Escobar y su primo cortésmente se presentan, solicitan trabajo de guarda espaldas y dicen tener experiencia en estrategias y manejo de armas.

Lector y juez, este personaje que sale allí llamado 'Alguacil' nunca existió en la vida real, creemos que han fusionado a varios personajes en uno.
Varias escenas de las que recrean en la serie entre Pablo Escobar y 'Alguacil' están en el libro, pero con diferentes personas a las que no se les hace mayor referencia. Entendemos que, para ser prácticos, los que hicieron la serie fusionaron esos efímeros personajes en uno solo.
Creemos que en el personaje de 'Alguacil' trata de representar principalmente a Alfredo Gómez, *El Padrino*, primer y único patrón que tuvo Pablo Escobar en su vida.

A continuación, le transcribo el texto original del libro de donde dicen sacar esta historia:
LA PARÁBOLA DE PABLO, **Alonso Salazar, página 45:**
Por el mismo parque de Envigado también se paseaba don Alfredo Gómez —hombre veterano diabético, conservador, de pose aristocrática, vecino del Poblado—, quien a pesar de haber conseguido su fortuna contrabandeando cigarrillos, electrodomésticos, whisky, telas y porcelanas,

era considerado un gran señor, El Padrino —como la llamaron tras la publicación del libro de Mario Puzzo— llegó a ser tan poderoso que lo recibían casi como jefe de Estado cuando visitaba Panamá, Honduras y El Salvador, países donde tenía grandes inversiones. En Colombia le hacían venia los políticos y los generales, que incluso le prestaban sus soldados para escoltar sus caravanas de contrabando y para que sirvieran de albañiles en la construcción de su casa en el barrio Santa María de los Ángeles, en El Poblado.

Esto que dice el libro sobre quien era Alfredo Gómez, *El Padrino*. Nos muestra como era normal y hasta bien visto que era ser un gran contrabandista. Es decir, qué, cuando Pablo Escobar se acercó al contrabando eso no era reprochable socialmente. No creía estar cometiendo ningún gran pecado. Si lo hiciera hoy, tal vez lo fuera más.

Sitúese en esos días, a la edad de Pablo Escobar y en sus condiciones socioeconómicas, que ve ese poder, esos honores en un hombre venido de abajo como lo estaba él ¿Por qué no seguir ese camino? ¿Por qué preferir ser un serenatero, celador o campesino antes que arriesgarse a ser rico y respetado?

Mire como lo trataban en otros países, mire como dice que lo trataban los generales y políticos de la República de Colombia. Decirle al joven Pablo Escobar de esos años que no soñara con ser así, es como decirle al hambriento que no desee el manjar de quien come en la mesa.

Si usted lector y juez, es de los que no se hubiera arriesgado a cambiar su destino en el comercio de mercancía de contrabando, se le respeta y entiende, pero eso no quiere decir que su decisión sea la correcta o que otro deba optar por la mismo.

Es tal vez en este momento en que toda la inteligencia de un hombre excepcional, como lo fue Pablo Escobar, entra en función de superar a su patrón. Si su patrón hubiese sido Donald Trump, ya sabemos quién fuera Pablo Escobar hoy.

Puede ver usted aquí como Pablo Escobar solo quería mejorar su posición económica y social. Como cualquier otro pobre diablo tiene derecho a aspirar.

Puede ver que no quería ser un gran narcotraficante, ni defenderse con bombas, ni secuestrar para sobrevivir, ni nada de lo que después le tocará hacer porque así se lo exigirán las sinsustancias.

PABLO ESCOBAR, EL PATRÓN DEL MAL. Episodio 1, minuto 29.

Llega Pablo Escobar, su primo y su patrón —*Alguacil*— a un concesionario a comprar un carro.
Alguacil duda del color y solicita un teléfono para ir a consultar con alguien. En ese momento Pablo Escobar le sugiere al vendedor que lo está atendiendo venderle carros usados más baratos (robados). Este se indigna, le recrimina su conducta, se va y lo deja allí parado

Lector y juez, esta escena no está en la serie que se encuentra en *Netflyx*, pero sí en la que está en el canal de *You Tube* del Canal Caracol.

Esto que recrean allí no está en el libro en el que dicen basarse y mucho menos se tiene referencia de que haya pasado en la vida real. Se tomará como excusa para hacer la siguiente anotación: Todos conocemos ampliamente al Pablo Escobar rico y poderoso. Al que tenía a cientos dispuestos a cumplir sus órdenes, antes, durante y después de la guerra. Pero, ¿qué hay de cuando era pobre?, un muerto de hambre, ¿sabe cuántos le hicieron desplantes o mala cara como lo que recrean en la serie? Se ha puesto a pensar ¿Cuántas deudas tenía? ¿Cuántas humillaciones habrá recibido? ¿Cuánta impotencia habrá sentido por no poder comprarse algo o regalarlo?, en suma, la vida del verdadero Pablo Escobar, cuando era un adolescente de clase pobre, no debió ser muy diferente de la de otro pobre de ayer, hoy y siempre. Esto se le pide al lector y juez que lo tenga en cuenta y no lo olvide, para cuando la vida le sonría a Pablo El Grande y a sus allegados. Porque de las penurias vividas por aquel hombre y su familia no se acuerdan quienes solo saben hablar mal de él.

LA PARÁBOLA DE PABLO, Alonso Salazar, página 51:

«Fueron los propios socios los que le pusieron la piyama de madera a Pestañas —cuanta Arcángel—, celoso de su creciente poder, lo mataron en una estación de gasolina, a tres cuadras del aeropuerto Olaya Herrera» Así reseño

su muerte un cronista judicial: «*Mientras escuchaba música y revisaba documentos le dispararon a quemarropa. Pestañas, pistolero de vieja guardia, no alcanzó a desenfundar la pistola Beretta, cargada con proyectiles blindados. En los bolsillos de su ropa se encontraron unas letras de cambio firmadas por agentes del cuerpo de seguridad de la ciudad a quienes acostumbraba prestarles dinero*»,

Este era el mundo en el que tenía que sobre vivir Pablo Escobar sin el dinero y el poder que todos le conocemos. En este entorno tuvo que agudizar sus sentidos y su inteligencia si no quería ser devorado. Ignoraba entonces que la sagacidad adquiridas en esta guerra callejera le sería vital para ganarle la guerra a dos Estados simultáneamente, uno de ellos la potencia, política, militar y económica más grande el mundo.

Ese tal *Pestañas* no estuvo al nivel y fue eliminado. Pablo Escobar y Gustavo Gaviria no iba permitir lo mismo con ellos.

Este año Galán cambia de cargo en el ilegitimo gobierno de Misael Pastrana, es nombrado embajador en Italia y se va para Europa con su familia, con la familia de apellido prestante de Bogotá, no con la familia de origen campesino que tenía oculta, pasando necesidades y de la que se avergonzaba.

¿Qué si Galán era diplomático o tenía formación en el campo de la diplomacia? NO, claro que no, eso era politiquería pura. Eso era cuota burocrática del ex presidente Carlos Lleras, su jefe político.

1974

PABLO ESCOBAR, EL PATRÓN DEL MAL. Episodio 1, minuto 23.

En esta escena se recrea el momento en el Pablo Escobar joven va encabezando una avanzada de camiones cargados de contrabando.

Son requeridos por varias autoridades a lo largo de su trayecto, a todas les dan dinero para que los dejen pasar. Finalizando su recorrido se encuentran con un retén del ejército que no eran los habituales, y no quiere dejarlos pasar, ni siquiera con dinero de por medio.
Ante la inminente incautación de la mercancía y la intransigente posición del comandante, quien dice que la mercancía y los camiones quedan confiscados, Pablo Escobar se juega el todo por el todo y le dice: *Capitán, para que usted pueda hacer todo eso, primero: Tiene que traer 32 chóferes. Por que cómo le parece que son 32 camiones los que traigo.*

Segundo: tiene que pedir el doble de gente para que los puedan descargar, y tercero, yo le aconsejaría que pida apoyo por ahí de mil hombres pá que nos podamos levantar a plomo entre todos. Entonces mire a ver cómo quiere que arreglemos.

Lector y juez esto no está en el libro en donde se basan para la serie, pero si sucedió, solo que quien dijo esas frases no fue Pablo Escobar. En el libro está otra anécdota parecida:
LA PARÁBOLA DE PABLO, Alonso Salazar, página 54:
Ese mismo año a Pablo lo detuvieron por conducir un automóvil robado. En las investigaciones descubrieron que

no era un caso fortuito, sino que tenía como negocio comprar carros malos en remates para usar sus placas en carros robados. En la cárcel La Ladera coincidió con el padrino, <u>quien finalmente había sido detenido por un contrabando</u> <u>transportado en camiones militares. El cargamento fue decomisado por un coronel de la policía que se resistió al soborno y, además, detuvo 'al mosca', así como a los soldados y al capitán que, como se había vuelto costumbre, hacían de escoltas.</u> Una juez de aduanas ordenó la captura del Padrino como propietario del matute y lo remitió a la cárcel.

Ese es el verdadero resumen sobre ese tema del libro. También describen otra caravana en la que viajaba Pablo Escobar, pero no hubo nada de anormal.

Ahora le pido que se fije en donde dice de quienes eran los camiones, los escoltas y como eso era costumbre.
Le pido que conserve esto presente, para que más adelante comprenda el ¿por qué? la desconfianza e irrespeto de Pablo Escobar hacia las 'autoridades'.
¿Ve por qué se dice que el contrabando en ese gremio era para los vivos? ¿Si así era la "autoridad", que se deja para los civiles?
Colombia institucionalmente nunca ha sido correcta, eso justifica a todos los delincuentes de cualquier índole, incluyendo a los políticos como Galán y Lara.

A Pablo Escobar, un negociante, no se le puede pedir ser legal en un país en donde ser legal es un mal negocio.

También puede apreciar como esos camiones introducían al país, entre otras cosas, vicio para matar a los colombianos, como el cigarrillo y el licor. No ve usted todo lo que verá, en cuanto a los contrabandistas, cuando el contrabando se dé a la inversa. Es decir: que en vez de importar vicio estadounidense y llevar el dinero para allá; exporten vicio para los Estados Unidos y traigan dinero para acá. El trato será diametralmente opuesto.

Muchos de nuestros 'compatriotas' perseguirán a esos contrabandistas hasta la muerte, entre otros: Galán, Lara y Cano y tantos otros de clase alta de Bogotá, porque para ellos vale más la vida de los norteamericanos que la de los colombianos.

Usted no ve aquí en este punto de la historia a Galán, Lara o Cano quejándose por el vicio *gringo* que llega a matar a los colombianos, usted no ve aquí a Colombia pidiendo a ciudadanos americanos en extradición.

PABLO ESCOBAR, EL PATRÓN DEL MAL. Episodio 1, minuto 28.

Don Aldemar va caminando por una calle. En medio de dos carros estacionados a su derecha están unos hombres vendiendo whisky de contrabando. Llegan dos hombres en una moto, el de atrás se levanta por sobre la cabeza del conductor y con un revolver le da tres tiros a uno de los vendedores. Aumentan la velocidad de la moto y huyen a toda prisa.

Lector y juez, en el dialogo circundante a esa escena se

deja ver que ese asesinato se dio por la pelea entre contrabandistas.

En el libro de donde dicen basarse está un poco más profundo y más detallado aquella guerra, pero igual de somero y 'folclórico'. En nuestro libro histórico que estamos preparando, con pruebas traídas de otros documentos, iremos viendo lo que fue y significó esa guerra. La primera guerra a la que sobrevivió Pablo Escobar, aquí donde era un don nadie, un simple guarda espaldas. La experiencia de esta guerra le sería de gran utilidad en la venidera guerra contra las élites de Bogotá y Washington. De momento solo quiero mostrarle con esta escena dos cosas:

La primera es que vea como la minimizan, como a duras penas la presentan. Una guerra es una guerra, y es dura, y tienen muertos, y los muertos dejan viudas y huérfanos y los huérfanos de hoy son los delincuentes del mañana.

Como en esta guerra no están los protegidos de los que hicieron la serie en acción, los que la han hecho la pasan por alto. Aquí, en este pedazo de la historia no pueden vender lastima con ellos.

La segunda es que vea y tenga presente como vicio traído desde Norteamérica, traía consigo la muerte a bala entre colombianos.

Usted aquí no ve a antinarcóticos, la DEA colombiana, matando en suelo estadounidenses a sus ciudadanos, no ve a la prensa americana rasgándose las vestiduras porque hay muertos colombianos por culpa de vicio traído de EE.UU., como lo hacía Guillermo Cano por los americanos, no ve al gobierno colombiano repatriando el dinero que se llevan los contrabandistas para los Estados Unidos... Y tantas cosas que después verá que sí suceden cuando el contrabando se dé al revés. Tal rasero desigual, u opuesto, dará indignación y vergüenza nacional. También será motivo de la lucha patriota que se avecina.

¿Sabe por qué se dio esa guerra lector y juez? Porque era muy fácil contrabandear, como era vicio americano el que venía y plata colombiana la que salía, no había problemas. Se llegó a comprar aquí en Colombia, más barato que en los mismos Estados Unidos; es decir, que había sobre ofertas y por lógica, muchos estaban perdiendo dinero.

Un día, 1989, los Estados Unidos pondrá sus buques de guerra cerca a las costas colombianas para, según ellos, frenar el narcotráfico. Ahora, en este punto en que vamos en la historia, en la que estamos inundado de vicio norteamericano, ¿por qué no hicieron lo mismo?

PABLO ESCOBAR, EL PATRÓN DEL MAL. **Episodio** 1, minuto 29.

Alguacil, Gonzalo y Pablo llegan a una casa de un barrio residencial. Después de darse cuenta que hay gente dentro y que no le quieren abrir, entran volando la cerradura con un tiro. Es un pequeño laboratorio de coca. Dentro hay varios hombres armados. Uno de ellos, a quien se refieren como *Cachaco*, niega ser el autor del asesinato del vendedor de contrabando. Como respaldo a sus argumentos dice que él ya está saliendo de ese negocio, y que ahora está en otro nuevo: la cocaína.

Les explica:

Cachaco: ¡Usted no sabe lo que son los gringos metiendo esta cosa por la nariz!, yo mismo vi a los de los Cuerpos de Paz haciéndolo.

Alguacil: Esto es coca hombre, eso aquí no se da.

Cachaco: Aquí no, pero en Bolivia sí. Yo estoy yendo personalmente a traerla.

Alguacil: ¿Te venís por tierra?

Cachaco: No, avioncito comercial y ya. (Los hacía pasar por materiales de construcción, estuco, cuando pasaba por las aduanas. No sabían que era)

Alguacil: Pá llevárselo a los gringos ¿qué?, ¿cómo haces?, aquí no hay gente pá esto.

Cachaco: Eso es otro cuento. Si ya llevamos mucho tiempo trayendo vicio de allá. Pues es hora de que le devolvamos el favorcito, ¿sí o qué?

En esos momentos *Alguacil* se va para el baño y *Chachaco* les comienza a explicar a Pablo y Gonzalo como es el proceso para que ellos le expliquen a luego a su jefe.

Lector y juez, esto así no aparece en el libro en el que dicen basarse, han hecho un compendio de pequeñas cosas reseñadas en el libro e información de otros textos. Podría decirse que eso es irrelevante. Pero es mejor precisar. Según el libro, quien inicio en el negocio de la marihuana, la coca y la guerra a Pablo Escobar y Gustavo Gaviria fue Griselda Blanco y no *Ramoncachaco*, 'Cachaco' en la serie. Puede ver como dice el dramatizado que la pasta de coca se traía abiertamente desde Bolivia y que aquí en Colombia no se daba la mata de coca, eso es cierto. Esto es vital e importantísimo, ¿por qué?, porque durante la guerra, que se verá más adelante, los norteamericanos y la élite de Bogotá, desde sus grandes medios de comunicación, frente mediático de la guerra, justificaran la cacería salvaje

contra Pablo El Grande y le venderán al mundo entero la astuta falacia de que Pablo Escobar es el origen de todos los males de Colombia, y que una vez muerto él, se acabaría el narcotráfico.

Aun cuando Pablo Escobar murió, suicidado, en el 1993, en Colombia no había mayor cantidad de coca sembrada, si es que había alguna mata.

Mire:

LA OPINIÓN: FISCAL GENERAL NESTOR HUMBERTO MARTÍNEZ: Colombia no es viable con 200 mil hectáreas de coca.
Jueves, 7 de marzo de 2019

El fiscal comenzó su intervención refiriéndose al aumento de cultivos de coca, que llegaron en 2018 a 206.000 hectáreas, según datos del Gobierno basados en el estudio de Naciones Unidas.

Para Carlos Augusto Jaramillo, profesor de investigación criminal de la Universidad de Medellín, en efecto "no es viable". Se trata de una problemática que hay que combatir, pero a su juicio, a través de la erradicación manual.

Puede ver el lector y juez como era el panorama cerca de 50 años después de que Pablo Escobar se iniciara en el narcotráfico y 30 de su muerte; aquella justificación de los años 80 para matarlo, fue una tetra. Una falacia. Ellos solo querían eliminar a un rival político.

Esa área cultivada en matas de coca en la Colombia de hoy —no en la de los días en la que vivía Pablo Escobar, según ellos el narcotraficante más grande la historia— es más grande que los últimos 26 países más pequeños del mundo.

Cuando mataron el origen de todos los males, según ellos, los males aumentaron. Eso solo deja una salida: los males son ellos, no a quien mataron.

El personaje que recrean allí en la escena con el nombre de 'Cachaco' nunca existió en la vida real. Al llamarlo 'Cachaco' pueden estar haciendo énfasis en *Ramoncachaco*, uno de aquellos contrabandistas de cigarrillos y whisky traídos desde los Estados Unidos que se cambiaron al contrabando de cocaína, llevado hacia los Estados Unidos. Pero en verdad resumen en ese solo personaje o toda esa primera generación de narcotraficantes, así como en el 'Alguacil' resumen a todos los contrabandistas pesos pesados de esa época.

Se preguntará el lector y juez: ¿qué pasó con esos primeros contrabandistas de cocaína? En su gran mayoría murieron en poco tiempo. El negocio era demasiado bueno, 'fácil' y sin dueño. Sobrevivieron los más fuertes o mejor, los más sagaces.

Pablo Escobar no salió de la nada como lo muestran en la serie, se ganó su espacio y respeto a sangre y fuego, sobrevivió por su genialidad. En ese mundo que se estaba consolidando en la Medellín de esos días eras depredador o presa.

Esto dice el libro en el que según se basan sobre ese personaje fusionado:

LA PARÁBOLA DE PABLO, Alonso Salazar, página 51:

Pestañas llevó al altar a Griselda Blanco — caribeña, tronco de hembra, hija de prostituta—, que quedaría prontamente viuda y se haría mítica en la guerra. Por qué en trinidad, en el barrio de la Santísima Trinidad, la vendetta mafiosa tuvo su primer escenario. «Fueron los propios socios los que le pusieron la piyama de madera a Pestañas —cuenta Arcángel—, celosos de su creciente poder, lo mataron en una estación de gasolina, a tres cuadras del aeropuerto Olaya Herrera»

Ahí esta esté ejemplo sacado del libro en el que dicen basarse. Y que creemos que es el personaje que sale en la serie como quien les enseña a Pablo Escobar y a su primo el negocio de la cocaína. Puede apreciar el lector y juez como ese mundo que apenas empezaba a desarrollarse y en el que Pablo Escobar se estaba inmiscuyendo, se tenía que tener un sexto sentido para sobrevivir. Además de los sentidos bien agudizados se debía tener la disposición para pegar adelante, antes de que lo hicieran contigo.

Este tal *Pestañas* que mencionan allí no estuvo lo suficientemente concentrado y por eso lo sacaron del juego. Ya el lector y juez puede ver la parte tan importante de los inicios de Pablo El Grande que se volaron en la serie.

Del éxito y poder que iba teniendo Pablo Escobar también tuvieron celos y envidias muchos. A él también trataron de matarlo en infinidad de ocasiones, más su genialidad siempre fue mayor. Solo lo pudieron destronar cuando se unieron todos los que querían su imperio, entre quienes estaban los Estados Unidos de Norte América. Si el país más poderoso y criminal del mundo tuvo que aliarse con bandidos y narcoterroristas para poder matarlo ¿Para quién deben ser los honores entonces?

Ramoncachaco fue en la vida real un legendario bandido de la Medellín de los 60, inspiración para muchos jóvenes de clase baja de la época, entre ellos Pablo Escobar, quien reconocía que vio en este peculiar hombre un espejo, más que a un ídolo. Fue famoso por asaltar bancos el solo y enfrentarse a tiros con la policía. Su hazaña más popular fue aquella en la que logró alzarse con el botín formando un revuelo a su paso tirando billetes a las calles para que la gente obstruyera a la ley.

Un sello personal de él era su exquisita y peculiar manera de vestir dentro del mundo camaján y malevo al que pertenecía, de ahí precisamente su remoquete de *Ramoncachaco*, por que los *cachacos* son sinónimo de estar siempre vestidos impecablemente. Usaba *Ramoncachaco* impecables trajes de paño verde de mesa de billar, verdes oscuros y en ocasiones oliva con zapatos blancos o de charol vino tinto, calcetines, pañuelos y corbata rojos, blancos o amarillos, todo organizado para que hiciera perfecto corte o combinación. Sus carros siempre de la marca FORD engallados, personalizados, con alta música salsa *vueltabajera*.

Dicen que su muerte tuvo que ver más por la guerra del contrabando de whisky y cigarrillo, negocio al que ya no pertenecía, pero al que estuvo ligado a uno de los bandos enfrentados, y no por el de la coca.

PABLO ESCOBAR. SJ DEFENSA.

En la serie mencionan a los Cuerpos de Paz. Eso sí existió y existe aún. ¿Qué son?

WIKIPEDIA: *El Cuerpo de Paz (en inglés: Peace Corps) es una agencia federal independiente de los Estados Unidos. Fue establecido por el Decreto Ley 10924 el 1 de marzo de 1961 y fue autorizado por el Congreso el 22 de septiembre del mismo año al aprobar el Acta del Cuerpo de Paz (ley pública 87-293). El Acta del Cuerpo de Paz declara que su propósito es: "promover la paz y la amistad mundial a través del Cuerpo de Paz, el cual hará disponible para los países y áreas interesados a los hombres y las mujeres estadounidenses que estén dispuestos a servir y estén capacitados para trabajar en el extranjero, bajo condiciones difíciles si es necesario, y ayudar a las personas de tales países y áreas a satisfacer sus necesidades de mano de obra calificada.*
Desde 1960, más de 210.000 personas han trabajado como voluntarios del Cuerpo de Paz en 139 países.

EL TIEMPO: LOS CUERPOS DE PAZ:
Señor Director en el editorial del domingo 22/98 se glosan las más loables alabanzas a la gestión de John Fitzgerald Kennedy durante el periodo en que ejerció la presidencia de los Estados Unidos. Pero la historia no podrá olvidar que fue en el gobierno de JFK cuando se creó la institución de los Cuerpos de Paz, que eran colectivos integrados por jóvenes rubios egresados de las universidades yanquis, trasplantados, de una, a los Andes suramericanos, que venían mal estructurados por los postulados iconoclastas de los punks y los hippies y que por no tener un destino determinado ni una misión loable se entregaron al ocio, descubrieron la marihuana y de esta forma le dieron inicio a una pesadilla de la cual América entera aún no despierta.

La afición de los niños gringos por la maracachafa se convirtió en un problema multiforme, porque desde entonces se intensificó la producción, el tráfico y el consumo de ésta, y posteriormente estos mismos procedimientos se aplicaron a la cocaína y a la morfina.

REVISTA SEMANA: VUELVEN LOS POLÉMICOS CUERPOS DE PAZ.

Fueron acusados incluso de enseñar a los c a m p e s i - n o s cómo elaborar cocaína. El propio Víctor Mosquera Cháux, ex presidente de la República y embajador en Washington del entonces presidente Virgilio Barco, se manifestó sobre el tema. "Se dice que los Cuerpos de Paz que vinieron aquí como una colaboración norteamericana para trabajos sociales en los barrios pobres y en las zonas rurales fueron los que enseñaron los procedimientos químicos para extraer productivamente la cocaína de las hojas de coca", *dijo, según consta en el libro 'Genealogías Colombianas' de Julio César García Vásquez.*

Lector y juez, en las posteriores "actualizaciones" de este libro ahondaremos sobre estos famosos Cuerpos de Paz. Qué hicieron o dejaron de hacer, donde estuvieron, que tienen que ver en toda esta historia, que daño irreparable nos hicieron, y cuando nos deben los Estados Unidos por el daño causado por sus niños genios al enseñarnos la extracción de la cocaína.

Los de la serie, los Galán y los Cano, que le tienen un pánico a los norteamericanos —seguro les tienen secretos guardados con el rótulo de clasificado en el pentágono—

ni siquiera se dignan a insinuar que fueron o como influyeron los famosos Cuerpos de Paz en la historia del narcotráfico, en donde los colombianos, los alumnos, somos los malos.

Los Cuerpos de Paz nacieron para mostrar la cara humilde de los Estados Unidos e intentar frenar la efervescencia comunista en constante ascenso que se vivía en la América Latina de aquellos días.

De todos modos, hay que abonarles a los gringos l a intención de mejorar en ese aspecto, aunque eso no haya salido del todo bien. Pues fueron los integrantes de estos grupos los que al conocer la planta sagrada en Perú y Bolivia idearon un "mal" uso o uno distinto. Fueron los pioneros —por la facilidad que tenían para moverse por toda América Latina— en traer la hoja a Colombia y procesarla en pequeños e improvisados laboratorios para su consumo personal, en cuyo proceso utilizaron mano de obra local. Los colombianos, maliciosos natos, aprendimos rápidos, lo mejoramos y le dimos un toque comercial.

Los norteamericanos nos enseñaron a extraer la cocaína de la hoja de coca, nos enseñaron a meterla de contrabando a los Estados Unidos y nos inducen con su insaciable mercado a producirla y los malos somos los colombianos. Según los apátridas lambones Lara, Cano y Galán.

PABLO ESCOBAR, EL PATRÓN DEL MAL. Episodio 1, minuto: 33.

En esta escena recrean al joven Pablo Escobar en su casa, en el pequeño taller de bicicletas de su hermano *Peluche*, teniendo los dos un dialogo.

Pablo Escobar le muestra su descontento por el precario taller de bicicletas que tiene en ese espacio y le insiste a su hermano en que se vaya a trabajar con él y deje ese modesto negocio.

Lector y juez, le voy a anotar lo que dice el libro en el que dicen basarse sobre el hermano de Pablo Escobar a esa edad, para que usted no se quede con esa imagen que le venden en la serie:

LA PARÁBOLA DE PABLO, Alonso Salazar, página 44:
El Osito alternaba su trabajo con su afición a las bicicletas, corrió en la vuelta a Colombia y en diversos clásicos ciclísticos a los que Pablo lo acompañaba. Luego asistió a cursos especializados en Alemania y dirigió, como técnico, selecciones de Colombia que compitieron en diferentes países. La liga de ciclismo de Caldas lo contrató como entrenador. En Manizales se encontró con una ciudad donde las bicicletas prácticamente no existían y, con espíritu de negociante, montó la <u>Fábrica de Bicicletas Osito</u>. Una empresa que le dio una vida prospera pero que no lo salvó del empuje de su hermano Pablo, quien terminó arrastrándolo en el remolino de su desmedida riqueza, de sus guerras y de sus tragedias.

Puede ver la "pequeña" diferencia entre el *Osito* de la vida real y el 'Peluche' de la serie. Mida la fidelidad de la serie con el libro y con hechos reales.
Roberto Escobar emprendía una fábrica de bicicletas en otra ciudad y en la serie le ponen un pequeño taller de bicicletas en el garaje de su casa.

Tampoco muestran por ningún lado al ciclista y entrenador profesional que llegó a ser el hermano de Pablo Escobar.

Esto se está referenciando porque siempre ha sido motivo de burlas desde Bogotá la Fábrica de Bicicletas El Osito, decían con ironía que toda la plata de los Escobar la habían hecho vendiendo bicicletas. Decir que Roberto Escobar fue ciclista profesional y **representó** a Colombia es algo positivo, por eso lo borran de la historia, la directriz es vender solo lo que haga ver mal al Magno.

Hablando de ciclismo, usted debe saber que Pablo El Grande fue requerido para que apoyara el equipo de Colombia que participaría el en Tour de Francia, a principio de los años 80, después de que el equipo que él patrocinara en la vuelta Colombia saliera ganador. Él estuvo dispuesto a hacerlo, pero desde Bogotá, se opusieron para evitar que siguiera ganando reconocimientos por sus apoyos al deporte.

PABLO ESCOBAR, EL PATRÓN DEL MAL. Episodio 1, minuto 53.

En esta escena Pablo Escobar está limpiando un carro mientras espera a su patrón. Cuando este sale ve que Pablo Escobar ha puesto una calcomanía que dice: "República Independiente Antioquia Federal".
Alguacil se ríe de él, Pablo Escobar le dice que Antioquia debería independizarse de Colombia, Que Antioquia tiene los recursos suficientes para mantenerse sola.

Esta escena no aparece en la serie que se encuentra en

Netflyx, ya la quitaron.

Miremos lo que dice originalmente en el libro:

LA PARÁBOLA DE PABLO, **Alonso Salazar,** página 48:

Adquirió un viejo automóvil Zastava y aportaba dinero para la casa, dos razones suficientes para que su madre no lo enjuiciara y pusiera oídos sordos a rumores callejeros que lo tildaban de bandido. Lo primero que Pablo puso en el parabrisas trasero de su automóvil fue una calcomanía que decía: «Antioquia federal», porque compartía la idea, generalizada entre los paisas, de que constituían una especie de raza superior a la del resto delos colombianos y de que, si lograban mayores niveles de independencia frente al gobierno central de Bogotá, su desarrollo se multiplicaría. Esta visión la resumía, como la mayoría de los medellinenses, con una frase corta pero contundente: «Los paisas somos unas putas para todos»

Este episodio que en la serie recrean sin ninguna trascendencia es algo de suma importancia: Aquí estamos hablando de un Pablo Escobar joven y sin dinero. Sus posiciones políticas en este momento solo pueden generar risas, burlas.

Con esto le estoy mostrando a usted, lector y juez, varias cosas:

1: Que Pablo Escobar era un político desde antes de ser narcotraficante. Por lo que es más acertado y justo llamarlo político que narcotraficante.

2: De qué posición o tendencia política era él.

3: La 'rivalidad' que ha existido siempre entre Bogotá y Antioquia. O mejor dicho entre los *paisas* y los *cachacos*. Aún existe hoy.

4: Como aquello era un sentimiento de la inmensa mayoría de los antioqueños.

Una cosa es un muerto de hambre con ideas independentista, y otra cosa será un grupo de *paisas* con millones de dólares a su disposición y el negocio más rentable del siglo XX bajo su control e ideas independentistas. Eso fue pasar de la utopía a la realidad.

Lector y juez, le pido que me tenga ese cabo para que lo atemos después. Cuando Pablo Escobar anuncie la creación del movimiento armado Antioquia Rebelde, en el 1993. Ya usted puede ir entendiendo las verdaderas razones por las que de Bogotá mandaban a mercenarios a asesinar a los *paisas* indómitos y por qué los estos ponían bombas en Bogotá. Y no el cuento idiota de que los *paisas* sin abolengo eran los malos y los *cachacos* finos los buenos.

PABLO ESCOBAR, EL PATRÓN DEL MAL. Episodio 1, minuto:40.

Alguacil invita a Pablo Escobar a un barrio llamado la Santísima Trinidad, lleno de prostitutas, vendedores de vicio y en general gente malandra. Después de ver una pelea de gallos, *Alguacil* presenta a Pablo Escobar y su primo Gonzalo con Graciela Rojas. La presenta como la persona que manda en ese barrio. Graciela le da la bienvenida al barrio de la Santísima Trinidad, nombre irónico según les dice, porque en ese barrio lo único que no hay son santos. El nombre es una burla.

Graciela les dice que hace un tiempo un alcalde reunió a toda la basura social y los llevó para ese sitio bajo el nombre de zona única de tolerancia. Que justo donde ellos están parados cayó el avión en el que se accidentó y murió el cantante Carlos Gardel. Que allí todos son hijos de viciosas, borrachas y ladronas y, que ella es una hija de puta.

Miremos lo que dice el libro:

LA PARÁBOLA DE PABLO, Alonso Salazar, página 49:

Se equivocan quienes piensas que Pablo es el principio y el fin del traqueteo, como se llamó desde entonces al narcotráfico. (Traquetear, no es, como muchos piensan, por onomatopeya, disparar, sino traficar.) Aquí, en este barrio de la Santísima Trinidad, el tráfico ya tiene una larga trayectoria. Esta barriada proletaria de las periferias de la ciudad, sobre cuyo cielo explotó el avión en el que murió el cantante Carlos Gardel, terminó siendo un centro de delincuencia después de que un alcalde la declaró, por ser lejana y de pobres, como zona única y de tolerancia. A pesar de que el párroco y las madres católicas, Virgen del Carmen a la cabeza, marcharon en protesta, las volquetas del municipio llegaron repletas de putas que se quedaron para siempre.

Lector y juez, me es necesario rogarle que tenga este cabo pendiente, para atarlo a su debido momento. Mire bien que clase gente dice que era y en general como era ese barrio.

Ahora le mostraré lo que dice el libro sobre quien era Griselda Blanco, a quien creemos que tratan de recrear como

'Graciela Rojas' y de quien no hacen mayor mención en la serie:

LA PARÁBOLA DE PABLO, Alonso Salazar, página 53:

Griselda —corazón duro—, olvidó rápido se casó con otro Darío, Darío Sepúlveda —Hombre Bravero, de vicio y revólver— y para que no quedara duda de quienes eran y que querían bautizaron a su primer hijo como Michael Corleone. Sepúlveda la envolvió en mil guerras por el control del negocio, pero murió rápido, y ella heredó su poder y la guerra que se prolongó hasta finales de los setenta. Con sus hijos convertidos en tropa, con muchachos de barriada como matones, con cómplices en el ejército y la policía, con periodistas silenciados, creció la leyenda de la temible Griselda, la reina de la coca: <u>que mató al padre de uno de sus hijos; que mandaba a ejecutar a sus propios socios y, para completar la trama, asistía al sepelio como la más dolida de las mortales y pagaba los gastos del entierro; que tenía un anillo de la reina Isabel; que mataba a sus amantes tras las bacanales</u>… tantas realidades y leyendas que le hicieron merecedora en la literatura gringa sobre narcotráfico del título de la Viuda Negra. El propio jefe del B-2, la inteligencia del ejército en Medellín, advertía a los periodistas: «Con mañitas, esta vieja es muy verraca, muy brava, no jodan con esa vieja Griselda, déjenla tranquila».

Lector y juez, esto apenas es el comparativo entre la serie y el libro en el que dicen basarse, imagínese cuanta más información no hay sobre este tema. Hay material por revisar para toda una vida.

Vea como queda claro que cuando Pablo Escobar se asomó por esos lares, ese negocio ya existía. También puede ver las "cualidades" que le atribuyen aquí a la *Viuda Negra*, tal vez jefa máximo de ese gremio.

Ahora piense para sus adentros que actitudes o actos debe hacer Pablo Escobar para sobrevivir en ese nuevo mundo.

Entienda por qué nuestra afirmación de que Pablo Escobar era un genio innato y le tocó hacer uso de su talento para sobrevivir en un mundo tan despiadado como en el que había caído.

En esos momentos ya muchos habían muerto por no dar la talla en esa pelea.

PABLO ESCOBAR. SU DEFENSA.

1975

PABLO ESCOBAR, EL PATRÓN DEL MAL. Episodio 2, minuto 01.

Aparece el subtítulo AÑOS DESPUÉS.

Pablo Escobar con su primo Gonzalo asaltan un banco, con unas medias veladas en la cabeza y cara para no ser reconocidos. Allí se encuentran con don Aldemar, lo sacan del banco y lo dejan ir. Él los reconoce.

Lector y juez, según la serie, la última vez que salió en escena el Pablo Escobar joven tenía 25 años cumplidos; las palabras AÑOS DESPÚES son con el fin de justificar el cambio abrupto en la fisionomía de los personajes, nada más; porque la secuencia en la historia de la serie —en comparación con el libro— sigue su rumbo sin variar mucho. Fácil y justamente pudieron seguir haciendo estas nuevas escenas con el actor del Pablo Escobar joven, quien tenía en su actitud y apariencia más similitud con el verdadero, el que sí existió, infinitamente más que el obeso que sale a partir de este momento. Es decir que, de un día para otro, literalmente, Pablo Escobar pasó de joven y bien parecido a viejo, feo, obeso y grotesco. Pasó de tener ojos cafés a tener ojos verdes diabólicos. De tener una dentadura perfecta a tener una *pelea de perro* en los dientes, de hablar pausado y contundente a gritón e insensato; entre otras múltiples características que les iré señalando y que tienen el claro objetivo de perjudicar a Pablo Escobar en su imagen.

Esto no sería relevante si no fuera por lo siguiente: los actos delictivos que ellos le endilgan a Pablo Escobar y su primo en esa etapa de su vida se ven muchos más feos en unos hombres viejos como los que actúan en la escena del robo al banco, que si las hicieran unos jóvenes como los que venían actuando hasta ese momento. Se ve mucho más mal que sea un atracador de bancos un viejo cuarentón y pipón, que un joven de 20 a 25 años.

Quiero que note una vez más el lector y juez la mala fe de quienes hicieron esa serie.

La última escena que hicieron con el Pablo Escobar joven fue su encuentro con Griselda Blanco —'Graciela Rojas'—, después del festejo de su cumpleaños el 2 diciembre de 1974 —Que hay versiones que él nació fue un 1 de diciembre— es decir su cumpleaños número 25. El hijo real de Pablo Escobar, Juan Pablo Escobar, nació en febrero del 1977. En la escena del robo al banco Pablo Escobar ni siquiera se había casado con la madre de este, lo que indica que Pablo Escobar podría tener en realidad un máximo de 26 años cuando aconteció el supuesto robo al banco.

Compare las escenas en la que andan en moto el Pablo Escobar joven y su primo revendiendo cigarrillos, robando lapidas —según ellos— o simplemente soñando despiertos con ser millonarios, con la escena del Pablo Escobar viejo y pipón que anda con su primo viejo y pipón en la misma moto pequeña, robando bancos. Compare y diga cuál de las dos se ve más patética y digna de censura o repudio.

Hay actos que según la edad son más entendibles o tolerables, porque son conductas propias de esas edades, incluso son motivo de festejo cuando son ya recuerdos. Pero esos mismos actos realizados por una persona cuya edad ya no es la apropiada para ellos, producen reproche, porque se entiende que debió ser una etapa superada.

Este es el caso aquí lector y juez, la mala fe que le ponen al poner actos que no son tan censurables si las realiza un 'pelao', como sí lo son si las realiza un viejo rucho y pipón como el que mañosamente ponen en la serie.

Todo lo contrario, lo veremos con los enemigos de Pablo Escobar en esta serie —cuyos familiares pagaron por ella— que les favorecen en exceso con cualidades que nunca tuvieron.

Pablo Escobar a sus 26 años no tenía esa cara de cincuentón y mucho menos esa gordura y esa barrigona.
¿Por qué no pusieron un actor guapísimo y con cuerpo atlético? Porque el propósito de ellos es mentir para que usted inconscientemente desprecie a Pablo Escobar y, por defecto glorifique a sus parientes; que no son tan santos como ellos lo quieren imponer.

Si bien no es correcto que pongan un modelo a interpretar a Pablo Escobar, porque él no tenía cualidades de modelo, tampoco es correcto que pongan de mala fe un personaje antipático y patético para que lo interprete, porque eso es inducir al lector y juez —allá es televidente— a que juzgue el producto por el envase.

Ese patético y descuidado "Pablo Escobar" que ponen los dueños de la serie, siempre está comiendo y hablando con la boca llena. Lo ponen como un glotón y *wache*. Un bobo grande, solo falta que se le salga la baba diciendo: ama, cuando se dirige a su madre, y ella le dice *niño*.

Si bien Pablo Escobar nunca quiso ser culto ni fino —por más dinero que tuvo— los diversos testimonios e imágenes que hay, hablan de una persona educada, mesurada y parca, que en nada corresponde al repugnante "Pablo Escobar" de la serie. Eso lo ponen así los enemigos del Pablo Escobar verdadero, que pagaron por esa serie para hacerlo ver mal y ellos poder quedar bien y, probablemente también pagaron a algunos periodistas de "prestigio" nacional para que los aplaudieran a ese mamarracho... ¡Y los aplaudieron!

Más adelante el lector y juez, verá si ponen a Galán y Lara más viejo de lo normal, obesos y grotescos. Verá el trato diametralmente opuesto que les dan a unos y otros ¿Por qué será que a los suyos los favorecen y desmejoran a quien los combatió?

Hay testimonios de quienes conocieron a Pablo Escobar en esa edad que aseveran que nunca hubo tales atracos a bancos, que su ilegalidad siempre consistió básicamente en contrabandear, cosa que valga decir, hacía con gran agrado, pues consideraba que a quien hacia mal era al gobierno, quien le robaba al pueblo. Es decir, no sentía remordimiento alguno, pues consideraba que era un ladrón que le roba a un ladrón. Además, se dice que el impuesto que dejaba de pagar al gobierno se lo descontaba a sus clientes. Si mira con atención el lector y juez concluirá que esta sí era la verdadera época del Pablo Escobar Robín Hood.

Los tales atracos a bancos nunca existieron, son un elemento más de la campaña de desprestigio en su contra.

Ahí están las dos imágenes para que el lector y juez diga cuál de ellas le parece más grotesca o ridícula de pillos en moto. Así cambiaron los personajes de un día para otro. Y estos dos últimos mueren así prácticamente dos décadas después.

Mire y juzgue si hay o no malas intenciones detrás de estos amañamientos:

LA PARÁBOLA DE PABLO, **Alonso Salazar,** página 65:
Iniciado el año 1978, Pablo se deja crecer bigote lo caracterizaría el resto de su vida.

Puede ver el lector y juez que el mismo libro en que dicen basarse era claro en ese detalle: 1978, no 1974.

Preste atención al Gustavo Gaviria que ponen —'Gonzalo' en la serie—, que tienen una *patas de gallina* en la cara tan grandes que ya parecen de pavo.

Ese robo a un banco no está registrado en el libro en el que dicen basarse. En cuanto a esos actos el libro resume:
LA PARÁBOLA DE PABLO, Alonso Salazar, página 55:
Ya era 'vox populi' que Pablo y Gustavo se le medían a todo: se decía que robaron un camión con mercancías en la carretera de Gómez Plata y se convirtieron en pioneros de la piratería terrestre; que robaron diez automóviles de la Renault que regalaron a sus amigos, entre ellos Humberto Buitrago, un empleado judicial, vecino de su barrio que les hacía algunos favores; que asaltaron el teatro Manrique; que tenían una moto roja por un lado y blanca por el otro para despistar a las autoridades; que con esa moto roja —que Pablo guardó como recuerdo por muchos años— asaltaban bancos; se alquilaban como pistoleros... que Pablo conducía mientras Gustavo disparaba.

Ya puede ver que no son específicos con ningún robo en el banco, por ende, todo lo que en la serie se desprende de ese robo imaginario es ficción o inventos de ellos. Ya habíamos anotado que ese tal 'don Aldemar' nunca existió, por lo tanto, es mentira o ficción su muerte a manos de Pablo Escobar, Gustavo Gaviria y el tal 'Chili'. Es preciso que esto quede claro para lo que vendrá más adelante. Además, todos estos supuestos delitos atribuidos a Pablo Escobar y Gustavo Gaviria narrados en el libro son mucho antes a la fecha ubicada en la serie. Eran muchos más jóvenes, más pelaos, sin menos dineros.

Esa moto tuvo un alto valor sentimental en la vida del Magno, la conservó cuanto pudo, quiso hacerle un pedestal con la inscripción: A TÍ TE LO DEBO TODO cuando lo dejaran vivir en paz, nunca pudo, no lo dejaron en paz.

PABLO ESCOBAR, EL PATRÓN DEL MAL. Episodio 2, minuto 13.

En esta escena se recrea a Pablo Escobar en la cárcel, en la celda del *Aguacil,* en donde este espera la visita de un importante político y abogado.

Pablo Escobar come mientras habla con su patrón.

Lector y juez, lo que tratamos de resaltar aquí es la manera grotesca como ponen a "Pablo Escobar" —el adulto— comiendo como un cerdo y sin ningún mínimo de educación.
Come como un cerdo, habla con la boca llena, se chupa los dedos, brinda la mano sin limpiarse… En fin, un personaje repugnante y asqueroso. Ese es el "Pablo Escobar" inventado de la serie, que en poco y nada se parece al gran guerrero *paisa* que algún día vivió. El de la serie es el que hubiesen querido los Cano y los Galán que hubiese existido, en el lugar del que les ganó la guerra.

Este es otra prueba que le brindo para que vea la mala intención, la disposición de mentirle y de dañar el nombre de Pablo El Grande a fuerza de mentiras ¿Si Pablo Escobar fue tan malo, por qué tienen necesidad de llegar a esas ruines artimañas? ¿Será que no fue tan malo como lo venden?

En ninguna parte del libro en el que dicen basarse dice que Pablo Escobar comía así o que era mal educado en la mesa o en su vida en general. Totalmente lo opuesto, todo el mundo sabe que era educado, hasta para mandar a neutralizar.

Sí dice que Alberto Santofimio, político de talla nacional, visita a don Alfredo, patrón de Pablo Escobar, cuando estos estaban detenidos por causas diferentes. Pero en otra parte del mismo libro habla es de Guido Parra, posteriormente el abogado más notorio del equipo jurídico de Pablo El Grande.

En este libro, en el capítulo del año 1974 colateralmente le decimos la razón por la que estaba preso *El Padrino* – 'Alguacil'— cuando Pablo Escobar fue detenido. Porque esa coincidencia de cárcel se dio por el año 1974 y no en la cronología que llevan en la historia de la serie y, que fue allí donde se conocieron.

Es que en la serie pintan a *El Padrino* como un próspero contrabandista, en rasgos generales, pero en el libro son más amplios en su definición, ese señor era lo que se entiende por peso pesado. Financiaba campañas presidenciales, campañas a Senado y a la Cámara de Representantes.

Mire:

LA PARÁBOLA DE PABLO, Alonso Salazar, página 53:
En 1974 se agitaba en el país una gran contienda electoral. Se disputaban la presidencia dos delfines, Álvaro Gómez — hijo del expresidente Laureano Gómez, el godo, arrasador con el discurso e instigador de la sangre— y Alfonso

López Michelsen, quien en los años cuarenta había ocasionado la renuncia de su padre, Alfonso López Pumarejo, a su segundo periodo presidencial por graves acusaciones de corrupción.

El Padrino, famoso desde joven por borracho, mujeriego y pendenciero, apoyó a Álvaro Gómez, de quien le gustaba su talante moralista y represivo. Pero ni modo, Alfonso López, quien simbolizó para su campaña como un gallo de pelea, le ganó. Y tuvo como su padre, escándalos de corrupción.

Sin Embargo, el Padrino perdió solo en parte porque también había apostado a las ligas menores <u>y logró elegir a varios senadores y representantes de su bolsillo.</u> En diciembre de 1974 se debatía en el Congreso de la República sobre su influencia en la clase política conservadora. El Padrino contó con la defensa incondicional del parlamentario Guido Parra —un abogado alto, de nariz prominente y aguda inteligencia—, quien años más tarde habría de ser vocero público de Pablo.

Mientras la prensa conservadora de Medellín guardaba silencio frente a los manejos políticos del Padrino, la prensa liberal de Bogotá parecía dispuesta a meter el dedo en la llaga. A medida que a polémica se calentaba, Pablo, que la seguía con pasión, recortaba y guardaba celosamente los extensos artículos que ante sus ojos aparecían como pruebas fehacientes del poder de su patrón.

Esto es solo una parte de lo que dice el libro sobre el poder en la política y las fuerzas públicas que tenía *El Padrino*, el verdadero, No es el *pelagato* que a duras penas muestran en la serie.

Mire como dice que para las elecciones presidenciales de 1974 se la peleaban dos hijos de expresidentes. Eso le da una idea de lo que es la oligarquía en Colombia. En esos tiempos era peor que hoy. Ese ejemplo es demasiado evidente de cómo el poder político en Colombia está concentrado en un puñado de familias —bogotanas—.

Debe tener esto muy pendiente, porque un poco más adelante en esta historia de familias poderosas alternándose el poder, llegará un jugador extraordinariamente inteligente, con abundante dinero y capital popular, pero hijo de una maestra y un campesino: lo satanizaran y luego lo mataran para que no llegue al poder.

Una persona que invierte en elecciones presidenciales y financia campañas legislativas no es ningún simple contrabandista.

Puede ver usted lector y juez como dice en el aparte que hemos trascrito que en el año 1974 se debatía en el Congreso sobre sus influencias en el Partido Conservador, uno de los dos más grandes del país en esos días. No es cualquier 'hijo de madre' que suscita un debate en el Congreso entorno a él.

También debe tener en cuenta donde dice: *Mientras la prensa conservadora de Medellín guardaba silencio frente a los manejos políticos del Padrino, la prensa liberal de Bogotá parecía dispuesta a meter el dedo en la llaga. ¿Por qué? Porque en esa prensa liberal de Bogotá que mencionan allí se encuentra Guillermo Cano y su periódico El Espectador.*

En este momento de la historia Pablo Escobar es un muerto de hambre, un 'bandido' de poca monta. Pero, un día poco lejano, esa misma prensa liberal enfilará baterías, ya no contra *El Padrino*, sino contra quien era su trabajador y discípulo. O visto de otro modo: Pablo Escobar heredará este conflicto.

Puede notar con este ejemplo como la prensa liberal atacaba los políticos conservadores. Es decir: la prensa metida en peleas políticas. Ya usted puede ir tejiendo el por qué cuando Pablo Escobar ingrese a la arena política nacional, cierta prensa y ciertos periodistas viejitos liberales lo atacarán sin clemencia y pedirán de manera soterrada primero, y después abiertamente, que lo asesinen. También dice el texto que hemos transcrito y que estamos analizando: *A medida que la polémica se calentaba, Pablo, que la seguía con pasión, recortaba y guardaba celosamente los extensos artículos que ante sus ojos aparecían como pruebas fehacientes del poder de su patrón.*
Este detalle le suplico al lector y juez que lo mastique suave y sin afán: ¿Ha notado que en la serie omiten lo más que pueden todo lo político de Pablo Escobar? La respuesta es muy sencilla: La estrategia es eliminar todo lo político para que él parezca un bandido común y silvestre. Al quitarle lo político a Pablo El Grande justifican la barbarie que cometieron en su cacería. No es lo mismo perseguir y asesinar a un opositor político, que perseguir y asesinar a un narcotraficante, terroristas… Pablo Escobar puede cumplir las dos opciones, ellos convenientemente han optado por difundir una sola.

Mire en el texto como dice que Pablo El Grande seguía con <u>pasión</u> los debates en la Cámara sobre su patrón, ¿cree que una persona que no es política de corazón va a seguir unos debates en el Parlamento?, ¿cree que una persona que no es interiormente política va a guardar celosa y meticulosamente recortes de prensa de un debate político? Las respuestas a esas preguntas deben quedar para usted en su intimidad lector y juez. Usted decide si pasa por tonto ante estos mal intencionados que hicieron esa serie al creerles que Pablo Escobar no era un político —y excelente político, por cierto— desde que nació.

En la serie, en este momento en que su narración, su "Pablo Escobar" nauseabundo ya tiene como 28 años. Y no han mostrado una escena de él leyendo nada. En el libro, por esta misma parte en donde van en la serie, ya dan mención de varios sucesos de Pablo Escobar con la lectura habitual de la prensa.

En las siguientes etapas de este trabajo le iremos mostrando la parte intelectual de Pablo Escobar, la que ellos omiten, porque les da vergüenza haber matado a un genio y quieren hacerlo parecer a costa de mentiras y manipulaciones como un simple bandido.

El joven Pablo Escobar no guardaba esos recortes de prensa de los debates donde su patrón era el centro de la polémica como prueba del poder de *El Padrino*, como colige el escritor del libro, lo hacía porque dentro de su interior sabía que algún día serian sobre él. Conocía el poder de su inteligencia y esperaba su oportunidad en la vida para desarrollarse. Esas cosas se presientes cuando eres un genio en potencia.

Las elecciones presidenciales que mencionan en el fragmento del libro que transcribimos, fueron ganadas por el liberal Alfonso López Michelsen, quien despidió a Mario Galán, gerente de Ecopetrol desde hacía 11 años, padre de Luis Carlos Galán. Quien era y siguió siendo embajador de Colombia en Italia. Por ese despido Luis Carlos Galán tomo un odio visceral por Alfonso López Michelsen, que hará correr tanta sangre como el petróleo que manejó su padre.

Con este detalle el lector y juez debe quedar enterado que la Elena de la guerra contra la extradición fueron dos cargos burocráticos y una pauta publicitaria estatal. Este apenas es el primero, ahorita le muestro los otros.

Todo comenzó por este puesto político cuando Pablo Escobar era un muerto de hambre que no tenía ni la más remota idea de que le tocaría estar envuelto en toda esta trama.

Así como los habitantes de Hiroshima y Nagasaki no tenían ni idea de que unas elecciones en Alemania años atrás llenaría de sangre y dolor sus existencias.

LA PARÁBOLA DE PABLO, Alonso Salazar, página 70:
El M-19 resonó en los medios de comunicación por la espectacularidad de sus acciones militares. Sus comandos robaron la espada del Libertador Simón Bolívar de su casa museo para tomarla como símbolo de su lucha.

Lector y juez, eso es lo que dice el libro en el que dicen basarse. Supongo que ellos lo querían poner, pero una vez más se les 'olvidó'.

Este cabo queda suelto hasta este punto, más adelante me veré forzado a pedirle que regrese aquí para que lo ate; cuando se den simultáneamente los procesos de paz de LOS EXTRADITABLES y el M-19 con el gobierno de Cesar Gavaria y Pablo Escobar se vea en aprietos para recuperar esta espada que como reconocimiento a su valor le había obsequiado el M-19.

Mire en que año estamos y mire las condiciones en que estaba la vida de Pablo Escobar. Un joven contrabandista, por el que nadie —ni el mismo tal vez— daban un peso. Sus probabilidades de llegar vivo a los cuarenta años y ser uno de los tres hombres más ricos del mundo —supuestamente— eran de una entre cientos de millones. Se necesitaba ayuda divina y demasiada genialidad para llegar a donde llegó este muchacho. Se necesitaba de ambas, una sola no bastaba.

Ni Delfos, ni ningún otro mitológico o prestigioso oráculo hubiesen podido vaticinar la relación que habría de tener el robo de la espada de Bolívar dada en este año, omitida en la serie, y la historia de Pablo Escobar.

Yo le recordaré cuando esta espada robada vuelva a aparecer en esta historia. Mientras tanto sigamos viendo la historia del hasta ahora *lavaperros* Pablo Escobar y desmintiendo la mediocre serie.

PABLO ESCOBAR, EL PATRÓN DEL MAL. Episodio 2 minuto 20.

Es asesinato de una puñalada en la barriga saliendo de un banco don Aldemar, a manos del *Chili*, porque este personaje denunció a Pablo Escobar como quien había sido el asaltante de un banco, motivo por el cual el Pablo Escobar estaba preso.

Lector y juez, el personaje del 'Chili' no existió en la historia real de Pablo Escobar, es inventado, es ficción y, como es una constante en la serie: en detrimento de Pablo El Grande.

Ese personaje de 'don Aldemar', que es el dueño de la tienda del barrio y que lo presentan como una persona correcta, que no se presta para cosas indebidas, es un personaje de ficción puesto allí para resaltar más al monstruo inmoral de "Pablo Escobar" que los Galán y Cano dueños de la serie han montado. Para que usted crea que Pablo Escobar, el que guerreó contra le élite de Bogotá en las calles de Medellín, se placía en matar a gente honorable, como más adelante trataran de pintar que era Galán, Lara y Cano. Ese personaje ficticio, moralista, es puesto allí de mala fe, astutamente, mientras meten en escena a Galán, Lara y Cano, sus pulcros familiares y los 'héroes' de esta historia según sus ellos.

¿Por qué no crearon el personaje de una pobre viejecita que Pablo Escobar ayudó a suplir una necesidad cuando él era un don nadie rebuscador de la vida? Eso sí fue verdad y es de público conocimiento. Eso no lo dicen porque le es favorable a Pablo Escobar y su trabajo es hacerlo ver mal. Si fue tan malo como ellos quieren que creamos, ¿por qué hay necesidad de ocultar información veraz a su favor?, ¿por qué hay necesidad de inventar personajes para que perjudiquen su imagen?

Si han montado todo un melodrama entorno a la muerte de 'don Aldemar' que es un personaje ficticio, imagínese cuanto más melodramático no serán cuando las "victimas" sean sus familiares. Eso no tendría nada de malo, lo malo es que cuando muera gente cercana a Pablo Escobar hasta festejarán y siempre insinuaran que lo tenían merecido.

El personaje que aparece allí, al que han llamado el 'Chili' no existió en la historia verdadera. Algunas voces dicen que tratan de representar a un guerrero de Pablo Escobar que se llamaba John Jairo Arias Tascón, conocido mundialmente como *Pinina, El Monito o J2*. Y como todo lo tocante a Pablo Escobar, mienten siempre en perjuicio de este y los de su lado. A lo largo de este libro les iré resaltando el por qué este no puede ser *Pinina*. Para comenzar le diré al lector y juez que ese apodo se lo dieron a John Jairo Arias Tascón por su parecido físico con la actriz de telenovela argentina Andrea del Boca. Es decir, que si tenía algún parecido a una actriz de telenovela no debería ser tan feo. Contrario al 'Chili' de la serie, que más feo y cara de matón no podía tener. Ya puede el lector y juez apreciar la mala fe. Además, sepa que el actor que lo interpreta había trabajado en una famosa serie de pandillas del narcotráfico —Pandillas Guerra y Paz— en la que él era el antagonista, hasta tuerto era para más miedo. Es decir que el televidente colombiano asociaba esa figura del 'Chili' con la del *Zarco,* el malo de aquella famosa serie de pandillas. ¿Ve la mala intención el lector y juez?

Pinina era bajito, todo el mundo lo sabe, menos los de la serie.

Se dice que una ocasión un carro de Pablo Escobar fue hábilmente robado por un joven mientras paraba en un semáforo. Pablo Escobar hizo buscar por cielo y tierra al pequeño pillo, pero no para castigarlo, había reconocido en la joven habilidad y sagacidad y sabía que si estaba robando no era por ser rico.
Resultó ser un huérfano que vivía uno de los barrios más humildes y peligrosos y que se ganaba la vida de esa forma. Pablo Escobar lo trajo a su lado, lo llevaba con él. El joven le cargada la maleta.
Cuando llegue la guerra, este muchacho llegará a ser uno de los más fierros defensores de su *padre* adoptivo y será el elegido por Pablo Escobar para reemplazarlo y proteger a su familia si él moría primero.

En el transcurrir de esta historia iremos dejando evidencias de la mala fe en este personaje, que al igual que su "Pablo Escobar" solo tienen una que otra verdad a medias, lo demás son falacias mal intencionadas para quedar ellos bien a costa de vender mal a quienes los combatieron.

ODIANDO A PABLO, AMANDO A ESCOBAR. Virginia Vallejo, página 182.

Algunos de sus sicarios tienen rostros terribles y otros, como «Pinina», caritas sonrientes y angelicales.

¿Usted le ve la cara angelical al tal 'Chili' en la serie? Se perece es a Don Ramón, el del Chavo del Ocho.

Según la mala fe que hemos demostrado en la porquería de serie, deduzca el lector y juez quien es 'Chili' y quien es *Pinina* en esa imagen.

LA PARÁBOLA DE PABLO, Alonso Salazar, página 55:
Hay quienes aseguran que en 1975 Pablo viajó a Bogotá como acompañante del Padrino a una cumbre de capos. Se asombró al ver tal despliegue de poder y de lujo. Viajaron en aviones particulares, se hospedaron en mansiones alquiladas exclusivamente para la ocasión y se protegieron con cuadrillas de sicarios armados con metralletas y fusiles. Luego de acordar, entre otras cosas, organizar y financiar bandas armadas para enfrentar a los secuestradores, que por entonces empezaban a proliferar, se despidieron con una estruendosa francachela. Quince de ellos sorprendidos por las autoridades cuando abordaban sus aviones en el aeropuerto El Dorado, salieron pronta- mente libres.

Esto lo dice el libro en el que dicen basarse. Lo dejaremos por aquí como cosa olvidada para retornar a su debido momento a él y darle sentido.

PABLO ESCOBAR, EL PATRÓN DEL MAL. Episodio 2, minuto 13.

PABLO ESCOBAR. SU DEFENSA.

Capturan a Pablo Escobar por el robo al banco, lo hacen mientras está en el parque con su novia *Pati*.

Luego sale Pablo Escobar en su celda hablando con su mamá.

Varias cosas lector y juez: Nunca existió 'Paty'. Creemos que tratan de representar a María Victoria Henao, la esposa y hoy viuda del verdadero Pablo Escobar, conocida como *Tata*. Nunca lo detuvieron con ella presente, nunca lo detuvieron por robar un banco.

En este libro, en el año 1974, dejamos plasmado lo que dice el libro, **LA PARÁBOLA DE PABLO,** página 54, como Pablo Escobar había sido detenido por ser pillado manejando un carro robado, que no quiere decir que él se lo hubiese robado o no.

Quienes hicieron la mediocre serie, en este punto ya habían cambiado de personas a quienes querían cambiar, a 'Peluche', a "Pablo Escobar", a 'Gonzalo', a la mamá de Pablo…. menos a una: 'Paty'. La razón: hacer ver a Pablo Escobar como un pervertido con las niñas, y harán nuevamente las mismas insinuaciones, más descaradamente, en otros episodios. Como hizo la figura de Pablo Escobar hacer caer tan bajamente a los prístinos Cano y Galán con estas burdas mentiras y manipulaciones.

Lector y juez, no es lo mismo ver la niña que hace de 'Paty' siendo novia del Pablo Escobar joven, que ver la niña que hace de 'Paty' besándose y en la cama con el viejo, obeso y feo que han puesto en escena.

La mala fe y la manipulación son descaradas y humillantes.

Cuando Pablo Escobar vivía y tomaba venganza de estos abusadores, pregonaban que era el malo, según ellos. Hoy podemos ver como abusivamente pisotean su nombre y la historia amparados en la impunidad que les da ser hijos de las familias poderosas de Bogotá.

Muchas más mentiras y falacias decían de él desde Bogotá cuando vivía, muchas toleró y otras vengó, y siempre desde la gran prensa bogotana lo vendieron como el malo por defenderse. Aquí vemos como lo pisotean porque no se puede defender. Dejan claro estos abusos que el malo no era Pablo Escobar.

Puede ver el lector y juez la enorme diferencia. En la segunda foto parecen papá e hija.

Contextualizándose en el 1973, no era tan mal visto un noviazgo o un matrimonio con 11 años de diferencia. Además, la historia ha demostrado que aquello fue amor, y el amor todo lo puede, todo se vale y no tiene edades. En el

libro si hacen referencia al disgusto que sentía la familia de Victoria Henao por que fuera la novia de Pablo Escobar, pero más por sus andanzas y futuro poco prometedor o legal que por la edad en sí.
Si eso pasara hoy seguro sería más reprochable, cincuenta años atrás no tanto.

Para que usted corrobore que eso no era mal visto en esa época y que como es Pablo Escobar entonces si es malo, le cuento que Rodrigo Lara conoció a su esposa cuando esta tenía 13 años y el 23, se formalizaron cuando ella tenía 16 y el 26, es decir 10 años de diferencia, pero como es Lara los Pepes calladitos.

La esposa de Galán era mayor que él, eso sí era un criticable para esa época.

En la escena del "Pablo Escobar" de la serie con su mamá en la celda donde paga condena, el dialogo es irrelevante; solo anotamos que es más que ridículo ver a la mamá llamándolo *niño*, besándolo en la frente y echándole la bendición y él, diciéndole: *si amá, no amá*, como todo un bobo grande.
Lo que quiero mostrar es una vez más al cerdo comiendo. El mismo bobo grande que han inventado ellos, con los mismos repugnantes malos modales.

El actor que representa a "Pablo Escobar" en la serie, en su vida real tiene, cuando grababa, problemas enfermizos con la comida; el verdadero Pablo Escobar no tenía esa enfermedad, pero vemos que se la han agregado. El único personaje que sale comiendo 'infinidad' de veces durante la serie —y de manera despreciable— es Pablo Escobar; ahí se puede dar cuenta el lector y juez la clara intención de perjudicar a Pablo El Grande, y no de contar la verdadera historia como dijeron.

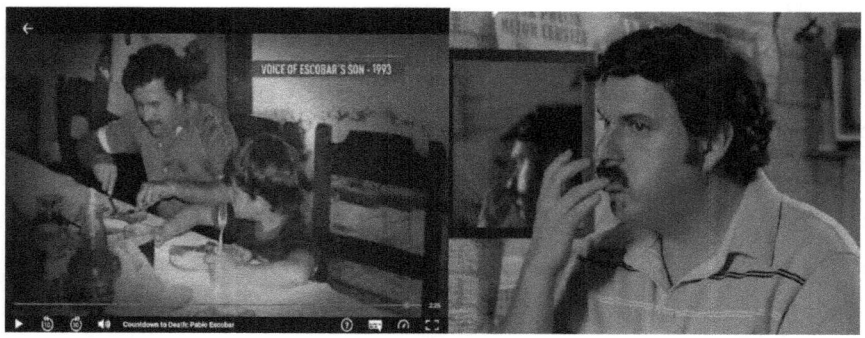

Esa es una imagen real de Pablo Escobar comiendo. Come como una persona normal, no con la torpeza del cara de mongólico de la serie. La otra es de la escena inventada de mala fe en la que come como un cerdo, habla con la boca llena y se chupa los dedos asquerosamente antes de extender su mano para saludar.

El perfil que se conoce de Pablo Escobar como persona calmada, fría, meticulosa… no es compatible con el glotón que come como cerdo en la serie.

Ninguna de esas malas costumbres las tenía el verdadero Pablo Escobar, El Patrón de patrones, todas esas groserías se las ha puesto la elite de Bogotá, así como durante la guerra le pusieron muertos y bombas que Pablo Escobar nunca ordenó o que hicieron ellos mismos.

A todas estas bajezas y muchas más en toda esta serie han recurrido los Cano y los Galán para poder vender mal a Pablo El Grande, porque si dicen la verdad son ellos los que quedan como los malos.

1976

PABLO ESCOBAR, EL PATRÓN DEL MAL. Episodio 3 minuto 07.

Capturan por segunda vez al *Alguacil* en medio de una fiesta que Pablo Escobar ha organizado en su casa con la gente del Barrio. La captura se da en medio de una pelea entre Pablo Escobar y Fabio por el noviazgo de este y la *Paty*.

Lector y juez esto no está en el libro en el que se basan; es decir, nunca pasó en la historia real. No hubo tal pelea por Victoria, ni la captura del *Padrino* se dio en circunstancias así. Seguramente sí hubo fiestas para la gente del barrio organizada por Pablo Escobar cuando aún era pobre.

Ya le hemos anotado que *El Padrino* —'Alguacil' en la serie— no era tan folclórico ni tan chichipato como lo han pintado. Le hemos mostrando otros testimonios de este señor para que usted compare. El libro en el que dicen basarse lo definen mejor que en la serie:

LA PARÁBOLA DE PABLO, **Alonso Salazar,** página 56:
Las acusaciones contra el Padrino no cesaron. Lo denunciaron ante la Presidencia por infiltrar y sostener negocios ilícitos con más de 260 agentes del Estado y por supuesta participación en el homicidio de testigos. A pesar de las extensas acusaciones, solo se le pudo detener de nuevo, en un caso parecido al de Al Capone, por un delito insulso: Le hallaron en su edificio un circuito de televisión sin documentos legales. En el allanamiento también se le encontraron una balanza y otros indicios de narcotráfico. El pro-

ceso le correspondió a una joven juez de instrucción aduanera. El Padrino fue otra vez a la cárcel y pagó un año de condena tras el cual se fue a la caribeña ciudad de Cartagena.

*El Padrino otra vez a la cárcel, en El Tiempo, jueves 29 de marzo de 1979.

Lector y juez podemos ver en la transcripción del libro que este verdadero *Padrino* y el que recrean en la serie poco y nada se parecen. El verdadero tenía bastante más aproximación al *Padrino* del libro de Puzo.
Podemos ver cómo dice que lo acusaron con el presidente, ¿desde dónde manda el presidente y de donde era? De Bogotá. Atento a la latente rivalidad de *paisas* y *cachacos*. En el mismo libro, en pasajes que he reseñado en otros apartes, vimos cómo dice que la prensa liberal de Bogotá no lo perdía de vista por su injerencia en el Partido Conservador. Por cierto, el presidente de ese entonces era Liberal. Un lector y juez agudo notará al instante que eso tenía política de por medio.

Vemos en el escrito como la prensa capitalina lo define como corruptor y asesino. En el mismo escrito dicen que nada de eso se le pudo probar y, que lo detuvieron por una estupidez, por tener un monitor y unas cámaras en su casa introducidos al país sin legalizar. En la serie, en el capítulo 1, minuto 31 con 25, se recrea el momento en que instalan el equipo de monitoreo en el que se basan para la segunda captura del *Padrino*. Que no fue en medio de una fiesta ni en la fecha que dan en la serie. Dice que además se le encontraron una balanza y otros indicios de narcotráfico. Si ese allanamiento se hubiese hecho una década después, en plena guerra dirigida desde Bogotá contra los *paisas,* seguro que también hubiesen encontrado detonadores y dinamitas, como veremos que lo harán en otros allanamientos donde siempre encontraban lo que justamente necesitaban para meter a personas inocentes —pero en contra de los deseos de Bogotá— a la cárcel.

Vemos como dice que solo pagó un año de cárcel. O era tan poderoso que logró salir en tan poco tiempo con todo ese expediente o, las cosas que vendieron de él la prensa de Bogotá para propiciar su captura no eran muy ciertas, como sucede con frecuencia.

En otro lugar del libro de donde según se basan para la serie dice que después que salió de la cárcel *El Padrino* se retiró del negocio porque en su ausencia *los negritos y pobres de Envigado, Aranjuez y el barrio Antioquia se habían apoderado de negocio y estaban imparables.*

Todas estas reseñas que se hacen a esta parte de la historia son por su importancia más adelante en la misma.

Lector y juez, a su momento, les mostraré como Rodrigo Lara, ministro de Justicia, utilizará la misma estrategia —desde Bogotá casualmente—, de meter preso a contradictores políticos con mentiras o delitos pequeños, ya no contra *El Padrino,* sino contra el Patrón: Pablo Escobar. Con una leve pero significativa diferencia... Este sí peleará hasta la muerte y eso no se lo esperaban.

Con una jugada parecida habían cogido a Al Capone en los Estados Unidos. Con una maña parecida Lara tratará de callar a Pablo Escobar cuando lo desenmascare ante el Congreso por aliarse a escondidas y recibir dinero de unos narcotraficantes, mientras en público decía no gustar de ellos.

En la serie esta detención se da en el año 1976, aproximadamente, pero en el libro dice sin titubeos que fue en el año de 1979, este pequeño detalle influye en algunas mentiras de la serie que le iré anotando.

PABLO ESCOBAR, EL PATRÓN DEL MAL. **Episodio** 3, minuto 24.

Pablo Escobar se fuga con *Paty*, su novia, de su casa. Fabio y su familia la buscan desesperadamente, descubren que van en un vuelo que se dirige hacía Cali y alertan a su abuela que vivía en esa ciudad para que los atrape al llegar. La abuela los detiene, increpa a Pablo Escobar y condiciona su noviazgo a que se casen. En una iglesia de Cali, se casan, en una ceremonia simple.

Lector y juez, note como se ve más feo ver a un señor con aspecto de tener cincuenta años casándose, besando y haciendo el amor con una adolescente de solo 15 años, pregúntese ¿Por qué no hicieron la escena con el actor que representaba al Pablo Escobar joven, de 24 años? ¿Pregúntese el por qué no cambiaron la actriz niña por la que después va a hacer el papel de la 'Paty' adulta? ¿Nota la mala intensión? Si Pablo Escobar fue tan malo como ellos dicen, ¿por qué hay necesidad de hacer esas ruines manipulaciones? Toda la intensión es que se le desprecie.

¿Si él fue tan malo por qué tienen la necesidad de llegar a estas mentiras?

Mire como se ve de feo y depravado ese viejo, con cara de cincuentón, y gordo, con cuerpo de hipopótamo, en calzoncillos con una jovencita mujer a su lado.

Pablo Escobar fue el esposo de esa adolescente hasta el último día de su vida, de no haber sido así por cualquier motivo, hoy estuvieran los Pepes de esta serie diciendo cualquier barbaridad por haberla hecho su esposa en aquellos años cuando era una jovencita apenas.

En el libro en que dicen basarse los de la serie, narran a grandes rasgos esto de la escapada y el matrimonio de Pablo Escobar y *Tata*, pero insinúa de mala fe que lo hizo por ambición, porque los Henao Vallejo eran los acomodados del barrio. Lo raro es que este "ambicioso" llegó a ser uno de los hombres más ricos del mundo, con mujeres mucho más bellas que *Tata*, nunca la dejó y se hizo matar por ella y sus hijos. Extraña ambición esa.

Esta es una imagen real del día del matrimonio, note que la diferencia de edades ya no es tan notoria. María Victoria Henao, por su complexión, siempre aparentó más edad, incluso era más grande que Pablo Escobar.

PABLO ESCOBAR, EL PATRÓN DEL MAL. Episodio 3, minuto 30.

Dos agentes de civil del DAI retienen un camión con cocaína oculta, el cual venia custodiado por el *Chili*. Le piden 10.000 dólares para dejarlos ir, este les pide paciencia porque ya viene el jefe.

Llega Pablo Escobar. Sentados en una heladería negocia con los dos detectives encubiertos, que le habían retenido, hecho las capturas y que le pedían un dinero por la liberación del carro, los trabajadores y la devolución de la mercancía.

Pablo Escobar en nombre de su patrón les ofrece un dinero como anticipo a cambio de que le devuelvan la mercancía que ellos le habían incautado. En ese momento le notifican que queda detenido por intento de soborno y tráfico de estupefacientes.

Son detenidos Pablo Escobar, Gonzalo y *Chili*.

Este es un episodio importantísimo que le pido al lector y juez tener muy en cuenta, pues jugará un papel muy crucial en toda esta historia, tanto los detectives que hicieron esa captura, como los cargos por los que fue apresado Pablo Escobar.

Lo que recrean en la serie, es a rasgos generales la versión difundida de aquella historia. Según, el delito que se le imputó a Pablo Escobar es el de intento de soborno y narcotráfico. Es altamente probable que no fuera así, como lo manipulara en su momento Guillermo Cano, Rodrigo Lara y los oligarcas de Bogotá, quienes lanzaron una cortina de humo para sacar del Congreso a un representante electo democráticamente, un enemigo político que los tenía contra las cuerdas y, que había denunciado al ministro Lara por haber recibido dineros de un narcotraficante cuando públicamente denigraba de ellos, es decir posaba de moralista y era todo lo contrario, Pablo Escobar cayó en una celada el día de esa captura.

En esa época de Ecuador y Perú no se traía cocaína, sino pasta de coca y, además, nunca se encontraron registros u otra evidencia diferente a la que mágicamente sacó Guillermo Cano —casualmente— en el momento en que Lara venía en caída libre.

Ninguno de los que estuvo en ese supuesto día vive hoy para ratificarlo o negar lo que se ha dicho. Pero a juzgar por los antecedentes y trayectorias, es fácil deducir que fueron los agentes del corrupto DAS los que los que solicitaron dinero y no que Pablo Escobar se lo ofreció — incluso en la mala serie los agentes son los que le piden 10.000 dólares al 'Chili' para dejarlos ir—. Eso cambia todo, eso es concusión, no soborno. Seguramente los detuvieron por no llegar a un acuerdo en cuanto al monto de la extorción.

Mostraremos testimonios de estos mismos oficiales pidiendo dinero a civiles, eso sin contar lo que todo el mundo sabe en Colombia: que los policías, detectives, agentes de tránsito y prácticamente la totalidad de funcionarios públicos piden plata para todo. Ahora resulta que Pablo Escobar se encontró con los dos únicos agentes del DAS —entidad que fue acabada por corrupta y asesina— honrados y honorables de la Colombia de 1976. Tan de mala suerte era Pablo Escobar que se encontró con los dos únicos angelitos honrados que había en el corrupto DAS, en toda Colombia.

Ya vimos en la historia verdadera, que referenciamos un poco atrás, como a *El Padrino* lo habían capturado cuando traía un contrabando en camiones militares y escoltado por militares, eso le da una idea al lector y juez de que tan 'benditas' eran las autoridades de Colombia en esos años. Pablo Escobar y los demás capturados en aquella ocasión fueron inducidos al delito.

Si ellos supieran que las autoridades eran correctas, como lo son en otros países, ¿iban a ir todos para ser capturados juntos? En la historia verdadera ese día cayeron seis personas presas, inclusive Mario Henao, su cuñado. Eso confirma que darles su parte a los policías era cosa rutinaria, como sigue siendo hoy en día y, que si los capturaron fue porque no dieron dinero suficiente. Pablo Escobar aceptó las peticiones de dinero de los policías porque así es como se sobrevive en Colombia. Los únicos que quieren tapar el sol con un dedo son los Cano y los Galán, dos de las familias más corrompedoras del país.

Aun con lo que recrean en la serie, un buen abogado con poco esfuerzo podría sacar a Pablo Escobar y sus amigos de la cárcel. Y así paso en la vida real.

El delito allí era concusión y lo cometían eran los corruptos agentes del DAS, dos angelitos inmaculados según los Cano y los Galán.

Tampoco era cocaína. Hasta aquí hemos visto que del sur del país o de Ecuador, Perú o Bolivia, se traía era pasta de coca, no cocaína.

¿Si la pasta de coca se la encuentran a un campesino de Bolivia también le llamarían narcotraficante? ¿Quién dice que no era para un jarabe, que se comercializaban legalmente para las dolencias y otros males?

En la misma serie el lector y juez se puede dar cuenta de que de esos países se traía era pasta de coca, no cocaína. Es imposible que hubiese sido así de idílico ese suceso como lo pintan, en el que los honorables agentes de la ley cogen al bandido narcotraficante que intenta sobornarlos. A esa historia solo le falta el príncipe azul y la princesa.

Lector y juez ¿Qué entiende usted por narcotraficante? Según su respuesta Pablo Escobar era o no un narcotraficante en esos días.

En el mismo libro en el que disque se basan dice en la página 60: *Pablo procesaba la cocaína y la vendía a otros grupos, como el de los Ochoa, que la transportaban y vendían en Estados Unidos.*

Ahí queda claro que Pablo Escobar era un fabricador de cocaína, no exportador ni vendedor, por eso no se puede decir que era narcotraficante en esos días.

En la falaz serie, en el capítulo 4, minuto 17:15. Muestran a 'Gonzalo' y "Pablo Escobar" sentados en una mesa de un pequeño bar, ideando como exportar ellos mismo la cocaína que producían a los Estados Unidos, pues los 'Motoa' de la serie no le estaban comprando todos lo que ellos producían, después de un altercado entre ellos, es cuando decide exportar su cocaína a los Estados Unidos personalmente.

El libro dice algo al respecto de eso: *Más adelante como los compradores en Medellín ya no eran suficientes, Pablo se lanzó a la conquista de la ruta del norte, de los Estados Unidos.* Eso está en la página 60 de **LA PARÁBOLA DE PABLO**. No menciona nada de un altercado entre ellos. La demanda americana los sonsacó a exportar, pues allá estaba un mercado hambriento y aquí había mercancía sin quien la llevara.

Aquí lo que se trata de mostrar es que Pablo Escobar no era un narcotraficante de entrada, que no lo era cuando lo capturaron. Y que fue sonsacado a delinquir por los venales agentes del DAS y a traficar por la alta demanda norteamericana.

Lector y juez para quienes conocimos el DAS, era sinónimo de asesinatos y corrupción. Ni en el libro en que se basan, ni en la serie le dicen que este organismo de inteligencia —solo hacían bien su oficio contra los detractores políticos de la élite bogotana— fue creado con el nombre de

SERVICIO DE INTELIGENCIA COLOMBIANO (SIC) a finales de los años cincuenta y liquidado tan solo cinco años después por asesinos y corruptos en la recién terminada dictadura militar, entonces lo rebautizaron como el DAS, DEPARTAMENTO ADMINISTRATIVO DE SEGURIDAD. Este, tan mencionado en esta historia, fue liquidado a finales de los años dos mil, también por podrido y corrupto, con miles de muertos en sus oscuros pasajes, entre otros, cuatro candidatos presidenciales, senadores y políticos de izquierda por miles a lo larga y ancho del país. No contabilizando los miles de falsos positivos que hicieron en Medellín contra Pablo Escobar y su gente.

Nunca he comprendido en que nos sirve al pueblo colombiano que se nos quieran vender a este corruptos como gente decente.

Responda de corazón, ¿en verdad usted cree que el malo de la historia de Colombia es Pablo Escobar?

PABLO ESCOBAR, EL PATRÓN DEL MAL. Episodio 3, minuto 33.

Reseñan a Pablo Escobar y su primo Gonzalo después de ser capturados y llevados a una cárcel. En la foto de la reseña de Pablo Escobar este sale sonriendo.

Aparece Guillermo Cano en su periódico viendo la foto y organizando la edición del día siguiente del diario.

Esto dice el libro en el que dicen basarse sobre ese episodio

LA PARÁBOLA DE PABLO, página 59: *En la foto de reseña Pablo tiene colgado el 'escapulario' 128482 de la cárcel del Distrito Judicial de Medellín. Está sonriente, muy sonriente. «Es curioso. Es la única fotografía de los centenares que se conocen de Pablo donde despliega su sonrisa y muestra la dentadura tan linda que tenía»*

Ahí vemos las dos imágenes.

En verdad no es la única fotografía de las que se conoce de Pablo Escobar en la que estaba sonriente. Es más, por eso puse una donde esta sonriente de portada.

Puede el lector y juez decir si la imagen original no era más adecuada que la hiciera el actor que venía haciendo de Pablo Escobar joven. No lo hicieron por tener la mala fe de poner las cosas "malas" que hizo Pablo Escobar cuando joven como si las hubiera hecho un viejo como su actor, al que contrataron para perjudicarlo y no para recrear como era el verdadero Pablo Escobar.

Puede notar como trata el actor de poner una mirada diabólica frunciendo el ceño. Y puede comprobar que en la imagen original Pablo Escobar NO tenía el ceño fruncido.

Puede ver quien parece más un joven de 26 años —en la imagen original— y quien un viejo de 46.

Dice en el libro que es la única foto en la que Pablo Escobar dejó ver *su linda dentadura*. También le cuento lector y juez que es voz sabida que Pablo Escobar era meticuloso y cuidadoso con su dentadura y en general con su aseo personal. En alguna entrevista recuerda *Popeye* que Pablo El Grande se cepillaba con toda la calma del mundo diente por diente con un cepillo para niños.

En la foto, el "Pablo Escobar" de la serie no se le ve la dentadura —solo su ceño fruncido— por una razón: Tiene una dentadura poco estética el actor en la vida real.

Se demoraban hasta 3 horas adecuando al actor para personificar a "Pablo Escobar", pero adecuándolo para *diabozar* la figura de Pablo Escobar y, la dentadura del actor, como era de menor estética que la de Pablo Escobar y esta, y su sonrisa, eran algo característico y positivo de él, se la dejaron tal cual para sumarle puntos negativos.

Esto dice el sobre eso libro: **LA PARÁBOLA DE PABLO**, Alonso Salazar, página 58: *El 11 de junio tuvo otro tropezón que le interrumpió su reciente matrimonio. La noticia fue publicada por el periódico El Tiempo, con foto y todo, un extenso informe titulado «Cayó cocaína en Itagüí, por veintitrés millones de pesos».*

Ya sabemos que es falso que fuera cocaína.

Ahora, pregúntese lector y juez, ¿por qué Pablo Escobar en la foto original tiene una minúscula barba de pocos días sin afeitar?

Venga le cuento lo que NUNCA verá en la serie: La foto no fue tomada el mismo día de la captura, fue tomada tres días después.
Pablo Escobar estaba en una guarnición militar y a los tres días fue trasladado y reseñado en una cárcel ordinaria
¿Por qué en una guarnición militar? Por qué Colombia era un país en guerra civil. Cosa que usted NO ve por ningún lado en la mediocre serie. Allí todo es un paraíso que llega a dañar el "diablo" de Pablo Escobar, según ellos, y ellos nos salvan. Es decir, les debemos la salvación a ellos, la élite de Bogotá, los buenos, los inmaculados. El día en que le hicieron la celada a Pablo Escobar y él no les dio el suficiente dinero que seguramente esos agentes del DAS exigían, después de haberlo capturado, lo presentaron ante un juez militar por que el país estaba en estado de guerra o estado de sitio, que se dicta cuando el orden público está fuera de control y que seguro usted ignoraba que decretaban asiduamente en aquellos años. Esto lo ocultan los de la serie porque ellos quieren vender un paraíso que dañó Pablo Escobar, "el demonio" según ellos. Pero yo se los anoto para que usted vea y tenga conocimiento de las circunstancias en que se levantó aquel adalid.

Puede notar el lector y juez como dice el libro en el que dicen basarse que la noticia la publicó El Tiempo, que ya hemos anotado que este siempre ha sido el principal diario de circulación nacional de Colombia y no El Espectador, como lo tratan de imponer en la amañada serie.

En su momento este detalle cobrará relevancia.

PABLO ESCOBAR, EL PATRÓN DEL MAL. Episodio 4, minuto 05.

Peluche y Gonzalo hablan con el *Alguacil* en la cárcel, antiguo patrón de Pablo Escobar y de Gonzalo Gaviria, quien fue su maestro en el negocio del contrabando y que no estaba de acuerdo en que ellos se independizaran y estuvieran en el negocio de la cocaína. *Alguacil* había provocado una revuelta en la cárcel con el fin de matar a puñal a Pablo Escobar en medio del caos generado, pero este se fugó, matando a quien lo seguía para apuñalarlo.

Peluche y Gonzalo le notifican al *Alguacil* que le tienen vigilada a su familia en Cartagena, a modo de amenaza, por si se vuelve a meter con Pablo Escobar que se dispone a regresar a la cárcel. Pablo Escobar regresa a la cárcel por voluntad propia después de que su madre se lo pidiera.

Veamos lo que dice el libro en el que dicen basarse sobre el particular:

LA PARÁBOLA DE PABLO, Alonso Salazar, página 59:

Cuando Victoria visitó a Pablo en la cárcel lo encontró inquieto y con planes de evadirse. «No vas a hacer esa locura», le replicó ella con su característico aplomo, y lo convenció. <u>Pero el día siguiente ante un operativo del Ejército en las afueras de penal</u>, Pablo se, saltó una tapia y huyó. Fue doña Hermilda, su madre lleno de temores, *quien ayudó a localizarlo y a convencerlo, a punta de regaños, de que volviera al penal.*

Puede el lector y juez ver que en la historia original —la versión del libro de donde dicen basarse— no mencionan ninguna de las payasadas que inventaron en la serie para que Pablo Escobar pareciera un mal agradecido con el hombre que le ayudó a surgir en el mundo del contrabando.

Por caprichos del destino dentro de unos años en la verdadera historia Pablo Escobar deberá volverse a "fugar" de una cárcel, por otro operativo del Ejército fuera del penal. Pero esta vez no lo dejaran volver a entregarse, por más intentos que hagan sus allegados para que eso se dé. Ya llegará ese momento, tenga en cuenta este episodio lector y juez.

Tratan de poner los inventores de la serie como si Pablo Escobar hubiera estado en desafío con quien le enseñó, cumpliéndose aquel refrán de reza: *cría cuervos y te sacaran los ojos*. Por supuestos que amañando todo para que usted crea que el cuervo, el mal agradecido es Pablo Escobar.

Lector y juez, dicho incidente entre Pablo Escobar y su ex patrón y tutor NUNCA existió, por el contrario, hay testimonios suficientes que dan fe del aprecio y respeto que sentía Pablo Escobar por él, aun cuando ya era Pablo Escobar, El Patrón de patrones. Así le duela a los Cano y los Galán.

Dicho personaje del 'Alguacil' nunca existió, y se cree que trataron de representar a Alberto Prieto, el Padrino, primer y único patrón de Pablo Escobar, pero como le dije, los testimonios hablan del respeto y aprecio que sentía Pablo Escobar por aquel señor y no como lo pintan los embusteros de la serie. Veamos lo que dice el libro en el que dicen basarse sobre este episodio:

LA PARÁBOLA DE PABLO, Alonso Salazar, página 53:
Desde 1973 las autoridades sabían de la vinculación del padrino —Alfredo Gómez, el gran capo del contrabando— al narcotráfico. Un laboratorio allanado en Bogotá, varias fincas donde aterrizaban avionetas mexicanas que transportaban cocaína y dos empresas aéreas utilizadas para fines similares eran de su propiedad.

Hay puede apreciar el lector y juez desde que fecha —en la serie van por el 1976— se sabía del vínculo de *El Padrino* con el narcotráfico. Con esto queda destruida la supuesta causa de la enemistad entre Pablo Escobar y su mentor, que según la serie era porque *El Padrino* no quería que se metieran en el negocio de la cocaína, cuando vemos que en la vida real hacía mucho tiempo ya él estaba dentro. Note una vez más la mala fe ¿Por qué cree el lector y juez que deben de llegar a hacer esas artimañas para que usted se confunda?

Ahora miremos lo que dice el libro en el que dicen basarse de la estadía de Pablo Escobar con el Padrino en la misma cárcel:

LA PARÁBOLA DE PABLO, Alonso Salazar, página 54:
A quienes lo visitaban, Pablo les hablaba <u>con admiración</u>

sobre su compañero de encierro. <u>Lo describía como una persona de gran corazón que les daba medicinas y alimentos y les pagaba fianzas y abogados a los presos pobres</u>.

Hay puede apreciar el lector y juez la enorme diferencia entre lo que dice el libro y lo que se han inventado en la porquería de serie. La falta de seriedad y de respeto con la historia que todos merecemos conocer, sin adulterar a favor o en contra de nadie.

Pablo Escobar había estado dos veces en la cárcel, en el 1974 y 1976, que es esta última la que estamos analizando. Alberto Prieto, *El Padrino*, dos veces 1974 y 1979. El lector y juez ya puede ver el año en que coinciden.

Ya le había anotado que esa supuesta captura del 'Alguacil' en una fiesta organizada por "Pablo Escobar" era mentira; y que todo esto era para adulterar aún más la verdadera historia en detrimento de Pablo El Grande.

Le ruego al lector y juez prestar atención al siguiente testimonio:

PABLO ESCOBAR MI PADRE, Juan Pablo Escobar, página 146:
Una vez llegó un invitado muy especial, a quien mi padre se refería con respeto absoluto. Era un hombre de setenta años <u>al que de manera inusual mi padre le hacía reverencia</u>. —Gregory, venga le presento a don Alberto Prieto, el único patrón que tuve en mi vida —dijo mientras hacía

señas para que me acercara a saludar, a dar la mano, como a presentar mis respetos. <u>*Era tal la ascendencia de Prieto sobre mi padre*</u> *que le pidió permiso para contar sus actividades del pasado, cuando fue contrabandista de electrodomésticos, cigarrillos y licor.* <u>*La gratitud por ese hombre se veía en la cara de mi padre*</u> *porque fue el primero que le dio la oportunidad de prosperar en el mundo del hampa. Esa noche y en un gesto que nos sorprendió, por primera y única vez en su vida, mi padre le cedió su habitación y nos llevó a dormir en otro cuarto en el primer piso de la hacienda.*

El lector y juez debe sacar sus propias conclusiones de cómo fueron o terminaron las relaciones de Pablo Escobar y el único patrón que tuvo en su vida.

Yo solo le puedo decir que quienes hicieron la serie nos han visto cara de tontos. El ser humano solo le miente a quien le ve cara de tonto, nunca a quien cree superior en inteligencia a él. Ya sabe cómo nos ven desde Bogotá.

Habrá notado usted que en el libro en el que dicen basarse al único patrón que tuvo Pablo Escobar se llamaba Alfredo Gómez, y en el testimonio del hijo de Pablo Escobar se llama Alberto Prieto. Ambos personajes existieron en la vida real, ambos fueron grandes y poderosos en el negocio del contrabando y ambos estaban en la lista de los modelos a emular que admiraba Pablo Escobar de joven. Quienes tienen autoridad, o se creen con ella, para contar historias de Pablo Escobar no se ponen de acuerdo en eso, entorno a cuál de los dos fue *El Padrino*. **Nosotros no entramos en esa controversia y en este caso solo nos enfocamos en el hecho llámese como se llame el protagonista.**

El 10 de septiembre dejan en libertad y sobreseído a Pablo Escobar. Es decir, que no había razón para que Pablo Escobar estuviera preso y con proceso penal alguno.

En este caso, como en otros que veremos, cada vez que la justicia fallaba a favor de Pablo El Grande, la justicia era la mala. Pues la idiota consigna de los enemigos de Pablo Escobar es que este debe perder siempre.

Mire que el "Pablo Escobar" de la serie mata a un hombre que iba con un puñal a matarlo. Nada de eso fue real. Los de la serie lo pasan por alto porque fue en defensa propia. También será en defensa propia cuando contra-ataque a Lara, Galán y Cano y no lo verán así.

PABLO ESCOBAR, EL PATRÓN DEL MAL. Episodio 4, minuto 10.

Pablo Escobar queda en libertad, junto con Gonzalo y *Chili*. Van narrando una maraña de sobordos o argucias que hizo Pablo Escobar para recobrar la libertad.

Miremos lo que dice el libro a este respecto:
LA PARÁBOLA DE PABLO, página 59: *Desde ese momento, Pablo centró su estrategia en lo judicial. Logró, sin que la decisión fuera aprobada por la Corte Suprema de Justicia, no se sabe con qué artimañas, que el proceso pasara a un tribunal de la lejana ciudad de Ipiales, argumentando que la mercancía había sido comprada allá. Pablo contrató como su abogado a un hermano del propio juez, que*

había rechazado las ofertas de soborno para inhabilitarlo. El nuevo juez accedió, a cambio de dinero, a dejarlo libre a los pocos meses.

Lector y juez, ya le habíamos anotado que esta primera parte y que es la base del libro final, trata principalmente de confrontar la serie con el libro en el que dicen basarse, y probar las negras intenciones de los que hicieron esa serie en mentir para que se vea mal y desprecien a Pablo Escobar y, de rebote, quedar ellos como unos héroes. Pero no quiere decir esto que el libro sea una biblia sobre la biografía de Pablo Escobar, y mucho menos que no diga mentiras o que sea completo, entre otras cosas porque lo escribió un enemigo de Pablo Magno y porque una historia tan grande no cabe en un libro tan pequeño.

Este detalle que les mostraré y que se vuelan olímpicamente en la serie y en el libro es vital en toda esa historia: Lector y juez Pablo Escobar, contrario a lo que se cree, sí fue extraditado. Lo fue del departamento de Antioquia hacia el de Pasto. Esta extradición interdepartamental fue determinante en la guerra que se dio por la extradición de nacionales colombianos a suelo estadounidense.

Ese episodio que ellos olímpicamente se vuelan dejó una huella —o un trauma— en el entonces joven y pobre Pablo Escobar. Esta extradición le permitió dimensionar lo que es sufrir una extradición a otro país, con otra cultura, otro idioma, otras leyes. Vio lo que sufren las familias, lo que sufre el extraditado… en fin: multiplicó por mil lo que él experimentó y se dio cuenta que la extradición no se le desea ni al peor enemigo.

El proceso judicial de Pablo Escobar fue trasladado hacía Ipiales, Nariño, el lugar de Colombia a donde según la ley correspondía el caso. A su vez ellos, los presuntos delincuentes, fueron "extraditados" hacía aquel departamento. El día de la "extradición", coincidentemente llegaba la esposa de Pablo Escobar a visitarlo en el momento en el que lo montaban esposado en el avión. Al momento de despedirlo un soldado le pegó un culatazo a su esposa, que estaba en embarazo.

Aquel hombre vio desde la ventanilla de un avión como quedaban atrás su esposa, su familia y la tierra donde había crecido. Eso experiencia cambió la historia de Colombia.

Un día el destino lo pondrá frente a frente contra el monstruo de la extradición internacional, sin ser él requerido en extradición; Pablo Escobar heroicamente peleará contra él y le ganará, aunque su vida también se esfuma en esa batalla.

Lo épico de esa batalla es lo que nos tiene hablando de él 40 años después. Lo demás son manipulaciones de quienes se han declarado hoy sus enemigos.

Según el libro y la pérfida serie, Pablo Magno salió de la cárcel sobornando, amenazando o intimidando los jueces. Esto es delicado lector y juez. Sin ser experto en derecho digo: se supone que cualquier persona tiene derecho a una defensa; es un principio universal, y no solo a una defensa, también a un juicio con garantías. ¿Por qué Pablo Escobar no pudo ganar su libertad demostrando su inocencia?

¿Por qué es Pablo Escobar el asesino y terrorista según la élite de Bogotá? Todas las peleas jurídicas que dio en su vida Pablo Escobar, el genio, las ganó. Aquí era pobre y ganó. Cuando salió en libertad y regresó a su barrio La Paz en Envigado, le tuvieron que regalar una moneda para hacer una llamada, ¿cuál plata, cual soborno entonces?

Cualquier abogado que lea estas líneas y viendo o leyendo el suceso narrado verá que no era tan complicado defender jurídicamente a Pablo Escobar en este caso *por presunta concusión e ir ingenuamente y de buena fe a ese lugar en ese momento en cumplimiento de una orden de su jefe*. ¿Quién jura que no fue así?

Le digo que esto es delicado por lo siguiente: los Pepes —Perseguidores de Pablo Escobar, donde se encuentran Galán, Lara y Cano— siempre dirán lo mismo en cuanto a los procesos judiciales de él: *Lo sobreseyeron por que compró a los jueces. Lo declararon inocente porque intimido a los jueces, lo soltaron porque mató a los testigos...* y mil excusas similares. Al final Pablo Escobar murió sin una sola condena judicial. Duélale al que le duela.

Según la clase alta de Bogotá los abogados de Pablo Escobar eran unos mediocres —tal vez los mejor juristas y mejores pagos del país— que nunca ganaron limpiamente un proceso en favor de su defendido. Todas las victorias jurídicas de Pablo Escobar serán negadas por ellos. Si la sentencia era en contra de él, el juez era bueno y ascendido, si la sentencia era a favor el juez era un vendido, corrupto y lo botaban del cargo.

Aquí le mostraré pruebas de esas conductas abusivas de los dueños del país, contra Pablo Escobar y contra los mismos jueces. Un día se le colmará la copa de perder con cara o con sello y tomará la lucha armada como única opción de supervivencia. Entonces astutamente desde sus periódicos y noticieros de circulación nacional —principalmente el estafador, perdón El Espectador— les venderán a los colombianos que él es el malo y que ellos son los buenos, y que los colombianos les debemos la salvación que nos han brindado. Y se la han auto cobrado una y mil veces y seguirán robando el erario público bajo ese pretexto.

En el libro en el que dicen basarse, que ya he dicho que lo hizo un Pepe y que es mejor que la serie, pero tampoco la gran cosa, el autor de mala fe dice: *no se sabe con qué artimañas,* esa frase y muchas similares que cumplen el mismo fin, las escuchará usted decir de parte de ellos cada vez que Pablo Escobar, un simple bachiller, y su equipo de abogados, limpie el piso en los estrados judiciales con los de ellos.

Cuando usan ese tipo de expresiones, como las que utiliza el Pepe escritor, evidencian que son malos perdedores. Una vez perdidos tratan de opacar la victoria ajena dejando en el ambiente frases suspicaces imposibles de sostener a cabalidad en un estrado judicial. Estos son los que se quieren imponer como los buenos, según ellos.

Cualquier ciudadano puede ser detenido, comprobar su inocencia y recobrar su libertad. Sigue siendo inocente por el resto de su vida.

Pablo Escobar fue declarado inocente de aquellos cargos y, gústele a los Pepes o no, era inocente.

¿Qué los abogados buscaron minucias jurídicas para defenderlo?, ¿qué tiene eso de malo?, ¿ese no es el trabajo de un abogado?, ¿cree que los Cano, los Galán y los Lara contratan a sus abogados para que pierdan sus peleas jurídicas? Pero claro, como aquí es Pablo Escobar debe dejarse joder según ellos.

¿Qué cambiaron el proceso de ciudad? Si su defensa creía que eso les era favorable, ¿por qué no debieron hacerlo? Si el abogado defensor le parecía mejor una juez que una jueza, ¿que había de malo en eso?

Todo el mundo elige lo que le es favorable, nadie elige para sí o que le es desfavorable, ¿hay algo de malo en eso?, ¿es difícil de entender?

Lector y juez aquello que ponen de que Pablo Escobar sobornó, amenazó y quien se sabe que otras patrañas se han inventado, para salir libre no son probadas. Son las convenientes conjeturas a las que llegan quienes tuvieron una guerra a muerte con él. Es apenas entendible que a todo lo de él, su enemigo, le busquen un condicionante. Hasta este punto solo debe contar para una persona correcta el hecho de que Pablo Escobar fue declarado inocente por un juez de la Republica de Colombia. Así ellos —los Pepes— no le importe mancillar el honor de un juez y la justicia con tal de perjudicar a Pablo Escobar.

Le advierto al lector y juez que el desconocimiento de las victorias jurídicas de Pablo Escobar son una constante en esta historia y, en la práctica, en aquello días de la guerra, esto era traducido en orgias de dolor y sangre, casi siempre de inocentes. Esto debe tenerlo claro usted a la hora de ver quiénes son los verdaderos culpables de la dimensión que tomo aquella guerra.

PABLO ESCOBAR, EL PATRÓN DEL MAL. Episodio 4, minuto 11.

La jueza que lleva el caso contra Pablo Escobar, Magdalena Espinosa, da una rueda de prensa en la que lo acusa públicamente de ser el responsable si algo le pasaba a ella o a su familia.

Pablo Escobar y Gonzalo escuchan a través de una radio mientras comen.

Lector y juez, esa es otra ficción del gran ingenio anti Pablo Escobar del que hicieron alarde los inventores de esa serie.
Hasta ese momento Pablo Escobar era un don nadie, y mucho menos era una amenaza para todo el mundo como lo quieren mostrar allí.
Ese tipo de versiones sobre las supuestas actitudes hostiles de Pablo Escobar contra todo el mundo —según los Pepes— aparecieron en la historia verdadera después de Pablo Escobar se ganó una curul en el Congreso de la República e iba con paso agigantado hacia la Presidencia República. Cuando vieron que la clase popular veía en él un líder que los beneficiaba, protegía y, que además tenía más

dinero que todas las grandes familias políticas tradicionales juntas, entonces lo atacaron y salieron de la nada todo tipo de señalamiento con el único fin de desprestigiarlo para matar el nombre mesiánico que representaba. Con el transcurrir de las líneas iremos viendo en qué momento para las familias poderosas de Bogotá fue conveniente desprestigiarlo. Así como los sumos sacerdotes desprestigiaron a Jesús como un falso profeta, un blasfemo y le echaron el pueblo en contra para poderlo matar.

El juez que, en Ipiales, según el libro en que se basan, rechazó un intento de soborno no le pasó nada, nadie lo amenazó ni nada de eso. Esta jueza vuelva a salir en esta historia y como supuesta víctima de Pablo Escobar, de ahí todos estos indicios para terminar con él como un culpable.

Lector y juez, nuevamente el cerdo que ponen de "Pablo Escobar" está comiendo. El actor glotón que contrataron para hacer de él no parece estar representando a Pablo Escobar, sino a él mismo en su vida real. Ya le había mencionado que tenía una enfermedad por la comida. Pablo Escobar no comía así, como un torpe. Andrés Parra, el actor que hace "Pablo Escobar", no come así en la vida real como un torpe, ¿entonces?, ¿nota mala intensión el lector y juez?
Vea en la serie como agarra la cuchara para comer: La empuña —literalmente— con todos los cinco dedos por el mango, de esa manera tan traste come como un cerdo mientras habla con la boca llena y suena la cuchara con

los dientes. Da es asco ese "Pablo Escobar" que se inventaron los Cano y los Galán. Cada bajeza a la que han recurrido es una victoria para Pablo Escobar, donde quiere que este su alma.

La mala fe es evidente una vez más. En otros papeles del mismo actor en otras series no come así, en la vida real no come así. Ahora que hace el rol de Pablo Escobar es que "casualmente" come como un cerdo.

La mala fe probada tumba todo.

PABLO ESCOBAR, EL PATRÓN DEL MAL. Episodio 4, minuto 12.

Pablo Escobar asfixia con una bolsa a uno de los dos detectives del DAI que los habían capturado con cocaína, en la puerta de la casa de su novia; mientras su primo Gonzalo asesina a tiros al otro detective en un parque.

En la vida real la muerte de los dos detectives del DAS — nunca existió ningún DAI— no fue así. A medida que vayamos desarrollando el libro iremos ubicando las fechas correctamente, no como en la mediocre serie que van más enredado que la peluca de Andrés Parra, el actor que hace de "Pablo Escobar".

Lector y juez, los Pepes ponen esto aquí para que usted crea que Pablo Escobar los asesinó por el simple hecho de que lo estaban persiguiendo en cumplimiento de su deber.

Suponiendo cierta la versión de que Pablo Escobar fue quien tuvo que ver en la muerte de aquellos dos detectives, le daremos otra versión narrada por personas cercanas a esos hechos, para que sea el lector y juez quien determine hasta qué punto obró bien o mal el verdadero Pablo Escobar y que fuera hecho usted en su lugar:

EL VERDADERO PABLO SANGRE, TRAICION Y MUERTE. Astrid Legarda. Página 30:

Pero los desgraciados detectives Vasco y Hernández nos siguieron molestando, y una noche, estando en Envigado nos detienen a Gustavo y a mí. Nos llevan a una loma solitaria y alejada de la zona poblada, llamada El Pajarito. <u>Allí nos hacen arrodillar con las manos en la nuca, y apuntándonos a la cabeza con una pistola Smith & Wesson, nos anuncian que nos van a matar.</u> *Yo, jugado por jugado, bajo mis brazos, y abriéndolos en cruz,* <u>siempre arrodillado</u>*, comencé a intentar convencer al detective Vascos que matándonos no ganaría demasiado y si perdería la oportunidad de taparse de plata.*
Te aseguro Popeye que oler la muerte tan de cerca le da a uno una elocuencia impresionante. Lo cierto es que bastaron quince minutos para convencer a esos malparidos de que, <u>a cambio de una gran suma de dinero, no nos</u> *mataran.* <u>Dejándole a Gustavo como garantía, fui con</u> *Vasco* <u>a buscar la plata entregándosela al maldito en la</u> *cafetería* <u>en que nos habíamos citado.</u>

KIENYKE: LA SEGUNDA CONFESION DE PABLO ESCOBAR A POPEYE.

Jefe, ¿y cuánto tiempo estuvo usted en la 'cana'?

–*Fueron en total tres meses y cuatro días, la mayoría en Pasto. El 10 de septiembre de 1976 logramos que el juez revocara el auto de detención y de nuevo a la calle. De ahí en adelante cambiamos los métodos. Habíamos comenzado trayendo 5 kilitos de pasta de coca en un Renault 4, después en camión y, ya al final, llenábamos una avioneta Cessna. <u>Al salir de la cárcel, me dediqué a ampliar el negocio. Yo estaba muy ocupado como para vengarme de los dos agentes del DAS. Sin embargo, ellos fueron los que nos buscaron otra vez. Nos sacaron de Envigado y en un monte desolado entre Medellín y Santa Fe de Antioquia nos hicieron arrodillar. Los hijueputas nos amenazaban: "los vamos a pelar, par de ratas"</u>*

Yo sabía que estaban ardidos porque <u>logramos salir libres y ahora lo único que querían era billete. Logré que se tranzaran</u>, mi primo se quedó de garantía y yo regresé con <u>un millón de pesos</u>. Los detectives cometieron el peor error de sus vidas: dejarnos vivos. De ahí en adelante yo sólo pensaba en matar a esos dos, no solo por policías o detectives, también por sapos y, sobre todo, por tránsfugas. El 30 de marzo de 1977, a las 11.30 p.m., los dos detectives salieron <u>ebrios</u> del bar la Toscana y se montaron en un Dogde Dart azul. Tomaron la avenida Peldar para luego ingresar a la autopista sur rumbo Itagüí. Nosotros los perseguíamos en un Simca rojo, Gustavo conducía y yo a su lado ya tenía lista mi pistola Browning calibre 9 milímetros. Cuando los detectives tomaron la oreja del puente del pan de queso, emparejamos los carros y, de carro a carro y sin dudarlo, les descargue el proveedor completo. Esos dos fueron los dos primeros oficiales que yo maté. Ahí *pagaron el operativo donde nos empapelaron, los tres meses de la fría prisión en Pasto y el susto que nos metieron cuando casi nos matan en la loma El Pajarito.*

–Ahora lo entiendo todo, 'Patrón'. Si esos dos agentes del DAS no se hubieran aparecido, el ministro de justicia Rodrigo Lara Bonilla no hubiera encontrado un argumento sólido para acusarlo en público –le dije.

–<u>Así es– repuso. Para que se dé cuenta hombre, "Pope", cómo la justicia sirve a los intereses de quien la controla, no a los de la justicia en sí misma. En derecho yo fui absuelto por lo del cargamento de pasta de coca y sobre el crimen de los dos agentes no existía ninguna prueba judicial</u>.

Antes de cualquier comentario le pido al lector y juez que piense en que es a su padre o a su hijo a quien dos agentes de policía corruptos llevan a una zona desolada para matarlos como unos perros arrodillados. Después de eso quien sabe en qué basurero los pensaban botar o que historia de falso positivo montarían, como lo han hecho durante años las autoridades colombianas.

Lo detuvieron por supuestos soborno y ahora iban y les hacían un secuestro extorsivo.
¿Todavía el lector y juez cree esa versión de la captura de Pablo Escobar y otros cinco por intento de soborno tiene asidero?, ¿todavía cree el lector y juez que esos asesinos, secuestradores, extorsionistas y corruptos de agentes del

putrefacto DAS eran unas mansas palomas como las querían vender Lara y Guillermo Cano?

Sea un buen cristiano lector y juez y póngase en los zapatos de su prójimo ¿Qué debió hacer Pablo Escobar y su primo con esos dos "ejemplares" agentes de la ley?, ¿qué hubiera hecho usted con esos dos "angelitos" como los pintan en la amañada serie?, ¿a cuántos otros que aun figuran como desaparecidos no le habrán hecho lo mismo esas dos lacras?, ¿cuántos que no tenían el dinero para pagar su rescate los abran matado?
Con el ajusticiamiento de estos corruptos, ¿a cuántos no salvó Pablo Escobar de morir en sus manos?

Mire como murieron en verdad: Borrachos, ebrios, saliendo de un bar de mala muerte, parrandeando con la plata de sus víctimas. NO llegando a su casa donde lo espera una feliz esposa y mucho menos murieron rezando, como lo tergiversan en la mediocre serie, siempre poniendo melodramas para generar lastima, a sí ganar con lastima no que no ganan con la razón. ¿Esa es la ley que debe tener un país decente?

Eso que hicieron con Pablo Escobar y Gustavo Gaviria se llama secuestro extorsivo. ¿Quiénes lo hicieron? el DAS, la policía secreta de Colombia. Mírese quienes eran los corrompidos de esta historia.

Nadie respeta a quien le ha faltado el respeto primero. O por lo menos quien falta al respeto primero no está en derecho de exigirlo. En este caso, con lo que vimos que le hizo la "ley" a Pablo Escobar, debemos ponernos en su lugar y pensar que hubiésemos hecho nosotros y como sería nuestra percepción desde entonces hacia los que se decían llamar los representantes de la ley.

¿Cómo podría estar seguro Pablo Escobar que otros "agentes de la ley" no cometerían lo mismo o no los volverían a secuestrar?, ¿cómo sabría Pablo Escobar que una vez se gastaran el dinero pagado, no volverían a secuestrarlos? Seguramente más temprano que tarde terminarían matándolos para evitar denuncias. Toda extorción es interminable. No lo olvide.

Cualquier persona cuerda, que le acontezca un episodio similar en la porquería institucional que era Colombia a mediados de los años 70; también quedaría con una actitud de desprecio sobre los agentes de la ley, y con ganas natural venganza.

En los raudales de información que circula sobre la vida Pablo Escobar muy exiguamente hablan de este episodio, y máxime si quienes están contando la historia pertenece a los Pepes —entiéndase por Pepes todos los enemigos de Pablo Escobar, inclusive la prensa Bogotana— o los descendientes de estos, la nueva generación de la clase dominante.

Este tipo de episodios en donde Pablo Escobar o su familia son ultrajadas, mañosamente son pasados por alto y, de ser mencionados, lo hacen muy someramente; y siempre, acto seguido, ponen algún atenuante para que no se le dé la razón a Pablo El Grande.

Ese secuestro extorsivo —y por poco ejecución extra judicial— es un incidente que poco se menciona y mucho menos aparece en la falaz serie el Patrón del Mal. Pero en las pocas veces que se le hace referencia en otros escritos, no hay ningún rechazo o repudio. En cambio, en los que de igual talante que se le atribuyen a Pablo Escobar —sin afirmar que sean ciertos— si son reprochados y salen los dueños de la moral y la ética a señalarlo.

Quisiera que el lector y juez tenga esto presente como:

1: Muestra de la sociedad en que se levantó y tuvo que sobrevivir Pablo Escobar, para que vean que él no creó esa sociedad violenta que se le endilga, sino que sobre- vivió, se adaptó y reinó en ella.

2: Se vea quienes eran los malos de esta historia, quienes agredieron primero y como manipulan la verdad a favor de ellos. Que el lector y juez vea que no son serios los enemigos de Pablo Escobar y que ahora descaradamente gastan millones en series vendiéndose como unas mansas palomas.

¿Qué hubiese hecho usted en el lugar de Pablo Escobar con ese secuestro extorsivo por parte de miembros de la "ley"? ¿Qué hubiese hecho usted lector y juez después de librarse de una muerte segura a mano de personas así? **Lector y juez: ¿obró mal Pablo Escobar?, ¿qué debió hacer con esos dos personajes?, ¿qué hubiese hecho usted?**

Note el monto que dicen los testimonios que tuvo pagar Pablo Escobar por la vida de él y la de Gustavo Gaviria: Un millón de pesos. Las curiosidades del destino, Rodrigo Lara salió a vender a Pablo Escobar como el diablo en persona por ajusticiar a estas dos lacras del DAS, después de que, en el Congreso, en debate público, demostraran sus vínculos con un narcotraficante que le había dado un cheque por: un millón de pesos. Esa cómo era la tarifa de los funcionarios oficiales corruptos de esa época. ¿Cuál será hoy con esta inflación tan bárbara?

Un millón de pesos de aquellos días eran miles de dólares de hoy.

PABLO ESCOBAR, EL PATRÓN DEL MAL. Episodio 4, minuto 13.

Aparece el subtítulo TIEMPO DESPUÉS.
Recrean una reunión familiar en la que los allegados llevan obsequios para él bebe de *Paty* que viene en camino.

Lector y juez, pregúntese por qué aparece ese subtitulo sin ninguna razón aparente, si toda la historia sigue la secuencia del día a día. Aquí le cuento:
En la serie nada cambia; es, más o menos, la misma secuencia que se lleva en el libro. Solo hay un pequeño detalle, la actriz que hace de 'Paty' fue cambiada, por una mujer más adulta. Ningún otro personaje fue cambiado. En la historia real, Pablo El Grande, salió de la cárcel el 10 de septiembre de 1976, que es la última escena en la que aparece la 'Paty' adolescente y, la escena de la serie que ana-

lizamos está a finales de 1976, finales de noviembre, principios de diciembre. Es decir que solo podían ser dos meses para justificar el cambio.

Esto es para que el lector y juez vea que mantenían a la actriz que hacía de 'Paty' niña solo y con el único fin de hacer ver pervertido con niñas a Pablo Escobar.

No cambian a ningún otro actor. A estas alturas es que ponen a una mujer mucho más acorde al obeso y bobo grande que pusieron a hacer de "Pablo Escobar".

Cada bajeza y mentira a la que han tenido que llegar para poder justificar que Pablo Escobar era el malo y ellos los buenos, deja en evidencia exactamente lo contrario.

Este año el presidente, el liberal Alfonso López Michelsen, nombra Rodrigo Lara consejero en la embajada de Colombia en Francia. Quien venía de ser suplente a la Cámara por su departamento (Huila) de Jaime Ucros, quien no le dio "la palomita" en el escaño principal.

Tenga en cuenta quien lo nombra y el "amor" de Lara por los puestos burocráticos.

1977

PABLO ESCOBAR, EL PATRÓN DEL MAL. Episodio 4, minuto 19.

En esta escena sale Pablo Escobar, *Peluche* y Gonzalo en una bodega rellenando llantas viejas de avión con cocaína.
Pablo Escobar anima a *Peluche* para que le meta más cocaína a la llanta y así completar una tonelada, que faltaba poco para esa cantidad.

Un poco después decide ir personalmente con su primo Gonzalo hasta Miami a solicitarle ayuda a Graciela para la distribución de la mercancía.

Lector y juez, si bien en esos inicios no era tan difícil traficar como lo fue durante la guerra o en estos días, tampoco era tan folclórico como lo pintan allí.
Una tonelada para esa época era una exageración. Y mucho menos Pablo Escobar fue enseguida y como 'Pedro por su casa' llevando una tonelada de cocaína a los Estados Unidos en su primera "vuelta". Lo ponen así los embusteros de la serie para que usted no vea las veces que él arriesgó su vida para tener sus primeros pequeños 'corones'.

Pablo Escobar no tuvo un arranque perfecto como lo quieren vender de mala fe en la serie. Como cualquier otro pobre en este mundo, sus inicios fueron con ciadas y levantadas, con la moral siempre arriba hasta cumplir el objetivo. Sus inicios, como todo pobre con aspiraciones en cualquier ámbito: fueron difíciles.

Lo ponen tan fácil para que el día que desde Bogotá vayan a robarle lo que con tanto sacrificio en sus inicios había conseguido, las personas que vean eso no lo vean tan mal. A propósito, en la escena en donde recrean a "Pablo Escobar" y su primo dialogando con 'Graciela' en Miami, al final del diálogo ella lo lisonja por su picardía y él solo hace gestos de un bobo grande, como apenado. Actitud que nunca se le vio en vida a Pablo Escobar. Ese "Pablo Escobar" tiene más actitudes de Fores Gump que de otra cosa.

En el comienzo eso era kilo a kilo. Incluso en el libro en el que dicen basarse, en algún lado, narran los inicios de los hermanos Ochoa en el narcotráfico y como lograron coronar su primer <u>medio kilo</u> después de haber sido inducido por un profesor norteamericano a conseguirle cocaína. Esa exageración del primer embarque que pintan en la serie es para que se vea a Pablo Escobar como alguien que consiguió todo fácil.

Los testimonios de personas con autoridad para contar esa historia narran en resumen que Griselda Blanco y su marido trataron de matar a Pablo Escobar y su primo cuando estos eran unos iniciados en el contrabando de cocaína, pues querían quedarse con el control de ese jugoso negocio ellos solos en Medellín y no toleraban al que no se disciplinara a su favor. Cuentan que en esa guerra Pablo Escobar y su primo lograron salvarse y matar al esposo de esta. Ella huyó hacia tierras norte americanas a refugiarse.

Le destaco lo anterior de esta escena para que el lector y juez tenga en cuenta dos cosas:
la primera: Para que tenga presente como desde antes de

ser un grande en ese negocio y en la vida, Pablo Escobar tuvo que luchar a muerte por ganarse su espacio y darse a respetar. Como se forjó a fuerza de batallas donde estaba en juego lo más preciado que puede tener cualquier persona: su vida.

Esto lo debe tener en cuenta el lector y juez para más adelante cuando aparezcan otros personajes, más precisamente otros narcos, que conspiraron para matarlo y quedarse con su trono, se defendió bien y les ganó el desafío, y de mala fe los Pepes de la prensa capitalina lo vendieron como el malo y como un desleal traidor. Entre otros hago referencia al clan Moncada y Galeano.

La segunda: Los manipuladores de la serie ponen tan fácil la conquista del mercado norteamericano por parte de Pablo Escobar con el fin de que el lector y juez crea que eso sacar la lámpara y pedir un deseo. Le pido que no olvide que él venía de ser un don nadie y que siendo un arrastrado, como inició, no se llega a ser uno de los hombres más ricos del mundo con una manera tan sencilla como la simplifican allí. Fueron muchas las veces en las que Pablo Escobar arriesgó su pellejo en territorio norteamericano cuando daba sus primeros pasos. El mismo se tiraba al mar para ganar la playa cargado de mercancía antes de que el barco atracara, llevaba chaquetas con bolsillos ocultos para traer el dinero de vuelta y estuvo viviendo en suelo americano exponiendo su pellejo.

El lector y juez debe reconocer que una cosa muy diferente es salir de la nada y levantarse a pulso y otra es cuando ya usted está consolidado y es exitoso. Cuando alguien ya está posicionado todo es más fácil, podría decirse que las cosas se dan más fluidas, pero otra muy diferente es cuando se está empezando de ceros. Esto es válido para muchos aspectos de la vida, para quienes montan una empresa de la nada, para los artistas por quienes nadie da un peso cuando no son famosos, para los deportistas cuando tienen que mendigar una oportunidad para demostrar su talento e incluso hasta para conseguir un simple primer trabajo las cosas pueden ser muy complicadas al comienzo.

Todos conocemos al Pablo Escobar multimillonario, al famoso, al Patrón de patrones, pero nadie se detiene a pensar como era y como hizo para llegar hasta allá. Que penurias, humillaciones y riesgos pasó.

Lector y juez, Pablo Escobar no fue el único que arrancó en esa carrera, él llegó a la cima. Pero muchos otros infelices de los que no sabemos ni el nombre murieron en el camino, o simplemente perdieron todo en su intento. Sus inicios no fueron tan fáciles cómo se las tratan de mostrar de mala fe los Pepes que hicieron la mentirosa serie, porque ellos presumen que al quitarle a la historia la parte dura que le tocó vivir a Pablo Escobar usted se pondrá más fácilmente a favor de ellos.

Es importantísimo que usted sepa a cabalidad como se forjó Pablo Escobar siendo un miserable sin capital; pues, en el transcurrir de esta historia verá cómo unos avivatos y ladrones amparados en oficialidad tratan de quitarles todos sus bienes y, cuando él los defienda dirán que era el malo de la película. Al final se los quitaron todos, lo saquearon. Ya iremos viendo.

En un dialogo que recrearemos más adelante, Rodrigo Lara expresa su sorpresa cuando Evaristo Porras le cuenta que todo no es tan fácil en el negocio del narcotráfico.

Venga le cuento algo: para la época la incautación de cocaína más escandalosa que hubo fue de 60 kilos. Note la mala fe de los Galán y Cano de la serie al inflar abruptamente la cifra.

Lo que usted también debe saber, que no se lo dicen ni en la serie ni en el libro en el que disque se basan, es que ese cargamento fue incautado en el ARC Gloria, el buque insignia de nuestra Escuela Naval. Vea por qué le digo que estos payasos no nos dicen en su porquería de serie ni el 1% de la verdad ni el 5% de la historia Real. Este boom del narcotráfico apenas comienza y sabemos de personas "prestantes", familias presidenciales y buques insignias metidos en este negocio, y al único que se acomodan en señalar para desviar la atención es a: Pablo Escobar.

En el año 2004 este mismo buque insignia de Colombia volvió a ser capturado con cocaína, la cual era de los paramilitares, versión mejorada de los Pepes, los que persiguieron y acosaron a Pablo El Grande porque era un narcotraficante. Vaya viendo todo lo que había detrás de las máscaras anti Pablo Escobar.

Hasta un avión presidencial introdujo cocaína en los Estados Unidos para estos años.

Dicen también que después de salir libre Pablo Escobar de la cárcel sin una moneda en el bolsillo para hacer una llamada, consiguió un poco de capital para empezar nuevamente. El vehículo que trasportaba el dinero con el que comprarían la mercancía fue nuevamente detenido. No se sabe cómo, pero fue y recuperó el dinero y el vehículo. Casi pierde todo dos veces consecutivas.

Pablo El Grande no sacó la lámpara y pidió un deseo como lo quieren menospreciar en la porquería de serie.

PABLO ESCOBAR, EL PATRÓN DEL MAL. Episodio 4, minuto 25.

Gonzalo le comenta a Pablo Escobar la gran idea que ha tenido: comprar aviones para llevar la cocaína directo hacia los Estados Unidos. Por que quien recibe la mercancía en los Estados Unidos les estaba robando.

Lector y juez, eso lo ponen aquí para que usted tenga por cierto que quien se inventó el narcotráfico a gran escala y quien era el gran narcotraficante de todos los tiempos se llamó: Pablo Emilio Escobar Gaviria. Eso no es cierto.
En el libro en el dicen basarse dice claramente que antes de Pablo Escobar ingresara a ese gremio ya había algunos utilizando aeronaves para tal fin:
LA PARÁBOLA DE PABLO, Alonso Salazar, página 50:
Pestañas, pionero en el uso de avionetas para el tráfico de cocaína, usaba para sus operaciones varias empresas fachadas en Guayaquil y Quito, Ecuador, y Colón, Panamá.
Ya puede notar usted que no fue idea de Pablo Escobar usar los aviones para el narcotráfico a gran escala. Además, en el mismo libro nos dice que este Pestañas murió en el 1973, es decir, 3 o 4 años antes del momento que de recrean en la serie. Otros testimonios refieren que otros

narcotraficantes a lo largo y ancho del país ya usaban este medio de transporte.

Antes de la cocaína hubo en Colombia el auge de la marihuana, en otras zonas del país, y allá; los marimberos, usaron transporte aéreo para el tráfico en su momento. Pablo Escobar llegó a tener la flotilla de aeronaves más competente para la época, pues ese era en verdad su negocio, el transporte, pero no fue el inventor de nada de eso. Él era un genio, perfeccionaba lo que tocaba y llegaba a la cima de donde competía, ese era su don. Llegó a tener una flotilla aérea encabezada por doce aviones. NO se lo inventó, pero fue el más grande, como en todo lo que hizo.

Esto no es un tema trivial lector y juez, esto es de suma importancia: Contrario a lo que nos han vendido, Pablo Escobar nunca fue el gran narcotraficante, ni mucho menos el más rico. Posiblemente el más notable, el líder de ellos en su región, puede ser; tal vez el más famoso, pero nunca fue el más grande ni el más rico de ese negocio, ni lo fue por mucho tiempo.

Este agrandamiento de Pablo Escobar obedeció a una campaña que emprendieron desde Washington y Bogotá cuando le declararon la guerra. Ya ira viendo esa andanada de desprestigio que le hicieron, y la sostienen aun hoy, por conveniencia.

NO fue el más grande narcotraficante que ha tenido Colombia, ni el más rico, pero si fue el más generoso y mejor y más guerrero que ha dado esta tierra.

PABLO ESCOBAR, EL PATRÓN DEL MAL. Episodio 4, minuto 28.

PABLO ESCOBAR. SU DEFENSA.

En esta escena se ve a Gonzalo, el primo de Pablo Escobar, en un encuentro con una persona, en un restaurante, tomándose un café. Dicha persona, don Gerónimo, es la misma que un poco antes le está vendiendo una propiedad a Pablo Escobar en el mejor barrio de Medellín. Es un adinerado al cual Gonzalo le está proponiendo de manera elegante que invierta con ellos en el negocio de envío de "materia prima de la industria de la farmacéutica" hacia Estados Unidos, con rendimientos del 300% en pocos días.

Al principio parece no tener mucho interés, pero los rendimientos ofrecidos lo terminan de convencer.

Esta escena en la que poco profundizan los directores de la serie, se repitió en la historia real miles de veces, con personas diferentes, pero siempre de la clase pudiente de Medellín y sus alrededores.

Al principio Pablo Escobar y sus socios buscando 'inversionistas', convenciendo a los adinerados (los *blancos* de Medellín) para que aportaran el capital que ellos no tenían, prometiendo *esta vida y la otra*. Esto es vital en esta historia, pues le muestra como aquella industria de traficar cocaína fue algo normal en la Medellín de aquellos días y como muchos de aquellos que trabajaron en asocio con ellos, en los días por venir de la guerra y persecución, cuando el narcotráfico y él fueron satanizados, casi todos estos pudientes lo traicionaron, unos para quedarse con el negocio, otros le dieron la espalda y negaron conocerlo, como hizo Simón Pedro con el Nazareno y otros pujaron por su muerte para borrar toda evidencia que los vinculara a

dicho tráfico.

Muchos de esos ricos, cuyos hijos hoy desde los altos cargos burocráticos y medios de comunicación de Medellín, Antioquia y la Nación hablan mal de Pablo Escobar y demuelen sus edificios para tonar distancias de él, fueron sus socios en los comienzos. Otros los incluyó en embarques para que ganaran dinero.

Al fin de cuentas, en esta parte de la historia se trata de una relación de negocios, legales o no. Un día se le meterá política y orgullo a este noviazgo y ya no habrá tolerancia. La izquierda representada en Pablo Escobar se enfrentará a la llamada oligarquía de Colombia, en donde la de la Medellín era tan poderoso como la de Bogotá. Hasta este momento eran socios, aunque lo nieguen.

La clase alta de Medellín —su inmensa mayoría— participó a las sombras en el negocio del envío de drogas hacía los Estados Unidos. Para ese entonces el narcotráfico no era legal, pero no era tan mal visto como hoy. Era un contrabando más. Era la cueva de Alí Babá y todos tomaron su parte, sobre todos los ricos de Medellín, que creen que hablando mal de Pablo Escobar van a despistar. Este personaje —'don Gerónimo'— representa a toda esa clase pudiente de Medellín y del país, que impulsó ese comercio desde la sombra con sus capitales cuando fueron muy necesarios. Hoy sus descendientes, también pudientes y prestantes, despotrican Pablo Escobar para mostrar pureza. ¿De dónde salían los grandes capitales con los que inicio Pablo Escobar cuando no tenía ni un peso en el bolsillo? La respuesta a esa `pregunta define muchas cosas.

La escena siguiente a esta, en la serie, es la de Pablo Escobar y su primo contando la plata que dieron otras familias pudientes de Antioquia.

Aunque ellos, los de la serie, lo pasan rápidamente, eso fue cierto. Prácticamente todo el que tenía algo de dinero disponible quería invertirlo en el mejor negocio del siglo en esos días. Y no solo Pablo Escobar estaba en esa carrera como lo muestran en la serie, muchísimos más estaban en la misma aventura, era cuestión de inteligencia, tenacidad y carácter para salir triunfador. Así como Pablo Escobar y otros salieron triunfadores, muchos otros perdieron, murieron en el intento o fueron apresados en los Estados Unidos cuando apenas arrancaban.

Con el avanzar de este libro el lector y juez verá que hacían otras personas fundamentales en esta historia en el mismo espacio de tiempo en el que Pablo Escobar se jugaba su futuro y el de su familia en sus pequeños primeros envíos de cocaína a los Estados Unidos.

En esta escena el "Pablo Escobar" de la serie y a su primo tienen un dialogo:

 -*Gonzalo: ¿Es que vos pensás que es muy fácil ir a recolectar esa plata sin decirles para qué o qué?*

-*Pablo Escobar: todo el mundo sabe para qué es Gonzalo, no nos digamos mentiras.*

Más o menos allí se resume lo que pasó al principio de aquel boom. Muchos de los ricos estratos 6 de Medellín se hicieron los tontos y traficaban en las sombras. Hoy sus descendientes, muchos periodistas, hablan mal de Pablo Escobar para que no se les cuestione.

Lector y juez, que supone usted qué pasaría si la inversión de esos socios se perdía; ya fuera porque decomisaran la mercancía o que alguien se la robara, o por lo que fuere. Pablo Escobar y su gente debían responder por ese dinero, aun con su vida.

En la serie ya se dejan ver dos traiciones o *torceduras* de personal de trabajo contra el "Pablo Escobar" de la serie. La primera cuando lo delataban los que le vendían la pasta de coca en el Ecuador y la otra cuando le estaban enviando la cocaína a "Graciela" hacia los Estados Unidos en llantas de avión viejas.

En la vida real las traiciones y deslealtades eran muchísimas más que las dos que narran allí, la plata en grandes cantidades da para todo, por eso Pablo Escobar necesitaba mostrar mano dura cuando se requería.

El lector y juez debe ir comprendiendo que algunas acciones violentas realizadas por Pablo Escobar —y todo narcotraficante— eran necesarias si querían sobrevivir. Solo es cuestión de ponerse en su lugar y en su entorno y verá como cualquiera hubiese hecho algo igual.

Esto reseña el libro en el que dicen basarse a ese respecto:
LA PARÁBOLA DE PABLO, Alonso Salazar, página 60:
Pablo procesaba la cocaína y la vendía a otros grupos, como el de los Ochoa, que la transportaban y vendían a

los Estados Unidos. Como el billete no alcanzaba para mover el creciente negocio, en un primer momento se realizaron diversas modalidades de participación, como las natilleras —que reunían plata de varios socios— y los apuntados —llevar a otros en el viaje—, que le permitían de momento a los narcos tener el capital para el negocio, y a personas de la alta sociedad obtener beneficios sin involucrarse demasiado.

Más adelante, como los compradores en Medellín ya no eran suficientes, Pablo se lanzó a la conquista de la ruta del norte, la de Estados Unidos. Pilotos aventureros viajaban, con más instintos que técnica, a escasos metros sobre el nivel del mar para evadir el control de los radares. Algunos bombardeaban cocaína en las islas Caribes, donde la recogían en lanchas rápidas; otros más osados, aterrizaban en carreteras de la Florida. Muchos naufragaron en esa aventura. (Se recuerda que un gobernador de Antioquia murió de pena moral porque uno de sus hijos se perdió en el mar cuando tripulaba una avioneta con un cargamento de cocaína).

Puede ver el lector y juez el verdadero alcance que tuvieron las clases pudientes de Antioquía y del país en ese boom de enviar cocaína a los Estados Unidos y traer dólares. Puede ver como políticos muy prestantes estaban involucrados. Hasta familias presidenciales estaban en eso, pero eso no lo muestran ni lo mostraran en la serie, de eso no se acuerdan los guionistas, porque son de los suyos y eso no les conviene, además, si alguien hurga en ese pasado le puede pasar lo que le pasó a Lara.

La única ley en esta historia es que Pablo Escobar es el malo y nadie más.

También dice el libro: **LA PARÁBOLA DE PABLO,** página 61: *Para Antioquia y para Medellín, ante la quiebra de sus industrias tradicionales, el tráfico apareció como una tabla de salvación. En aquellos tiempos el negocio de exportación de cocaína se juzgaba con una tímida moral. Se veía como una industria prospera que continuaba la tradición del contrabando.*

Eso no se lo dicen en la serie, industrialmente Antioquia estaba quebrada. ¿Quién la salvó? El dinero del narcotráfico y Pablo Escobar.

Si estas cosas que sucedieron no las ocultaran en la historia todos entenderíamos mejor lo que en verdad pasó y por qué.

Yo le ruego de rodillas al lector y juez que estudie al detalle este fragmento: *En aquellos tiempos el negocio de exportación de cocaína se juzgaba con una tímida moral. Se veía como una industria prospera que continuaba la tradición del contrabando.*
Pablo Escobar no fue narcotraficante desde que se le endilga. Y cuando empezó a serlo eso NO era un pecado. O por lo menos no era el gran pecado que es hoy.

Frecuentemente las personas de hoy juzgamos al Pablo Escobar del 1976-77, como al Pablo Escobar famoso que todos creemos conocer, y eso es un gran error. Sitúese mentalmente en esa época y comprenderá que el contrabando de cocaína no daba para tanto escándalo como hoy y, que Pablo Escobar solo quería ganar dinero para desafiar la pobreza que hasta entonces había vivido, él no quería traficar para matar policías, ni para poner bombas, ni para estar en guerra, ni siquiera pensaba en ser uno de los hombres más ricos del mundo; esas cosas serán producto de las circunstancias y ya el lector y juez lo ira viendo y le dará o negará la razón en cada caso.

Dice el libro sobre el mismo tema, **LA PARÁBOLA DE PABLO,** página 61: *Pablo compró una suntuosa casa mansión diagonal al Club Campestre, el club de los ricos tradicionales de Medellín, Allí el 2 de diciembre del 1977, celebró con su familia y con sus amigos sus 28 años. En el mismo sector compraron Fidel Castaño, Pablo Correa, los Ochoa y otros capos. Fue en ese momento, tras la venta en dólares de sus propiedades, cuando los ricos de Medellín, con más lustre que dinero, se hicieron verdaderamente ricos. Mientras hablaban mal de los narcos, hacían todo lo posible por hacer negocios con ellos. Hasta las bibliotecas de algunos de sus abuelos, fundadores de la república, quedaron en manos de los nuevos propietarios mientras ellos se mudaron a apartamentos para quedar con capacidad de inversión y gasto. Pero como provenían de una sociedad de alto tinte moral no reconocían públicamente que vendían a los traficantes, preferían decir que habían vendido a un «ganadero rico».*

Más adelante en esta historia tendré que pedirle al lector que regrese a este aparte. Para que rememore quienes se beneficiaban del tráfico de droga en esos días.

En este momento le pido que mire como los ricos, que no eran tan ricos como creían, solo eran tuertos en tierra de ciegos, se van a ver amenazados o desplazados por esa nueva clase rica, de verdad, que viene imparable. Los ricos van a pelear su lugar privilegiado y para eso hablaran mal de los narcos, sobre todo de Pablo Escobar, el más notable de ellos.

Puede mirar el lector y juez como la clase rica de Medellín hizo negocio con los narcotraficantes. Aún hoy hablan mal de ellos o de Pablo Escobar para tomar distancia de su pasado narco.

En la serie que se encuentra en *Netflyx* no aparece, pero hay una escena en donde están "Pablo Escobar", 'Gonzalo' y 'don Gerónimo' desayunando en un prestigioso club. Allí este último diplomáticamente les notifica que no los quieren como socios del club, ellos se molestan y le reclaman por utilizarlos para ganar dinero, salvarse económicamente y despreciarlos socialmente.
Esto en la generalidad fue así. Después, cuando el poder de los traficantes estaba llegando a Bogotá, pasó algo muy similar. Les pedían favores de todo tipo en privado, pero en público los repudiaban y criticaban. Y los que se morían de ganas de pedirles favores, pero por orgullo se abstenían, se dedicaban a criticarlos y a señalar a quienes tenían relación con ellos, aunque fuera una relación de solo cortesía. Estos eran los ricos tradicionales, los ricos más ricos, pero que no eran tan ricos como los nuevos ricos. Entre otros que iremos mencionando estaban Galán y Cano. Esos ricos ya no eran quienes tenían el sequito de

aduladores todo el tiempo pidiéndoles favores, ahora estaban relegados a un segundo plano. Como cuando llega una mujer mucha más bella a la fiesta y todos los hombres se van tras esta y dejan ignorada a la que gozaba de ser el centro de atención. Así se sintieron los ricos cuando apareció aquel gremio. Ya veremos cómo comienzan los ataques disfrazados. La maldita envidia rondaba.

El libro en el que dicen basarse dan más testimonios sobre estos nexos que en la serie escuetamente presentan, porque se les cae el teatro y la doble moral que han tenido frente al tema de Pablo Escobar y el narcotráfico:

LA PARÁBOLA DE PABLO, Alonso Salazar, página *62:*
En 1980 oímos hablar de estos mágicos, de sus excentricidades y de los fabulosos regalos que daban en sus fiestas. Ellos mostraban sin pudor sus riquezas, y sabíamos, contra lo que las leyes vigentes indicaban, donde eran sus oficinas. Funcionaban abiertamente con alta tolerancia de las autoridades. Gente como los Ochoa era aceptada socialmente. Según el recuerdo de Jorge Luis, los militares les pedían plata hasta para pintar las instalaciones de la brigada y, según escribió Fabito en el libro Un Narco se Confiesa y Acusa, los ricos los asediaban: «Por aquella época, y hasta muy reciente, los ricos querían relacionarse con nosotros pues aspiraban, casi siempre, a vender caro sus fincas, residencias o paquetes de acciones de empresas quebradas o al borde de la quiebra. Y casi siempre aspiraban a recibir el pago en dólares en el exterior. O cuando las amistades eran ya de algún calado pretendían obtener de nosotros un buen crédito, sin interés y pago incierto. Incluso no pocos, en medio de la euforia que provocaba el licor, nos planteaban que los apuntáramos en algún envío, anotando casi siempre en voz baja, "pero que no se sepa, con la mayor reserva, ¿tú me entiendes?"»

Usted no ve eso que se narra aquí en la serie, ni lo verá. Todo lo que ellos ocultan se los voy a mostrar —en lo posible— y, a evidenciar por qué lo ocultan o que hay detrás de cada mentira. Usted lector y juez sabrá qué hay detrás de cada mascará anti Pablo Escobar. Porque muchos ven en atacar a Pablo Escobar la manera más efectiva de tomar distancia de su pasado narco, ellos o sus familiares, hoy en pomposos cargos.
Creen que nadie lo sabe.

PABLO ESCOBAR, EL PATRÓN DEL MAL. Episodio 4, minuto 33.

En medio de la fiesta de bautizo de su pequeño hijo, Pablo Escobar recibe la conformación de que su primer cargamento de cocaína enviado a los Estados Unidos, había llegado a feliz término.
Con los ojos jugosos Pablo Escobar se funde en un profundo abraso con su primo Gonzalo.

Lector y juez, en el libro en el que dicen basarse no narra aquel momento decisivo para la vida de Pablo Escobar. Aquel primer *corone*.

Aceptando la teatrificación de la serie, le pedimos que piense en un instante que hubiese sido de la historia de Pablo Escobar si hubiera fallado aquel momento determinante de su vida. De cuantos balazos lo hubiesen matado, en que cárcel habría ido a parar, o quien sabe que cosas negativas le hubiesen sucedido de haber fallado el tiro decisivo.

Esto se anota por que todos conocemos al Pablo Escobar ganador, pero casi nadie se pone a calcular que sería de él si hubiese perdido.

¿El mismo Pablo Escobar, pero perdedor, despertaría la envidia de sus asesinos, la élite de Bogotá? Seguro que no. Al lector y juez más adelante me será forzoso solicitarle que recuerde este aparte. Cuando promovidos por la envidia y la avaricia, desde unos cómodos muebles, gente 'culta y fina', inmaculados de la alta clase pudiente de este país, con discursos moralistas nada convincentes ni lógicos y difundidos desde sus grandes medios de comunicación, sin derecho a ser controvertidos, intentaran despojar a Pablo Escobar de la riqueza adquirida a costa de la exposición de su vida.

Tal como las hienas que se allegan en gran número a la presa de la leona cazadora, y la obligan a que deje para ellas lo que con inmenso sacrificio ha cazado para ella y sus crías; así se avendrán los *cachacos* sobre las riquezas de los *paisas*. Solo un detalle, un león de esos, llamado Pablo Escobar, peleó hasta la muerte por su presa. Al final lo mataron y se quedaron con la presa, pero muchas hienas también murieron, cosa que no se esperaban.

Hoy las *hienitas* desde sus grandes medios de comunicación dicen que aquel valiente león era el malo, y muchos les quieren creer.

Con el desarrollo de estos escritos, cuando se analicen documentos y testimonios diferentes al libro en que se basa la serie, le mostraré, lector y juez, donde estaban en ese mismo espacio de tiempo los "policías" —y en que comodidades— que más adelante vendrán a robar a Medellín utilizando moralismos baratos para justificar el despojo de lo que no les costó nada. Los Pepes irán tras el patrimonio de Pablo Escobar pregonando que él tenía todo lo que tuvo *por obra y gracia del espíritu santo*. También servirá para que usted comprenda la fiereza con la que Pablo Escobar y los suyos defendían los capitales que acosta de su pellejo habían conseguido y, que los políticos, con la fuerza bruta de asesinos amparados con placas oficiales les saquearon. Según ellos por el bien del país.

PABLO ESCOBAR, EL PATRÓN DEL MAL. Episodio 4, minuto 38.

Hay una fiesta navideña en casa de Pablo Escobar. *Paty*, su esposa, les presenta a unos hombres de semblante campesino y humilde. Les dice que esas son las personas de las que ella le había hablado que tenían penurias económicas. Uno de ellos tenía un tío que se había caído, se había dañado la cadera y no tenía como operarse. Pablo Escobar le da un fajo de dinero para que lleve al tío a operar y se compromete a cubrir todos los gastos del tratamiento. Al siguiente necesitado, cuyas penurias era el daño de un tractor, le da para que repare el tractor dañado y para que se compre uno nuevo; y montara su propio negocio.

He aquí el gran error de Pablo Escobar: <u>ser buena gente</u>. Lector y juez, vea como solo ponen a dos personas a las que ayudó Pablo El Grande en esos días, cuando en verdad se pueden contar por miles. Lo ponen allí someramente para aparentar imparcialidad. Esa escena no dura más de un minuto y la razón para eso es muy sencilla: Porque eso habla bien de Pablo Escobar y ellos están allí es para hacerlo ver mal.

Incluso en el libro en el que dicen basarse, también hacen poca referencia a eso. Dice el libro:

LA PARÁBOLA DE PABLO, Alonso Salazar, página 62:

Pablo quería que todos sus amigos y vecinos gozaran de su riqueza. Por eso, esa noche también dio algunas ayudas de las que sus vecinos pedían con mayor frecuencia para salir de sus situaciones difíciles: para la cirugía de una niña, para la hipoteca de la casa, para el estudio... Él colaboraba con generosidad.

NO hay ni una sola razón diferente a un espíritu humanitario para que este hombre, o joven, de 28 años de edad haga esos gestos de nobleza.

Mire a su alrededor lector y juez, en su entorno, y dígase solo para usted, que persona que usted conozca de esa edad hace eso.

En ese espacio de tiempo Pablo Escobar no era El Patrón, no era rico —no como lo fue posteriormente—, no era perseguido, no era requerido, no estaba en guerra, no aspiraba a ser elegido a nada; ni ninguna otra idiota falsa razón de las que se han agarrados envidiosos de Bogotá como Andrés Pastrana para mancillar el corazón bondadoso de aquel hombre.

Lector y juez yo le ruego que no olvide que para esos mismos días Luis Carlos Galán era rico, Rodrigo Lara era rico, Guillermo Cano era rico; y si no me matan les mostraré por cuales países europeos se la pasaban viajando mientras Pablo Escobar ayudaba a sus prójimos.

A los 27 años una persona pobre que se gana la lotería —es decir: adquiere dinero en grandes cantidades— lo último que hace es ponerse ayudar a los pobres. Se va del país —Colombia era un infierno socialmente esos días— a darse la gran vida en donde no corra riesgos de ser secuestrado o asesinado para quitarles sus riquezas. Países en el mundo que le brindaran esa seguridad sobraban; pero, contrariamente ahí ve a usted a Pablo Escobar aquí en Colombia, con su gente humilde, ayudando a todo el que se le cruzaba, fuera quien fuera.

Razonablemente esto no tiene crítica, al contrario, es algo de encomiar y emular para cualquier persona sensata en el mundo, menos para la clase rica del país asentada en Bogotá y Medellín que contra toda sensatez comenzaron a vapulear a Pablo Escobar por ese corazón humanitario, hasta el punto de que se han terminado creyendo sus propias mentiras de que eso era malo.

Para esos egoístas esto era una bofetada. Un hombre que nunca tuvo dinero, consigue un poco y lo comparte con los necesitados. Ellos ricos de toda la vida, no dan nada a nadie y si dan es porque los obligan, o porque necesitan los votos de esos pobres. Esa puesta en ridículo no se la perdonaran a Pablo Escobar, tal como los sumos sacerdotes no perdonaron las develaciones que sobre ellos hacía el nazareno. Ya verán cómo se la cobraron.

Este fue el gran error de la vida de Pablo Escobar: ser buena gente.

Su benevolencia le hará ganarse enemigos. Tal como el Nazareno se ganó de enemigos a sumos sacerdotes por sus milagros, aquí también abran sumos sacerdotes de saco y corbata.

Un último detalle: usted no ve en la serie, ni en el libro, ni en la verdadera historia que Pablo Escobar pidiera algo a cambio de su generosidad.

No alcanzaría una serie de todo un año solo para recrear a las personas que ayudó <u>desinteresadamente</u> aquel hombre. Este es el hombre al que después maquiavélicamente, con mentiras y complots mediáticos han tratado de matarle su merecida buena reputación.

PABLO ESCOBAR, EL PATRÓN DEL MAL. **Episodio** 4 minuto 43.

Desde este momento comienzan a narrar la muerte del hermano menor de Pablo Escobar: Gerson.
Un policía había sido infiltrado en la familia de Pablo Escobar para hacerle inteligencia. Ante los pocos resultados de este policía en su misión deciden relevarlo de la operación y debe marcharse de la ciudad. Airado el policía infiltrado va a donde esta Gerson con su novia en una parte solitaria fuera de la ciudad, disfrutando de un carro nuevo que le acababa de reglara su hermano Pablo por motivo de navidad, le hace una serie de recriminaciones y lo golpea con la cacha del arma, los obliga a montarse en el carro y arranca. Dentro se forma un forcejeo y el carro rueda por un abismo, explota y el policía sobrevive. Está en un hospital en estado delicado. Hasta allá llega *Chili* y lo ahoga con una almohada.

Como la mayoría de las personas que vieron la serie no saben que es verdad y que se están inventando, de este episodio le hago la separación: Sí se mató el hermano menor de Pablo Escobar —a quien dicen que apreciaba mucho que se llamaba Fernando, no 'Gerson'— en un accidente parecido al que narran en la serie y por culpa de un policía ebrio, que le dio un cachazo. Son mentiras que ese policía hubiese estado infiltrado en su familia y que hubiese sobrevivido, por lo tanto, no es cierto que 'Chili'— tal vez *Pinina* en la vida real— lo hubiese asesinado cuando agonizaba en un hospital.

Esto es lo que dice el libro en el que dicen basarse sobre ese episodio:

LA PARÁBOLA DE PABLO, Alonso Salazar, página 63:
Pablo escuchó atento las versiones sobre lo sucedido. Como el carro andaba sin placas, el papel que autorizaba el transito libre lo pudo haber arrancado el viento. En la quebrada la Ayurá, la policía los había parado por falta de identificación. También es posible que haya sucedido de la siguiente manera: Fernando se estacionó a la orilla de la quebrada, en un sector residencial solitario, y empezó a besar a piedad y las caricias se prolongaron hasta escandalizar a los vecinos que llamaron a la policía. Lo que sigue es exactamente igual en las dos versiones: un policía borracho, que no sabía manejar, le dio con la cacha del revólver a Fernando, lo hizo correr al puesto del pasajero y tomó el timón. Al salir a la avenida, a toda velocidad, tiró el carro contra el andén y lo precipitó a la quebrada. Ahí quedaron los tres.

Una vez más los creadores de la serie dejan hechos reales por fuera para ponerse a inventar, sin necesidad y en contra de Pablo Escobar.

En el libro en el que se basan cuando les conviene, dicen como fue de destacado el entierro del hermano menor de Pablo Escobar. Pero como fue el hermano menor de Pablo Escobar, apenas lo registran.

Este episodio recreado, o mal recreado, en la amañada serie nos deja ver —por enésima vez— la mala fe y la clara intención de no contar la historia de Pablo Escobar, como lo pregonan; sino ridiculizarlo y hacerlo ver a toda costa como el malo de la película. En esa escena, cuando la madre de la novia de 'Gerson' va donde 'Eneida' a contarle sobre el accidente que habían tenido sus hijos, ella está durmiendo con 'Fidel', el padre del "Pablo Escobar" de la serie, quien duerme de una manera patética. Boca arriba, con la boca abierta, los brazos y manos contraídos sobre sus respectivos músculos pectorales. Parece que le estuviera dando un ataque epiléptico o algo parecido. Totalmente ridículo y mal intencionado. Parece un muerto, una momia, no un dormido.

'Eneida' va corriendo a donde duerme Pablo Escobar con su esposa a avisarle del accidente, y adivine qué lector y juez: el "Pablo Escobar" de la serie duerme igual a su padre. El mongólico que ponen allí a hacer de "Pablo Escobar" hace bien el papel de retrasado mental. Por qué es eso exactamente lo que parece ese asqueroso "Pablo Escobar" que se inventaron, un retrasado mental.

Le dejo las imágenes, por favor discúlpeme y trate de no vomitar.

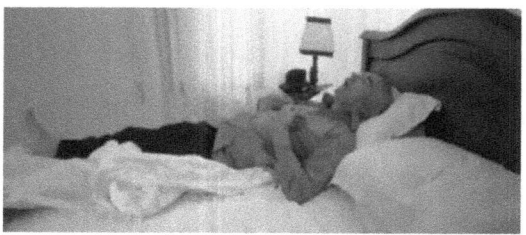

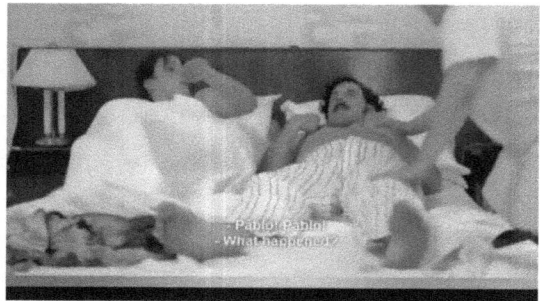

En la porquería de serie no pierden oportunidad de ridiculizarlo durmiendo ¿Qué placer sentirán con eso?

Esta es una foto real de Pablo Escobar durmiendo. Es el lector y juez quien debe dar un calificativo a las personas que hicieron esa serie.

Estos eran días de paz, la guerra contra una fracción corrupta de la policía vino a partir del año 1989, es decir, más de una década después de la muerte de su hermano menor. Los políticos reunieron un grupo de asesinos, les dieron uniformes, placa, armamento, dinero y vía libre para que atacaran a Pablo Escobar y a los *paisas*, este se defendió y allí comenzó la guerra sucia, que al estar estos vestidos de policía daba la sensación de que fuera contra la policía. Esta animadversión de Pablo Escobar con la policía, con las autoridades no existía para esta época y no existiría por muchos años más. El narcotráfico en esta época era más una bendición que una maldición. El caos vendrá cuando Galán y el resto de los Pepes se llenaron de envidia. Así que este suceso donde hay un policía involucrado en la muerte del hermano menor de Pablo Escobar no tiene nada que ver con la guerra que contra 'estos' vendrá en el futuro.

SEMANA: EL LIBRO DE LÓPEZ, POR ENRIQUE SANTOS CALDERON

Alfonso López Michelsen: Sí, el narcotraficante de Leticia al que Lara Bonilla dijo que no conocía, pero que figuraba en su propia lista para la asamblea departamental del Amazonas. Rodrigo Lara Bonilla había sido del MRL *y tenía una gran rivalidad con Jaime Ucrós.* <u>Yo lo había nombrado en un cargo diplomático en París</u> *cuando de repente me comenzaron a llegar noticias de que no hacía sino hablar en contra mía y desacreditarme. Averigüé, y resultó que el hecho de que yo hubiera designado a Jaime Ucrós gobernador del Huila lo había enfurecido.* Se vino contra mí, se enroló en el *Nuevo Liberalismo de Luis Carlos Galán y luego estalló el escándalo del cheque.*

He aquí lector y juez el segundo cargo político por el que se llegó a una guerra. Ahí está la enemistad entre estos dos conmilitones, aquí nace el supuesto moralismo del ex diplomático Lara Bonilla con su presidente López, Michelsen.

Vaya armando el rompecabezas, no trague entero. Estos eran políticos, peleaban partidas burocráticas, corrupción. Lo demás es mierda. El tal Rodrigo Lara y Luis Carlos Galán disque almas inmaculadas es solo un show con el que sacan muchísimo dinero del erario público.

PABLO ESCOBAR. SU DEFENSA.
1978

PABLO ESCOBAR, EL PATRÓN DEL MAL. Episodio 5, minuto, 8.

En esta escena se encuentra Pablo Escobar, Gonzalo y *Peluche* en medio de la premiación de una válida automovilística en la que Pablo Escobar había ganado después de haber hecho trampas.

Gonzalo le dice que el periodista radial que le iba a hacer la entrevista nunca llegó.

Lector y juez, al decir en la serie que la prensa nunca llegó al evento le dan un tinte de desprecios de esta hacia Pablo Escobar y eso no es cierto, la prensa sí llegó al evento, y no fue un solo medio de comunicación, fueron muchos los periodistas deportivos, especializados que lo cubrieron, y no fue una, sino varias las carreras a lo largo de aquel año, el 1979 por cierto, no el 1978 como lo ponen en la serie. Además, en esos años Pablo Escobar no era el hombre mal visto que han inventado hasta el día de hoy. Ingenuamente, o descaradamente, en la siguiente escena sale 'Gonzalo' leyendo un artículo de un periódico en el que hablan de Pablo Escobar y de la carrera ¿Si la prensa nunca llegó de donde salió el artículo, porque nunca se vio en la escena ni un periodista? Eso es lo malo de ser mentiroso, se debe tener buena memoria.

En la vida real Pablo Escobar alcanzó a estar en el segundo lugar de la clasificación general de ese campeonato y obtuvo varios reconocimientos de la prensa especializada por su sorprendente desempeño. Al final del torneo tuvo

un honroso cuarto lugar, pues a muchas carreras no pudo asistir por tener una agenda de negocios muy apretada.

Esa carrera a la que hacen referencia allí, aunque no lo digan, ni en el libro en el que dicen basarse, llevaba una gran suma de dinero apostada y un morbo adicional para ver si el novato revelación —Pablo Escobar— le podría ganar al más consumado y reputado piloto del certamen—Cuchilla Londoño—.

También se le dice al lector y juez que en aquella ocasión el periódico de circulación nacional El Tiempo (el que sí era el más importante del país) hizo una nota periodística con foto incluida sobre Pablo Escobar, en relación con ese torneo. Esto se anota porque después, durante los días de la guerra, usted apreciará como Guillermo Cano en una actitud enfermiza, de mala fe, toda noticia —que eran a diario— sobre Pablo Escobar le estampa la foto del supuesto día de su captura, en vez de tomar esa del diario El Tiempo tomada el día de aquella válida. Eso era un acto descarado de mala fe, enfermizo y de un descontrol total por parte del dueño de aquel diario de circulación nacional, en contra de Pablo Escobar.

En la serie, el periódico que lee 'Gonzalo' sobre la carrera, en donde no se habla mal de Pablo Escobar, no tiene nombre. Como NO hablaba mal de Pablo Escobar y es un artículo de la vida real, de esos días que no había guerra, NO ponen el nombre El Estafador, perdón El Espectador, el periódico de los que hicieron la serie.

De aquel día en que supuestamente la prensa no fue a cubrir el evento hay registros periodísticos y fotográficos, son unas que circulan en donde aparece con uniforme anaranjado de piloto.

Dice el libro al respecto de este episodio:
LA PARÁBOLA DE PABLO, Alonso Salazar, página 65;
En el archivo está la fotografía donde los periodistas lo rodean. Lo presentan como un hombre de progreso y lo recuerdan como una persona rodeada de guarda espaldas, distante, pero con aire de triunfador. En otra foto, tras una válida, Pablo lleva una corona de laurel que o identifica como el ganador.

Puede ver el lector y juez la "notable" corona de laureles que le pusieron en la serie.
Puede comparar lo narrado en el libro en el que se basan cuando les conviene y lo que recrearon, y ver la seriedad de estos señores.

Pablo Escobar era excelente piloto, manejaba con una sola mano a altas velocidades, poco usaba el freno, frenaba con la caja de cambios. El torpe de la serie maneja con las dos manos al volante y como un aprendiz. Maneja como manejaba Galán en la vida real.

PABLO ESCOBAR, EL PATRÓN DEL MAL. Episodio 5, minuto 20.

En esta escena recrean el momento en que Pablo Escobar le pide a *Peluche* que le dispare a un burro que estaba mortalmente herido después de haber chocado con uno de los motociclistas que viajaba con ellos en caravana por una vereda a visitar una finca que pensaban comprar.

Peluche se niega argumentando que él no es de armas y que no sabe disparar. Pablo Escobar le insiste argumentando que es por compasión y este se sigue negando.
Pablo Escobar se molesta, lo lleva de la mano, de tal manera que *Peluche* se ve obligado a dispararle al burro.

En el libro en que dicen basarse narra un suceso parecido. Aquí se los dejo plasmado y usted vea y juzgue que tan fehaciente es lo que muestran en la serie:
LA PARÁBOLA DE PABLO, Alonso Salazar, página, *67:*
En el camino encuentran una mula cargada con madera. El guía intenta frenar la moto resbala, y al verse encima del animal se tira. La moto sigue contra la mula, le parte las manos y la tira al piso. <u>Pablo con una habilidad extraordinaria, va asentando su moto sobre el piso mientras se baja. Corre a ver que le ha pasado a su compañero.</u> *Nada. No lo puede creer. El campesino mira espantado el animal que gime y su sangre que se extiende abundante sobre la arena. El resto de la caravana arriba. «No se preocupe, viejo. ¿Cuánto vale su mula?» pregunta Pablo. «Treinta mil pesos». «Le voy a dar cincuenta mil pesos para que se quede tranquilo, pero ¿qué hacemos con el animalito? Yo se la pago, no la vamos a dejar sufriendo, dale, Arcángel»* <u>dice Pablo que</u> <u>no soporta el sufrimiento de los animales</u> *y de inmediato le pasa una pistola.* <u>Arcángel dispara, por primera vez.</u> <u>Con tranquilidad, «era por una causa noble» dice.</u> *El animal pega dos sacudidas, dos tiros en la cabeza la llevan a mejor vida.*

Dice el libro de las habilidades de Pablo Escobar con las motocicletas. Habilidades que nunca se le ven al traste, idiota y obeso del "Pablo Escobar" de la serie.

Mire como dice que quien dispara por compasión al animal, que lo está haciendo por primera vez, lo hace con tranquilidad. No ve el teatro que montan en la serie con 'Peluche' que hasta vomita —no sale en la serie *Netflyx*— Dejan en la mente del televidente la sensación de que Pablo Escobar obligaba a matar, cuando eso no lo dice por ningún lado en el libro en el que juran basarse. Sigue la mala fe en contra de Pablo Escobar.

No presentan como Pablo El Grande corrió a ver que le había pasado a su compañero de viaje, que no era su amigo, sino el guía ocasional, porque eso habla mucho de la calidad humana y el sentido de amistas de una persona, quien, siendo el patrón, y con un desconocido, se preocupó por su integridad en un momento así. Si se preocupó por este hombre que apenas conocía, imagínese lo que hizo por sus guerreros en plena guerra. Ya se puede ir formando una idea del talante de aquel líder y por qué muchos entregaron su vida por él. Desde Bogotá con falacias, mala fe y cinismo tratan de matar las cualidades que llevaron a Pablo Escobar a ser un gran líder.

Mírese como dice el libro que Pablo Escobar se preocupó de inmediato por la integridad del guía y, en la mediocre serie su "Pablo Escobar" lo que hizo fue recriminarlo por accidentarse.

Tampoco le recrean la sangre, las patas quebradas y en general el dolor que se describe en el libro que sentía el animal. Así es más entendible y aceptable la decisión de sacrificarlo.

Pero como la política es tapar en contra de Pablo Escobar, no se puede esperar más.

PABLO ESCOBAR, EL PATRÓN DEL MAL. **Episodio** 5, minuto 25.

En esta escena se recrea el momento en el que Pablo Escobar está negociando unas tierras. Ofrece comprarlas y el dueño de la finca dice que no, que no está en venta. Pablo Escobar le plantea un caso hipotético en el que deseara venderlas y que le diga cuánto costaría. La respuesta del dueño de la finca a la supuesta venta es de 35 millones. Le ofrece el doble. El dueño sigue firme en su posición. Le ofrece el triple y le deja la oferta en la mesa para que lo piense.

Esto dice el libro sobre ese momento:
LA PARÁBOLA DE PABLO, Alonso Salazar, página 67:
La conversación terminó en punta. Arcángel, que miro expectante el desafío, admiró secretamente la firmeza del anfitrión, quien resistió por mera dignidad la oferta. Al día siguiente visitaron más fincas. <u>*Terminaron comprando tierras a tres y cuatro veces el valor comercial de la época,*</u> *y en ella Pablo construyó su hacienda Nápoles, que sería por años el centro de su reinado.*

Lector y juez dice en el libro en el que dicen basarse, y que se les "olvido" poner a los que hicieron esa nefasta serie, que eran trochas por las que tenían que transitar para llegar al sitio en donde verían las tierras a comprar. Que por aquella razón es que iban en motos *todo terreno* de alto cilindraje. ¿Por qué esto es relevante? Porque le están ocultando la verdadera condición en la que estaba esa región cuando Pablo Escobar puso sus ojos en ella. Esa zona nunca volvió a ser la misma después de su llegada, como todo lo que pasó o ha pasado por la historia de Pablo Escobar. Dicha región cogió un desarrollo que nunca hubiese alcanzado por sí sola en varias décadas. Esto se lo ocultan porque no quieren que usted vea la parte buena de la llegada de Pablo Escobar allí, porque estos señores no quieren contarle a usted la historia de lo que pasó, como lo venden en sus promociones; ellos lo que hacen es tratar de hacer ver a Pablo Escobar como el malo de la película para que de rebote sus parientes sean visto como los héroes inmaculados que nunca fueron y, ellos, sus familiares de hoy en día, seguir cobrando muchos millones del erario público por eso.

Cuando usted escuche a uno de los enemigos de Pablo Escobar —los Pepes— hablar sobre Nápoles, verá que solo se deleitan en hablar en tono mal intencionado de sus excentricidades: que tenían cientos de hectáreas, no sé cuántos animales, que hacían bacanales, que mataban…. Pero ninguno le dice —ni por error— que esos eran unos potreros de los que Pablo Escobar hizo un paraíso.

Una vez construido —con mucho esfuerzo— la Gran Nápoles, saltaron los envidiosos como Galán, Lara y Cano. Quienes nunca en su vida fueron por esos lares — si acaso a buscar votos—, quienes nunca habían ensuciado su boca mencionando esa zona del país, quienes solo se acordaron de aquel pedazo de Colombia para atacar a Pablo Escobar.

Las fincas de los Galán, los Cano y los Lara estaban en zonas privilegiadas de grandes haciendas, no por potreros desolados o selváticos rodeados de campesinos como los que adquiría aquí Pablo Escobar.

Esa finca junto con otras colindantes llegará a convertirse en la famosa hacienda Nápoles. Símbolo de Pablo Escobar y obsesión de los Pepes.

Se anota aquí esta escena para que el lector y juez vea como Pablo Escobar construyó de la nada su hacienda, como llevó el desarrollo a una zona de Colombia que hasta ese entonces no pasaba de ser una vereda.

Lector y juez pregúntese: ¿cuánta inversión costó concebir a Nápoles?, ¿cuántos empleos se generaron?, ¿cuánto se valorizaron las tierras de los campesinos vecinas?, ¿cuánto se desarrollaron los municipios que se convirtieron en paso obligado para ir a Nápoles?, ¿cuánto se inyectó a la economía de aquella región?, ¿cree que eso era bueno o era malo?

Lector y juez, cualquier región pobre de Colombia y del mundo estaría encantada de que le llegara una inversión de ese tipo. Lo malo es que cuando Pablo Escobar se convirtió en un político con opciones presidenciales, ya Nápoles pasó a ser el infierno, según ellos, los políticos y la prensa capitalina.

Aquí en este libro mostraré lo más posible todas las obras humanitarias que hizo Pablo Escobar cuando llegó a esa región. Fue e hizo lo que el "Estado" no hacía, demostró

—como lo hizo en muchas ocasiones— lo ladrones e ineptos que eran los grandes políticos, los dejó en ridículo y eso no les gustó. Por eso lo mataron bajo otros pretextos. Pablo Escobar pudo haber hecho Nápoles, en Nápoles (Italia) de haberlo querido, pero prefirió —como todo lo de él— aquí en Colombia. Eso es nacionalismo.

El hospital más moderno de esa región lo tuvo la hacienda Nápoles, y lo mejor: todos los circundantes que asistían allí no pagaban ni un peso y les regalaban las medicinas. Eso no hay palabras con que agradecerlo. Cuando estén persiguiendo los norteamericanos a Pablo Escobar para matarlo, muchos ofrecerán su vida por este hombre que sin obligación de hacerlo mejoraba su calidad de vida. Estamos en el año 1978, y ya este hombre daba asistencia médica y medicina gratuita. Este civil estuvo siempre adelantado décadas a las políticas sociales del Estado.

Lector y juez usted puede apreciar como Pablo Escobar pagó el triple del valor de las tierras para adquirirlas. Le pido no olvide este detalle porque usted podrá ver como los Pepes —Perseguidores de Pablo Escobar— una vez que lograron su objetivo de matarlo, cambiaron de nombre, pasaron de llamarse paramilitares a Auto Defensas Unidas de Córdoba y Urabá y por último Autodefensas Unidas De Colombia. Estos Pepes que le han tratado de vender a usted que ellos son los buenos y Pablo Escobar el demonio, tenían una despreciable practica para adquirir tierras por miles de hectáreas. Llegaban a la zona en donde tenían interés y realizaban una masacre indiscriminada, los campesinos aterrorizados huían dejando abandonadas sus tierras y ellos se apropiaban o, en el mejor de los casos, las compraban aun precio muchas veces MENOR a su valor real. Es así como hoy las familias poderosas de Bogotá tienen miles de hectáreas de las mejores tierras de Colombia.

Pablo Escobar —el malo según la prensa capitalina y la clase política de Bogotá— pagaba por las tierras varias veces MAYOR su valor real, mientras las familias ricas de Colombia —los buenos según ellos— mandaban a sus ejércitos privados a sembrar el terror para robarse las tierras.

EL ESPECTADOR: EN EL 83% DE LOS CASOS DE DESPOJO DE TIERRAS LOS PARAMILITARES FUERON LOS AUTORES": GERARDO VEGA
Por: Sebastián Forero Rueda / @SebastianForerr

El director de la Fundación Forjando Futuros explicó los hallazgos del sistema de información de restitución de tierras que documentó 5.775 sentencias y que hoy entregó a la Comisión de la Verdad. Según el documento, el 94% de las 400 mil hectáreas que se han devuelto en los procesos de restitución corresponden a tierras que antes había otorgado el Incora o el Incoder a campesinos sin tierra.

Recuerdo en este punto que los paramilitares son la versión mejorada (más sanguinaria) de los Pepes. Compare lo que hacía Pablo Escobar el "malo" y lo que hacían sus cazadores los "buenos".

Lector y juez le pido criterio, despojado de los prejuicios anti Pablo Escobar que nos han embutido y emita para usted mismo su respuesta a esta pregunta: ¿En verdad cree que Pablo Escobar era el malo de esta historia que le han vendido desde Bogotá?

PABLO ESCOBAR. SU DEFENSA.

Ahora bien, Pablo Escobar y Gustavo Gaviria no solo compraron esas tierras en donde crecería la Gran Nápoles, también invirtieron grandes sumas en las tierras que estaba al frente de esta, al pasar la autopista Bogotá – Medellín, luego las parcelaron y las llamaron Parcelas California, esperaron a que se disparara su valor y las vendieron. Pablo Escobar fue siempre un negociante nato.

¿Por qué le cuento esto? Porque cuando comiencen los ataques políticos de Lara, Galán y Cano se empecinarán en saber la procedencia de su fortuna y él dirá de sus inversiones en tierras, técnicamente no mentía.

PABLO ESCOBAR, EL PATRÓN DEL MAL. **Episodio**, minuto 30.

En esta escena recrean la montura de una avioneta en el portal de la entrada de una finca.

Después se recrea una fiesta en la hacienda Nápoles, por motivos de inauguración.

Se presenta una pelea entre Fabio y *Chili* porque, este último, habla a solas con *Paty*, la esposa de Pablo Escobar.

Fabio prende a *Chili* de los testículos y le pega un cabezazo. *Chili* saca su pistola y se la pone a Fabio en la frente. Todos se asustan, paran los músicos y Pablo Escobar interviene. A gritos pide que la fiesta siga, que no ha pasado nada.

Luego le advierte a *Chili* que, si vuelve a amenazar a algún miembro de su familia, le mata la mamá, la abuelita, los amigos…

Esto dice el libro sobre ese episodio:
LA PARÁBOLA DE PABLO, Alonso Salazar, página 67:
Sobre el marco de la portada instaló una avioneta de matrícula HK 617-P, *con la que, según se ha repetido mil veces, coronó su primer viaje de cocaína a Estados Unidos. Al lado instaló una valla grande: <u>«Aquí protegemos la naturaleza»</u>.*
A la inauguración invitaron a una multitud. Pablo y Victoria arribaron en su primer helicóptero —blanco con franjas anaranjadas— <u>Ellos, discretos en su manera de ser, contrastaban</u> con alguno de los guardaespaldas y familiares que ostentaban cadenas y anillos. Saludaban a la servidumbre con tanta amabilidad que algunos pensaron que los guardaespaldas, que caminaban alzados del piso, como pavos reales, eran los patrones. Los esperaban unos trecientos parientes invitados a esta presentación de su nueva condición. Ya no serían más los primos pobres, los que vivían en los extramuros del barrio La Paz. No. Ahora vivían en El Poblado, al frente del Club Campestre, en una lujosa casa de dos pisos, con piscinas y prado. Y en la calle 10, arriba del parque, en sectores exclusivos. No los animaba ningún sentimiento negativo. Las puertas estarían abiertas para toda la familia. Los negocios crecientes y exitosos daban para que muchos encontraran un lugar.
Pablo, sin perder la memoria de su pasado humilde, había llegado a metas lejanas y a personas poderosas que antes consideraba inalcanzables. Sus obras lo hacían sentir capaz de realizar nuevos sueños. Se sentaba en el balcón con su imagen inalterable: peinado de lado, de patillita, <u>bozo, siempre vestía bluyín, camisas claras de rayitas, unas botas americanas o tenis. Un hombre robusto, sencillo y parroquiano que no usaba joyas ni cadenas ni anillo, solo un reloj fino. Una apariencia que no empataba con su fama de hombre poderoso.</u> Solo impresionaba un poco a alguno

cuando lo veían acomodarse un calibre 22 que se amarraba en la pantorrilla y lo ocultaba debajo de su pantalón. En la tarde salía a recorrer la hacienda, o recibía a invitados especiales, gente de la farándula, deportistas, humoristas y políticos en la cabaña Honduras.

Al contrastarle al lector y juez la versión que narra el libro y la payasada que recrean en la serie, nos atrevemos a solicitarle que encuentre "la única diferencia" entre las dos narraciones.

Es de dominio público que Pablo Escobar era un ecologista "enfermizo". En el libro dicen que puso una valla **GRANDE** que decía: *«Aquí protegemos la naturaleza».*

¿Usted la ve en la serie? A la mejor si la querían poner, pero se les volvió a "olvidar".

Es de dominio público que Pablo Escobar pobló a Nápoles de árboles. Incluso trajo a un japonés y compró una grúa especial, única en el país, para trasplantar árboles ya adultos a la hacienda principal, algo mágico para la Colombia de esa época. Así usted se hará una idea de lo que fue la verdadera hacienda Nápoles y no el peladero o potreros que muestran los envidiosos de la serie.

Venga le doy una muestra de aquel paraíso:

PRODAVINCI: UN FIN DE SEMANA CON PABLO ESCOBAR.
por juan José hoyos

Era un sábado de enero de 1983 y hacía calor. En el aire se sentía la humedad de la brisa que venía del río Magdalena. Alrededor de la casa, situada en el centro de la hacienda, había muchos árboles cuyas hojas de color verde oscuro se movían con el viento. De pronto, cuando la luz del sol empezó a desvanecerse, centenares de aves blancas comenzaron a llegar volando por el cielo azul, y caminando por la tierra oscura, y una tras otra, se fueron posando sobre las ramas de los árboles como obedeciendo a un designio desconocido. En cosa de unos minutos, los árboles estaban atestados de aves de plumas blancas. Por momentos, parecían copos de nieve que habían caído del cielo de forma inverosímil y repentina en aquel paisaje del trópico.

—A usted le puede parecer muy fácil —dijo Pablo Escobar, contemplando las aves posadas en silencio sobre las ramas de los árboles. Luego agregó mirando el paisaje, como si fuera el mismo dios—: No se imagina lo verraco que fue subir esos animales todos los días hasta los árboles para que se acostumbraran a dormir así. Necesité más de cien trabajadores para hacer eso... Nos demoramos varias semanas.

Comprenda el lector y juez mis razones para decirle que esa serie es una porquería que está hecha para venderle lo "malo" de Pablo Escobar y a enaltecer fraudulentamente a los inmaculados Galán, Cano, Lara y en general a los Pepes.

Un espectáculo maravilloso como el que se describe en el artículo NUNCA lo verá en esa serie, ¿sabe por qué? Porque eso solo lo concibe y ejecuta una mente genial como lo fue la de Pablo Magno, a quien solo le pueden ganar acudiendo a mentiras, vilezas y manipulaciones. En cuanto a aves, en Nápoles había unas únicas en sus especies y traídas de otros continentes, en la porquería de serie no ve ni un gallinazo. Todo eso lo podía disfrutar el pueblo colombiano <u>totalmente gratis</u>, y si alguien pedía dinero para ir a verlo, también se le daba.

Le suplico de rodillas al lector y juez que se quite el prejuicio anti Pablo Escobar que le han implantado y diga para sí mismo si eso es algo de aplaudir o criticar.

Si usted no puede contemplar este espectáculo hoy con su familia totalmente gratis, es porque estos envidiosos —que son los mismos que hacen la serie— se lo quitaron, lo destruyeron y mataron a Pablo Escobar, bajo cualquier pretexto moralista.

Hoy quienes quieren ir a ver <u>las ruinas</u> de Nápoles deben pagar varios miles de pesos. Usted tiene la última palabra en todo esto lector y juez.

Permítame agregarle otras líneas del mismo artículo que acabamos de ver, no tiene nada que ver con el tema, pero no me puedo resistir:

Pablo Escobar vestía una camisa deportiva muy fina, <u>pero de fabricación nacional</u> según dijo con orgullo mostrando la marquilla. Estaba un poco pasado de kilos, pero todavía conservaba su silueta de hombre joven, de pelo negro y manos grandes con las que había manejado docenas de autos cuando junto con su primo, Gustavo Gaviria, competía en las carreras del autódromo de Tocancipá y de la Plaza Mayorista de Medellín.

—*Todo el mundo piensa que uso camisas de seda extranjeras y zapatos italianos, <u>pero yo sólo me visto con ropa colombiana</u>* —dijo mostrando la marca de los zapatos.

Entienda el lector y juez porque yo, sin ser *pablista* —no soy *ista* en nada—, he reconocido en este hombre un nacionalista puro, genuino, autentico, de esos que nacen uno en un millón.

Si alguien me muestra 1, y solo uno, de los primeros mil hombres más ricos de Colombia que solo vista con ropa nacional, abandono esta defensa en el acto.

Si alguien me mostrase 1, y solo uno, de los diez mil primeros lugares de los hombres más ricos del mundo que solo vista ropa colombiana, abandono en el acto esta defensa. Pablo Escobar era un colombiano en los primeros lugares de los hombres más ricos del mundo.

Esto era 1983, antes de la guerra.

Lector y juez, puede usted ver que en el libro en el que se basan cuando les conviene —es decir que le desfavorece a Pablo Escobar— no hace mención ninguna a pelea entre familiares de Pablo Escobar y sus trabajadores. Esos son inventos mal intencionados de los Pepes, quienes son los que han hecho esta serie.

El cara de mongólico "Pablo Escobar" de la serie grita a los músicos para que reanuden la fiesta.
Muchos músicos de los más importantes, de Colombia e internacionales, de esa época tocaron para Pablo Escobar por meses enteros. **NI UNO SOLO** ha dicho que Pablo Escobar lo gritó o le dijo una mala palabra. Pablo Escobar

no le gritaba nadie. Nadie es nadie. Eso incluye a su hermano Roberto, quien en la serie representa como 'Peluche', a quien se la pasa regañando y gritando. Roberto Escobar aún vive, ha dado múltiples entrevistas, ha escrito un libro sobre su vida al lado de su hermano; nunca ha dicho que Pablo Escobar lo gritó o trató mal, a él o alguien diferente en su presencia. ¿De dónde sacan estas mentiras los que hicieron esa serie? De la impotencia y envidia que da el saber que otro fue mejor que ellos y solo le pueden ganar recurriendo a la trampa.

Mire —una vez más— la sencillez de Pablo Escobar y su familia que describen en el libro. ¿Eso es de criticar?, ¿acaso no es más de elogiar que un hombre pobre que llegó a ser inmensamente rico conservara intacta su sencillez?

En el mismo aparte del libro dice como los escoltas y otros familiares eran engreídos y ostentosos. Hay mismo están dando muestras que contrastan y hacen más grande la sencillez de Pablo Escobar y su familia más cercana.

Lector y juez este era el verdadero Pablo Escobar. Aquí no había guerras, no lo buscaban para matarlo, su cabeza no tenía precio, no tenía que tener a su familia escoltaba y escondida las 24 horas de los 365 días del año, no le querían sacar a las malas del negocio más rentable del siglo XX.

Cuando las circunstancias cambien en esta historia, él también cambiará. Los humanos nos hemos adaptados a las adversidades desde que somos humanos.

Cuando lo traten de matar, él buscará sobrevivir, a cualquier costo. Cuando le ataquen a su familia, buscará protegerlos, a cualquier costo. Pablo Escobar no hará nada diferente a lo que hace cualquier ser vivo por sobrevivir y proteger a sus crías. Con una leve diferencia: Él era un genio. Y esa genialidad estará en función de su defensa.

Mire el lector y juez como es claro el libro en describir la manera de vestir de Pablo Escobar: *siempre vestía bluyín, camisas claras de rayitas, unas botas americanas o tenis. Un hombre robusto, sencillo y parroquiano que no usaba joyas ni cadenas ni anillo, solo un reloj fino. Una apariencia que no empataba con su fama de hombre poderoso.*

Esta es la vestimenta normal para un joven de 28 años —solo usaba ropa nacional por patriotismo—. Que era la edad que tenía Pablo Escobar en ese momento: era un *pelao*, un casi adolescente. El bobo grande que ponen en la serie siempre está vestido como un señor, con camisa y pantalones de tela suave y zapatos formales, porque tiene cuerpo y cara de viejo, de cincuentón.

A los que participaron de alguna manera en la serie, los veía usted recibiendo lisonjas por todos lados porque habían hecho una gran interpretación de la vida de Pablo Escobar. Cuando en verdad lo que querían era adularlos por hacer quedar mal a Pablo Escobar. Se creyeron su propia mentira, dan lastima.

Puede usted ver que dice el libro que a Pablo Escobar lo visitaba gente de toda clase y ninguno de esos *humoristas, políticos, faranduleros o deportista* que mencionan en el libro, ha dicho nunca que Pablo Escobar lo gritó o insultó. Por cierto, lector y juez, si supiéramos los nombres de esos periodistas que el escritor del libro omite —por solidaridad, miedo o negocio— que visitaban a Pablo Escobar en Nápoles y que es imposible que no fueran a pedirle favores, entendería usted por qué ese gremio habla mal de él. El viejo truco de despotricar de Pablo El Grande para borrar los favores que recibieron de él en tiempos de paz.

El patético "Pablo Escobar" de la serie, del que los mitómanos que lo crearon se sienten tan contentos, no habla, grita. La mayor parte del tiempo está gritando y de mal humor. Cuando todo el mundo sabe que el verdadero Pablo El Grande era exactamente lo contrario.

YOUTUBE, minuto 1:56

LA OTRA VISIÓN – EL PABLO ESCOBAR QUE YO CONOCÍ: Juan Piña.

Periodista: *¿Era un monstruo todo el tiempo Pablo Escobar?*

Juan Piña*: No, no, no. Yo conocí un ser humano. Que en medio de lo que tuvo, o tenía, se sabía divertir. Nos contrataba, no solamente a mí, muchas agrupaciones más ¿puedo decir algunos nombres?: La Sonora Matancera con Celia Cruz y Yayo El Indio, el Binomio de Oro, Flavio Romero.*

Periodista*: ¿Le tocaba todo el tiempo a Pablo?*

Juan Piña: *No, No. En ocasiones. En ocasiones especiales, pero muy sanas. Un cumpleaños, un matrimonio, una reunión de amigos, de pronto la inauguración de un parque regalado a un barrio pobre.*

Periodista: *Y cuentan que Pablo era muy caballeroso, no era drogadicto, no era alcohólico.*

Juan Piña: <u>*Nunca le conocí una patanería, ni una expresión hosca, ni un mal trato a nadie, al contrario*</u>.

Periodista: *¿Cómo eran las fiestas de Pablo Escobar?*

Juan Piña: *No eran ostentosas. Unas fiestas donde había buena atención para todo el mundo, el trago. Era sencillo. Al llegar me alzaba la mano, como que- riéndome decir ya estoy aquí. De pronto en medio de su emoción se acercaba a saludarme y yo le extendía mi mano. Pero no era...* <u>*no era un tipo exigente, ni atropellador, ni mal hablado. Muy culto, decente, un tipo con un trato enormemente fino.*</u>

Es el lector y juez quien decide si estos ampones que hicieron la serie se salen con la suya.
Si el usted no sabe quién es el cantante Juan Piña, le pido que haga una breve investigación.
Tal vez por la sinceridad de este artista, en cuanto al trato interpersonal de Pablo Escobar, los Pepes lo maten, o desde sus medios de comunicación de circulación nacional, lo maten moralmente a él o alguna de sus hijas. Ya lo

han hecho antes con quienes no satanizan y despotrican de Pablo El Grande, por complacerlos a ellos.

Juan Piña es un hombre que tiene una historia personal muy difícil desde su niñez. Huérfano desde los 14 años y con 20 hermanos por criarse. En un humilde pueblo de la costa estaba condenado a vivir en la miseria, su destino era ser campesino, como todos sus vecinos. Inicialmente en Medellín, logró cambiar su destino y sacar a su madre viuda y sus hermanos adelante. Como también logró cambiar su destino de pobreza Pablo Escobar.

Un poco atrás vimos como en el Club Campestre de Medellín habían rechazado la petición de socio a Pablo Escobar y su familia por no tener alcurnia. Este mismo club rechazó —por esos mismos días— a Juan Piña, pero no rechazó su asociación, sino su ingreso a cantar, porque era negro.

Esa que usted puede ver ahí era la clase alta de Medellín y de Antioquia en esa época, esos son los que se hacen llamar los buenos en esta historia, y cuyo descendiente hoy, en importantes cargos de élite, acaban física y moralmente con todo lo que sea o huela a Pablo Escobar. Ahora podrá ir entendiendo el lector y juez el por qué un día esa clase humilde de Antioquia se vengará de tantas humillaciones de estos aristócratas, que nada de diferente podían tener a la de la Francia previa a la revolución.

Pasemos ahora a analizar la amenaza del obeso "Pablo Escobar" de la serie sobre el 'Chili':

Documental: LAS CONFESIONES DE POPEYE, de Rafael Poveda, parte 1 minuto 6:47

Popeye: *Él era amable, <u>él pa tomar la decisión de matar a uno de sus hombres lo pensaba mucho</u>. Y muchas veces lo consultaba con la otra gente. «Mire el problema que hay…» así sea que todo el mundo se hubiese dado cuenta. Él pensaba mucho en eso y respaldaba mucho a sus bandidos.*
<u>Cuando había un problema entre un narcotraficante y un bandido, él se iba del lado del bandido y atacaba al narcotraficante</u>.

Él era un hombre bien hablado, a toda hora no andaba utilizando palabras soeces. Él había veces se salía de casilla y utilizaba mucho el 'hijueputas' «Muy mesurado, tranquilo y educado. <u>Si uno cometía un error le hablaba como un amigo. A Pablo Escobar nosotros no lo traicionamos nunca en la vida por eso, porque era buen tipo, excelente ser humano Pablo Escobar. En las relaciones interpersonales 1A</u>».

Lector y juez, lo primero que le diré es que nunca existió ese tal 'Fabio'. Muchos creen que tratan de recrear a Mario Henao, hermano de María Victoria Henao, esposa del Pablo Escobar de verdad.

Se dice que a Pablo Escobar le dolió mucho más la muerte de Mario Henao que la de su primo del alma Gustavo Gaviria. Esto se anota para que el lector y juez se haga una idea de quien era Mario Henao en esta historia y que significaba en la vida de Pablo Escobar.

En alguna parte del libro dice que consumía cocaína, pero también dice que había cursado algunos estudios de psicología y que era amigo de intelectuales de la época, así como aficionado a la lectura. En general en otros textos se habla de una persona muy culta. Eso no lo dicen los 'gentiles' que hicieron la serie, porque eso no es dañino. Por el contrario, pusieron gran esmero en pitarlo con catadura de traqueteo ordinario.

Lector y juez *Pinina* —según ellos 'Chili'— se hizo matar defendiendo la causa de Pablo Escobar. ¿Cree usted que si Pablo Escobar hubiese sido un líder o un patrón que amenazaba así a sus guerreros iba a enraizar tanta lealtad en estos, al punto de que daban su vida por él, cuando valía millones de dólares su cabeza? ¿Sabía usted que la debacle de Pablo Escobar vino cuando tuvo que decidir entre sus aliados narcotraficantes o sus guerreros y este optó por los segundos? Eso le debe dar a usted una dimensión de cómo era Pablo Escobar con sus guerreros y si creer o no que los amenazaba de muerte.

Puede comparar al personaje que pintan en la serie y al verdadero Pablo Escobar. Puede ver lo diametralmente opuesto que son. Puede ver cómo era Pablo El Grande con sus guerreros y como estos, por esa manera de ser, le fueron leales hasta la muerte. Ese "Pablo Escobar" de la serie no es el tipo de hombre que nos iba a tener hablando de él varias décadas después de muerto. Vea por enésima vez la mala fe en quienes inventaron esta serie.

Lector y juez déjeme mostrarle algunas cosas que dice el libro y que a quienes hicieron la serie basada en el mismo les importa nada, porque no les conviene a sus ruines propósitos:

LA PARÁBOLA DE PABLO, Alonso Salazar, pagina 69:
En 1978 Julio Cesar Turbay, del partido liberal, y el paisa Belisario Betancur Cuartas, del partido conservador, competían por la presidencia de la República. Fueron los conservadores, en esta campaña, los primeros que mencionaron la relación entre narcotraficantes y política. Publicitaban a Turbay con un afiche donde aparecía una caricatura del candidato con aire mafioso y un lema: «no deje comprar la presidencia» y lo relacionaban con los marimberos de la Costa Atlántica.
Turbay ganó las elecciones, pero su imagen internacional no era la mejor: el programa de la televisión estadounidense Sesenta Minutos hizo un extenso informe en el que lo vinculan con el narcotráfico.
Hablamos de un tiempo en el que Colombia era un país perdido en Latinoamérica, tradicional patio trasero de Estados Unidos, con un régimen político cerrado, hegemonizado por dos partidos políticos tradicionales; las aristocracias, sin tener título de nobleza, eran excluyentes y sangrientas en sus disputas por el poder. La guerra civil liberal-conservadora, la Violencia, había generado un desplazamiento de población tan dramático que en dos décadas

el país pasó de ser un país rural a un país de grandes ciudades con periferias habitadas por millones de pobres.

La elección de este señor como presidente, lo que dijo, hizo o dejó de hacer o decir, es de suma importancia en esta historia. Esa elección aún hoy tiene repercusiones en este país, pero como son los Turbay, misma clase oligarca de los que hicieron la serie, son mencionados en lo más mínimo y solo para cosas buenas o plausibles, como lo veremos más adelante cuando sean 'víctimas'.

Todos estos sucesos irán siendo contados más al detalle y relacionados coherentemente con la historia real de Pablo Escobar, no someramente como está en el libro y menos ocultándola y mintiendo como en la porquería de serie: **LA PARÁBOLA DE PABLO**, Alonso Salazar, página 70.
Sacaron por un túnel miles de armas del Cantón Centra del Ejercito en Bogotá, y frecuentemente asaltaban camiones con víveres que distribuían en las barriadas pobres de las grandes ciudades. El gobierno de Turbay, para contrarrestarlos, los azotó con detenciones masivas y torturas hasta lograr la captura de la mayoría de sus mandos. La frase del coronel Ñungo: «es mejor condenar a un inocente que liberar un culpable» resume la arbitrariedad que aplicaron los militares en esta ofensiva.
A esta andanada, el M-19 respondió con un par de morterazos al palacio presidencial...

Ahí lo tiene lector y juez, otra parte importante de esta historia que olvidaron poner en esta serie. Pero cuando se trate de poner las fiestas y los bacanales de Pablo Escobar no perderán detalles y hasta le agregan los que su excitada imaginación les dicte.

Una vez más le recuerdo que Colombia en esos días era invivible, estábamos en una guerra civil. ¿En qué país del mundo le tiran dos raquetazos al palacio presidencial? ¿En qué país en paz del mundo se le da a los militares facultades extraordinarias para que se desmanden sin control contra la población civil y no civil?

Y nos han tratado de vender todos estos años a través de sus grandes medios de comunicación de que Colombia era un remanso de paz y Pablo Escobar por maldad dañó todo esto.

Los verdaderos culpables de esa Colombia amarga en la que vivieron nuestros anteriores y que hoy padecemos nosotros, son ellos, los que hicieron esa mal intencionada serie y sus parientes anteriores, los mismos que untan de sangre el cuerpo de Pablo Escobar para que dirijamos nuestras fauces hacia él y no hacia ellos.

Usted no ve en la porquería de serie una guerrilla aplaudida por el pueblo como lo era el M-19 en aquellos días. Usted no ve en la serie una guerrilla robando víveres y distribuyéndolos en los barrios pobres como lo dice en el libro. ¿Sabe por qué? Porque eso los hace ver mal a ellos, los únicos culpables de todo este mierdero en el que nos ha tocado vivir.

Cuando en esta historia el M-19 haga cosas nada loables, pero entendibles, verá en la serie recreada hasta los últimos detalles y yo les mostraré para que vea que es su *modus operandi* y que algo similar le aplicarán a Pablo Escobar, siempre aplicando el desprestigio como avanzada contra quienes socialmente los hacían quedar como los ladrones que son.

1979

PABLO ESCOBAR, EL PATRÓN DEL MAL. Episodio 5, minuto 36.

En esta escena sale en Bogotá un anciano con un trabajador de área de impresión de un periódico. El anciano le dice al trabajador: *No, no. Está tiene que ser la noticia, esto es demasiado trascendental para el país. Tiene que ir a seis columnas.*

-Como usted diga don Guillermo.

Frenillo va urgente a la hacienda Nápoles en donde está Pablo Escobar, le pide a su esposa que lo despierten y le pasa un periódico, se puede leer en grande:
EL ESPECTADOR: COLOMBIA FIRMA TRATADO DE EXTRADICIÓN CON ESTADOS UNIDOS.

Según la serie ese anciano es Guillermo Cano. De la nada sale Guillermo Cano en esta historia. En el este texto histórico que estamos preparando usted sabrá lo que ellos le ocultan y, desde cuándo y cómo venía Guillermo Cano o la familia Cano en toda la historia del país.

Pregúntese lector y juez por qué aparte de Pablo Escobar, que según ellos es una persona que carecía de derechos y por eso abusan y explotan su nombre, Guillermo Cano es el único que sale hasta este momento con su nombre original. Yo le doy las respuestas: Porque nadie demanda si las mentiras le benefician.

Como dicen mentiras para perjudicar a otras personas, cambian ligeramente los nombres. Todo el mundo sabe quién es quién en esa serie, menos los jueces de Colombia, que les tienen pánico a las élites de Bogotá.

Los jueces, genios cuando es en contra de Pablo Escobar e idiotas cuando es a su favor, no encuentran ninguna relación o similitud entre 'Peluche' y *Osito*, *Popeye* y 'Marino', entre otras obviedades entre algunos personajes y gente de carne y hueso que vivió cerca de Pablo Escobar, que han sido pisoteados por los que hicieron esta serie. Pero como eran del bando de Pablo El Grande: no tienen derechos; por el contrario, deben dar gracias, los pocos que quedan, de estar vivos.

Para las personas que pisotean en esa serie es mejor dejarse pisotear en silencio. Ya ellos saben lo que les puede pasar si la bestia coge rabia.

No hay diferencia entre el brabucón de un patio en una cárcel y la oligarquía de Bogotá.

En la serie dicen que Guillermo Cano vio la importancia de la noticia y la mandó a poner a seis columnas, es decir: le dio gran despliegue.

Esto es lo que dice el libro sobre eso:

LA PARÁBOLA DE PABLO, Alonso Salazar, página 72:
Turbay para congraciarse con Estados Unidos, bloqueó por agua y aire la salida de marihuana, destruyó extensos cultivos y, en 1979, <u>sin que el país casi se enterara,</u> suscribió el tratado de extradición, que originaría en la década siguiente, una extendida confrontación entre sectores del

narcotráfico y el Estado. <u>El tratado, una vez aprobado por el Congreso de la República, lo firmó en uno de los viajes del</u> <u>presidente al exterior, el ministro delegatario encargado</u> de las funciones presidenciales, German Zea Hernández.

Lector y juez: Le mienten.
Cuando este texto histórico esté listo —el próximo libro— incluirá el tratado firmado originalmente, sabrá usted toda la verdad de aquella tramoya que se llamó "Tratado" de Extradición. Por cuya cuenta su familia y la mía derramaron sangre en aquellos días.

Ahora solo nos estamos encargando de dejar al desnudo a quienes, viéndonos la cara de idiotas, hicieron esta serie. Quien hizo este libro en el que dicen basarse en la serie, técnicamente no le miente, pero si resume en muy pocas letras lo que da por si solo para muchos libros de cientos de páginas. Digamos que oculta información o que fue demasiado someros en este tema.
Los que hicieron esta serie sí mienten, y descaradamente. Son tan desvergonzados que me dan ganas de no seguir con esto.

Las familias Turbay y la familia Cano son, y eran, de ese puñado familias que han mandado a su antojo en Colombia. Lo que llaman la oligarquía colombiana. Es decir, eran 'colegas', *babillas del mismo charco*, jugaban en el mismo equipo. No se atacaban.

Para esos días Guillermo Cano y sus periódicos El Espectador gozaban de una excelente relación con la presidencia de la República y su pauta publicitaria.

Usted puede ver la parte del libro transcrita en la que dicen que: *sin que el país casi se enterara.* ¿Qué cree el lector y juez que fue lo que pasó en verdad: lo ocultaron como sugiere el libro —y todo el mundo sabe— o lo pusieron en grande a seis columnas como lo muestran en la serie?

Aquello era tan vergonzoso y humillante para un colombiano, además de fraudulento, tanto, que el presidente no fue capaz de firmarlo. 'Casualmente' salió de viajes cuando se debía firmar el "Tratado" que por primera vez en la historia de Colombia permitía que otro país se llevara colombianos a pagar cárceles fuera de sus fronteras. Misma casualidad de que Lara muriera cuando nadie apoya la extradición, misma casualidad de que mataran a Galán cuando había un acuerdo para pacificar las guerras de Colombia precisamente después de una reunión entre el presidente de los EE.UU. y Virgilio Barco, misma casualidad de que nunca cogieron a ninguno de los Pepes a pesar de que mataron públicamente a tantas personas en Medellín y han confesado públicamente quienes eran, lo que hicieron y quienes los financiaron y apoyaron, misma casualidad de que Ernesto Samper fue el único que nunca supo de los millones de dólares que entraron a su campaña, misma casualidad de que autorizaran el traslado de los Rodríguez Orejuelas a una cárcel de mediana y baja seguridad en Palmira, Valle del Cauca, por 'razones de salud' cuando estaba a punto de estallar un escándalo por el robo de una multimillonaria suma de dinero del erario público y ellos eran los únicos con capacidad para chantajear al exfuncionario que sabía todo y amenazaba con destapar esa olla podrida que salpicaba a altos funcionarios del gobierno de Andrés Pastrana, misma casualidad de que los paramilitares se desmovilizaran mansamente en el gobierno de Álvaro Uribe y fueran extraditados cuando ya estaban voluntariamente tras las rejas, misma casualidad de que Juan Manuel Santos cambiara de opinión sobre Álvaro Uribe después de que este le facilitó la subida a la presidencia, misma casualidad de que Iván Duque se fuera al baño en el preciso momento en el que cuadraban la financiación de una campaña presidencial por parte de la corrupta firma constructora Odrebecht, misma casualidad de que muriera en un 'accidente' aéreo el presidente panameño Omar Torrijos cuando exigía a los norteamericanos la devolución del Canal de Panamá para su país.

Lector y juez, quien quiera que sea usted, al final tendrá que decidir si el malo es Pablo Escobar o la clase política y oligarca de Colombia y los norteamericanos.

Siguiendo con el "tratado", debo poner en conocimiento del lector y juez que los norteamericanos eran y son despreciados en toda América Latina, razón por la que dicho "Tratado" de Extradición —impuesto por el imperio según los críticos de época— lo pasaron lo más silencioso que pudieron.

No debe quedar ni un atisbo de duda de que fue MENTIRA que Guillermo Cano sacó esa noticia como *Extra* a seis columnas.

Sus familiares lo quieren poner como un héroe cuando no lo fue. Si tienen necesidad de mentir es porque con la verdad no ganan.

Están corrigiendo en la serie hoy los errores de sus familiares ayer, eso solo quiere decir que Pablo Escobar tenía la razón.

Respóndame dos preguntas lector y juez, al inicio de la transcripción que tomamos del libro dice: *Turbay para congraciarse con Estados Unidos, bloqueó por agua y aire la salida de marihuana, destruyó extensos cultivos y, en 1979, <u>sin que el país casi se enterara,</u> suscribió el tratado de extradición, que originaría en la década siguiente, una extendida confrontación entre sectores del narcotráfico y el Estado.* ¿Qué tan grave había hecho Turbay que debía congraciarse con los Estados Unidos atacando a los colombianos y firmando a escondidas un documento que vendía a sus compatriotas?, ¿cree que la posición arrodillada de Turbay Ayala con los Estados Unidos enorgullece a algún colombiano?

Entienda con esto el lector y juez por qué los norteamericanos son odiados en Colombia y en general en toda Latino América, y por qué el nacionalismo estaba a flote por aquellos días. Por eso se inventaron los famosos Cuerpos de Paz, para tratar de limpiar su mala imagen a nivel mundial.

¿Después de ver tanta pudrición entre estos políticos cree que Pablo Escobar es el malo en la guerra contra la extradición?

EL TIEMPO: E.U. DESCONFIABA DE SAMPER DESDE 1982: WASHINGTON POST

En junio de 1994, cuando Samper visitó nuevamente esta capital como presidente electo, se reunió por dos horas con Cresencio Arcos y Mike Skoll, dos altos funcionarios del Departamento de Estado.

El negó que había recibido esos dineros y nosotros le dijimos que lo había hecho, explicó al Post otro funcionario estadounidense no identificado. El acuerdo básico fue que si se comportaban como si no lo hubieran recibido (...), podríamos trabajar juntos.

Ahí está otra prueba contundente de como los Estados Unidos pisotea al pueblo colombiano poniendo o sosteniendo en los mayores cargos gente corrupta a la que pueden chantajear. Contra un "tratado" perjudicial y humillante contra el pueblo de Colombia, conseguido bajo amenazas y todo tipo de chantajes por parte de los americanos. Contra eso era la guerra de Pablo Escobar. Usted puede decidir si él es el malo, como se lo han vendido los chantajistas dueños del negocio.

Ningún país chantajeado es soberano y, un país chantajea a otro solo para abusar de él.

Estos son apartes del famoso y vergonzoso "Tratado":

LEY 27 DE 1980 (noviembre 03)

Por medio de la cual se aprueba el "Tratado de Extradición entre la República de Colombia y los Estados Unidos de América", firmado en Washington el 14 de septiembre de 1979.

Subtipo: LEY APROBATORIA DE TRATADO.

El Congreso de Colombia DECRETA:

Artículo 1°. Apruébese el "Tratado de Extradición entre la República de Colombia y los Estados Unidos de América", firmado en Washington el 14 de septiembre de 1979, cuyo texto es:

"TRATADO DE EXTRADICIÓN ENTRE LA REPUBLICA DE COLOMBIA Y LOS ESTADOS UNIDOS DE AMÉRICA"

El Gobierno de la República de Colombia y el Gobierno de los Estados Unidos de América; Animados por el deseo de hacer más eficaz la cooperación entre los dos Estados para la represión de delitos; y Animados por el deseo de concertar un nuevo <u>Tratado para la recíproca extradición de delincuentes;</u> Han convenido lo siguiente:

ARTÍCULO 1: Obligación de conceder la Extradición.

1. Las partes contratantes acuerdan la entrega <u>recíproca</u>, conforme a las disposiciones estipuladas en el presente

Tratado, de las personas que se hallen en el territorio de una de las Partes Contratantes, que hayan sido procesadas por un delito, declaradas responsables de cometer un delito, o que sean reclamadas por la otra Parte Contratante para cumplir una sentencia que lleve consigo la privación de la libertad, dictada por las autoridades judiciales por un delito cometido dentro del territorio del Estado requirente.

3. Al entrar en vigor este Tratado quedarán derogadas la Convención de Extradición Recíproca de Delincuentes, firmada el 7 de mayo de 1888 y la Convención Adicional de Extradición, firmada el 9 de septiembre de 1940, entre la República de Colombia y los Estados Unidos de América; pero si un procedimiento de extradición está pendiente en el Estado requerido en la fecha en que el presente Tratado entre en vigor, continuará sujeto a los tratados anteriores.

Lista de delitos:

1: Asesinatos: agresión con intención de cometer asesinato.

2: Homicidio.

3: Lesiones dolosas; ocasionar graves daños corporales.

4: Violencia carnal; abusos deshonestos.

5: Actos sexuales ilícitos cometidos con menores de la edad especificada en las legislaciones penales de cada una de las Partes Contratantes.

6: Secuestro con o sin rescate; detención ilegal.

7: Extorsión; chantaje.

13: Receptación o transporte de dinero, valores u otros bienes, a sabiendas de que han sido obtenidos ilícitamente.

16: Delitos que pongan en peligro la seguridad pública por medio de explosión, inundación, u otros medios destructivos.

20: Delitos relativos a la legislación sobre armas de fuego, municiones, explosivos, dispositivos incendiarios o material nuclear.

Bogotá, D.E., noviembre 3 de 1980. Publíquese y ejecútese.

El Ministro de Gobierno, delegatario de funciones presidenciales

GERMAN ZEA

Lector y juez, éste es un fragmento del "Tratado" de Extradición firmado por los gobiernos de Colombia y los Estados Unidos en el año de 1979.

El texto completo es bastante largo; además, por su naturaleza leguleya en partes es difícil de entender, tendría usted que tener formación en derecho o entendimiento de esos temas. Dada su importancia en esta historia me hubiese gustado plasmarlo en su totalidad.

La guerra de Pablo Escobar y LOS EXTRADITABLES contra los norteamericanos y la oligarquía colombiana era por varias razones, en general todas por principios nacionalistas; la más notoria y recordada fue la lucha contra la extradición de nacionales colombianos hacía cárceles norteamericanas. De la importancia de aquel tema sale el nombre de su grupo político-militar: LOS EXTRADITABLES y su inmortal lema: PREFERIMOS UNA TUMBA EN COLOMBIA Y NO UN CALABOZO EN LOS ESTADOS UNIDOS.

Miremos las partes que he *cercenado* de este "Tratado" para mostrar la verdad sobre el mismo. Origen de miles y miles de litros de sangre derramados por mis hermanos colombianos, que murieron sin tener la menor idea de cuál era el origen de su infortunio y, aun hoy los sobrevivientes de aquellos días ignoran la verdad sobre este "Tratado" diabólico que solo ha traído muerte y destrucción a Colombia. Sobra decir que nos lo han vendido como algo bendito, el cual deberíamos agradecer; valiéndose como siempre de la manipulación de la información, y del asesinato de aquellos que pueden ofrecer otro puno de vista, o llámela otraverdad.

Lector y juez, éste "Tratado" lo autorizó —más NO LO FIRMÓ— el entonces presidente de Colombia Julio Cesar Turbay Ayala bajo presión y chantaje de los norteamericanos —que no es de extrañar que los Estados Unidos recurran a esos métodos, ni que los políticos de Colombia humillantemente los acepten—. El chantaje tenía que ver con un sobrino del entonces presidente, llamado Aníbal Turbay, de quien se dice que tenía vínculos con el narcotráfico y, contra el cual los Estados Unidos tenía listo un expediente jurídico en su contra. El presidente tuvo que elegir entre la honra de su familia y la libertad de su sobrino o, la soberanía del pueblo que lo había elegido como su dirigente. Ya sabemos que eligió. Además, también amenazaron con vincular en procesos judiciales al mismo presidente.

Vemos como los intereses personales y la mala utilización de un cargo público, redundó en un baño de sangre que dejó como víctimas a colombianos insospechados, cuyos familiares y seres querido se han dejara influenciar por las campañas mediáticas y culpan de todo el desarrollo que cogió la guerra contra la extradición solo a Pablo Escobar, que al final de todo era un civil que nos estaba defendiendo. Miles de muerto colombianos y ni uno solo americano, y así hay gente que cree que el malo es Pablo Escobar.

Quien se precie ser objetivo en su parecer, debe asignarle su porción de culpa al ex presidente Julio Cesar Turbay; pues, a los presidentes se les elije y paga con plata del pueblo para que defienda los intereses de la nación y no los de su familia y los de él mismo por encima de estos. Debemos ser coherentes y buscar la génesis de aquella guerra y culpar a quienes la propiciaron. Si este mencionado presidente hubiese cumplido con su trabajo de hacernos respetar como país, no hubiese nunca autorizado este "Tratado" bajo chantaje y, como consecuencia, no hubiese habido la guerra contra la extradición. Su ser querido —hablo a los familiares de los muertos en aquella guerra— de seguro hubiesen vivido muchos años más a su lado. No olvidemos a este personaje (presidente) para cuando se esté narrando el cruento e inhumano escenario al que llegó aquel enfrentamiento.

Este mismo episodio se recordará más adelante; pues, la hija de este mencionado presidente habría de pagar con su vida la cuota de sangre de esta familia presidencial en aquella guerra y, paradójicamente muere a manos de su mismo bando, el bando de su padre y el de toda su familia: los Pepes.

Aquí está la evidencia de que dicho "Tratado" fue fruto de un chantaje:

REVISTA SEMANA: NARCOLANDIA.

A Turbay lo compromete indirectamente a través de un sobrino cuyo nombre no especifica. En una época circulaba este tipo de rumores alrededor de <u>Aníbal Turbay junior,</u> a tal punto que fueron mencionados durante la campaña de 1978 en el famoso programa de la televisión norteamericana de la CBS *"60 minutos".*
Lo que le faltó aclarar a Castillo fue el reciente descubrimiento de Daniel Samper, según el cual, en 20 años de vida de ese programa la demanda de Aníbal Turbay es la única

que ha prosperado en contra de la cadena de televisión, obligándola a hacer una rectificación. Otra de las perlas del libro afirma que "según versiones generalizadas", Turbay firmó el tratado de extradición como consecuencia de un chantaje que le habría hecho el gobierno norteamericano "a cambio de no hacer públicas evidencias que se poseían de actividades que lo relacionaban con el narcotráfico".

Desde ya puede ver el lector y juez que ese mal llamado tratado fue engendrado con un vicio moral y ético, además de los legales. Al ser dicho "Tratado" hijo de un chantaje, no podía ser nada bueno. Toda la sangre que corrió de los colombianos por culpa de la incorrecta firma del documento en mención, era algo que se podría prever; pues, toda acción tiene consecuencias en esta vida; y si se firmó un "tratado" injusto y mezquino bajo amenazas, el resultado no podía ser diferente al que tuvimos.

En la lista de delitos que nos describe el "Tratado" de Extradición, note lo que dice el número 8: *Extorsión; chantaje*. Justamente lo que hicieron ellos para obtener la firma de ese "Tratado".

Aquí muestro ahora otra prueba de como los Estados Unidos hace lo que le da la gana bajo amenazas: http://extradicion.com.co/historia-de-la-extradicion-en-colombia/

Sería en el año 1997, bajo la presidencia de Ernesto Samper Pizano, que se tramitaría una iniciativa legislativa en el

Congreso de la República buscando revivir la figura de la extradición. Cabe destacar que las amenazas de imponer sanciones comerciales a Colombia por parte de Estados Unidos lo que influenciarían de gran manera este proceso de reactivación de la extradición.

Lo que el gobierno estadounidense exigía estaba resumido en una lista de 20 puntos en total, dentro de los cuales citaban:
"restablecer la extradición de colombianos a Estados Unidos y lograr la aprobación del paquete de leyes antidrogas, con efectos en materia de expropiación de bienes de los narcotraficantes que hayan sido adquiridos en el pasado y no descubiertos antes de la vigencia de las nuevas normas".

Seis años después de que Pablo Escobar logró sacudirnos de esa vergüenza, los norteamericanos; nuevamente bajo amenazas, con consentimiento (obligado) de los podridos, apátridas y desvergonzados políticos y, ante la ausencia de un líder como Pablo Escobar que hacía valer nuestra dignidad como país, re-impusieron su ambiciosa extradición.

Este nuevo chantaje demuestra que es un patrón de comportamiento típico de ellos, es una política imperialista de ese país. Hoy tienen un embargo asfixiante a Venezuela por no aceptar sus imposiciones y el de Cuba lleva 50 años.

Juzgue usted lector y juez quien es el malo en esta historia, yo sí creo en criterio.

Dice el texto del "Tratado":
"Tratado de Extradición entre la República de Colombia y los Estados Unidos de América", firmado en Washington el 14 de septiembre de 1979.

No había tal "Tratado". Después de ver y comprobar que se hizo por medio de chantajes y presiones, la palabra <u>tratado</u> no aplica en esa denominación. Si a usted lo obligan a llegar a un acuerdo, es decir: de forma NO voluntaria; usted no está llegando a un acuerdo, usted está recibiendo una imposición. La palabra <u>tratado</u> en este caso es un disfraz, una fachada detrás de la cual se legaliza el dominio y abuso de los norteamericanos en Colombia, a través de los políticos ladrones y apátridas. Las leyes mundiales y el sentido común no avalan ningún trato bajo chantaje u obligación.

Mire la fecha mencionada. Para cuando los norteamericanos pusieron esas riendas sobre Colombia, Pablo Escobar no era nadie prácticamente. Eso nos deja apreciar que Pablo Escobar luchó contra las jáquimas que nos pusieron los norteamericanos por convicción; pues a esas alturas a él no le afectaba en nada diferente a ser un patriota que veía como su pueblo era humillado en su soberanía por otro país.

Desde este punto, llamémoslo ético, moral, y ¿por qué no? legal, tenían razón quienes se oponían al "Tratado"; sea el colombiano que fuera. Pues, su firma NO representaba una voluntad popular o por lo menos NO a la gran mayoritaria del pueblo colombiano. Esto justifica y otorga la razón a quienes se oponían a él, ya fuera de forma pacífica —como Gabriel García Márquez y muchos otros intelectuales— o de forma militar, como terminó haciéndolo forzosamente Pablo Escobar. Desde aquí vemos que la guerra defensiva que habría de desangrar a Colombia contra ese "Tratado" era legítima.

Lector y juez, lo que no dice en el texto del "tratado" que citamos, fue que lo firmó en Washington el embajador de Colombia ante los Estados Unidos: Virgilio Barcos. ¡OJO con este nombre! Que a la postre será el defensor de los intereses norteamericanos en contra de los colombianos aquí en Colombia. La sangre de colombianos que va a correr por cuenta de las políticas pro-americanas de este hombre no tiene parangón alguno. Fue el hombre que llevó la guerra a los extremos de sevicia y crueldad más altos. Dicen de él que fue el presidente más introvertido, pero también fue el más sanguinario. Tanto es así, que hasta Pablo Escobar se sorprendió cuando Cesar Gaviria se convirtió en un monstruo que mandaba a asesinar brutalmente a todos los que se habían opuesto a la extradición de colombianos hacía cárceles de los Estados Unidos, pues pensaba que la barbarie de Virgilio Barcos no la igualaría nadie.

Dice el texto: *El Gobierno de la República de Colombia y el Gobierno de los Estados Unidos de América; Animados* *por el deseo de hacer más eficaz la cooperación entre los dos Estados para la represión de delitos; y Animados por el deseo de concertar un nuevo Tratado <u>para la recíproca extradición de delincuentes</u>.*

Mire, la parte subrayada. Esta es la segunda prueba irrefutable de que no se trataba de un "Tratado" o acuerdo mutuo, a voluntad; sino, de una IM-PO-SI-CI-ÓN.

La extradición NUNCA ha sido recíproca, siempre fue —aun hoy— en un solo sentido: de Colombia hacía los Estados Unidos, no de los Estados Unidos hacía Colombia.

Miles de Colombianos han sido extraditados desde la fecha de firmado este "Tratado" (1979) y <u>ni un solo</u> estadounidense ha sido extraditado a Colombia (2021) ¿Le parece a usted lector y juez, que eso es un acuerdo recíproco? ¿Le parece justo o correcto aquello? ¿Por qué censuramos a Pablo Escobar por luchar contra esa vergonzosa posición en que nos pusieron los políticos colombianos?

Vamos perdiendo 3.000 a 0 y todavía nos dicen que es un partido justo. Allá la conciencia de los que se quieren hacer los idiotas con este tema.

Eso es una hijueputa burla.

Contra esto es que luchaba Pablo Escobar. No sé quién se atreva, pero yo no lo censuro, ni le critico su defensa de la dignidad nacional. Ninguna persona en su sano juicio o con su sentido de pertenencia nacional intacto, estaría de acuerdo con la imposición de un "Tratado" como ese para su país —a no ser que sea un político o periodista de élite—.

Lo demostrado con los años, de que era un "Tratado" en un solo sentido le da la razón a Pablo Escobar y los que se oponían a él y, legítima su lucha armada contra los que lo impusieron y, contra los que siendo colombianos lo ejecutaron.

Ningún país tercermundista y subyugado como Colombia firma un tratado con un imperio como los Estados Unidos, solo nos toca firmar lo que ellos nos impongan nos guste o no.

Esto volvió a pasar (una vez más) con el TLC (Tratado de Libre Comercio), amplio para sus empresas y angosto para la nuestras; lastimosamente para entonces ya habíamos dejado matar a Pablo El Grande.

Muchos de los empresarios que perdieron con las imposiciones de norteamericanos en el TLC eran de los que apoyaban a los Estados Unidos en contra de Pablo Escobar, cuando este peleaba por la no injerencia extranjera en los asuntos internos de Colombia.

Los gringos se los *culiaron parados* para que sean serios, así como se *culiaron parado* a los Rodríguez Orejuelas por lambones.

También note como dice el texto del tratado: **Animados por el deseo,** como si en verdad Colombia lo hubiese firmado de buen agrado.

Dice el texto del "Tratado": *Han convenido lo siguiente:* MENTIRAS, no hubo ningún convenio, ya vimos cómo fue a la fuerza.

Dice el "Tratado" impuesto por los Estados Unidos: ***Ninguna de las Partes Contratantes estará obligada a entregar a sus propios nacionales,*** *pero el Poder Ejecutivo del Estado requerido podrá entregarlos si lo considera conveniente.*

Está es otra mentira. En la práctica Colombia sí estaba obligada a entregar a sus connacionales pedidos en extradición, mientras ellos —los norteamericanos— no lo estaban. Las cifras así lo demuestran. Tras más de cuarenta años de ese tratado, la balanza dice que Colombia ha enviado a los Estados Unidos la totalidad de los miles de personas que se han extraditado bajo ese "Tratado" entre ambos países. Es decir, cien de cada cien extraditados son colombianos.
El poder ejecutivo de nosotros hace lo que el gobernador, quise decir embajador, norteamericanos diga. Quitando las payasadas se extradita al que los gringos le ordenen al presidente. Vaya a ver si el embajador de Colombia se atreve a murmurar siquiera palabra en Washington.

Tanto en los días en que se hizo vigente el "Tratado" impuesto por los Estados Unidos, como en estos días — pero antes era más vergonzoso y humillante la manera como los Estados Unidos ejercía su autoridad sobre Colombia— si Colombia se negaba a la extradición de alguno de sus hijos, las represarías —veladas o abiertas— no se hacían esperar. En cambio, Colombia ni por equivocación se atreve a pedir en extradición a un *gringo*. Y de haberlo hecho, y los Estados Unidos decían que la negaban, no pasaba nada. Desde acá no hay como conminar a los Estados Unidos a que se acoja al "Tratado". Entre obvias razones de poderío, ellos no respetan a ningún órgano de justicia internacional. Eso de que *ninguna de las partes contratantes está obligada a entregar a sus connacionales* es un chiste, una burla, todos sabemos que a ellos nadie les dice que no, y que ellos nunca entregaron ni a uno de los suyos. Lector y juez, contra esto fue que luchó Pablo Escobar y su grupo de nacionalista. Por luchar contra esto fue que los agredieron, por defenderse es que los tildan de monstruos, pero en verdad luchaban por dignidad suya y mía ante la vergonzosa prostitución en que nos tenían –y nos tienen – la élite políticos y la gran prensa colombiana.

Miremos lector y juez, como el tiempo, experto en poner las cosas en su lugar, le da —una vez más— la razon a Pablo Escobar.

EL ESPECTADOR: LAS FARC SE CONSOLIDAN COMO EL MAYOR CARTEL DE NARCOTRÁFICO DEL PAÍS

Las FARC sí son uno de los mayores carteles de la droga, así lo advierte un informe elaborado por inteligencia de la Policía, entregado a la delegación del Gobierno que abordó el tema del narcotráfico en la agenda de negociación de La Habana, en el que se establece la vinculación directa y control de esta guerrilla sobre todas las fases de la cadena del narcotráfico.

Las FARC (Fuerzas Armadas Revolucionarias de Colombia) nos las vendieron por décadas como terroristas y narcotraficantes y, al igual que Pablo Escobar y su organización fueron tildados atreves de los medios de comunicación capitalinos como un cartel de la droga. Todo para desprestigiarlos, como hacen siempre los políticos y los gringos.

Ahora veamos, la verdad al final de todo esto:

EL TIEMPO: NARCOTRÁFICO ES UN DELITO CONEXO CON REBELIÓN: CORTE SUPREMA

La Sala de Casación Penal de la Corte Suprema de Justicia ratificó la conexidad del delito de narcotráfico con el de rebelión, siempre y cuando esa actividad ilegal haya sido cometida para financiar a las organizaciones insurgentes.

Así es señores, al final tuvieron que reconocer que el narcotráfico es un delito *aceptable* cuando son utilizados esos recursos con fines políticos o en lucha política, como fue el caso de Pablo Escobar y su organización nacionalista.

Aunque ya sabemos que el "Tratado" cobija casi todo el código penal colombiano de ese entonces, sería muy complicado citarlo todo para mostrarle al lector y juez como lo que llamaban la Ley o la Justicia existía muy poco, operaba muy deficientemente, con excepción de que el infractor fuera Pablo Escobar, y en muchas ocasiones, aunque no fuera él, bastaba con que les conviniera decir que era él para que la Justicia o Ley fueran divinamente eficientes y en tiempo *record* lo encontraran culpable. Cuando lograba Pablo Escobar probar su inocencia atreves de algún proceso jurídico, salían a decir que los jueces estaban vendidos o eran corruptos. De esa conducta estúpida veremos a lo largo de este libro múltiples ejemplos. Para ellos Pablo Escobar tenía que perder siempre.

Lo que le quería resaltar lector y juez, para no desviarme mucho del tema que tratamos, es que estaré resaltándole los delitos cometidos por los Pepes —Perseguidores de Pablo Escobar— que daban lugar a ser solicitados en extradición y NO fueron pedidos. Por las sencillas razones de que eran pro-americanos y que estaban en asocio con ellos en la guerra contra Pablo Escobar y el grupo nacionalista político-militar de LOS EXTRADITABLES. Mientras que a Pablo Escobar se le pedía en extradición como retaliación, pues su conducta correspondía a un delito político lo que lo hacía exento de ser solicitado en extradición, aunque se valiera del narcotráfico para financiarse.

Por ejemplo, dice el "Tratado": **13. Receptación o transporte de dinero, valores u otros bienes, a sabiendas de que han sido obtenidos ilícitamente.**

Si se aplicara este punto imparcialmente no quedaban muchos colombianos en estas tierras, sobre todo en los barrios pudientes de Bogotá, Medellín y Cali. Y ni uno, óigase bien, ni uno solo de los malditos Pepes.

Los norteamericanos su famosa extradición no la aplican contra quien se doblega ante sus abusos.

El caso más descarado lo verá usted con Rodrigo Lara, un ministro corrupto que inicio la guerra cuando se vio pillado recibiendo dineros y pactando alianzas con un narcotraficante. Más adelante le recordare este punto número 13 del "Tratado" que pudo ser aplicado a Lara y convenientemente no lo hicieron.

También aplicaba este mismo artículo contra todo el Bloque de Búsqueda, principalmente contra sus capos, Hugo Aguilar, Hugo Martínez y Danilo González, por los millonarios pagos recibidos del cartel de Cali. Tampoco los pidieron en extradición.

Dice el texto del "Tratado" de extradición: *__El Ministro de Gobierno, delegatario de funciones presidenciales, GERMÁN ZEA.__*

Esto es delicado lector y juez, este señor que se menciona aquí fue quien firmó el "Tratado", en vez del presidente Julio Cesar Turbay Ayala, como lo exigía la ley.

Les dije un poco atrás que dicho "Tratado" desventajoso y humillante para Colombia, fue firmado bajo amenazas de los Estados Unidos con temas personales del presidente de entonces: Julio Cesar Turbay Ayala. Con esta firma por parte de un <u>ministro delegatario</u>, vemos como el presidente Turbay Ayala hizo el quite a sus responsabilidades cuando se firmó dicho "Tratado" y de paso <u>lo dejó viciado</u>. En palabras silvestre: se lavó las manos. Cuando se tenía que firmar el "Tratado" se excusó y dejó que el pecado recayera sobre un segundón. Eso en política se conoce como *quemar un fusible*.

Mire el lector y juez, que tan vergonzoso era ese "Tratado" que el presidente evitó estampar su firma allí. Pero eso no lo exime de su responsabilidad en la muerte de miles de colombianos que vaciaron sus venas en aquella guerra justa contra el injusto "Tratado" de Extradición, incluyendo su hija, Diana Turbay, muerta por la policía, o más bien por asesinos con placas enviados desde Bogotá a Medellín con el único objetivo de adelantar una guerra sucia contra Pablo Escobar y todos los colombianos que se opusieran al "Tratado" de Extradición.

¿Por qué cree el lector y juez que el presidente evitó poner su firma allí?

El caso es, que al no estar firmado por el presidente el "Tratado" era <u>invalido,</u> según las leyes colombianas de entonces. Más adelante veremos como la Honorable Corte Suprema le da la razón a Pablo Escobar y su gente en <u>dos</u> ocasiones, y sin importar lo que diga la Honorable Corte Suprema, van a seguir aplicando la extradición políticamente y será entonces cuando Pablo Escobar se da cuenta que no le queda más que la opción de defenderse militarmente. Entonces será cuando —según los Pepes— se vuelve un monstruo, un terrorista. Yo personalmente veo un nacionalista, un guerrero. Los terroristas y los monstruos eran ellos —los Pepes— y de eso se dejará pruebas.

Ahora veamos otro de los delitos por los cuales se podía pedir en extradición:

EL ESPECTADOR: MILITARES ESTADOUNIDENSES VIOLARON MÁS DE 50 MENORES COLOMBIANAS ENTRE 2003 Y 2007

Así lo asegura el informe de la Comisión Histórica del Conflicto y sus Víctimas revelado a principio de este año, que además señala que los casos quedaron impunes.

En los delitos enumerados en el "Tratado" de Extradición los números 4 y 5 rezan así:

4: Violencia carnal; abusos deshonestos.

5: Actos sexuales ilícitos cometidos con menores de la edad especificada en las legislaciones penales de cada una de las Partes Contratantes.

Si el lector y juez es colombiano(a) compartirá y entenderá mi vergüenza; y si es extranjero, le pido disculpas por lo que los colombianos dejamos que les hicieran a nuestras menores los soldados *gringos* y que eso quedara impune. Ningún colombiano puede hacer nada para impedirlo o exigir castigo para los violadores *gringos* porque lo matan, previo desprestigio. El único hombre que se atrevió a alzar la voz y a enfrentarse a esa bestia, lo mataron salvajemente y lo vendieron como el demonio encarnado; tal como el Imperio Romano llamaba a los pueblos que no se sometían a sus abusos, a quienes denigraban llamándolos Barbaros, cuando los Barbaros eran ellos.

Hágase el lector y juez dos preguntas ¿Cuántos militares colombianos cree que hay en territorio norteamericano? Y ¿Cuántos de esos militares norteamericanos que abusaron sexualmente de niños colombianos cree que fueron extraditados a Colombia?

Ninguno es la respuesta en ambas preguntas. Porque los americanos si se hacen respetar. Los *politicuchos* de aquí son los que se prostituyen ellos y consigo a los colombianos, ellos no nos dan a respetar, ni nosotros al elegirlos a ellos.

Lector y juez, contra esas humillaciones a la dignidad nacional era lo que luchaba Pablo Escobar y LOS EXTRADITABLES. Los violadores nos lo venden como los malos, pero juzgue usted por su propio análisis, después de pensar en esas menores colombianas que fueron violados por norteamericanos en su propia patria y luego se fueron impunemente.

Aun así, tienen el descaro de catalogar a Pablo Escobar como el malo de nuestra historia.

Estas son barbaridades que lograron salir a luz pública ¿Y las que nunca supimos? ¿Cuántas más no nos ocultaron? No olvidemos que ellos son los patrones y ellos tienen el poder. Esta noticia vio la luz una década después de los hechos, puede deducir de ahí la calidad de prensa que tenemos. Hágase ahora el lector y juez estas otras dos preguntas: ¿Qué cree que hubiese pasado si estas violaciones la hubiesen hecho militares colombianos a niñas americanas? ¿Qué hubiese pasado si esto lo hubiese hecho gente de Pablo Escobar a niñas americanas? Analice.

1980

LA PARÁBOLA DE PABLO, Alonso Salazar, página 71:
Y con la toma, el 27 de febrero de 1980, de la Embajada de la República Dominicana en Bogotá: Una veintena de trabajadores, que celebraban el día nacional del dominicano, fueron tomados como rehenes por un comando que pretendía canjearlos por prisioneros políticos. Aunque no lograron el objetivo, satisfechos con el impacto nacional e internacional, los guerrilleros, abandonaron el país, una multitud entusiasta los despidió como héroes en lo largo de la avenida El Dorado en Bogotá, cuando se dirigían en autobuses al aeropuerto a abordar un avión hacia Cuba, donde finalmente liberaron los rehenes.

Todo esto que está en el libro y no en la serie, y mucho más, hace parte de toda esta historia y son piezas importantísimas en este rompecabezas. Como aquí la guerrilla del M-19 es vista como unos héroes los que hicieron la serie miran para otro lado.

PABLO ESCOBAR, EL PATRÓN DEL MAL. **Episodio** 5, minuto 39.

Pablo Escobar le pide a su primo Gonzalo que se contacte con todas las cabezas de la organización para una reunión de carácter urgente, para tratar el tema de la extradición.

Salen unas letras que dicen Armenia, 1980. *Frenillo* visita a un excéntrico personaje llamado Marcos Herber. Que está piloteando una avioneta.

Un subtítulo que dice Miami, 1980. Graciela Rojas recibe la invitación a una cumbre.

Muzo, 1980. *Frenillo* visita a un personaje con sombrero y gente armada en lo que parece ser una zona minera.

Medellín 1980. *Frenillo* va por último donde los hermanos Motoa y les anuncia de la realización de la cumbre.

<small>Lector y juez, para esa época no había ninguna organización. Cada quien lideraba su empresa lo mejor que podía. Por lo tanto, no hubo ni podía haber ninguna cumbre.</small>

PABLO ESCOBAR MI PADRE, Juan Pablo Escobar, página 215.

Además de estas obras, mi padre llevaba ya más de un año en una campaña pública contra el tratado de extradición con Estados Unidos suscrito en marzo de 1979 por el presidente Julio César Turbay porque consideraba humillante que el país entregara a sus ciudadanos a la justicia de otro país. Él ya había estudiado a fondo el tema, y eso que no lo habían pedido en extradición todavía y no tenía cuentas pendientes con la justicia. Así, mi padre hizo de la extradición su caballito de batalla y por eso empezó a organizar <u>tertulias</u> en la discoteca Kevins y en el restaurante La Rinconada, en el municipio de Copacabana. Esos encuentros informales los bautizó con el sonoro nombre de Foro Nacional de Extraditables, que muy rápido dejaron de ser reuniones comunes y corrientes. Poco a poco, la lucha contra la extradición tuvo renombre y ello animó a mi padre a convocar a la crema y nata de la mafia del país a una reunión en La Rinconada. Asistieron cerca

de cincuenta mafiosos del Valle, Bogotá, Antioquia y la Costa Atlántica, entre ellos los hermanos Miguel y Gilberto Rodríguez Orejuela y José Chepe Santacruz. El que se excusaba era mal visto porque se trataba de buscar consenso entre la mafia de todo el país con el exclusivo propósito de abolir la extradición. Es necesario aclarar que ninguno de ellos era reconocido todavía como narcotraficante y tampoco tenían antecedentes judiciales o procesos penales en su contra. Eran, 'prósperos empresarios', como los denominaban en las altas esferas sociales, con quienes se hacían negocios, pero con los que no se tomaban fotos.

No pretendo menospreciara la inteligencia de quienes hacen de lectores y jueces, pero es mi trabajo subrayarle lo que deja muy claro las letras que citamos. Notará usted como dice que en el principio eran tertulias, que eran encuentros informales, NO cumbres.

Note como dice que, debido al éxito de esas ter-tu-li-as, se convirtieron en foros, en donde hubo gente que ya estaba en el mundo del narcotráfico, pero no se sabía y no tenían deudas judiciales. El texto que citamos es muy explícito en decir que asistieron cerca de cincuenta mafiosos de todo el país, no los pocos que salen allí, que casualmente son los que con el tiempo ellos llamaron cartel de Medellín. Dice claramente: *entre ellos los hermanos Miguel y Gilberto Rodríguez Orejuela y José Chepe Santacruz.* ¿Usted ve a estos personajes en la "cumbre" de la porquería de serie? Claro que no y yo a su debido momento les mostraré por que los protegen.

Es de suma importancia que no nos dejemos alterar el orden de las cosas, porque, contrario a la errada ley de las matemáticas que dice: que el orden de los factores no altera el resultado, aquí, en la vida real, el orden de las cosas lo es todo. Si no que lo digan las bases nitrogenadas. O los átomos.

¿Por qué es de suma importancia esto? Porque es una evidencia de que Pablo Escobar agotó la vía académica, diplomática y pacíficas, en el tema de la extradición. Con esto nadie lo podrá señalar de no haber buscado una manera civilizada de fijar sus inconformidades con la extradición de colombianos a cárceles de los Estados Unidos.

En la serie, de mala fe, enseguida se convoca una cumbre de mafiosos, y son casualmente los mismos que después estuvieron en la guerra contra LOS EXTRADITADORES, más bien LOS CONSUMIDORES. Con eso quieren decirle, lector y juez, que Pablo Escobar buscó una confrontación bélica a el tema de la extradición desde el primer momento. Usted puede ver que no es cierto. La "bestia" como quieren venderlo, buscó desde el principio una salida no violenta y civilizada a un problema. Esto lo deja exonerado de cualquier culpa en la guerra que más adelante se narrará. Las personas ajenas a ella que murieron como daño colateral por parte del bando de Pablo Escobar, deben también, justamente, responsabilizar a quienes obligaron a que unas <u>tertulias y foros</u> se convirtieran en una guerra. No solo es culpable quien aprieta el gatillo, también lo es quien propicia a que esa situación se dé. En este caso hago referencia directa a los EE.UU. y la clase pudiente de Bogotá y Medellín, quienes ahora con mentiras y campañas mediáticas, evaden sus culpas señalando solo a Pablo Escobar de todo lo malo que se les ocurra.

Aparece en escena un tal 'Marcos Herber'. Nunca existió. Cualquiera persona con dos dedos de frente sabe que tratan de representar a Carlos Lehder, todos lo sabemos, menos un juez de la República de Colombia, porque le tienen pánico a la élite de bogotana, pues desde esa ciudad los matan moral o físicamente. Si alguno de los agredidos en esa serie denuncia por daños a su buen nombre a los que la hicieron, pierde su tiempo y deben esperar las represarías.

Así como así, de la nada aparece Carlos Lehder en esta historia.
No lector y juez, yo le voy a hacer una breve introducción de quien era él, que hacía en ese momento y por qué es, aún hoy, un preso político en los Estados Unidos, sin casi ningún tipo de derechos, para que vea lo que ocultan los de la serie, y le otorgue al igual que yo, la razón a Pablo Escobar en toda esta historia.

En el libro en el que dicen basarse, a estas alturas ya habían hecho mención al nombre de Carlos Lehder. Desde ahora puede ir preguntándose por qué lo habían omitido, si está en el libro en el juran basarse:
LA PARÁBOLA DE PABLO, Alonso Salazar, página 78:

Por la influencia de Carlos Lehder, quien lideraba una experiencia política, El Movimiento Latino Nacional, y editaba en Armenia el periódico Quindío Libre, con discursos donde mezclaba doctrinas fascistas, con marxismo y pensamiento patriótico.

¿Usted ve esa descripción en el 'Marcos Herber' de la serie? Le diré por qué no se lo muestran en la serie: porque esto que dice el libro muestra a un activista político. No importa en este momento si era o fue un narcotraficante, un loco o un bisexual. Este que muestran en el libro, y omiten en la serie, es un político. Y no solo era un político, era un político an-ti-a-me-ri-ca-no. Un político nacionalista. Vaya atando cabos, lector y juez, yo sí creo en su inteligencia.

También puede ir viendo que tenía un periódico en el departamento del Quindío. Tenga esto en cuenta cuando comiencen los ataques de la prensa de Bogotá, —sobra decir que en cabeza de El Espectador y Guillermo Cano— contra este señor, un rival en ventas.
Anota el mismo libro sobre Carlos Lehder:
LA PARÁBOLA DE PABLO, Alonso Salazar, página 83:
Lehder —bajito, fornido y excéntrico— se conocía por haber construido en la ciudad de Armenia un monumento en homenaje a John Lennon, por haberle regalado a la gobernación de su departamento un avión y por declaraciones a una cadena radial en las que reconoció haber utilizado Cayo Norman, una isla en las Bahamas, como base para inundar a Estados Unidos con cocaína.

Esto es lo que dice el libro sobre quien era Lehder, y no el aparecido que ponen en la serie. Él recorría los municipios de su departamento en caravanas de carros o en helicópteros. Sus manifestaciones eran tan concurridas que los políticos tradicionales de ese departamento varias veces le sabotearon las multitudinarias concentraciones. Lehder proponía la socialización de la economía latinoamericana, una moneda única para Latino América, el peso latinoamericano, las Naciones Unidas de Latino América, dar por cancelada la deuda externa, y la nacionalización de la banca latinoamericana, algunas de las ideas que años después intentaría impulsar Hugo Chávez. Tenía un libro donde promulgaba sus ideales llamado el Libro Verde.

Había vivido en carne propia las humillaciones y malos tratos que en los Estados Unidos se daba a los latinos, contrario al trato de reyes que reciben ellos aquí. Por esta, entre otras razones, impulsaba una independía de los latinoamericanos frente a los Estados Unidos, no era comunista ni nada de eso. Era de los pocos colombianos que se atrevían a decir que nuestro mal son los Estados Unidos. 'Casualmente' Ledher también era tildado de delincuente por los americanos.

Su moviente político tenía miles de seguidores. Tuvieron diputados en su departamento y representantes en el Congreso.

Tal vez sus últimos años en Colombia, después de una larga e intensa persecución en la selva, no fueron los mejores, pero eso no lo hace el excéntrico y loco que ponen desde ahora en la serie. Había ideales, había una lucha política. Había un sentimiento antia americano.

La sola intención de tratar de ocultar verdad sobre él o borrar parte de su historia indica que no era el simple bandolero que nos quieren vender.

Para que no queden dudas: Lehder era un furibundo opositor a la extradición de colombianos a cárceles de los Estados Unidos.

Algunos dicen que Griselda Blanco tenía poco y nada que ver para esos días con la gente de Medellín con quienes había tenido una guerra y la habían hecho huir hacia Miami.

El hombre de sombrero en Muzo, la capital mundial de las esmeraldas, se ve a simple vista que quieren decir que es Gonzalo Rodríguez Gacha. También aparece en esta historia por arte de magia. No es serio que aparezcan de la nada estos personajes trascendentales en esta historia y cuyo pasado, antes de que los involucren, es importante para la historia misma que se está narrando, pero no conveniente para los que hacen la serie, enemigos de ellos. Gacha fue un campesino y minero que llegó a tener más plata que Ecopetrol. Usted siempre verá al Gacha multimillonaria y nunca al mugroso minero.

¿Usted ha visto en la mediocre seria algún detalle de la guerra verde?, ¿ha oído mencionar a Víctor Carranza?, ¿a Gilberto Molina o a algún otro zar de las esmeraldas?, ¿ha visto en la mediocre serie combatir a los grupos de paramilitares de los esmeralderos contra la guerrilla en Boyacá y Cundinamarca?

Una vez más lector y juez: Colombia era un país en guerra civil. En guerra de todos contra todos. Los de la mediocre serie no le dicen ni el 5% de la historia verdadera ni el 1% de la verdad.

Todas esas guerras tarde o temprano unas con otras terminan cruzándose. Una alianza de un bando lleva a una alianza del otro y en algún momento todas irán concatenadas.

Ya sabemos que no les importa la historia, ellos solo han hecho esta mediocre serie para quedar bien y seguir comiendo de eso.

¿Se da cuenta el lector y juez que estos son los mismos que después, algún día más adelante, los norteamericanos les pondrán el nombre de Cartel de Medellín? Casualmente enemigos de los que hicieron la serie. Es decir que en Colombia según ellos no existían más narcotraficantes. Esa ha sido una política mediática desde los años ochenta en que atacaron a Pablo Escobar: venderlo como el narcotráfico en carne viva, como el origen de todos nuestros males, cuando nunca fue así. Había más narcotráfico y muchos más narcotraficantes que Pablo Escobar. Posicionaron desde sus grandes medios el nombre de Pablo Escobar como narcotráfico, diremos que fue una sinécdoque.

PABLO ESCOBAR. SU DEFENSA.

1981

PABLO ESCOBAR, EL PATRÓN DEL MAL. Episodio 5, minuto 42.

Pablo Escobar se dispone a salir de su casa camino a la cumbre que realizará con los otros miembros de la organización para tratar el tema de la extradición.
En ese momento llegan cinco hombres. Dos de ellos se le presentan y dicen llamarse Leonel y Norberto, comandantes del MR-20. Ambos con mala catadura y aspecto descuidado. Los visitantes dicen admirarlo por lo socialmente hecho por Pablo Escobar, quien siendo un hombre que vino de abajo, ahora que está arriba no se había olvidado de los suyos.

Pablo Escobar les agradece sus palabras y les expresa que él también comulga con el pensamiento Marxista-Leninista, la lucha de clases sociales, la desigualdad social y sobre todo la lucha por los derechos humanos. Les colabora con un dinero y no deja que le echen un discurso político que los visitantes insistían en decirle y ordena que les entreguen 5.000 dólares y los deja allí parados donde los atendió y se va.

Lamentablemente en su gran mayoría quienes vieron esa serie toman por cierto todo lo que allí se narra. Están muy equivocados, y este episodio no es la excepción.

Ni siquiera tienen el respeto —o la inteligencia— de tratar de apegarse a lo que dice el libro en el que juran que se basan, ya que es fácil que cualquiera con una simple ojeada corrobore la no concordancia.

En el dialogo que hacen allí, "Pablo Escobar" habla de afinidad con el pensamiento marxista-leninista. Toda Colombia sabía que ni el M-19, ni Pablo Escobar eran de esa ideología, eran de izquierda sí, pero no marxistas- leninistas. Es más, TODO MUNDO SABE que muchos de los fundadores del M-19 venían inconformes de las FARC porque esa guerrilla había tomado precisamente esas ideologías extremistas.

Yo os muestro que es falso y de mala fe el decir que Pablo Escobar era de esa ideología. Ya se tendrán que defenderse los del M-19 por su cuenta. Miren lo que dice el libro sobre esos ideales marxista-leninista:

LA PARÁBOLA DE PABLO, Alonso Salazar, página 71:
Las palabras del M-19 contrastaban con la cartilla acartonada de la izquierda marxista-leninista, por primera vez una guerrilla colombiana anclaba su lucha en símbolos nacionales y hablaba un lenguaje popular.

Solo le pido de rodillas al lector y juez que se pregunte por que estos desvergonzados que hicieron la serie tienen la necesidad de mentir tan descaradamente. Note como mienten "casualmente" contra quienes fueron sus enemigos y los combatieron. Todo lo opuesto a cómo sucedieron las cosas, todo lo acomodan para hacer quedar mal a los otros, cuando los verdaderos demonios han sido ellos, los ricos de Bogotá.

Esto que he transcrito ¡Está en el libro en el que juran basarse!; es decir, solo es *copiar y pegar*, y aun así ponen lo que le da la gana, o exactamente todo lo contrario pero que les favorece. Eso demuestra tres cosas:

1: Que ellos no son los buenos en esta historia como se venden.

2: Que no nos respetan y les importa un culo la verdad.

3: Que no hay intensión de contarnos la verdad, sino de venderse como los héroes que nunca han sido, por el contrario, han sido los monstruos de nuestra desgracia. Antes de mostrarle lo que dice el libro sobre ese momento de la historia, permítame, por favor, decirle que nunca existió ningún movimiento guerrillero llamado 'MR-20'. Ningunos comandantes 'Leonel' y 'Norberto'. En realidad, toda esa escena, esos personajes y lo que muestran en la serie en general, son inventados. Un nombre parecido, alguna característica parecida a los originales y ya nos los venden como los verdaderos protagonistas y sus verdaderas historias. Es esa precisamente la manera como operan los estafadores profesionales.

En algún pasaje del libro en el que juran basarse dice que el comandante de aquel grupo guerrillero daba entrevistas mientras se acicalaba su melena con un secador para cabellos, esto lo ponen a modo de crítica por lo vanidoso del personaje. Contrario, vemos lo mal presentados y desganados que los ponen en la serie. Esto no parece importar si no fuera por lo siguiente: La gente del M-19, al igual que Pablo Escobar, fueron los que más golpes le han dado a la oligarquía colombiana en toda la historia de las guerras de este país, por eso los desprestigian y ridiculizan cada vez que pueden, además de no perdonarlos y tener odio enconado hacia estos.

LA PARÁBOLA DE PABLO, Alonso Salazar, página 82:
Pablo ya tenía relaciones con los hombres del M-19, los había conocido en circunstancias extrañas. A inicio de 1981, los militares, que pagaban favores con favores, llamaron a Jorge Luis Ochoa, para informarle de conversaciones interceptadas al M-19 en las que hablaban de secuestrara un narco. Ochoa, a su vez, buscó a Pablo, que para entonces ya ejercía liderazgo especial entre los narcotraficantes por su capacidad militar. Pablo realizó labores de inteligencia y retuvo a varios guerrilleros entre quienes se encontraban Evencio Ruiz, Luis Gabriel Vernal y Pablo Catatumbo. Los llevó a sus oficinas donde tenía 200 bandidos bien armados para atemorizarlos. «Yo tardé sólo tres días para detenerlos, así que con nosotros no se metan por que pierden el año, yo no les voy a hacer nada porque no hay necesidad y sobre todo porque yo soy un hombre de izquierda» Les dijo. Para resolver el asunto con astucia diplomática, y no hacerlo sus enemigos, los liberó y les regaló quince mil dólares. Tras el incidente, los hombres del M-19 se hicieron visitantes asiduos de la oficina. Allí trabajadores como Pinina, el Chopo, Yuca, Elkin Correa y Arcángel los conocieron, jugaron con ellos partidas de billar, y, además, en largas conversaciones, compartieron sus pasiones guerreras. Parecían unirlos muchas cosas.

Es demasiado evidente la enorme diferencia entre lo que dice el libro y lo que recrearon en la serie. Sobre todo, el desdén del "Pablo Escobar" de la serie hacía la gente del 'MR-20', cuando en el mismo libro dice que Pablo Escobar sentía simpatía y hasta admiración, como casi toda Colombia en aquellos días, por ese grupo guerrillero. La recepción o la manera en que se entrevistaron Pablo Escobar y la gente del M-19 distan diametralmente de la escena que recrean en la mediocre serie en donde ni siquiera los hace sentarse y el "Pablo Escobar" de la serie los desprecia totalmente con su afán por irse. En la vida real Pablo Escobar sentía gran simpatía y agrado por aquel grupo alzado en armas; tanto, que estaba precisamente evitando tener que enfrentarse militarmente a sus ídolos, les regaló dinero astutamente para tenerlos a favor y no que ellos fueron a pedirle, como lo ponen mediocremente y de mala fe los *cachacos* que han pagado por esta serie.

En este punto me toca pedirle al lector y juez que recuerde lo que decimos en el año 1970, sobre las elecciones presidenciales que robó Misael Pastrana y la clase alta de Bogotá, de la que hacían parte Galán, Lara y Cano; este es el mismo grupo guerrillero M-19 (no 'MR-20') que surgió como protesta a aquel robo.

Dice claramente el libro: «*Yo tardé sólo tres días para detenerlos, así que con nosotros no se metan por que pierden el año, yo no les voy a hacer nada porque no hay necesidad y sobre todo porque yo soy un hombre de izquierda*». ¿Usted ve que en el libro dice marxista-leninista? ¿Nota la mala fe?, al poner eso están mostrando el lado extremista de la ideología de izquierda que muchos repudian, para que se repudie por extensión a Pablo Escobar por ser de izquierda. Una vez más puede ver usted como deben recurrir a bajezas, porque contando la historia limpiamente no le pueden ganar.

En la narración de lo que pasó en la vida real, lo que dice en el libro, es importantísimo para que el lector y juez vea, y no olvide, que Pablo Escobar intentó persuadir a la gente del M-19 de que no se metieran con ellos. Ese acto lo <u>excluye de responsabilidad</u> alguna en la ofensiva que se viene. No se puede echar culpa de lo que sucede en una guerra a quien agotó la vía pacífica, diplomática y disuasiva para prevenir la misma.

PABLO ESCOBAR, EL PATRÓN DEL MAL. **Episodio** 6, minuto 02.

En esta escena se recrea la cumbre entre los narcotraficantes, Pablo Escobar, Gustavo, Gonzalo, Marcos Herber, Graciela Rojas y los hermanos Motoa, para tratar el tema de la extradición. La cumbre finaliza con la siguiente conclusión:

Pablo Escobar: *A mí me parece que en este momento lo importante no es si nosotros le vamos a dar una salida política o una salida de tipo empresarial, o una salida, como dice usted, de bajos perfiles; a mí me parece es que en este momento nosotros trabajemos juntos y trabajemos unidos*

Marcos Herber: *¿Eso qué quiere decir Pablo?*

P. E.: *Eso quiere decir que esto no se resuelve cada uno solucionándolo a su acomodo o de la manera en que mejor le parezca. Esto se soluciona comportándonos como lo nosotros realmente somos.* Nosotros somos una empresa *unida y organizada de negociantes exportadores de cocaína hacia los Estados Unidos. A partir de este momento ninguno de nosotros tiene por qué tomar decisiones independientemente de los demás, de manera tal que sepamos siempre a hacia dónde vamos todos.*

Graciela Rojas: *Yo estoy de acuerdo con Pablo, esa es la clave.*

Mariachi: *Y yo también.*

M. H.: *Por supuesto yo también.*

P. E.: *Entonces no se diga más, se da por terminada la reunión. Muchísimas gracias, muchísimas gracias Graciela.*

G. R.: *Yo sabía que este muchacho iba a ser un visionario. A ver, brindemos…*

Le recuerdo al lector y juez lo dicho un poco atrás: nunca hubo tal cumbre. Eso es otra mentira. Lo que muestra la falaz serie allí es la creación del 'cartel de Medellín', que igualmente nunca existió.

Para esa fecha no había el tal cartel de Medellín. Además, lo que llamaran estratégicamente cartel de Medellín lo conformaban muchísima más gente, que en la serie astutamente las omiten. En el transcurso les iremos mostrando porque omiten algunos personajes, para que vea una vez más la doble moral de los que hicieron esa serie.

PABLO ESCOBAR, EL PATRÓN DEL MAL. **Episodio** 6, minuto 08.

En este momento se recrea el secuestro de Irma Motoa a manos del grupo guerrillero MR-20.

Se da una reunión entre Pablo Escobar, Gonzalo, Marcos Herber y los hermanos Motoa, para tratar el tema del secuestro de Irma Motoa.

Ante la posibilidad de que la guerrilla después de recibir el pago siga secuestrándolos a ellos y a sus familias, Pablo Escobar propone *crear una organización que se encargue de los secuestradores de frente y sin agüero: el* MAS, *Muerte a Secuestradores.*

Empieza la búsqueda a sangre y fuego y la guerra contra el grupo MR-20.

Le recuerdo al lector y juez que este supuesto grupo MR-20 es el que en vida real se llamó M-19, en conmemoración a las elecciones presidenciales que se robó Misael Pastrana, papá de Andrés Pastrana, y la clase alta de Bogotá; conformada entre otras por las familias Galán y Cano, los que se quieren vender como unas mansas palomas en su serie, en el año 1970, y que ya está plasmados unas hojas atrás. Por lo tanto, este secuestro y las muertes que trajo, son culpa de Misael Pastrana y su cofradía de ladrones de elecciones de Bogotá.

Miremos lo que dice el libro en el que juran basarse sobre la creación del MAS:

LA PARÁBOLA DE PABLO, Alonso Salazar, página 82:
La convivencia duró poco. El secuestro de Martha Nieves se constituía en un nuevo desafío. Pablo mandó a buscar a Elvencio Ruiz y él negó toda responsabilidad en el hecho. Contactó con los hombres del M-19 detenidos en la cárcel de La Picota de Bogotá: «<u>Dígales que listo, que ganaron,</u>

que como vamos a arreglar». En la cárcel consultaron a Iván Marino Ospina, Álvaro Fayad, Carlos Pizarro, la plana mayor del M-19, quienes dijeron no saber nada.

Aquí puede ver nuevamente el lector y juez como Pablo Escobar seguía tratando de evitar una confrontación con ese grupo guerrillero. Una persona que se precie de ser justa debe reconocer que Pablo El Grande no es culpable del desenlace que tuvo esa guerra. Esa opción se la obligaron a tomar, el M-19 en este caso. NO es cierto que su primera opción hubiese sido crear el MAS. Todos estamos viendo que Pablo Magno después del secuestro seguía hablándoles a los guerrilleros de buenas maneras. Esto continúa diciendo el libro de Salazar: *Esto se fue pa' guerra, anuncia Pablo y convoca en la hacienda Nápoles a una reunión del gremio de exportadores de cocaína. Asistieron unos 200 narcos de todo el país. Han oído hablar unos de otros, pero pocos se conocen entre sí. Asisten todo el grupo de Medellín, liderado por Pablo, delegados del grupo de Cali, Carlos Lehder por el grupo de la zona cafetera, y el de Bogotá, liderado por El Mexicano.*

Aquí ya puede apreciar el lector y juez como la guerra fue la única opción que le quedó a Pablo Escobar y su gente. Era la segunda vez que lo empujaban a una guerra y ya veremos quien la gana. Además, es de suma importancia que el usted sepa que el M-19 ya había secuestrado a dos familiares de narcotraficantes en Cali y uno en Bogotá. Es decir, que ya lo estaban cogiéndolo de deporte y si no le ponían un coto a eso, estaban condenados a ser secuestrados eternamente o se tendrían que ir del país.

A Carlos Lehder también lo secuestraron, el mismo M-19, pero se les escapó herido de un tiro en una pierna, se les arrojó de un carro andando.

Es por eso que Carlos Lehder daba declaraciones públicas en nombre del MAS.
¿Qué debió hacer Pablo Escobar?

Mire como se habla de *unos 200 narcos de todo el país* y *delegados del grupo de Cali.* ¿Usted ve allí más de doscientas personas en esa reunión que muestran en la serie?

¿Usted ve a alguno de Cali en esa reunión? Si el libro lo dice, ¿por qué lo omiten?; pues, porque desde Bogotá siempre protegieron a la mafia de Cali, según ellos ese cartel no existió. Ya veremos por qué tanta benevolencia tasada en dólares.

Note como dice claramente y sin titubeos lo que hemos transcrito: *Han oído hablar unos de otros, pero pocos se conocen entre sí,*
Esa es la prueba de que era la primera cumbre que realizaban, eran finales de 1981, y no la que pintan en la serie que supuestamente hicieron para tratar el tema de la extradición en 1980. Que mediocres son los que hicieron esa serie, y duele ver tanta plata que han ganado con su mediocridad.

Página 83 de **LA PARÁBOLA DE PABLO**: *Cada narco aportó hombres y dinero para la formación de un grupo al que denominaron Muerte a Secuestradores (MAS), que se encargaría de liberar a Martha Nieves Ochoa y exterminar a todos aquellos que se constituyeran en amenaza.*

Ahí podemos ver cómo dice que lo crearon entre todos y todos aportaron, no solo Pablo Escobar, también había gente de Cali, porque siempre los omiten sus aliados y protectores de la oligarquía bogotana. También había potentados industriales colombianos en ese *cuórum*, pues ellos, más que nadie, estaban sometidos por las guerrillas a los secuestros.

Página 85 del mismo libro: *<u>Frente al reiterado desafío del M-19</u>, los narcos tenían que demostrar su capacidad militar. En las acciones del MAS participaban activamente Chepe Santa Cruz, hombre fuerte de Cali, y hombres al servicio de Pablo, como el Chopo, Jorge Mico y la Yuca.*

Lo reitera el libro en el que dicen basarse, en las acciones del MAS participaban activamente Chepe Santa Cruz, hombre fuerte de Cali. ¿Usted ve que mencionan a alguien del cartel de Cali en este pasaje la serie? Ya verá por qué ocultan a sus "socios" de la mafia de Cali.

También participaba Fidel Castaño, un hombre trigueño, alto, acuerpado y de espíritu ansioso al que Pablo apreciaba por su capacidad militar y su arrojo. Castaño sería muy importante en las guerras colombianas de los años ochenta y noventa. Había incursionado en el narcotráfico y se había retirado tempranamente dedicando su gran fortuna a la ganadería y la lucha contra la guerrilla, que siempre fue su obsesión.

¿Usted ve en la serie a un personaje llamado así o que se asimile?, al paso iremos viendo porque a estos los ocultan cuando el libro los menciona diáfanamente. Dejemos este cabo por aquí para atarlo más adelante, pues toca ir al ritmo de la serie, sino nos enredamos más.

El MAS, Muerte a Secuestradores, fue una organización de carácter nacional integrada por gente de varios gremios legales y no legales, entre los que estaban <u>multinacionales y petroleras</u>, formada esencialmente por quienes sabían que por su dinero eran potenciales víctimas del secuestro o extorsión por parte de las abundantes guerrillas. No solo la crearon quienes después serian llamados el cartel de Medellín como lo muestran en la mediocre serie de mala fe.

También debe saber el lector y juez, que las personas más ricas de Colombia no vivían aquí, principalmente por ese problema del secuestro extorsivo de las guerrillas y vieron con buenos ojos que se les hiciera un frente violento a esos abusos subversivos. Este MAS no era el primer grupo semi ilegal que se organizaba en Colombia para frenar la ola de secuestro de la guerrilla. En el libro en el disque se basan los mañosos de la serie dice claramente que, en el año 1975, cuando Pablo Escobar era un muerto de hambre, se dio una reunión parecida en Bogotá entre grandes contrabandistas para formar una organización parecida a este

MAS, con el mismo fin. Aquella no pasó a la historia porque no tenía al genio Pablo Escobar entre sus líderes. Además, desde mitad de los años 60 había una ley que permitía a los ciudadanos armarse y defenderse ante la ineficacia del Estado.

Lector y juez, el MAS fue una organización circunstancial, *ad hoc*, que desapreció una vez cumplido su fin. Fue una 'unión temporal' netamente defensiva. Eso NO fue el inicio del paramilitarismo ni nada de lo que la izquierda

—con Gustavo Petro a la cabeza— colombiana ha tratado de vender taimadamente para atacar a sus rivales políticos de derecha. Quienes, a su vez, tratan cada vez pueden, de señalar las relaciones o afinidad que tuvo el M-19 con Pablo Escobar.

El lector y juez debe saber que por estrategia de los Estados Unidos el nombre de Pablo El Grande fue convertido en una lepra de la que todo el mundo se quería desvincular y en lo posible ensuciar a sus enemigos. Los políticos encontraron en el nombre de Pablo Escobar una manera de agredir a sus rivales, no sabiendo que en el fondo el que se contaminó con ellos fue él.

En la serie recrean unas escenas de torturas cometidas por el MAS a los miembros de la guerrilla del M-19, de ellas no dice nada en el libro en el que se basan. En la vida real si sucedieron y mucho peores. Eso no estuvo bien.
Tampoco es justo ni correcto es ocultar las que también hi-

cieron ellos, el bando de los señores que hicieron esta serie, los que después se llamarán LOS EXTRADITADORES, luego Pepes y por último AUC. Los militares torturaron a los miembros del M-19 que caían en sus manos antes de la creación del MAS, principalmente en los días del Estatutos de Seguridad del presidente Julio Cesar Turbay Ayala, lo dice en el libro en el que juran basarse. Los militares torturaron a los miembros del M-19 después de desaparecido el MAS y en la mediocre serie nada de eso muestran. Ni siquiera referencian la guerra brutal de las guerrillas contra la policía y el ejército en todo el país.

Lector y juez las torturas que hizo el MAS las hacían

esencialmente los miembros del ejército, la policía o el DAS que estaban haciendo parte de esa organización. Usted no ve a ningún miembro de esas organizaciones estatales en el MAS que muestran en la porquería de serie. Los Galán y los Cano, estos ricos manipuladores, nos privan a los colombianos el derecho de saber nuestra verdadera historia, para vendernos, como a tontos, sus mentiras en donde ellos, la escoria humana de Colombia, aunque sean ricos, son los buenos. **EL MAS ESTABA INTEGRADO POR GENTE DEL EJÉRCITO, DEL DAS Y LA POLICÍA.** Los narcotraficantes pusieron más que todo fue dinero… y aprendices.

Usted puede ver como recrearon esas torturas. Cuando peores salvajadas cometan los Pepes o los paramilitares, los Cano y Galán que hicieron esta porquería de serie, no mostrarán nada.

Rodrigo Lara con su falso moralismo decía que atacaba a Pablo Escobar porque era el fundador del MAS, sus hijos hoy en altos cargos públicos comen en la misma mesa con los Pepes, que hicieron atrocidades peores, eso sí es bueno según ellos.

Lector y juez en el libro dice claramente esto: *Retienen a Pablo Catatumbo y a Elvencio Ruiz en Bogotá, a Luis Gabriel Bernal, su esposa y su hija en Cali. Le rocían gasolina a la niña y prenden un fosforo. «¡Hable o la quemamos!» Algunos retenidos, para el escarnio público, son encadenados en las rejas del periódico El Colombiano, con un aviso que los señala como secuestradores.*

Otros son retenidos en una bodega, ubicada en las cercanías de las calles Palacé y San Juan; en Medellín, <u>Arcángel aprende, al igual que todos sus compañeros, las técnicas de torturas de los militares, maestros excepcionales en el uso de la picana, del tanque de ahogamiento, de la venda, del terror psicológico, y las practicó como cuando el odontólogo saca una muela, con sentido profesional, sin remordimientos</u>.

Sepa también el lector y juez que la policía y el ejército colombiano aprendieron esas macabras mañas de los norteamericanos. Siempre ellos han estado a la vanguardia de las atrocidades que van en contra de los derechos humanos y posan de jueces sentenciando a quienes las practican, que no sean a ellos o aliados de ellos.

Pablo Escobar no estaba en ese negocio del transporte de la cocaína para tener ejército privado ni nada de eso, su desgracia de nacer en un país violento y caótico como la Colombia de aquellos días lo obligó a volverse fuerte. Él y su gente solo iban aprendiendo lo que los *buenos* les iban enseñando, como usted lo puede notar. Es como el cinismo del padre que le pega al hijo por que fuma cigarrillo siendo aquello lo que él le enseñó a hacer.

Además, la fresa del pastel, para que usted vea como fue aquella situación: Pablo Escobar salía a los operativos en carros oficiales vestido de camuflado. Y sus hombres aprendieron de los oficiales todo lo que más adelante practicarán durante la guerra contra la extradición de nacionales colombianos a cárceles de los Estados Unidos y la no injerencia de este país en los asuntos internos de Colombia.

Le recuerdo en este punto lector y juez, que 'Irma', ni la familia 'Motoa' que sale en la serie existieron en la vida real. Es posible que quieran hacer creer que se trata de la familia Ochoa, el llamado Clan Ochoa.

Aquí le he mostrado lo que callan, lo que exageran y en donde le mienten, como siempre en perjuicio de Pablo Escobar y en favorecimiento de los familiares de ellos.

Usted ve en este punto, como Pablo Escobar lideró el contraataque que puso freno a esa guerrilla del M-19 y su oleada de secuestros en Medellín, y verá como muchos de esos que se beneficiaron de esa guerra que ganó Pablo Escobar después le pagaron como paga el diablo a quien bien le sirve.

Nada de lo que pasó en esa guerra fue hecho por gusto, todo fue forzado para Pablo Escobar como se ha podido demostrar, seguramente ser adinerado en otros países no requiera de tanto sacrificio, pero en la Colombia de aquellos días tocaba así.

PABLO ESCOBAR, EL PATRÓN DEL MAL. Episodio 6, minuto 21.

En esta escena se recrea el momento en el que Pablo Escobar les habla a unos jóvenes en una cancha de micro futbol para que se sumen a la guerra contra el MR-20 y se estén atentos a todos los teléfonos públicos de Medellín.

Después Pablo Escobar habla a solas con *Chili* y le dice:

-Pablo Escobar: *¿Venga Chili y esta gente si va a ser capaz?*

-Chili: *Claro patrón seguro, confíe en ellos.*

-P. E.: *Bueno yo veré, y le advierto esto: alguno de estos muchachos falla y usted me responde a mí por el operativo. Usted asume toda la responsabilidad y se las ve conmigo.*

-Chili: *Seguro patrón.*

-P. E.: *¿Eso lo tiene claro?*

-Chili: *Si señor.*

-P. E.: *¿Entiende? SE LAS VE USTED CONMIGO.*

-Chili: *Hágale que yo le respondo patrón.*

Lector y juez, si alguien recurre a la mentira es porque la verdad no le conviene.

Pablo Magno NO trataba mal, ni bajo amenazas a sus guerreros. Por eso muchos dieron la vida por él, la vi-da. Este es otro intento mentiroso de los que hicieron esa serie por desprestigiar con mentiras al verdadero Pablo Escobar.
Como es otra mentira, la refutaremos con otra prueba verdadera, aportada por un testigo de aquellos días:
Popeye: *Pablo era un tempano de hielo. Él era amable, él pá tomar la decisión de matar a uno de sus hombres lo pensaba mucho. Y muchas veces lo consultaba con la otra gente «mire el problema que hay», así sea que todo el mundo se diera cuenta. Él pensaba mucho en eso y respaldaba a sus bandidos. Cuando había un problema entre un narcotraficante y un bandido él se iba del lado del bandido y atacaba al narcotraficante.*

Él era un hombre bien hablado, a todas horas no estaba usando palabras soeces, él hay veces se salía de casilla y utilizaba mucho el 'hijuputas', pero no era un hombre exaltado que botara el 'suiche', muy mesurado, tranquilo, nunca le conocí el miedo, cuando estaban las autoridades encima de él... él era muy tranquilo. Nosotros si éramos nerviosos, jóvenes, caballos de pasos briosos, ganas de dar bala, con el gatillo caliente. Pero él no, él era mesurado. Tomaba sus decisiones fuertes sí, pero era un hombre muy tranquilo y educado.

PABLO ESCOBAR. SU DEFENSA.

Pablo Escobar si a uno lo herían iba y lo visitaba a la casa cuando se podía. Él estaba pendiente de uno, si uno cometía un error le hablaba como un amigo. Pablo Escobar nosotros no lo traicionamos nunca en la vida por eso: porque era buen tipo, excelente ser humano Pablo Escobar. En las relaciones interpersonales 1A.

Se preocupaba por si a uno le mataban un bandido, un sicario, él decía Pope vaya cómprele una casita a la mamá, ayúdelo, mire esto… ¿Usted como esta?... ¿Si me entiende?
Una vez me abalearon a mí en este brazo que me cogió la arteria y estaba casi con la 'pijama de madera' (féretro) allá me fue a visitar el hombre.

Este testimonio lo encuentra en *You Tube* en una serie de entrevistas de *Popeye* al periodista colombiano Rafael Poveda, en el capítulo 1.

Compare a su buen entendimiento lector y juez si lo que se narra del verdadero Pablo Escobar corresponde en algo mínimo a la piltrafa de personaje que poner con el nombre de "Pablo Escobar". El verdadero no los gritaba, no les hablaba mal, no los amenazaba. Los cínicos de la serie ponen todo lo contrario. Si Pablo Escobar es el malo ¿Por qué deben mentir tan opuestamente sobre él?

PABLO ESCOBAR, EL PATRÓN DEL MAL. Episodio 6, minuto 43.

Pablo Escobar conversa sentado en un comedor con su madre sobre los secuestradores de la Irma Motoa:

Pablo Escobar: *Usted sabe que yo fui revolucionario en el colegio.*

Eneida: *Jajajajajajajjaja (risas) hijo usted fue un revolucionario de pupitre, de pacotilla, jajajajaja. Usted lo que quería era no hacer los exámenes, tener asueto. Eso era lo que usted buscaba.*

¿Qué cree el lector y juez que pretenden los realizadores de esa falaz serie al ridiculizar y menospreciar los ideales revolucionarios de Pablo Escobar cuando era joven?

Luis Carlos Galán también cuando joven participó —hasta estuvo detenido y recibió una pedrada que le torció la nariz dejándosela como marca para toda su vida— en revueltas estudiantiles y protestas de ese tipo, muy comunes y justas para aquellos años. ¿Por qué cree el lector y juez que no hay una escena en donde ridiculicen los años rebeldes de Galán?, ¿ve el lector y juez la mala intensión? Por algo será que tienen necesidad de llegar a esas manipulaciones, todas con un común denominar: dañar a Pablo Escobar.

Veamos sucesos que pasaron ese año de 1981, que son piezas de esta historia y que en la mediocre serie no anotan, o tal vez ni los guionistas sabrán que pasaron:

El 18 de octubre Luis Carlos Galán oficializa su candidatura a la presidencia por el partido Nuevo Liberalismo, partido de disidentes, resentidos o malos perdedores del Partido Liberal, liderado en la sombra por Carlos Lleras, el mismo presidente que había apadrinado a Galán en los diferentes cargos burocráticos que había tenido y que había perdido una consulta interna (300 a 1) para ser el candidato oficial del liberalismo frente a otro ex presidente: Alfonso López Michelsen, el mismo que había botado al padre de Galán de la gerencia de Ecopetrol.

La bandera de su campaña será la crítica a los partidos tradicionales, de los que hasta ahora venía integrando y disfrutando.

Todavía en la secuencia de la serie no sale ningún Luis Carlos Galán, pero ya saldrá cuando les convenga.

1982

PABLO ESCOBAR, EL PATRÓN DEL MAL. **Episodio** 7, minuto 7.

Pablo Escobar habla con Ortiz, un político de la región; y le pide ayuda para buscar una salida negociada al secuestro de Irma Motoa.

Sale en escena un señor bastante adulto y bien presentado hablando por teléfono, recibiendo una llamada en una gran oficina, con unas banderas de Venezuela y un gran cuadro de Simón Bolívar a caballo en la pared de fondo. Unas letras en subtítulo que rezan: CARACAS –VENEZUELA.

Sale otro hombre, también bastante mayor conversando por teléfono, vestido con uniforme militar, en una gran oficina y una bandera de Panamá. Un subtítulo que reza: CIUDAD DE PANAMÁ –PANAMÁ.

Irma Motoa es liberada.

Lector y juez, vamos por el año 1982 en la secuencia de la historia y apenas, por primera vez sale un político en la porquería de serie.
¿De dónde salió? ¿Dónde se conoció con Pablo Escobar? ¿Quién es?

En la historia real todas esas preguntas tienen una respuesta coherente, todo esto trae una trayectoria lógica. En la porquería de serie llegan, lo tiran allí, caiga como caiga y gústele al que le guste.

Se han volado olímpicamente de Pablo Escobar toda la infancia y juventud pobre y, del revoltoso joven de izquierda antiamericano no mostraron ni un ápice; solo hemos visto la faceta del Pablo Escobar joven, bandido y ladrón, casualmente la que les conviene vender a ellos. Ahora resulta, según la mediocre historia de la serie, que Pablo Escobar tenía amigos políticos sacados de la nada. Mírese todo lo que hacen por borrar la parte política de Pablo Escobar. En el fondo lo están haciendo para borrarle la connotación política que tuvo la guerra entre él y ellos, para que parezca un bandido común y silvestre.

¿Habrá un lector y juez tan ingenuo para creerle a los Galán y los Cano que un ladrón de lápidas y un político limosnero de provincia pueden hacer mover a un ex presidente y otro presidente en ejercicio de otros países a favor de ellos en la liberación de un secuestrado como lo ponen en la serie? A ese cuento le falta un pedazo. Y más es el que falta que el que cuentan.

El solo hecho de que en la liberación intervengan políticos deja claro el alto contenido político de todo esto.

NUNCA existió ningún 'Javier Ortiz'. Todo el puto mundo sabe que a quien hacen referencia es al ex congresista y catedrático Jairo Ortega, hombre de corte izquierdista.

Blanco es, frito se come y gallina lo pone ¿Qué es?, si en la serie los Galán y los Cano dicen que la respuesta es un elefante, un elefante será para un juez de la República de

Colombia, porque los jueces en este país le tienen más miedo al asesinato moral de la gran prensa bogotana que al físico de un sicario. Ese tal 'Javier Ortiz' que se inventaron de mala fe los Galán y los Cano en su porquería de serie, no representa en nada al verdadero Jairo Ortega. Si este se quejara ante la justicia colombiana por estas difamaciones a su buen nombre, perdería su tiempo y seguramente el preso sería él.

El ex congresista Jairo Ortega era, y es, es un catedrático, de corte izquierdista, que tuvo la desgracia de ver con sus ojos, y apoyar, las obras deportivas, cívicas, educativas, culturales y ecológicas que realizaba un civil multimillonario con sus propias manos en todo su departamento para la gente más pobre.
Él es parte de la historia del Pablo Escobar político, congresista, hacia atrás, antes de la guerra y toda la desgracia que esta trajo para él y su familia. Aun así, a Jairo Ortega desde Bogotá le endilgan las mismas culpas como si hubiese participado en todo lo "malo".

Tal vez el señor Jairo Ortega no sea un santo o un alma inmaculada como Galán, Lara y Cano, según los otros Pepes, pero no era la persona politiquera, con cara de bribón, mañosa, descarada, corrupta y limosnera que tratan de vender los Cano y los Galán en su porquería de serie.

Los que han hecho esta desvergonzada serie, solo representan esas dos personas importantes de Panamá y Venezuela allí y siguen adelante.

Quienes ven la serie, son en su amplia mayoría desconocedores de la real historia de Pablo Escobar, de Colombia y de Latinoamérica en general, no tienen ni la menor idea de quienes eran esos señores, que papel jugaban en esta historia, en la de América Latina y en la de sus respetivos países. Los de la serie, ni siquiera se dignan en poner sus nombres.

Veamos lo que dice el libro en el que dicen basarse sobre este episodio:

LA PARÁBOLA DE PABLO, Alonso Salazar, página 87:

Los escasos contactos que se establecen no prosperan porque las estructuras organizativas, las células del M-19, se hallan atomizadas y aisladas. Quienes tienen a Martha Ochoa han perdido contacto con el resto de la organización. Por ello Pablo acaba con el regional del M-19 en Medellín, pero no logra liberar a la cautiva. Entonces los Ochoa buscan mecanismos de negociación. Recurren, a través de políticos, al líder venezolano Carlos Andrés Pérez, quien pide a su vez al general Torrijos —el Hombre Fuerte de Panamá— que colabore en la negociación.

El general Torrijos había adquirido notoriedad internacional cuando, desafiando la hegemonía de los Estados Unidos exigió la devolución a su país del canal interoceánico. Panamá, en un continente de dictaduras de derecha y de arduas represiones, también se había convertido en pequeño paraíso para la izquierda y las guerrillas latinoamericanas porque el general les permitía usar su país como retaguardia. Torrijos encarga a Manuel Antonio Noriega, el jefe de inteligencia de su gobierno, de hacer los contactos con el M-19.

Compare las dos versiones. La dada en el libro —que es una versión más real— y la mediocridad que muestran en la serie.

Puede ver que fue iniciativa de la familia Ochoa buscar los acercamientos para una salida política, y no una idea de la maquiavélica mamá del "Pablo Escobar" de la serie después de burlarse en su cara de él y decirle «revolucionario de pacotilla».

Note como en el fragmento del libro le explican en generalidades quienes eran esos dos señores y por qué se acude a ellos.

Era un presidente en ejercicio y un ex presidente. Ni más, ni menos. ¿Por qué en la serie no le dicen quienes eran ni que cargos tenían? Por qué esto fue una guerra de geopolítica en donde estaban esencialmente enfrentados los EE.UU. y la URSS. Un lector y juez agudo ya habrá notado de qué lado se inclinaban Pablo Escobar y los dos presidentes que contactaron a los líderes del M-19, todos anti abusos americanos y, la elite de Bogotá, la llamada oligarquía, de la que hacía parte Galán, Lara y Cano y los que han hecho esta serie, jugaban del lado de los EE.UU.

Esa, amigo lector y juez, es la verdad de la persecución, satanización, difamación e intentos de asesinatos contra Pablo Escobar: su tendencia ideológica, aquello de que era narcotraficante es pretexto de una de las partes en conflicto por desacreditar a su adversario —cosa normal—, es usted en su inteligencia quien debe discernir que es verdad y que es propaganda negra, para que no lo tomen como idiota útil. Hoy se sabe que a esas alturas de la historia la elite de los Estados Unidos, a través de la CIA, traficaban cocaína y usted no ve que los persigan para matarlos, al contrario, le dieron honores al coronel que lideró aquel narcotráfico: Oliver North. Siempre desde Bogotá y los EE.UU. se han esforzado en obligarnos a creer que lo de Pablo Escobar era un caso de simple bandidaje, que era un pillo, terrorista, narcotraficante, tal como promocionaron los sumos sacerdotes a Jesús de Nazaret para justificar su muerte, y ellos quedar como los buenos, los salvadores. ¡Mentiras! Esa guerra en la que murieron tantos colombianos y que han manipulado a sus víctimas para que culpen a Pablo Escobar, se dio por poder, por el control del negocio más rentable del mundo y por ideología política.

El representante de North aquí en Colombia era su piloto de confianza, Barry Seal.

En aviones Howard 500 <u>propiedad del gobierno americano,</u> se traían, entre otras cosas, despegando desde Texas o Luisiana — las pistas también estaban bajo el control del gobierno—, animales para los zoológicos de los grandes capos y, se llevaban de regreso entre 500 y 1200 kilos de cocaína, dependiente de si había escalas o el vuelo era directo; a de razón de 500 dólares por kilo, 2.500.000 dólares por viaje como mínimo.

Los millones de dólares que le tocaban a los socios la CIA

se los entregaban en efectivo en suelo americano a agentes encubiertos y esos a su vez a el coronel Oliver North. Gran parte de ese dinero lo reenviaban a los contra-revolucionarios nicaragüenses (de derecha) que luchaban con los sandinistas (izquierda) que habían derrocado al dictador pro americano Anastasio Somoza (derecha). El dinero lo hacían llegar a Costa Rica atreves del piloto Pipe Cheyenne, y por último los contras nicaragüenses iban a los Estados Unidos a comprar armamento legalmente con ese dinero. Todos unos genios los norteamericanos para hacer torcidos, y así los tontos dicen que el malo es Pablo Escobar.

Miles de millones de dólares se ganaron con esa asociación y, como el socio era el gobierno americano no había de qué preocuparse, ¿ahora entiende por qué el mejor socio que tuvo Pablo Escobar —y que pudo tener cualquiera— fue Oliver North.

Esa ruta un día habrá de caerse y adivine qué: El coronel North será condecorado como héroe de la patria y Pablo Escobar pedido en extradición.

Lara, Galán y Cano humillarán, atacarán e intentarán extraditar o matar a Pablo Escobar disque por ser narcotraficante y NUNCA dirán nada contra Oliver North.

Después seguimos esta historia.

Mire como dice en el fragmento del libro que el presidente de Panamá había desafiado a los EE.UU. pidiéndole que les devolviera el dominio de su canal a los panameños. Es decir, era antiamericano o por lo menos les hablaba en carácter. Los Estados Unidos lo mataron por eso, porque ellos, "los buenos", matan a todo el que no doblegue la cerviz. Ya sabe entonces, lector y juez, por qué en la serie ni siquiera mencionan su nombre: ¡les tienen pavor!

Estados Unidos es un ogro, un hampón de barrio al que todo el mundo le teme.
Pocos lo dicen en voz alta, pero todo el mundo sabe que al general Torrijos lo mató la CIA, tal como mató al presidente ecuatoriano Jaime Roldós Aguilera tres meses después en circunstancias similares y como lo intentaron en 57 ocasiones hacerlo con Fidel Castro, y con tantos otros, con lo que se acabaría toda la tinta si los nombráramos a todos. Todos opuestos "casualmente" a los mezquinos intereses *gringos*.

Tampoco te dicen en la porquería de serie que el general Torrijos, ese que ni siquiera se dignan en mencionar su nombre, le quitó a los Estados Unidos una base militar en su país que tenía 30 años de tenerla ocupada. Cosa que no les gusto para nada.

Un detalle lector y juez, en el libro en el que dicen basarse para la serie, dice que el general Torrijos intermedió en la liberación, y así lo tratan de representar en la serie, pero para esa fecha ese señor ya lo habían matado. Copiaron un error.

También le recuerdo, sobre todo si es colombiano, que Panamá era territorio colombiano hasta 1903 año que los

Estados Unidos se lo quitó, nos lo robó para para construir el Canal y adueñarse de él de forma vitalicia. Cuando aparece el general Torrijos y les limita el dominio hasta el año 1999: lo matan.

El otro personaje que presentan en la serie, y que dan a entender que es otro presidente, se llama en la vida real Calos Andrés Pérez. Para la fecha este señor ya no era presidente, pero cuando lo fue tuvo notables diferencia con los Estados Unidos porque se apoderaron de las abundantes reservas de petróleo de ese país.

En la historia de sangre de Colombia solo ha habido un malo y no es Pablo Escobar, ni siquiera es colombiano, habla inglés.
No solo la de Colombia, la de toda américa central y sur.

De todo este episodio del secuestro de Marta Nieves Ochoa y la guerra contra el M-19 puede usted ver como Pablo Escobar no quiso la guerra con ellos desde un principio y le tocó darse a respetar.

Mire como él tenía en este momento una vida social libre y espontánea. Sus hombres no estaban en función de matar a nadie. Cuando inicie la guerra total, como seres humanos que son, se adaptarán a las nuevas circunstancias y tratarán de sobre vivir a como dé lugar. Entonces tratarán de decirle a usted que son terroristas asesinos y no sé qué tonterías más. Póngase en un minuto en los zapatos de ellos y mire si usted quisiera dejar esa buena vida que ellos gozaban en esos días para irse a esconder en la selva, a asesinar o ser asesinados.

PABLO ESCOBAR, EL PATRÓN DEL MAL. Episodio 7, minuto 11.

En esta escena se recrea una fiesta en la casa de Pablo Escobar, con motivo de la celebración de la liberación de Irma Motoa. *El Pantera*, un cantante venezolano, hace pasar a la tarima a *Paty*, la esposa de Pablo Escobar, le canta una canción y le da un 'pico' en la boca cuando termina.

Pablo Escobar, celoso, manda al *Chili* y a otro de sus hombres a que se lo lleven a solas y lo golpeen.

Pedro Motoa le agradece a Pablo Escobar nuevamente lo hecho en la liberación de su hermana y le dice: «Pablo, la familia Motoa, con usted, pá las que sea».

El político Javier Ortiz, quien lo ayudó a liberar a Irma Motoa, llega a la fiesta y le propone meterse en la política. Pablo Escobar le dice que él lo único que sabe hacer en la vida es hacer plata, no sabe hacer política.

Veamos lo que dice sobre este episodio el libro en el que según se basan:

LA PARÁBOLA DE PABLO, Alonso Salazar, página 88:
Otro efecto no esperado de ese secuestro fue la creación del cartel de Medellín. Grupos dispersos del narcotráfico se unieron bajo la hegemonía militar de Pablo Escobar, que en adelante ejercería su reinado con el título de Patrón. Fue el traficante Santiago Ocampo quien organizó la fiesta en

la que, de alguna manera, se le coronó como capo de capos. La realizó en La Rinconada, un estadero ubicado en Girardota, al sur de Medellín, que contaba con plaza de toros y pista para caballos.

Hacia las nueve de la noche, cuando sonó la primera orquesta, un grupo de adolescentes quemó luces de bengala y lanzó voladores de pólvora que se derramaban en el cielo como fuegos artificiales.

Arcángel aún recuerda que hacía las diez y media de la noche, cuando el salón hervía de gente, llegó Pablo. «El Patrón, el Patrón» corrió el rumor y todos los asistentes se pusieron de pie para aplaudirlo. El vestía con sencillez, y un poco apabullado por el homenaje, hizo señas para que sus admiradores se sentaran mientras se dirigía a buscar discreción en un rincón. A su alrededor se ubicaron los grandes señores de estilo serio y vestir sobrio, cuyos nombres se susurraban entre los asistentes, mientras se hablaba de sus riquezas y de sus hazañas. Pablo irradiaba un aura especial. Lo rodeaban Gustavo Gaviria, Pablo Correa, los Ochoa, Griselda Blanco, Fidel Castaño, el Mexicano y el Rey del Marlboro, uno de los pocos capos del contrabando que sobrevivió en el mundo de los nuevos traquetos. Y lo acompañaban a prudente distancia, el grupo de los que el común llamaba la crema: banqueros, industriales, periodistas, reinas de belleza, modelos, autoridades civiles y militares, un cura, artistas y político de varios sectores.

En los corredores se instalaron los soldados rasos, casi todos jóvenes, de origen humilde, con poca instrucción y estilo rupestre: hablaban a gritos y apostaban por todo. Su rudeza, su violencia, su lealtad, su malicia y su coraje les *daban el lugar de guerreros en la organización.*

El animador de la fiesta anunció a la popular orquesta Los Melódicos de Venezuela, que abrió plaza cantando A Medellín.

Luego salió al escenario el cantante <u>venezolano José Luis Rodríguez, el Puma,</u> famoso galán de telenovela, con un ramo de rosas que entregó a <u>algunas mujeres</u> presentes, y con su suave y aterciopelada voz inicio el show que las hizo delirar. Más tarde, la orquesta de salsa Fruko y sus Tesos interpretó temas populares como Nació Varón, El Preso y Virgen de las Mercedes, despertando el furor entre los hombres y los puso a tirar paso. En la cadencia camajana de su danza se notaba la procedencia de una buena parte de los asistentes.

La crónica del periodista de El Tiempo cuenta que a la media noche los asistentes se dirigieron, por un camino rodeado de hermosos jardines, donde abundaban los lirios y las azaleas, y bajo un cielo estrellado, hacia el pequeño coliseo. Muchos de los invitados, ante la insuficiencia de las gradas, se quedaron de pie junto a la pista. En el centro se ubicaron Pablo, alguno de sus invitados y los chalanes oficiales. Cuatro magníficos equinos salieron al escenario. Uno era blanco, otro negro como el betún con un lunar blanco en la frente, y los dos restantes zainos. Los jinetes montaron; Danilo el director de la banda Marco Fidel Suarez, acompañante permanente de estas celebraciones, dio la señal y sonó un paso doble, se apagaron las luces blancas y se encendieron lámparas de luz negra. Los cascos de los caballos pintados de cuatro colores diferentes, verde limón y naranja para las manos, y azul rey y lila para las patas, se movieron en una bella danza. La pata de cada animal, —pintada del mismo color— subía y bajaba al mismo tiempo, mientras que las pintadas de otros colores permanecían, en el mismo lapso, bien en el aire o en la pista siguiendo el compás de pasillos y pasodobles. Los asistentes desataron un nutrido aplauso.

Puede ver el lector y juez la poca o nada fidelidad que hay entre lo que narra el libro y lo que recrean en la amañada serie.

Analicemos el fragmento transcrito para decirle donde o por qué le mienten. El relato dice que apenas se formaba el cartel de Medellín con Pablo Escobar como, jefe con el título de Patrón.

Vea que no existía hasta entonces lo que llamaron después: cartel de Medellín, sino hasta después de la liberación de Marta Nieves Ochoa, es decir 1982. Le recuerdo en este punto como un poco más atrás les había dicho que nunca hubo ninguna cumbre para tratar el "Tratado" de Extradición creado en entre 1979-1980.

Lo dicho en el texto transcrito le demuestra que antes de esta fecha muchos de aquellos contrabandistas de cocaína ni siquiera se conocían. Por lo tanto, nunca hubo ninguna cumbre para tratar el tema de la extradición. Esta para esos días no era una amenaza real para ellos, era más una vergüenza nacional.

Quieren que usted vea que ellos se confabularon para atacar la extradición desde el primer momento, cuando no fue cierto. Quieren que usted les compre que fueron ellos (Pablo Escobar y su gente) quienes atacaron primero, porque en la vida real ellos (los de Bogotá) fueron los que atacaron primero y ese pequeño e inmenso detalle hace la guerra defensiva a favor de Pablo Escobar.

Para el día de la muerte de Pablo El Grande muchos de los presentes en aquella *ceremonia de coronación* y que conformarían el hábilmente llamado cartel de Medellín estaban muertos y, los que vivían estaban en su contra. Aun así, los Pepes llamaban y hacían referencia a: *El Cartel de Medellín*.

Entonces, si el lector y juez agudiza su inteligencia notará en primer lugar que el nombre o la denominación de cartel de Medellín fue una estratagema de los Estados Unidos para criminalizar a unas personas que le eran incomodas u opuestas, política y financieramente; como lo han hecho infinidad de veces con sus contradictores en todo el mundo y, a los que ahora prefieren rotular: terroristas. En segundo lugar, notará diáfanamente que nunca existió el tal cartel de Medellín sino: Pablo Escobar.

Ellos llamaban cartel de Medellín era a Pablo Escobar y quienes estuvieran con él. El día en que murió Pablo Magno murió de la retórica norteamericana y de la gran prensa cachaca la expresión cartel de Medellín, no importó que los narcotraficantes que antaño formaban parte del llamado cartel de Medellín siguieran traficando, ahora del lado de ellos

Era una argucia publicitaria para denigrar a Pablo El Grande, quien para entonces era conocido mundialmente como el Robín Hood paisa, por hacer las obras sociales, cívicas, deportivas, nacionalistas y ecológicas más grande de la historia de la humanidad emprendida por civil alguno. Misma publicidad negra que difundieron los sumos sacerdotes israelitas para justificar el asesinato del Hijo del Hombre, cuando gozaba del clamor popular por los milagros que realizaba entre los menos desfavorecidos y era reconocido como el mesías.

Murió Pablo Escobar, murió el tal cartel de Medellín. fin de esa discusión

Mire como dice el texto que *grupos dispersos del narcotráfico se unieron bajo la hegemonía militar de Pablo Escobar.*

Más adelante en esta historia habrá un grupo de asesinos mercenarios, legalizado por la clase política de Bogotá, entrenado por las agencias norteamericanas y pagadas por la mafia de Cali, cuyo comandante citan en el primer capítulo del libro **LA PARÁBOLA DE PABLO**, Alonso Salazar, en la página 28, les recuerdo lo que dice ese asesino mercenario al referirse a Pablo Escobar:

El general Hugo Martínez Poveda, uno de los hombres que lo derrotó, lo define, en cambio, en términos lacónicos: «no tenía características de líder, fue lo que fue por el dinero, usó el dinero para buscar cariño y protección entre los humildes».

En esta misma parte del libro que analizamos dice claramente que quienes lo 'coronaban como Rey' aquel día lo hacían de manera voluntaria. No dice por ningún lado que Pablo Escobar o alguien los hubiese obligado o hubiese comprado su asistencia. Si lograr que gente más rica que tú, más bonita que tú, más importante que tú, de manera consensuada, espontánea y voluntaria te elijan como su líder, no es tener liderazgo, ¿entonces qué es ser un líder? En la fiesta —ceremonia— mencionan como asistentes a personas más ricas, más bonitas, más estudiadas, de más alcurnia y de más peso social que Pablo Escobar. ¿Dónde están allí los pobres que insinúa el ex comandante asesino del Bloque de Búsqueda?

Pablo Escobar en este momento de la historia ya se la jugaba por los más desamparados. No había guerra y no le debía nada a nadie ¿Protección de qué podía necesitar este hombre?, ¿qué protección podían prestarle a Pablo Escobar unas familias que vivían de rebujar en las basuras, que escasamente tenían para mantenerse en pie?

Este general no oculta la envidia. Ya quisiera él tener el 1% del clamor popular que tuvo y tiene Pablo Escobar. El poco reconocimiento que tiene su nombre hoy en día —quiera o no— se lo debe a Pablo El Grande. Nadie sabe quién en es él sino se le asocia su nombre al de Pablo Escobar. Nadie le pregunta por su vida o sus hazañas sino por las hazañas que le vio realizar a Pablo El Grande.

Con estas falsas razones y otras fachadas, este general y su pandilla de asesinos se fueron a Medellín, a matar *paisas* de las comunas para cobrar dinero a la mafia de Cali por cada cabeza y gota de sangre derramada. Plata del narcotráfico también.

Sigamos analizando el texto transcrito: *que en adelante ejercería su reinado con el título de Patrón.* léase bien lector y juez: Patrón. No Patrón del mal, ni Patrón del bien, ni Patrón azul, ni amarillo ni nada más. Era el Patrón a secas. Duélale al envidioso que le quiera doler.

Este *título*, esta coronación, trajo consigo para Pablo Escobar, sin que él se percatara, una desgracia. La mitad de los envidiosos va a querer tener ese *título* para sí y la otra mitad de envidiosos va querer que no tenga nada, al igual que ellos. Este grupo de personas dan inicio en ese momento a lo que pasará a llamarse LOS EXTRADITADORES, luego Pepes —Perseguidores de Pablo Escobar–, que no perseguidos como astutamente se vendieron, y por último AUC. Esta primera etapa es encabezada por Galán, Cano y Lara. Esta afirmación la iré demostrando con el transcurrir de esta historia

Dice el texto, que Pablo El Grande vestía con sencillez y se sentía apabullado.

Que un hombre pobre llegue a ser inmensamente rico y se siga vistiendo con sencillez es algo más de aplaudir que de criticar ¿Qué más sencillez y humildad se le pide a un hombre? Se le esta coronando como máximo líder y corre a un rincón a esconderse. Esto es un gesto noble y humilde ante los ojos de cualquier hombre justo, menos para los

Pepes, que criticaron de manera irracional todo lo de Pablo Escobar, fuera bueno o fuera malo lo que hiciese, sus descendientes hoy hacen lo mismo. Vaya a ver si todos los que lo critican, o criticaron, son o fueron tan sencillos como él. El lector y juez no debe apoyar a quien mira la paja en el ojo ajeno y no ve la biga en el propio.

Mire como dice el texto: «*Y lo acompañaban a prudente distancia, el grupo de los que el común llamaban la crema: banqueros, industriales, periodistas, reinas de belleza, modelos, autoridades civiles y militares, un cura, artistas y políticos de varios sectores*».

¿Usted ve que recrean a alguno de esos personajes en la serie? ¿Si está en el libro por qué lo omiten quienes hicieron la serie? Yo le digo:
Porque en esos días Pablo Escobar no había sido satanizado y no había problema con ser su amigo o socio, por el contrario, era un privilegio ser de su círculo de cercano, era sinónimo de ganarse la lotería. Más adelante lo desprestigiarán y ya no se puede tener una foto con él. Protegen a los aliados de hoy que se fueron cercanos a Pablo Escobar ayer.

Estos banqueros, industriales, periodistas, reinas de belleza, modelos, autoridades civiles y militares, un cura, artistas y políticos de varios sectores, son los que hoy hablan mal, ellos o sus familias, de Pablo Escobar para toma distancia del 'monstruo' como les han obligado a llamarlo. Por qué sepa el lector y juez que es más la gente generadora de opinión que en su intimidad no siente ese odio enfermizo hacia él —incluso sus víctimas—, pero no lo dicen en público por miedo el matoneo laboral y moral de los dueños de los grandes medios de comunicación.

El periodista que hizo el libro debe saber quiénes eran esos grandes personajes sociales que asistieron a esa fiesta —una de las tantas que le ofrecieron a Pablo Escobar o que él le ofreció a quienes decían por esos días ser sus amigos—. Quienes hicieron la serie saben quiénes eran esas personas, pero los "protegen". Más adelante en esta historia vendrá una campaña de desprestigio contra Pablo El Grande tan brutal, que este tipo de eventos sociales tan normales e inofensivos para la época serán motivos de vergüenza y miedo. Será mejor no aparecer en ningún registro de esos eventos para evitarse tener que dar explicaciones en donde todo lo que digan es usado en su contra o, ser blanco de uno u otro bando en la brutal guerra que más adelante se narrará. Muchas de esas personas prefieren que no se sepa que un día recibieron ayuda de Pablo Escobar y él los llegó a considerar sus amigos. Es esta la principal razón para que estas personas de 'bien', que se preciaban de ser amigos de él en este punto de la historia, hoy borren a toda costa todo registro, e incluso hablen mal de él para tomar distancia.

Tantas personalidades de la alta sociedad de aquello días que se menciona que fueron a aquel evento social y el único que aparece es Jairo Ortega, 'Javier Ortiz' según los

Cano y los Galán de su porquería de serie. El mismo catedrático que ellos en una demostración de fuerza bruta han puesto como un bribón, porque lo tienen amedrentado que si se queja de los atropellos le va peor. Según los Cano, los Galán y los Lara Jairo Ortega debe dejarse humillar de ellos o que se atenga las consecuencias. No hay diferencia entre estas familias todopoderosas de Bogotá y una pandilla en una cárcel. Tal vez la única diferencia es el color del cuello de la camisa.

Tanta gente ilustre que asistió a aquel evento y ninguna aparece en la serie. Jairo Ortega que no es mencionado en el libro donde juran basarse es el único que aparece en dicha celebración. De ese nivel son las patrañas lector y juez.

Dice el texto que estamos analizando: *En los corredores se instalaron los soldados rasos, casi todos jóvenes, de origen humilde, con poca instrucción y estilo rupestre: hablaban a gritos y apostaban por todo. Su rudeza, su violencia, su lealtad, su malicia y su coraje les <u>daban el lugar de guerreros</u> en la organización.*

Mire como dice clara y contundentemente guerreros, no sicarios ni terroristas ni ningún otro calificativo despectivo de los que propagan las grandes familias pudientes de Bogotá y los norteamericanos a través de los grandes medios de comunicación o, como en la canción que le pagaron al mercenario de la música que hizo las canciones de esta ridícula serie —un tal Yuri 'Malaventura'—, en donde dice que los convirtió en sicarios, cuando él los consideraba y ellos se consideraban unos guerreros.

Si defender una causa y matar en tiempo de guerra los hace sicarios, entonces dejemos de cantar el puto himno nacional de Colombia, porque Simón Bolívar y sus "sicarios" bastante que tuvieron que matar para ganar la guerra y nuestra "libertad". Y como si fuera poco, ellos – los de Bogotá y los EE.UU. también mataron a diestra y siniestra en esa guerra contra Pablo Escobar y no se llaman desde sus grandes medios de comunicación así mismos sicarios.

Dice el texto que analizamos: *Luego salió al escenario el cantante venezolano José Luis Rodríguez, el Puma, famoso galán de telenovela, con un ramo de rosas que entregó a algunas mujeres presentes, y con su suave y aterciopelada voz inicio el show que las hizo delirar.*

¿Dónde ve el lector y juez que dice que besó a la mujer de Pablo Escobar y que este mandó a que le dieran una golpiza? Ni si quiera mencionan a la esposa de Pablo Escobar en todo este asunto. Si tienen la necesidad de mentir en contra de Pablo Escobar es porque con la verdad no ganan. Eso los delata, le muestra a usted, que los verdaderos malos son ellos; si no fuera así no mintieran, y mienten exactamente opuesto a la verdad. Eso ratifica lo culpables que son.

Ya aportamos un poco más atrás testimonios de artistas que estuvieron por meses enteros en eventos en los que estaba u organizaba Pablo Escobar, que dicen que era totalmente lo contrario a lo que quieren imponer en la serie. Dicen que era amable y una persona de un excelente trato humano. Note una vez más la mala fe; de ellos, los que quieren venderse como los buenos de esta historia.

Por fortuna, para gloria de la verdad y para desgracia de los Pepes que hicieron la serie, *el Puma*, el cantante venezolano que en la serie disfrazan como 'El Pantera', está vivo y esto fue lo que dijo cuando le preguntaron, a raíz de lo que sale en la serie, si fue cierto que Pablo Escobar mandó a que lo golpearan: Esto dijo en una entrevista para CNN, y reproducida por el programa Bendita del Telenueve de Argentina, José Luis Rodríguez, *el Puma*, al ser preguntado sobre la mentira de los Cano y los Galán:

«Periodista: *Dice HH Villa Nueva, pregúntele si alguna vez conoció al señor Pablo Escobar en persona. Es la primera de una serie de preguntas que dicen que le can- taste a Pablo Escobar, que Pablo te botó de la casa por celos de su esposa ¿Qué hay de cierto y qué hay de mito?*

José Luis Rodríguez, *el Puma: Yo creo que este escritor me va a tener que pagarme derechos de autor obviamente, por qué están pasando la novela en eso, y me parece una estupidez.*
Porque todos cantamos en Colombia, hasta The Rolling Stone. Cantó Julio, Roberto, yo... Todos cantamos en Colombia. Pero nunca supimos a quien le cantamos.

Periodistas: ¿Pero entonces sí cantaste para Pablo Escobar?

El Puma: No. Nunca lo vi. No sabía que existía Pablo Escobar.
El escenario no tiene color, no tiene credo, no tiene raza. Genera y dispara un solo lenguaje, que es el lenguaje del arte, de la música. Entonces, yo no le pregunto a una persona que inclinación sexual tiene si me va a contratar, tú eres el drogadicto… Yo no le pregunto nada de eso. Yo voy y canto para gente»

Ahí tenemos a los asquerosos mentirosos que hicieron la serie.

La gran mayoría de quienes vieron esa serie no tienen ni idea de qué son hechos reales y que es ficción de mala fe, así que todo lo asume como verdad, es el camino más fácil. Los Galán y Cano de la serie lo saben, por eso inventan en contra de Pablo Escobar y con argucias legales de letra menuda se cubren, pero son conscientes que el daño al buen nombre de Pablo Escobar queda hecho y es irreparable. *Miente, miente que algo queda*, dicen de mala fe que dijo Goebbels, curiosamente los mismos que mienten aquí contra Pablo Escobar.

Así como en este caso la victima de los Cano y los Galán que hicieron esta serie es José Luis Rodríguez, *el Puma*, hay cientos de víctimas menos ilustres que desde el nacimiento de esa mediocre serie su grito de inocencia se ha ahogado en el mar de televidentes que han creído estar comprando la verdadera historia de Pablo Escobar. Todo se vale para las familias todas poderosas y dueñas de los grandes medios de comunicación de Colombia si el fin es quedar ellos como los buenos y sus opositores como los malos. No les importan a que honra o buen nombre arrastren en ese propósito.

Víctimas de estos mismos señores todos poderosos de Colombia y Washington hemos sido millones de colombianos desde que a Guillermo Cano se le dio por disimular la insensibilidad social y corrupción de la elite bogotana atacando a Pablo Escobar quien los estaba dejando al descubierto con sus obras cívicas y sociales. Desde entonces el daño colateral para los colombianos ha sido una estigmatización mundial para todos de narcotraficantes y violentos. Esa fama se la debemos a Guillermo Cano, no a Pablo El Grande. Quien se afanaba y gritaba eso por todos lados a pulmón tendido para desprestigiar el buen nombre de Pablo Escobar era Guillermo Cano, en un principio. Después lo secundaron sus colegas poderosos de los medios de comunicación de Bogotá. Unas mentiras internas para desprestigiar a Pablo El Grande eran al mismo tiempo escuchadas en el exterior, en donde nos ven por igual a todos los colombianos, no distinguen. Esa mala fama mundial que tenemos se la debemos como daño colateral a Guillermo Cano y a la gran prensa capitalina.
Es una de las injusticas, o ironías, más grande en la historia de la humanidad: Pablo Escobar no tenía acceso a los medios de comunicación para defenderse, y se le

culpa de las secuelas de lo que los medios de comunicación bogotanos inventaban o exageraban de él. Toda la mala reputación que ellos le inventaron a Pablo Escobar colateralmente en el extranjero nos arropó a todos los colombianos en alguna medida, y nos venden como el culpable de aquello a Pablo Escobar, cuando han sido ellos, los grandes medios de Bogotá encabezados en su principio por Guillermo Cano y El Espectador, quienes nos dejaron esa marca. Para ellos es más importante lamberles las botas a los norteamericanos que la reputación internacional de sus compatriotas, y justamente por esa "prioridad" les reclamaba Pablo Escobar cuando decidieron matarlo. Hoy hay mil veces más narcotráfico que en aquellos años ¿Por qué no tenemos ese mismo rotulo de narcotraficantes que teníamos antes? ¿Por qué no nos dan el mismo mal trato internacional que nos daban antes?

No quiere decir que no nos lo den hoy, pero no con esa brutalidad que sufrieron los colombianos cuando la prensa se ensañaba contra Pablo Escobar.

José Luis Rodríguez, *el Puma,* se pudo defender de la infamia de los Cano y los Galán ¿Cómo hacemos con las mentiras de las que muchos ofendidos no se pueden defender o desmentir?

Dice el texto que analizamos*: La crónica del periodista de El Tiempo cuenta que a la media noche los asistentes se dirigieron, por un camino rodeado de hermosos jardines, donde abundaban los lirios y las azaleas, y bajo un cielo estrellado, hacia el pequeño coliseo.*

Note como dice que el periódico El Tiempo cubrió ese evento. Recuerde que le he dicho que el periódico más importante de Colombia en esos días —y aun hoy— era El Tiempo y no El Espectador de dictador Guillermo Cano, como lo quieren hacer ver los que hicieron esa serie, sus dueños absolutos hasta hace poco.

Esto de que El Tiempo hizo una crónica le quiere decir a usted que en Bogotá se enteraron de aquel homenaje a Pablo Escobar, y créame que lo último que sintieron fue alegría. Alguien los estaba desplazando como eje central de Colombia y van a luchar por su lugar privilegiado en la sociedad. La envidia ya hacía su asomo.

Volviendo a lo que muestran en la serie, las frases que le dice a ese "Pablo Escobar" 'Pedro Motoa': *Pablo, la familia Motoa, con usted, pá las que sea.* Era muy frecuente que las escuchara Pablo Magno en aquellos días. Ya veremos cuando comiencen los ataques contra él como muchos olvidarán estas palabras, incluso los Ochoa, y hasta se irán en su contra. Por esas conductas muchos serán castigados como traidores y hoy se los muestran a ustedes como "víctimas inocentes" acompañados de algún discurso populista o vendidos en envolturas de lastimas.

Mateo 26: *Entonces Pedro, respondiendo, le dijo: Aunque todos se aparten por causa de ti, yo nunca me apartaré. Jesús le dijo: En verdad te digo que esta misma noche, antes que el gallo cante, me negarás tres veces*

La propuesta para que Pablo Escobar se inscribiera a aspirar como suplente por una circunscripción nacional no se dio así, ni por medio de la persona que ponen en la serie. Es sabido que quien lo impulsó a la política fue su tío Hernando Gaviria, hombre de izquierda y sindicalista, hay muchas fotos de eso y no fue precisamente a hacer política, fue invitado a hacer civismo.

Tampoco es cierto que Pablo Escobar no supiera hacer política como lo dice el "Pablo Escobar" cara de mongólico de la serie, el verdadero lo llevaba en las venas como ya lo he demostrado. Al ponerlo en esos términos quieren que usted vea en el verdadero Pablo Escobar un oportunista que se metió a la política de la noche a la mañana. Ya sabemos que están mintiendo, porque Pablo El Grande nació y murió con vena política. Y vena política izquierdista y social, que no es lo mismo. La política nunca le fue indiferente, ni cuando pobre, ni cuando rico, ni en tiempos de paz, ni durante la guerra. Era un político nato, duela en Bogotá donde quiera doler. Y un gran político para que les duela más.

En este punto es preciso que usted se pregunte lector y juez ¿Por qué <u>invitaron</u> a Pablo Escobar a hacer política? ¿Qué necesidad había de llevar a candidato a alguien cuya cercanía perjudicaría tu campaña e imagen? ¿Por qué a Pablo Escobar y no a otro comerciante de cocaína?
Por plata no era, pues plata ya donaba para campañas políticas y, si no la daba Pablo Escobar, las daban otros contrabandistas de cocaína, que los había por miles en toda

Colombia, no nada más en Medellín, y los del grupo de Pablo Escobar, como lo quieren hacer creer en la porquería de serie. Las respuestas lo obligan a situarse en el contexto de aquellos días: el narcotráfico NO era mal visto como lo sería poco después. Hoy nadie aceptaría a un pariente lejano de un narcotraficante en su campaña política porque el desprestigio sería inmenso. En esos días <u>invitaron</u> al más notorio de ellos a aspirar por su movimiento político, así de inofensivo era el narcotráfico, en verdad era más una bendición que una maldición, los únicos que veían una amenaza en el narcotráfico eran los ricos tradicionales de las regiones y el país, pues estaban perdiendo su lugar privilegiado por "gentuza" de baja ralea. Comenzaron a verles todo lo malo y a atacarlos mintiendo una y otra vez desde sus grandes medios de comunicación o mediante de amigos periodistas.

La otra razón, mucho más poderosa que la anterior, era su enorme popularidad. Más que la plata, lo que valía en Pablo Escobar para un político era su respaldo popular, al final la plata se coge para conseguir votos y con Pablo Escobar ya esa adquisición venia adherida. Plata propia en millones de dólares y respaldo popular en miles de votos solo los ha tenido un hombre en Colombia y en el mundo: Pablo Escobar. **NINGÚN OTRO**.

No era estrella de rock, no era una gran figura del deporte, no era el Papa, no era el presidente de los EE.UU. o de Colombia, no era político o aspirante a cargo público, no era nada de eso y sin embargo las multitudes atiborraban los estadios y sus alrededores solo para verlo. Vitoreaban su nombre: Pablo, Pablo, Pablo.... Solo para verlo alzar su mano y saludarlos. Se abalanzaban contra su seguridad solo para tocarlo. Lector y juez, ese era Pablo Escobar. Ese era el *paisa* que envidiaban Guillermo Cano, Luis Carlos Galán y Rodrigo Lara, ese es el hombre que desprestigiaran después para justificar su muerte y el exterminio de sus guerreros, tal como lo hicieron los romanos y fariseos con Jesús de Nazaret y los primeros cristianos.

Solo ha habido un hombre en la historia reciente de la humanidad, que estando en el ranquin de los primeros hombres más ricos del mundo tiene un enorme respaldo popular. Ese era: Pablo Escobar, quien según los americanos era el tercer hombre más rico del mundo para esos días. Él era la excepción a la regla, era un fenómeno. Los hombres más ricos del mundo, en cualquier fragmento de la historia, son impopulares por defecto.

Si el lector y juez supone que entre los seguidores de Pablo Escobar no se encontraban las familias ricas de Bogotá está en lo cierto.

¿Pero que había hecho o dicho este hombre para ser merecedor de tan loable devoción? En la serie no se lo muestran, antes se lo ocultan, porque quedan al descubierto si lo dicen; pero yo se los diré con todos los detalles en su momento, el siguiente libro, en este instante solo les dejaré una breve reseña que sobre eso dice en el regular libro en el que dicen basarse y que los mañosos Cano y los Galán de la serie "olvidaron" poner:

LA PARÁBOLA DE PABLO página 77: *Medellín, que crecía desmesuradamente, se tragó a Envigado y a otros municipios vecinos. El rio que atraviesa el valle se volvió oscuro y de aguas podridas. La industria, ante la competencia del contrabando y la obsolescencia tecnológica, entró en decadencia, y miles de obreros fueron arrojados a las calles. Las montañas se siguieron poblando de pobres ajenos de la economía formal y del Estado, y cada vez más distante de los poderes tradicionales y del catecismo católico que ordenaba resignación y sumisión.*

Esos pobladores, descreído de los partidos políticos tradicionales, solo se ligaban a ellos por pírricos beneficios provenientes de un manejo clientelista de los recursos del Estado. Pero tampoco habían encontrado en la izquierda y las guerrillas una opción. En esas montañas, habitadas por desposeídos, que recorría en un Renault 18 habano, Pablo inició las obras sociales que le darían por siempre entre los humildes <u>fama</u> de hombre bondadoso.

Él tenía ya el aspecto que lo caracterizaría el resto de su vida: su bigote, el pelo peinado con un ensortijado hacia su derecha y cierta obesidad que le hacía saltar su barriga por encima de la correa y lo obligaba a subirse permanentemente los pantalones.

Inauguró, a veces acompañado por su esposa y su pequeño Juan Pablo unas cien canchas de futbol con torres de iluminación. En el barrio Lovaina, vieja zona de tole rancia de Medellín, organizó un partido entre un equipo de prostitutas y otro de travestis. Un famoso locutor de futbol de la ciudad narraba mientras Pablo, rodeado de su comitiva, contemplaba con simpatía el espectáculo. Medellín Cívico, el periódico de su tío Hernando Gaviria, que se convirtió en su medio de expresión más conocido, titulaba: «En los barrios populares la noche se hizo día» Aunque Pablo se metía a diario sus toques de marihuana, aprovechaba sus discursos para predicar contra la drogadicción. «La droga es lo peor», repetía insistentemente, y sus amigos son testigos de que detestaba a los chirretes, a los embolados con el vicio.

En el caso de Pablo hay algo que debemos anotar: no se trataba solo de un narco que botaba plata. Trató de construir un discurso social y organizó cerca de cien comités a los que les brindaba materiales y asesoría técnica para proyectos comunitarios. Palabras como ecología, participación, autogestión, novedosas para los líderes de aquella época, aparecían mezclados en sus discursos con un populismo y una exaltación desmedida de su personalidad.

Esta es solo una pequeña muestra, lector y juez, de quien era aquel hombre y qué vieron en él para invitarlo a participar en política.

Un dato importante, esto que narra el libro —y "olvidaron" poner en la serie— fue antes de ser aspirante suplente a la Cámara de Representantes de Colombia por el departamento de Antioquia. Es decir, no hacía nada de esto por intereses políticos, como lo han repetido para menospreciar esa actitud loable. Otras tantas fueron inmediatamente después de ser electo suplente a la Cámara.

¿A que otro multimillonario del mundo le ha visto usted gesto parecido? No olvide que este multimillonario que ve aquí hacía unos tres años atrás pagaba arriendo y viajaba en bus.

Este era el verdadero Pablo Escobar, en estado natural, normal, como lo estamos usted o yo en nuestra rutinaria vida. El Pablo Escobar guerrero, el que le quieren vender como un monstruo, saldrá a flote cuando lo quieran matar, y por su vida y la de los suyos hará lo que sea. Quien lo quiera juzgar mal por eso, puede hacerlo, solo pídale a Dios que nunca lo ponga en la misma situación. Ese hombre humanitario que describen a medias en el fragmento del mediocre libro en el que dicen basarse se llamaba Pablo Escobar. No Guillermo Cano, ni Rodrigo Lara o Luis Carlos Galán, los buenos según sus familiares, los mismos que se han enriquecido a costa de las muertes trágicas de ellos.

Lector y juez no hay una sola referencia en la serie, ni en el libro, ni en ningún otro documento, ni testimonio de persona que haya vivido en ese espacio de la historia que diga que recibió de Guillermo Cano, Luis Carlos Galán o Rodrigo Lara una cobija cuando tenía frio, un pedazo de pan cuando tenía hambre o un clavo para clavar una tabla de su casa. Estos personajes —los buenos según sus familiares— eran ricos de cuna.

En contrastes hay miles que recibieron de Pablo Escobar terreno y casa, tres comidas diarias y educación gratuita, entre otros infinitos beneficios. Este hombre no andaba de cargo público en cargo público, ni robaba al pueblo y mucho menos se desquiciaba cuando le quitaban la pauta publicitaria, como Galán, Lara y Cano.

Lector y juez, eso que dicen que le sucedió al cantante venezolano el *Puma* nunca pasó en la historia verdadera. Ninguno de los artistas que estuvo en las muchas fiestas de Pablo Escobar vivió una situación de aquellas. Ninguno es ninguno.

Esta es otra bajeza más de los Pepes en contra de la memoria de Pablo Escobar. Vimos testimonios que le mostraron la verdad sobre su buen trato con los artistas.

A Pablo Escobar por debajo lo llamaban loco —en el buen sentido de la palabra— cuando hablaba de ecología, invitó a Nápoles a la presidenta del Partido Verde alemán. Le estoy hablando mi amigo de 40 años atrás, cuando nadie en estas tierras sabía que era eso. Hoy desde el casi presidente de los Estados Unidos, Al Gore, hasta cualquier concejal de provincia, son Verdes. Pablo Escobar era un genio, una mente adelantada a su época. Este hombre si hubiese cambiado profundamente a este país, si lo hubiesen dejado trabajar. Gracias Lara, gracias Galán, gracias Cano, envidiosos de mierda.

PABLO ESCOBAR, EL PATRÓN DEL MAL. Episodio 7, minuto 23.

Aparecen un letrero que dice 1981, -CUNDINAMARCA-. Dos hombres de buena catadura viajando por unas pésimas carreteras, vestido con camisa y suéter rojo. Se llaman Rodrigo Lara y

Luis Carlos Galán.
Tienen un dialogo:

Lara: *Vamos suave Luis Carlos, vea las carreteras entre estos pueblos son muy complicadas.*

Galán: *No Rodrigo que nos están esperando. No quiero llegar tarde.*

Lara: *Con 15 minutos que lleguemos tardes no va a pasar nada. Lo primero que este país necesita es un presidente sano.*

Galán: *Lo primero que este país necesita es un presidente que sanee al Estado.*

Lara: *¿En carreteras?*

Galán: *Precisamente. Mire: con un Estado sano, el presupuesto de las carreteras y de las obras públicas no se queda en manos de políticos corruptos, o de contratos. No estaríamos en estas. Vamos.*

Llegan a una plaza pública donde lo recibe una manifestación de adeptos. Galán sube a una tarima donde pronuncia un discurso: *Nuestra patria se encuentra ante una disyuntiva histórica, o se mantiene en el pasado, lleno de maquinarias, de burocracia y clientelismo; o se abre camino de cara a un futuro de honestidad y de progreso. En el Nuevo Liberalismo estamos dispuestos a dar esa pelea, en contra de ese pasado oscuro, que no nos permite asumir el papel al que estamos llamados en el concierto de las naciones.*

Vamos por partes lector y juez. La historia real y la secuencia del libro de Salazar iba por el año 1982 no por 1981. Es cuestión de poner en Google: liberación de Martha Nieves Ochoa y sale la fecha 17 de febrero de 1982. Año electoral,

por cierto. Es un truco oscuro que hicieron los realizadores de la serie al retroceder un año. Quieren que usted crea que Galán y Lara andaban recorriendo el país en un año no electoral, lo que es totalmente mentira. Todos los políticos solo salen a recorrer las calles cuando necesitan los votos y, Galán y Lara eran igual al resto de ellos. Vea la falta de seriedad al tener que andar reacomodando todo. En el libro en el que dicen basarse no dice nada de eso que recrean allí sobre Galán y Lara.

De la nada, como por arte de magia aparecen estos dos hombres encarnando la pulcritud, la honradez, la pureza y todas las demás virtudes posibles propias de un Dios, o un santo, más que unos seres humanos y menos de políticos.

Cuando le vaya mostrando lo que ocultan de estos dos políticos los que hicieron esta serie (familiares de ellos), y les quite los adornos que les ponen como cualidades que en verdad nunca tuvieron; usted, lector y juez, decidirá qué tan benditos eran Galán y Lara.

¿Cree que Galán y Lara nacieron de ese tamaño y edad? ¿Pregúntese como se enriquecieron más estos dos oligarcas de las familias más poderosas de Bogotá y Colombia antes de este año en que entran en escena, 1982? ¿Qué necesidades pasaban estos dos "pobres" ricos hasta esa fecha? Ya iremos viendo.

Mire bien, amigo lector y juez, como estos dos personajes están bien acicalados, bien puestos. Galán, ¡tiene los ojos azules!, Rodrigo Lara, ¡tiene un abdomen plano!

Galán no tenía los ojos azules y Lara era gordito. Están mil veces con mejor presencia los actores que hacen de Galán y Lara que los verdaderos. Se puede notar el denuedo de los que hicieron la serie en que quedaran mejor de lo que eran... Pero cuando Pablo Escobar era un joven y tenía el abdomen plano, le pusieron un actor obeso y feo. Pablo Escobar tenía ojos castaños y al actor que lo interpreta le pusieron lentes de contacto color verdes diabólicos, a pesar de que los naturales del actor eran del mismo color de los Pablo Escobar.

Vea usted la mala intensión. Tienen que recurrir a estas bajezas, porque con la verdad no ganan.

Hasta este punto de la historia ya le he mostrado en múltiples casos como mienten sistemática y descaradamente para perjudicar el nombre y la imagen de Pablo Escobar. Ahora le estoy mostrando, con pruebas, como le mienten más descaradamente, pero para favorecer a Luis Carlos Galán, Rodrigo Lara, Guillermo Cano y a toda su clase social; la misma élite a la que combatió Pablo Magno y que nos tiene a los colombianos en la miseria. Además de ser los mismos que han pagado por esta serie. Aunque la escena es inventada, aun así, la analizaremos, para que vean los que han amañado esta serie que no pueden llegar y mentir al mundo entero y a generaciones completas sin que sean desenmascarados.

Los dos personajes que aparecen como por arte de magia en esta historia van vestidos de rojos, y los manifestantes usan el color rojo. El color rojo es el color tradicional en Colombia —aun hoy— del Partido Liberal Colombiano. En el discurso Galán mencionan es al Nuevo Liberalismo. Con esto lector y juez, le muestro —de momento— que Galán y Lara eran liberales. Además, de la alta clase de Bogotá. Ellos no andaban en camisa ni suéteres, ellos eran de saco y corbata, como *cachacos* que eran, aunque digan que Lara no era oriundo de allá, su corazón era *cachaco*. Solo se disfrazaban así cuando estaban en campaña electoral, cuando querían aparentar que eran del pueblo. Una vez pasaban las elecciones, se quitaban su disfraz y volvían a su saco y corbata, hasta nuevas elecciones. Galán y Lara eran políticos y hacían toda las *suciesas* que hacen los políticos, ni una más, ni una menos.

En el dialogo ficticio que les montan, Galán y Lara hablan sobre el mal estado de las carreteras, políticos y contratistas corruptos.

Lo primero que anotaré es que los políticos en privado no se echan entre ellos el discurso anticorrupción como lo hacen en público. En privado hablan como cualquier parroquiano, con malas palabras y todo. Quien no lo quiera creer, nada puedo hacer por él.

Por fortuna para la verdad —y de malas para los de la serie— hay evidencias de uno de estos dos personajes hablando en privado con otro político y va a notar usted lo plebe y cínico que es —hasta se dice que estaba esnifando cocaína—, como lo son TODOS los políticos, ratas de alcantarillas como los llamaba Pablo el Grande. Lara se refiere en el diálogo con Evaristo Porras a Pablo Escobar en los 'cultos' términos de *la vaca que más caga* y en otro escenario a los narcotraficantes como *los perros esos...*

Todo el mundo sabe que los políticos son unas mansas palomas bien habladas en público y unas fieras en privado. Un político en privado no se deja echar un discurso populista de otro político, Galán y Lara en privado debían hablar lo mismo que hablan todos los políticos: de qué se apropia cada quien en la burocracia o el erario público.

Ellos iban a esos pueblos de carreteras malas solo en tiempos electorales, a buscar votos, a echar un discurso demagogo, a "criticar" a la clase política tradicional y fingir que ellos eran diferentes. Solo un detalle: esa burla la hacen todos los políticos en campañas electorales cada tantos años.

Hablan del mal estado de las carreteras, pero no le dicen que ellos se movían por muy buenas o excelentes carreteras e inmejorables carros por Europa, donde vivían; donde no hay unas pocas familias 'todo poderosas' como las de ellos que saquean a su pueblo.

Hablan de los políticos corruptos, pero no le dicen que ellos hacen parte de esos políticos corruptos ¿o como pretenden los cínicos de la serie que les llamemos a estos dos políticos? ¿Jugadores de futbol o qué? Político es sinónimo de corrupción, no hay político honesto. Ninguna persona honesta se mete a la política, y si por idealismo entra, por vergüenza se sale pronto. Por supuesto que no te dicen los cargos burocráticos que habían tenido estos dos en Colombia y el exterior y que los hace partícipe de la clase dirigente y, por la misma línea, culpables de la porquería social que era Colombia en aquellos días, y aún también la de hoy.

Hablan de los que se quedan con los contratos con el Estado. ¿Quién cree el lector y juez que pagaba esas giras políticas de Galán, Lara y toda su comitiva? ¿Quién pagaba la publicidad de las campañas de Galán y Lara? ¿Quién pagaba en general todas las campañas de Galán y Lara? ¿El espíritu santo tal vez? No amigo lector y juez lo pagaban personas que después por las "recomendaciones" de los senadores Galán y Lara contratan con el Estado para recuperar su inversión, y no solo lo hacen con contratos de infraestructuras, también con contratos por servicios. Eso lo hacen todos. Ahora resulta que Galán y Lara ponían esos cientos de millones de pesos que cuestan las campañas de su bolsillo, para no recuperar ni la sexta parte sumando todos sus sueldos durante su periodo de ocupación del cargo. Este es el punto en el que usted es quien pone precio a su inteligencia, y decide en cuanto se la tasa a los perversos que hicieron esta porquería de serie.

Esta perla me la guardo para más adelante, pero permítame adelantarle solo el título:

LAS DOS ORILLAS: LOS CONTRATOS DE LA ESCUELA PARA LA DEMOCRACIA GALÁN *EL ÉXITO POLÍTICO Y CONTRACTUAL*

PABLO ESCOBAR. SU DEFENSA.

DE LA FAMILIA SE MULTIPLICÓ EN EL GOBIERNO SANTOS. SU DIRECTORA MARUJA PACHÓN FIRMÓ 7 CONTRATOS POR $114 MIL MILLONES A TRAVÉS DEL DPS Y LA UNIDAD DE VÍCTIMAS.

Dice el Galán de la serie: *Nuestra patria se encuentra ante una disyuntiva histórica, o se mantiene en el pasado, lleno de maquinarias, de burocracia, de clientelismo o se abre camino de cara a un futuro de honestidad y de progreso. En el Nuevo Liberalismo estamos dispuesto a dar esa pelea, en contra de ese pasado oscuro que no nos permite asumir ese papel al que estamos llamados en el concierto de las naciones.*

Lo que no dice es que él, o ellos, hacían parte de ese pasado lleno de maquinarias, burocracia y clientelismo. Ya había mencionado que Galán y Lara venían del partido Liberal, a los que se dedicaban a critican ahora. Ellos no aparecieron de la nada como lo ponen en la serie. Al paso les iré mostrando el prontuario de estos dos políticos, que con el solo hecho de serlo, lo tienen sí o sí.

Tampoco le dicen que ellos solo eran la fachada de ese partido, que el poder en la sombra detrás de ellos era el ex presidente Carlos Lleras, miembro de esas mismas familias oligarcas que ellos ahora disque odiaban.

En el año 1972 anoté que Galán hizo parte del gobierno ilegitimo de Misael Pastrana, y después en el de Alfonso López Michelsen, es decir él era parte *de ese pasado oscuro que no nos permite asumir ese papel al que estamos llamados en el concierto de las naciones.* Primero cae un mentiroso que un cojo.

Además, así como lo recrean en la serie y lo dice en el libro donde dicen basarse, Galán hablaba más mal e iba más en contra de las prácticas politiqueras que de los narcotraficantes. Todo el mundo sabe que quienes tenían más razones para matarlo eran sus "traicionados" colegas políticos.

También le ruego al lector y juez que mire el país que describía Galán de la serie en sus palabras, o mejor, lo porquería de país que describe en sus palabras y, que no pierda de vista de que en este punto de la historia Pablo Escobar no tenía problemas con nadie, era un hombre rico y humilde, único en su especie en el mundo, porque siempre nos han dicho los Galán, los Lara y toda la clase alta de Bogotá que Colombia era un paraíso que vino a dañar el diablo de Pablo Escobar. Primero cae por segunda vez un mentiroso que un cojo.

Ya veremos cómo estos aparecidos de la nada aquí en la serie, eran en verdad dos zorros avezados en la politiquería, quienes devorarán al neófito Pablo Escobar en un abrir y cerrar de ojos cuando este llegue al Congreso de la República por elección popular.

Galán y Lara eran dos pillos politiqueros, que, entre otras atrocidades, valiéndose de su poder e investiduras burocráticas o las de sus familias, habían embarazado a dos mujeres y luego abandonado a su suerte, a ellas y a sus primogénitos, váyase a saber bajo que amenazas de silencio.
Estos no sobrevivirían al Movimiento Feminista *ME TOO.*

PABLO ESCOBAR. SU DEFENSA.

PABLO ESCOBAR, EL PATRÓN DEL MAL. Episodio 7, minuto 26.

Salen un subtítulo que dice: RIO DE JANEIRO, BRASIL.
Pablo Escobar, *Peluche*, Pedro Motoa y Gonzalo están en Brasil disfrutando de garotas y dándose la gran vida en un lujoso hotel con todas las comodidades.

Lector y juez, esto lo reseño por lo siguiente: en esta serie se volaron olímpicamente 25 años de la vida de Pablo Escobar. En 15 minutos resumieron dos décadas y media. Años en los que él era pobre y lleno de vicisitudes —como cualquier otro pobre— porque a quienes hicieron esa serie solo les es de buen provecho vender el Pablo Escobar rico y opulento.

En esos mismos días de escasez de Pablo Escobar que ellos astutamente ocultaron, Galán, Cano y Lara, que eran ricos, se daban la gran vida y eso tampoco lo recrean, porque no les conviene vender la falta de humildad que tenían Guillermo Cano, Rodrigo Lara y Luis Carlos Galán.

Ahora que la fortuna le sonríe a Pablo Escobar y su familia, antaño muertos de hambre, que podían por fin disfrutar de lo que un día padecieron o carecieron, esos momentos de dicha y placer los ponen con morbo y hasta le agregan ficciones mal intencionadamente. El lector y juez debe notar y reprochar esas vilezas.
La envidia, ese nefasto pecado capital, que no se puede ocultar, latía en los corazones de la élite de Bogotá.
Usted puede ver que esto es una constante en la serie: todo

lo que es fiesta, juerga y mujeres con Pablo Escobar lo recrean con *pelos y señales*. De Galán, Lara y Cano, solo verá escenas familiares y patéticamente melodramáticas.

No os preocupéis, yo les mostraré lo que ellos no quieren que se sepa de sus "ídolos", porque se les acaba el negocio.

En estas imágenes aparece Galán, el hijo del gerente de Ecopetrol, viajando por el mundo, India, China, Italia y Medio Oriente, entre otros, por los mismos días en que Pablo Escobar y su familia ni siquiera conocían un avión a la distancia. No había ningún problema con eso.

Estas son fotos normales. Viajes de placer del hijo del gerente de Ecopetrol seguramente si los hubo, y muchos; pero no debe haber fotos, y de haberlas habido, ya deben estar destruidas.

Ahora que el de los viajes por el mundo era Pablo Escobar, el hijo del guachimán, en avión propio, es malo.

¿Sabía el lector y juez que un sueño frustrado de Galán fue tener una aeronave propia? Pablo Escobar tuvo, entre otras aeronaves, doce aviones propios. Vaya viendo de donde nace la envidia del hijo de Ecopetrol hacia el hijo del guachimán del barrio.

Sobre esto, lo que narra el libro en el que supuestamente se basan es lo siguiente:

LA PARÁBOLA DE PABLO, Alonso Salazar, página, 90.

Estrenando su reinado, Pablo viajó al carnaval de Rio de Janeiro con diez amigos de esta cofradía, entre los que se encontraba el <u>Negro Galeano</u>, Pelusa Ocampo, Jorge Luis Ochoa, Gustavo Gaviria, Pablo Correa y el Rey del Marlboro. <u>«Pablo Correa, que vivía con varia de sus amadas bajo el mismo techo, quedó tan entusiasmado que importó una mulata para sumarla a su pequeño harén»</u>.

En la serie muestran a los cinco mismos *gatos* de siempre. Esto es importante lector y juez, porque la gente que en el libro mencionan y en la serie omiten, siempre es por alguna tetra. En este momento le pido tenga en cuenta el nombre subrayado: *El Negro* Galeano.

Después los de la serie los hacen aparecer de la nada, justa y coincidentemente cuando sus nombres son dañinos para Pablo Escobar. Ahora puede notar como *El Negro* Galeano gozaba de las mieles de ser allegado a Pablo Escobar.

Le pido que piense en diez amigos con los que usted se iría —cuando joven— al carnaval de Rio de Janeiro a divertirse con dinero en abundancia. Ya que ha pensado en esos diez amigos y en las aventuras que vivirían por allá, piense ahora si se los fueran matando uno a uno bajo tortura solo por ser amigos de usted.

Esto le paso a mucho de los que fueron a ese mencionado viaje. Solo uno murió de muerte natural. A los demás, desde Bogotá, los mataron, y le han vendido a usted que Pablo Escobar era el asesino de esta historia. Cada vez que una de estas personas vaya muriendo y de la forma en que morirán, Pablo Escobar sentirá dolor, ira y sed de venganza, como lo sentiría cualquier ser humano y la tomará en muchos casos. Los Pepes no le dirán que fue en venganza, le dirán que el "monstruo de Escobar" lo hizo porque le dio la gana.

Lo que se resalta de Pablo Correa, es para que el lector y juez dimensione lo que era aquellos ríos de dineros en los que se vivía y como Pablo Escobar fue un hombre que no se extralimitó o enloqueció con los ingentes millones de dólares que le llegaban. Cualquier exceso que los de la serie pongan con mala intención para que usted desprecie a Pablo Escobar, quiero decirle, que fueron mucho menos excesivos de los que aquel hombre pudo hacer, y eso también merece su reconocimiento.

Pablo Escobar mantuvo un único hogar con la joven con quien se casó cuando era un don nadie.

PABLO ESCOBAR. SU DEFENSA.

Joven, popular, amado, bien parecido, poderoso, multimillonario hoy que ayer no tenía nada ¿Qué de malo tiene que vaya a divertir a unos carnavales? En verdad para los de Bogotá no tendría nada de malo, si quien lo hiciese no fuera Pablo Escobar, el nombre que les generaba envidia.

Pablo Escobar fue a divertirse a Rio de Janeiro sin tomarse una gota de licor y sin fumarse un cigarrillo, Galán, Cano y Lara no pueden decir lo mismo de esos vicios.

¿Cree el lector y juez que a Lara, Galán y Cano a sus 33 años no se les paraba el *pipí*? ¿Cree que ellos nunca se fueron de juergas de amigos? Y no olvide que ellos eran ricos de cuna, y todo el mundo sabe lo que es ser joven y con una familia adinerada en un país tercermundista como Colombia. Por algo habían dejado a dos mujeres de menor nivel que ellos embarazadas y abandonadas a su suerte.

Había un financista de campañas políticas llamado Gustavo Gaviria González, un empresario del café. Este hombre además de aportar fuertes sumos de dinero a las campañas de Galán, les patrocinaba sus juergas con amantes. Eso no lo muestran en su serie, ya iremos viendo.

Ahora, lector y juez, sobre este viaje al país de los pentacampeones del mundo en futbol, hay otras versiones, mucha más completas, con muchos más detalles, que la narrada en el libro o la falazmente recreada en la serie. Quiero que sepa que no fue un solo viaje a Brasil los que realizaron Pablo Escobar y los suyos por aquellos días. Fueron dos, como mínimo.

¿Por qué solo se habla entonces frecuentemente de uno solo? Porque el otro fue familiar. Ese otro no conviene mostrarlo porque no deja a Pablo Escobar mal visto. Para sus asesinos no es muy conveniente decir que mataron a un hombre de familia, pero si lo es vender que mataron a un mujeriego despilfarrador.

PABLO ESCOBAR MI PADRE, de Juan Pablo Escobar, página 221.

El 12 de abril, viajamos más de veinte personas a Río de Janeiro en un vuelo comercial. Íbamos mi padre, mi madre, yo, mis tías maternas con sus maridos e hijos, mi abuela Hermilda, mis tíos, Gustavo Gaviria, su esposa e hijos y sus padres, Anita y Gustavo. El grupo era tan grande que para ir a cada lugar se necesitaba un bus y no se podía disfrutar mucho porque conseguir mesa en restaurantes y entradas a los shows, como el de Roberto Carlos, era todo un lío. A mi madre no le gustó semejante romería de personas. De ese viaje quedó un chiste que todavía hoy mencionan en la familia y tiene que ver con que casi todas las parejas — incluidos mi padre y mi madre, por supuesto— regresaron peleados porque los hombres se escapaban a ver bailarinas y prostitutas en shows en vivo.

El lector y juez ya está sabido de que siempre que haya más de una versión sobre un suceso de la vida de Pablo Escobar, sus asesinos cogerán la más dañina para él, aunque esta tenga la menor posibilidad de ser cierto.

Este viaje familiar no lo recrean porque no les es rentable para su manipulación.

PABLO ESCOBAR, EL PATRÓN DEL MAL. Episodio 7, minuto 32.

En esta escena recrean un almuerzo entre Irma Motoa y su familia. Ella defiende el trato del guerrillero encargado de su cuido durante su secuestro. Cuestiona los métodos de Pablo Escobar de matar a los guerrilleros que la tenían secuestrada y, advierte y reprocha a sus hermanos por estar ayudando a crear un monstruo.

Lector y juez, eso no lo dice por ningún lado en el libro en el que supuestamente se basan, ni en ninguna otra parte. Es otra mentira con la intensión de que usted juzgue mal a Pablo El Grande. Limpiamente no ganan, ninguna persona en su sano juicio otorgaría la razón a estos mentirosos.

Le recuerdo y le complemento lo que ya le he mencionado y que de seguro usted sabe sobre el narcotráfico en esos días: no era mal visto, ni satanizado. El narcotráfico fue literalmente una bendición para miles de persona pobres de Colombia. Pablo Escobar NO estaba en guerra con nadie. Así como pusieron al infante que hace de Pablo Escobar a hacer cosas no propias de un niño y poner cara de maquiavélico, para inducirlo a usted a que crea que Pablo Escobar desde infante era el hombre diabólico que ellos muestran, así mismo ponen esta escena inventada y calumniosa para que usted crea que Pablo Escobar estaba desde esos días en función de la guerra. Según ellos, 'Irma Motoa' —Marta Nieves— era bruja, porque sabía que se venía una brutal guerra en la que Pablo El Grande era la cabeza de una de los bandos. Mentiras, a esas alturas nadie pensaba en guerra, ni en matar, ni en bombas, ni nada por lo que ellos lo venden como un monstruo.

Como argumento le anoto que a estas alturas Pablo Escobar ni siquiera estaba en política, que dicen que fue el detonante de todo. También le recuerdo y le suplico que no olvide lo que tratamos un poco atrás: que él trató de evitar un enfrentamiento con el M-19. Este hombre hizo cuanto dicta la sensatez para no pelear con sus ídolos, ellos se burlaron de él en su cara y no le dejaron más camino que la guerra, no le dejaron más alternativas que ganarse el respeto a sangre y fuego, como es usanza aquí en Colombia, aún hoy. Si después ellos no pudieron con la furia desatada, eso es otra cosa. Sea justo lector y juez y concédale a Pablo Escobar la razón en que no es culpable de lo que pasó en esa guerra porque fue obligado a ella. Él trató de evitarla desde un principio, eso lo exonera de toda culpa. Como deberemos exonerarlo de cualquier culpa de lo que acontecerá durante la guerra contra la oligarquía colombiana.

En la vida real gente de Pablo El Grande murió en la guerra contra el M-19. Gente cercana a él, que tenían familias a las que tuvo que darles la cara y ampararlos por sus seres fallecidos. No es justo que se le culpe por algo que él trató de evitar.

Otra evidencia de que los de la serie mientes es que en la fiesta que hicieron en homenaje a Pablo Escobar, la verdadera fiesta narrada en el libro, no la payasada dramatizada en la serie, dice claramente: *Y lo acompañaban a prudente distancia, el grupo de los que el común llamaba la crema: banqueros, industriales, periodistas, reinas de belleza, modelos, autoridades civiles y militares, un cura, artistas y políticos de varios sectores.* ¿Usted cree que personas de este talante iban a ir a un homenaje de una persona que pintaba ser un monstruo según los Pepes que hicieron esta porquería de serie? Ellos estaban allí porque veían todo lo contrario, veían a un líder de mano de hierro cuando se requería, humilde, adorado por su pueblo, que manejaba inmensas cantidades de dinero y se mantenía en su cordura, una persona que hacía poco luchaba por sobrevivir y ahora que lo tenía todo no perdía su sencillez. Estaban allí por todo lo contrario a lo que inventan los mentirosos de la serie, no pueden ganarle a Pablo Escobar sin trampa, ni cuando estaba vivo ni ahora que los espera en el infierno.

PABLO ESCOBAR, EL PATRÓN DEL MAL. Episodio 7, minuto 38.

Pablo Escobar y *Chili* llegan a la oficina de Javier Ortiz para concretar la postulación de él como suplente a la Cámara de Representantes, Pablo Escobar dice aceptar el ofrecimiento y estar muy contento de estar en el partido del doctor Galán. Su nuevo jefe.
Dice que el doctor Luis Carlos Galán era un teso, un verraco.

El Movimiento Renovación Liberal compartía la posición anti reeleccionista que decía tener Galán. Pablo El Grande y su movimiento local —Medellín Cívico— habían sido integrados movimiento departamental Renovación Liberal y, Pablo Escobar personalmente compartía esto que decía tener Galán:

Lea las letras en rojo. Ese era el electrón compartido. Lo demás es paja.
No se le olvide quien será el líder en la guerra contra la no extradición de colombianos a cárceles extranjeras y la no injerencia de los Estados Unidos en los asuntos internos

de Colombia. Ya veremos cómo Galán y el Nuevo Liberalismo, que aquí se venden como nacionalistas para conseguir votos, se van detrás de las migajas de los norteamericanos.

Nada de lo demás que montan en la ridícula serie es cierto: Pablo Magno NO se moría por estar en el movimiento de Galán, NO lo veía como un jefe, NO decía que era un teso ni un verraco, NO lo adulaba ni nada de las payasadas que pintan los de la serie. Ese es el deseo de ellos, no lo que pasó en la vida real. Pablo Escobar usaba la expresión verraco, teso, guerrero u otras afines para demostrar su admiración por quienes eran valientes y aguerridos en una causa. Galán se creía el más limpio y pulcro del mundo y que no mataba ni una mosca. No aplicaba para ser calificado por Pablo Escobar —ni por nadie— como un teso, un verraco o un guerrero. Si lo inventan en su serie es porque hubiesen querido que así hubiese sido en la vida real. Es una lástima que estos *cachacos* se hayan quedado con esa frustración de querer oír que Pablo El Grande —el guerrero más grande ha tenido Colombia— se expresará en esos términos tan elogiosos a Galán. En verdad no lo merecía, no tenía esas cualidades.

¡OJO! al siguiente dato lector y juez: Jairo Ortega, 'Javier Ortiz' en la porquería de serie, el mismo que ellos ponen como un politiquero, con una cara delatadora de corrupto, el mismo catedrático que ellos pintan allí con un aspecto de bribón de barrio, ese mismo hombre en la vida real era *galanista* en esta parte de la historia.

Era de las toldas, de la cercanía de Galán. Para ese momento entonces no era el bribón, no era el corrupto, no era el politiquero. Al siguiente día en que ya no estuvo con ellos, por arte de magia, pasó a ser un bribón, un corrupto y un politiquero. Es aquí en donde nada puedo hacer por el lector y juez, es aquí en donde cada persona pone precio a su inteligencia, es aquí en donde cada quien decide si los corruptos Luis Carlos Galán, todo su sequito de falsos moralista y los abusadores que han hecho esta serie, se salen con la suya.

Jairo Ortega fue *galanista* hasta 60 días antes de las elecciones, ¡59 días! antes de las elecciones, después de preferir irse a otras toldas con Pablo Escobar, y despreciar a Galán, era el demonio y tenía todas las malas costumbres politiqueras del mundo. Según los inmaculados Galán, Lara y Cano.

Luis Carlos Galán, Rodrigo Lara y otros políticos que se creían inmaculados eran del Partido Liberal pocos meses antes de las elecciones. Ahora que, por órdenes de su jefe, Carlos Lleras Restrepo, desertaban del Partido Liberal, después de perder una consulta interna, este era un partido clientelista, corrupto, saqueador de la nación y en síntesis tenía todos los males del mundo que no tenía unos meses atrás cuando Galán y Lara eran parte de ellos. Luis Carlos Galán y Rodrigo Lara ostentaban en esos mismos días credenciales como senadores de la República por el Partido Liberal, del mismo que decía despotricar para conseguir votos. Es el lector y juez aquí quien sigue poniendo precio al bien más preciado que tiene una persona: su inteligencia.

Y el colmo del cinismo: Galán vuelve sin ninguna vergüenza al Partido Liberal después de que habló pestes de ellos por todos lados. Galán muere siendo liberal.

Todo donde no estuviera el inmaculado Galán era malo. Payasadas.

PABLO ESCOBAR, EL PATRÓN DEL MAL. Episodio 7, minuto 40.

En esta escena se recrea un dialogo entre Pablo Escobar y su primo Gonzalo mientras están sentados en la pista de la hacienda Nápoles, esperando una aeronave que trae una sorpresa de Pablo Escobar para su primo: Unas garotas traídas especialmente desde Brasil.

Gonzalo: *¿Vos pensás que Luis Carlos Galán va a tener un narco traficante en su partido?*

Pablo Escobar: *Pero es que el doctor Galán no sabe que yo soy narcotraficante. Y para eso él tendría que demostrarme lo contrario.*

G.: *A vos todo el mundo en Medellín te conoce.*

P. E.: *Pues por eso, con más veras me conviene estar al lado del doctor Galán. Porque imagínese... Quien va a creer, o quien va a pensar, que un partido tan éticamente bueno, tan decente y tan recto como el que representa el doctor Galán va a permitir tener en sus filas a un narcotraficante como yo.*

Lector y juez, ni el dialogo ni la escena están en el libro en el dicen que se basa la serie, ni en ningún otro documento. Mire lo que dice el libro sobre ese tema:

LA PARÁBOLA DE PABLO, *Alonso Salazar, página 92: A estas alturas caben las preguntas: ¿por qué Pablo adhirió a Galán, el más moralista de los candidatos? ¿Porque denunciaba el sistema y hablaba de reformas, o sólo para camuflarse? ¿Porque compartía de veras con Galán la lucha contra las clases políticas corruptas como lo dijo varias veces? Si fue así, ha de ser que, en su peculiar ética consideraba inmoral robarle al erario y nada deshonroso ser un próspero exportador de cocaína.*

Ahí lo tiene lector y juez, una vez más la manipulación en contra de Pablo Escobar. Quien escribe el libro plantea varias opciones para encontrar una razón por la que Pablo Escobar terminó a puertas del pequeño partido de Galán. El mismo autor toma una: *Si fue así, ha de ser que, en su peculiar ética consideraba inmoral robarle al erario y nada deshonroso ser un próspero exportador de cocaína.* Mientras los de la porquería de serie, como es de esperarse de gente de esa calaña, toma la dañina para Pablo Escobar: *Pues por eso, con más veras me conviene estar al lado del doctor Galán. Porque imagínese, quien va a creer, o quien va a pensar, que un partido tan éticamente bueno, tan decente y tan recto como el que representa el doctor Galán va a permitir tener en sus filas a un narcotraficante como yo.*

Iremos viendo desde aquí, al paso de la serie, como se fue dando esa situación.

De momento les muestro como quieren hacerlo creer que Pablo El Grande quería camuflarse en el partido Inmaculado de Galán.

El libro en el que dicen basarse, en la página 91, el autor da una razón para esto y los de la serie parecen no darse cuenta de ella: *Jairo Ortega —el antiguo abogado del padrino Gómez— fundó el movimiento de Renovación Liberal y adhirió a la candidatura de Galán. Ortega también <u>invitó</u> a Pablo a participar en su movimiento y le pidió ser suplente de la lista que encabezaba para la Cámara de Representante. Pablo aceptó, pero de momento prefirió que la decisión fuera un secreto.*

Hay está otra verdad lector y juez. Note esto: el movimiento de Galán y Lara se llamaba Nuevo Liberalismo, el de Jairo Ortega, al que pidieron a Pablo Escobar que fuera suplente, se llamaba Renovación Liberal. ¿Nota la palabra liberal en ambos?
Así como ya usted lo sospecha, ambos eran liberales, ramas del mismo árbol: El Partido Liberal Colombiano. Pero esas dos no eran las únicas divisiones de ese partido, por lo menos falta otra.

En verdad Galán no inició como candidato de esos disidentes, primero apoyó a otro precandidato de los liberales, su padrino político Carlos Lleras Restrepo, quien buscaba su reelección. También había otros precandidatos de los liberales en campaña, como Alberto Santofimio Botero, y en la serie no los muestran por menosprecio hacía estos o y por el afán de vender bien a Galán.

Después de perder la consulta interna de los liberales 300 a 1, —Carlos Lleras— fue que se "iluminó" y formó esa tolda aparte, poniendo a Galán como figura visible y él moviendo los hilos detrás. Si el ex presidente Carlos Lleras Restrepo hubiese ganado esa consulta todas las porquerías que dijo Galán de los liberales se las hubiese tragado. Ese movimiento disque pulcro en verdad —la verdad desnuda— nació solo para entorpecer la reelección de López Michelsen.

Pero en el fondo, la sencilla razón por la que Pablo Escobar terminó en ese insipiente movimiento era que quien lo invitó a participar ya estaba en él. Si quien lo invitó a ser su suplente en la Cámara de Representante, hubiese estado alineado al movimiento X, Y o Z, Pablo Escobar hubiese seguido por donde lo hubiesen guiado.

Queda claro que ese dialogo tonto y mal intencionado de "Pablo Escobar" queriendo esconderse en el movimiento de Galán que montan en la serie es otra mentira. Hasta ridículos son esos argumentos de que se estaba escondiendo en el movimiento de Galán. Pablo Escobar estaba era saliendo del escondite con esa candidatura. Si quería esconderse no tenía que meterse en la política y listo. En cualquier movimiento que se vinculara estaba quedando expuesto. El problema era meterse en política, no importaba el nombre o el dueño del partido, como lo quieren hacer creer en la serie, que como era el de Galán...

Subrayé del fragmento del libro citado la palabra en donde dice invitó. Es decir que a Pablo Escobar lo invitaron, no fue que él se propuso o se postuló. Él solo aceptó una invitación. No fue que planeó maquiavélicamente esconderse en el movimiento de Galán como quieren halagarse los de la serie.

Tampoco es cierto que existiera ningún 'Movimiento Acción Cívica'. Existió Civismo en Marcha, ya verá todas las obras sociales, cívicas, deportivas, culturales y ecológicas que hizo ese movimiento bajo el liderazgo del verdadero Pablo Escobar. No la mediocridad de "Pablo Escobar" que le venden en la serie de mala fe.

¡OJO!, Civismo en Marcha venía desde el año 1977. Sin ningún interés político.

PABLO ESCOBAR, EL PATRÓN DEL MAL. Episodio 8, minuto 03.

En este fragmento de la serie se ve a Pablo Escobar en una fiesta con garotas brasileñas en la hacienda Nápoles. Llega de inopinado su esposa e hijo y se ve forzado a esconder a las brasileñas. Las pone en vuelo hasta que su mujer, *Paty*, se va de regreso a Medellín.

La escena siguiente es la de Luis Carlos Galán junto con Rodrigo Lara y sus respectivas familias en una cena.

Lara les dice a los pequeños de Galán que su papá fue ministro de Educación a los 27 años. Y Galán le devuelve las atenciones contándoles a los hijos de Lara que su padre fue alcalde a los 23 años, embajador, representante a la Cámara y senador.

Lector y juez, si hubo unos personajes en la historia real llamados Rodrigo Lara y Luis Carlos Galán. ¿Se preguntará el lector y juez por qué estos dos son de los pocos que aparecen con nombre propio o reales en esa serie? Le diré: Con excepción de Pablo Escobar que no tenía ningún derecho como ciudadano cuando vivía, que solo era ciudadano colombiano para ser extraditado y que según los pudientes de Bogotá como es el malo de esta película debe ser pisoteado, ultrajado y calumniado sin derecho a defenderse y, que como es un monstruo —según ellos— pueden hacer con su nombre y honra lo que les plazca porque nadie podrá denunciarlos por hacer eso, por esa razón y porque les es rentable explotar comercialmente el nombre y la fama mundial de Pablo Escobar, todos los demás que aparecen en esa amañada serie con su nombre original es porque son be-ne-fi-ci-a-dos. Lector y juez todos los que aparecen con sus nombres originales —con excepción de Pablo Escobar que ya expliqué las razones— son beneficiados con mentiras en esa serie, pero con mentiras a su favor. Todos los que nunca existieron y que representan en personajes parecidos, es decir a los que les cambiaron "ligeramente" los nombres, son personas a los que perjudicaron con mentiras y que ellos o sus familiares podrían demandarlos.

En cualquier justicia funcional del mundo es fácil probar la mala fe en esos personajes cuyos nombres se asemejan, pero no aquí en Colombia, en donde los poderosos de Bogotá hacen con los jueces lo que se les da la gana.

Sí existieron dos personajes en la historia verdadera que se llamaron así, pero, la mentira esta vez está es en las exageraciones a favor de ellos, los familiares de los que hicieron la serie, *curiosamente*. Aquí les he mostrado la verdad sobre estos dos señores, para que vea como nos han visto la cara de idiotas al mentirnos los patrocinadores de esta serie y, para que no crea la mentira de que Lara y Galán eran unos santos redentores.

En la escena que estamos analizando vemos como ponen el contraste de la escena familiar de Galán y Lara con la fiesta con garotas de Pablo Escobar. Eso es de mala fe, para que usted al ver esas escenas ponga a Pablo Escobar como un mujeriego fiestero y a Galán y Lara como hombres de familia.

Muy seguramente Pablo Escobar si tuvo juergas de esas, pues era joven y adinerado, será criterio de cada lector y juez decir si eso era malo o no; pero también tuvo cenas familiares, como hombre de familia que era; probablemente tuvo más cenas y momentos familiares que Galán y Lara juntos. Ellos también seguramente tuvieron cenas familiares, como hombre con familia que eran; pero también eran hombres en todo el sentido de la palabra y tenían dinero, no olviden que eran políticos de talla nacional y usted no ve a ningún político de esos que sea un limpio de bolsillo; así que también tuvieron que tener fiestas de diversión. Ahora quieren ponerlos como fenómenos, como súper hombres que no les gustaban las mujeres, que eran los más fieles del mundo, que nunca tuvieron ni una fiesta de diversión.

Mire el lector y juez la mala fe al poner esas escenas en contrastes, mire como tratan de manipularlo. Yo he cumplido hasta aquí con mostrarles sus negras intensiones, ya usted decide si cae en esa trampa.

Lector y juez, tal vez nunca en su vida las familias Galán Pachón y Lara Restrepo tuvieron una cena conjunta, y menos tan melodramática como la que montan en la serie. Están apelando a su lastima, y cuando alguien apela a su lastima es porque la razón no le favorece y ve a alguien manipulable en usted. En el fondo es un menos precio a su inteligencia.

La escena la montan con música de piano en el fondo, tiene que quedar claro que ellos eran cultos y de alta alcurnia, no de la chusma como el resto, o dicho directamente: como Pablo Escobar.

De la escena que ellos mismo han recreado, y lo que dicen en ella, puede usted deducir que Galán y Lara nunca pasaron trabajo, que eran ricos y que pertenecían a la clase oligarca de Colombia. Que ese cuento de que quería cambiar al país y que eran gente del pueblo, es una demagogia politiquera de campaña electoral, de resentidos políticos.

Ellos hacían parte de esas pocas familias ricas de Bogotá de las que renegaban en público y gozaban en privado. Aún hoy —más que nunca— sus familias gozan de esos privilegios.

sí narran la anécdota de la sorpresiva visita de la esposa de Pablo Escobar a la hacienda Nápoles cuando este estaba con sus amigos de juerga con una garotas, pero hasta ahí, no dan más detalles.

La melodramática escena de las dos familias echándose flores no está en el libro, es inventada y, como ya es cotidiano, con mentiras para favorecer a Galán y Lara con cualidades que nunca tuvieron.

En este momento solo estamos contrastando la serie con el libro en el que dicen basarse. Después, en próximos trabajos, aportaré otros documentos en donde usted podrá decidir qué tan idílicas y perfectas eran las familias de Galán y Lara y si tenían problemas familiares o no, como el resto de los mortales.

En el patético dialogo que tienen en la cena, en el que se echan flores mutuamente, se ponen en evidencias. Ellos creen estar haciéndole un alago a Galán y Lara y en verdad lo que han hecho es poner al descubierto su pasado burocrático, que es mucho más extenso que el mencionan en el dialogo de la escena.

Galán y Lara vivían de soltar un cargo político y coger otro, siempre cargos reservados para la gente de alcurnia.

Estaban acostumbrados a vivir del erario público. Como sus hijos lo hacen hoy.

En el dialogo solo mencionan los cargos que tuvieron, pero no dicen nada que haya sido destacable en esos cargos, nada por qué ser recordados. Por ejemplo, se jactan de que Galán fue ministro a los 27 años, ¿y eso que tiene de gloriosos? Nada, no importa la edad, importa la huella que usted deje en su paso por un cargo de esos, y Galán no hizo **NADA** en ese ministerio, bueno si, según un artículo del portal periodístico Las 2 Orillas (que ya vimos en el año 1972), Galán les quitó prebendas laborales a los profesores y en general perjudicó a la educación en Colombia; además pregúntese ¿Quién lo nombró ministro? Un presidente perteneciente a ese puñado de familias poderosas de Bogotá, esas que, según él, en sus mentiras a los colombianos para ganar votos, decía que había que acabar, fue nombrado como cuota burocrática de otro político, el expresidente Lleras, su padrino político, **NO** fue por sus capacidades como quieren vender. Si Pablo Escobar o cualquier otro hubiese tenido un padrino así, también hubiese sido ministro de Educación, incluso a más temprana edad. ¿Quién nombró Lara embajador o alcalde? Un presidente —Alfonso López Michelsen— perteneciente a ese puñado de familias todopoderosas de Colombia y que él en tarima en tiempos electorales decía que disque había que acabar. Y lo nombró como cuota burocrática, como pago por favores políticos. Esa es la verdad y lo demás es paja.

¿Cree el lector y juez que un pobre ciudadano de a pie iba a tener el poder de nombrarlos a ellos ministros y embajadores? Claro que no, los nombraron poderosos políticos, miembros de esa alta clase politiquera de las que disque renegaban Galán y Lara en tiempos de campaña.

Vea lo falsos y doble moral que eran Galán y Lara, igual que el resto de políticos. Tampoco le dicen que cuando Lara fue alcalde, los alcaldes eran elegidos a dedo, no por elección democrática, como fue elegido Pablo Escobar al Congreso de la República, o cualquier otro sistema de méritos. Eran elegidos por su casta o alcurnia local. Con esos dos ejemplos vemos como no hay ningún mérito en lo que tanto se vanaglorian y más bien evidencia lo bien posicionadas que estaban sus familias. En tiempos electorales para engañar al pueblo y por disputas intra-partidistas, en tarima, salían a despotricar contra la clase política de la que ellos y sus familias hacían —aún hoy— parte, porque saben del desprecio que el pueblo colombiano ha sentido toda la vida hacía ellos, sus saqueadores, en donde entran Galán, Lara, Cano y sus familias. También se les recuerda que Colombia en esos años era un mierdero social. Había múltiples grupos de ciudadanos alzados en armas como alternativa para poder conseguir una sociedad más justa. Los culpables de esa situación social que vivía Colombia eran las familias todopoderosas de Bogotá, de las que hacían parte Galán, Lara y Cano. Ellos hicieron parte de esos gobiernos, por lo tanto, Galán y Lara eran culpables de la situación social que mataba en la miseria a miles de colombianos, eso no lo dicen en la serie. Pero si le muestran una y otra vez el discurso barato de que ellos eran los supuestos luchadores contra la politiquería. Queda opción suya si les cree.

Lector y juez, han pasado muchos años desde que esta falaz serie vio la luz, y me consta que las personas que vieron estas escenas de Pablo Escobar con garotas en su hacienda y la de Galán y Lara en esa patética reunión familiar, recuerdan más a Pablo Escobar y el impase con su esposa que a Galán y Lara con sus familias echándose flores mutuamente. Eso es lo que les arde, el encanto que tiene Pablo Escobar y que no tienen ellos.

Preste mucha atención al siguiente fragmento que se citará, por que estará usted viendo una prueba concreta de que es lo que fragua detrás de la máscara anti-Pablo Escobar:

EL MUNDO: **RECORRIENDO LOS ESCENAROS DE PABLO ESCOBAR.**

Como la doña era maestra, comprobó que los niños comían mal y aprendían peor. "Fue la pionera en implantar un programa de alimentación escolar: Si comen bien, aprenden mejor. Pablo le daba dinero y pagaba diez mujeres que preparaban el desayuno, un vaso de leche a media mañana y el almuerzo. Le mostró al gobierno ese camino y hoy día todos los colegios de Colombia tienen restaurantes así. Le agradecemos a la mujer que fuera la pionera.

Esta es la verdadera razón lector y juez: Pablo Escobar los estaba haciendo quedar en ridículo.

La doña que se menciona aquí es Hermilda Gaviria, madre de Pablo Escobar. No la tal *Eneida* Gaviria de la serie que lo único que hace es hacer ver como un bobo grande al "Pablo Escobar" cara de mongólico.

El caso es que en este artículo periodístico que reseñamos se ve la grandeza de Pablo Escobar al crear y enseñarles a los políticos lo que es tener sentimiento social. Creó los restaurantes comunitarios en los colegios, y los pagó de su bolsillo, que ese gesto no tiene precio; ¡y no era ministro de Educación!

La maravillosa idea y ejemplo de los restaurantes escolares que dejó como herencia Pablo El Grande, es un hecho digno de resalta en cualquier parte del mundo. Pero, para los políticos colombianos y la prensa de Bogotá, como lo hizo Pablo Magno y no hay manera de mostrarlo como algo dañino, es mejor callarlo.

Los que estamos jodidos somos nosotros los pobres, que les hemos creído sus cuentos baratos y, hemos renegado de Pablo Escobar cuando debemos mostrarnos orgullosos de haber tenido un líder así.

A los que le gusta defenderse atacando, y dicen que es Pablo Escobar lo hacía porque le sobraba la plata, favor mostrar los comedores escolares de: los Santo Domingo, Ardila Lülle, los Char, Víctor Carranza, los Rodríguez Orejuela, *Pacho* Herrera, los Castaño Gil, los Santos Calderón, los Pastrana, Guillermo Cano o Lara Bonilla. Esos no eran ningunos limpios de bolsillo.

Luis Carlos Galán, el hombre que la oligarquía santifica, mientras satanizan a Pablo Escobar; había sido ministro de Educación a los 27 años —estupidez irrelevante—, y no dejó nada en su paso por ese ministerio que lo haga destacar. Y mírese lo que hizo Pablo Escobar sin estar en cargos públicos, sin tener el presupuesto nacional a su disposición. Eso es tener voluntad de hacer las cosas. Eso es tener algo que mostrar, y no como Galán que solo tenía discurso y demagogia, al fin y al cabo: solo palabras.

El hijo de un campesino estaba haciendo quedar en ridículo al hijo del gerente nacional de Ecopetrol, con obras cívicas y humanitarias. Eso lo resume todo.

Colombia duró muchos lustros en implantar los comedores escolares, Pablo Escobar ya lo hacía desde 1982, con dinero de su bolsillo. Este hombre era un genio, un adelantado a su época. ¡Por Dios! Cuantos cambios benéficos no hubiese implantado si lo hubiesen dejado trabajar.

PABLO ESCOBAR, EL PATRÓN DEL MAL. Episodio 8, minuto 17.

En esta escena recrean una manifestación de Luis Carlos Galán en Bogotá. En la tarima se encuentra la esposa de Galán e hijos, él y Lara. Le pregunta asombrado a su esposa:

Galán: *¡¿Qué es esto?!*

Esposa de Galán: *Este es el poder de convocatoria que tú tienes. Por qué toda esta gente está aquí por ti.*

Discurso de Galán: *Buenas tardes Bogotá. Antes que nada, debo agradecerles por estar aquí, demostrando fervor patrio. Dispuestos a escuchar las ideas de un hombre que anhela el poder, no en representación de las castas políticas que tradicionalmente han usado las arcas del Estado como una alcancía privada. Sino en representación del ciudadano de a pie, para devolverle la esperanza de prosperar en medio de las inconmensurables riquezas de este suelo amado que llamamos Colombia.*

En esta otra escena seguida se ve a Pablo Escobar en tarima, en campaña política, acompañado solo del doctor Ortiz, su líder político, *Peluche*, *Chili* y su primo Gonzalo.

Pablo Escobar dirigiéndose a los manifestantes: *Primeramente, quiero referirme a nuestro jefe natural y líder natural el doctor Luis Carlos Galán Sarmiento próximo presidente de la República de Colombia.*

El doctor Galán goza de todo mi cariño, mi admiración y mi infinito respeto. Desde el movimiento Acción Cívica compartimos integralmente sus ideales morales y sus proyectos de gobierno. Cosa bien complicada de lograr en un mundo político tan peligroso y corrupto como el nuestro. Un ¡Urra! y un ¡Viva! por el doctor Luis Carlos Galán Sarmiento. Que viva el doctor Galán, que viva el doctor Javier Ortiz. Muchísimas gracias.

Salen *Peluche*, Gonzalo y *Chili* con un maletín lleno de dinero y lo reparten entre la multitud.

Lector y juez, en el libro en el que juran basarse no hay referencia a esto. Por lo tanto, esto es inventado por quienes hicieron esa serie.

Ponen en boca de Galán un discurso anti oligarca —no sé si esto lo dijo el en vida o no—, para hacerlo ver como un hombre del pueblo. Dice en el discurso que da en la serie: *Antes que nada, debo agradecerles por estar aquí, demostrando fervor patrio. Dispuestos a escuchar las ideas de un hombre que anhela el poder, no en representación de las castas políticas que tradicional- mente han usado las arcas del Estado como una alcancía privada. Sino en representación del ciudadano de a pie.*

Ya se ha demostrado que esa clase social a la supuestamente criticaba Galán y Lara en tarimas, en tiempos electorales, eran las mismas a las que pertenecían ellos y sus familias y el expresidente Carlos Lleras, el poder detrás de la "honradez" de Galán. Después de que pasaban las elecciones se iban para Bogotá a disfrutar de esas *castas políticas que tradicionalmente han usado las arcas del Estado como alcancía privada* hasta nuevas elecciones, cuando volvía a recordar del daño que le hacen al país de esas *castas políticas que tradicionalmente han usado las arcas del Estado como alcancía privada,* entonces se quitaba sus finos trajes de saco y corbatas y se hacían pasar por parroquianos con su discurso anti oligarca. Ningún colombiano con un poco de dignidad se come ese cuento.

Una prueba vale más que diez mil palabras, aquí le presento esta:

RAZÓN PÚBLICA: EL CLAN DE LOS GALÁN- PACHÓN.
POR: JOSÉ ALONSO GÓMEZ.

El asesinato de Luis Carlos Galán por su lucha vertical contra la corrupción fue uno de los motivos principales para convocar la Asamblea Constituyente, y buena parte de sus ideas fueron recogidas en la Constitución por intermedio de su propio hermano y de quien fuera su jefe de campaña, el presidente Gaviria.

Por eso produce desconcierto y desconsuelo la de veras excesiva representación del clan Galán-Pachón (por doña Gloria Pachón Castro, la esposa del candidato asesinado) en el reparto de cargos y contratos del Estado colombiano. En poco más de un cuarto de siglo, los miembros del clan han sido beneficiados con:

- Seis cargos de ministro (solo un "viceministro");

- Dieciséis cargos diplomáticos (incluyendo ocho embajadas y cinco consulados)

- Diecisiete altos cargos de representación entre gerencias, direcciones y secretarias ejecutivas;

- Ocho curules en el congreso (seis en el Senado y dos en la Cámara de Representantes)

- Cinco curules en otros cuerpos colegiados (asamblea y consejos)

- Una curul en la Constituyente de 1991

Y esto sin mencionar figuraciones en juntas o comités directivos, contratos de prestación de servicios, consultorías, asesorías y provisión de bienes u otros servicios al Estado, ni la alternancia en cargos y juntas en el sector privado.

*En materia de contratación con el Estado se destaca el caso de la Fundación Luis Carlos Galán (antes "Fundación Nuevo liberalismo") que entre 2012 y 2014 suscribió contratos "a dedo" o sin mediar licitación, por valor de **$114.651.483.312** (ciento catorce mil seiscientos cincuenta y un millones cuatrocientos ochenta y tres mil trescientos doce pesos).*

Antes de presentar el rosco-grama, y a modo de referente, anoto que en medio siglo de existencia el departamento del Quindío ha tenido tres ministros: Diego Moreno (Desarrollo Económico, 1977-1978), Hugo Palacios (Hacienda, 1985-1986) y Diego Palacio (Protección Social, 2003- 2010). Es más: <u>el clan Galán-Pachón ocupa dos curules en el Senado, pero el Quindío no tiene representación en el "recinto de la democracia".</u>

Este es un artículo bastante extenso y explicativo de la historia burocrática de Galán y su familia. Si quiere profundizar léalo, entenderá mejor todo esto, y le advierto, se sentirá como un idiota por haberle creído hasta hoy a estos embusteros y manipuladores Galán, Lara y Cano que han hecho esta porquería de serie.

Lector y juez le reitero que toda esta escena en donde contrastan a Pablo Escobar y Luis Carlos Galán es inventado.

Ponen a Galán con un gran discurso y un tono de voz firme y enérgica. Eso es cierto, era un político consumado, manejaba bien tarimas y discursos. Eso no le quita lo demagogo.

Pablo Escobar no era un gran orador, tampoco un demagogo.

Pero mucho menos era un mongólico como el bobo grande que ponen a hacer de "Pablo Escobar" en la serie. Falta que pongan que se sale la baba. Sus palabras eran claras, sencillas, precisas y en tono suave. Aunque estaba en la política no aspiraba a ser un político tradicional ni ser un gran orador embaucador de masas. Pablo Escobar era un hombre de obras, no de saliva como Galán y Lara y demás politiqueros tradicionales.

Dijo el nazareno alguna vez que entre más hable la persona menos confiable es. Galán hablaba mucho y Pablo Escobar poco.

Lector y juez es falso que Pablo El Grande se refiera en privado o en público hacia Galán con tanta adulación o *lambonería*, tratan de que usted vea en él un arribista que buscaba el paraguas del más grande líder político, lo que es falso: porque Galán no era gran cosa en esa campaña, tal vez nunca lo fue en ninguna.

Galán en esas elecciones NO iba a ser presidente, él lo sabía, solo quería que Alfonso López Michelsen tampoco lo fuera. Eso era una venganza personal disfrazada de campaña presidencial moralista. Y la venganza era por burocracia política, no olvide que fue quien despidió a su padre de la gerencia de Ecopetrol.

Nunca existió esa zalamería de Pablo Escobar hacía Galán, están pensando con el deseo. El Patrón de patrones, el recién coronado *Rey* de Antioquía y sus alrededores, uno de los hombres más ricos del mundo, llamando disque 'mi jefe' a Galán, un mediocre y resentido político de segunda línea, con mínimas opciones ganar. Quieren que usted vea que Galán era más grande que Pablo Escobar y nunca lo fue, ni lo será. Tal vez fue más grande en estatura, y no por mucho.

Pablo Magno se caracterizó con sus votantes por ser un hombre de hechos, no de saliva, Galán siempre fue un hombre de saliva no más.

En el libro **LA PARÁBOLA DE PABLO**, pagina 91 dice claramente que Pablo Escobar no fue aceptado y Jairo Ortega "expulsado" del pequeño movimiento de Galán al día siguiente de haberse inscrito oficialmente la lista de aspirantes del Movimiento de Renovación Liberal. Es decir que Pablo Escobar no tuvo oportunidad de montarse en una tarima a decir soy miembro de cual o tal partido. Mucho menos se montó en una tarima a lanzarle vivas al perdedor de Galán. Además, siempre se espera que un perdedor cómo Galán se sume en el último minuto a uno de los candidatos con verdadera opción de ganar. Las imágenes y videos que hay de la corta campaña de Pablo Escobar al Congreso, se ven las tarimas llenas, con muchas personas en ella y no esos *cuatro gatos* que ponen los de la serie y, lo más importantes, es que eran multitudinarias; no esas pocas personas que ponen maquiavélicamente los patrocinadores de la serie, en contraste con las que recrean de Galán que las ponen más pomposas y elegantes. En la vida real fueron más pomposas, elegantes y nutridas las de Pablo Escobar, no se olvide quien era el de la plata. Sus campañas eran más nutridas, espectaculares y multitudinaria que la de Galán y el Nuevo Liberalismo (*Nuevo Llerismo*), de eso hay registros periodísticos; más exactamente en el artículo de la revista SEMANA: Un Robín Hood Paisa, allí se resume la envidia de Galán por la ventaja que le tomó Santofimio con los *motores* de Pablo Escobar, entre otras con aviones y helicópteros disponibles a cualquier hora. Es más, lo apabullantes y multitudinarias concentraciones de gente que iban a ver a Pablo Escobar y su equipo político fue lo que le dio miedo a Galán y su banda de corruptos de cuello blanco.

Para que vea el lector y juez como los cínicos Galán y Cano de la mediocre serie le han mentido descaradamente, le muestro lo siguiente, dicho —duro y fuerte— en verdad por Pablo Escobar, en tarima, en plena campaña en contra de Galán, NO adulándolo: *Les quiero decir que temblará la aristocracia y el galanismo… con el apoyo de todos ustedes aplastemos los títeres y los muñecos políticos de trapo que fabrica la oligarquía colombiana.*

Puede ver el lector y juez la falta de seriedad de los parientes de Galán que hicieron esa fraudulenta serie poniendo todo lo contrario a lo que en verdad pasó. Con la verdad no ganan, por eso mientes. Ese discurso está en el documental de *Netflyx* llamado COUNTOOWN DEATH, minuto 23, no demoran en borrarlo. Usted podrá ver en ese segmento que si bien Pablo El Grande no era un presumido orador hablaba claro y enérgico, no como el tonto de la serie. Todos sabemos quiénes son esos títeres, muñecos políticos de trapo fabricados por la oligarquía a quienes se refería Pablo Escobar.

Al poner en la escena un maletín lleno de plata y que la repartan entre las personas, quieren que usted crea que las personas que iban a escuchar a Pablo Escobar y al Movimiento Renovación Liberal lo hacían estrictamente porque les pagaban y que Pablo Escobar era un descerebrado que lo único que hacía era repartir plata.

Es un hecho que en la campaña de Pablo Escobar hubo dinero, y mucho. ¿Pero en qué campaña no? ¿Cree que las campañas de Galán se hacían con pan y agua?

Además, Pablo El Grande repartía dinero en muchas partes sin necesidad de estar en función de campañas políticas.

La plata de las campañas de Pablo Escobar las ponía él de su bolsillo, ¿cree el lector y juez que eso era malo?, ¿quién ponía la plata de Galán?, ¿a quién le debía Galán esos "favores"?, ¿cómo se los pagaría? Le digo solo dos nombres:

Richard Kirby y Gustavo Gaviria González. Grandes industriales de Colombia. No hay que ser un genio para saber que leyes apoyaría Galán en el Congreso. Las leyes en contra de las bebidas azucarada que tenemos hoy no tendrían cabida con Galán, pues de estos dos financistas uno era un norteamericano gerente nacional de la Coca Cola.

El siguiente es una fracción de un discurso de Pablo Escobar en tarima, en la campaña de 1982 y lo que pensaba sobre el saqueo al Estado, lo dice en el libro en que dicen basarse y no es inverosímil como las palabras que ellos ponen en boca de Galán en la amañada serie, **LA PARÁBOLA DE PABLO,** Alonso Salazar, página 79: *Cuando ayudamos a construir escuelas parece que nos reencontráramos con la patria que anhelamos, hemos visto con dolor a muchos niños sentados sobre adobes, en locales destartalados, y a maestros viviendo sin ninguna protección ante la indiferencia del Estado. Queremos a Colombia y ahora que estamos en capacidad de devolverle algo de lo que nos ha dado esta bella patria, lo estamos haciendo.*

«El mero grito de Medellín sin tugurios puede ser un emblema de cambio y de lema de un gobierno del pueblo y de una revolución. Añora y planea un cambio para Colombia: que los adinerados gocen de plena libertad y garantía para sus inversiones y sus negocios. Pero que no sigan utilizando al Estado para subsidiar sus inversiones. Que el Estado se dedique con prelación en su intervencionismo a promover el desarrollo del pueblo pobre, a la solución de sus problemas y a la satisfacción de sus necesidades»

Estos eran los ideales del verdadero Pablo Escobar, no las aberraciones que ponen en boca del bobo grande con el que pretenden engañarlo a usted. Tratan de engañarlo porque si dicen la verdad se les cae la máscara de víctimas que utilizan.

No estoy diciendo que los ideales de Galán respecto al Estado sean malos o buenos, estamos criticando que oculten que Pablo Escobar tuviera unos, además de ponerlo como un mentecato sin nada en el celebro y arrodillado a Luis Carlos Galán. Mentiras absolutas. Estamos poniendo en evidencia la falta de seriedad de quienes hicieron esa serie.

En sus intervenciones en las tarimas, Pablo Escobar pedía a los partidos políticos tradicionales que fueran *verbo y no sustantivos*. Que dejaran de tanta verborrea y se concretaran en hechos reales. Tal como Jesús de Nazaret les pedía a los sumos sacerdotes que cobraran sus ofrendas sin olvidarse de los menos desfavorecidos.

Exigencias como estas fueron las que lo pusieron en la mira de esas mismas élites políticas que empezaban a sentir odio hacia quien los dejaba al descubierto en público. **Algunos de ellos querían la presidencia a fuerza discursos bonitos, u oratoria como lo llaman —como Galán—.**

PABLO ESCOBAR, EL PATRÓN DEL MAL. Episodio 8, minuto 18.

En esta escena recrean una entrevista que una periodista le está haciendo a Luis Carlos Galán.

Periodistas: *¿Doctor Galán, por qué dice usted que con el Nuevo Liberalismo se está proponiendo una nueva forma de hacer política?*

Galán: *Mire, son muchas las razones, pero se lo voy a resumir en tres puntos. Primero: Vamos a recorrer el país municipio por municipio para contarle al pueblo nuestras tesis, sin maquinarias, sin ofrecer nada para comprar un solo voto. Solo nuestras ideas.*

Segundo: *Vamos a tener mucho cuidado con el financiamiento de nuestra campaña, con una contabilidad absolutamente transparente, nadie podrá aportar a nuestra campaña más de 500 mil pesos, con eso evitamos que el voto quede amarrado a agradecimientos o que entren dineros no deseables a nuestras campañas.*

Tercero: *Fortaleciendo la participación de los políticos en el debate público nacional, es que los partidos tienen que recobrar su vocación de ser los representantes del pueblo en la política.*

-La siguiente escena es una comida en donde se encuentra Pablo Escobar, Gonzalo, *Peluche*, Marcos Herber y los hermanos Motoa. Dice Pablo Escobar que deben de ir por el poder político para hacer y manipular las leyes y poder manejar el país a su antojo, acomodarlo a su medida.

-Recrean a la familia de Pablo Escobar saliendo de paseo, insistiéndole a él en que los acompañara; este se niega argumentando que la campaña no le da espacio para nada más y que vienen su jefe, el doctor Galán, y tienen que estar pendiente.

-Recrean una escena en donde esta Luis Carlos Galán en su casa con mujer e hijos. Estos le ayudan con un masaje en la espalda y después se ponen junto con él a jugar video juegos-.

-Recrean una entrevista entre Luis Carlos Galán y Guillermo Cano para hablar de un tal Pablo Escobar de quien se rumora que es un narcotraficante-.

Mil disculpas por este fragmento tan largo lector y juez, pero era necesario.

La intención es mostrarle a usted el menos precio a su inteligencia que hacen, una vez más, los que se inventaron esta mentirosa serie. La manipulación es tan burda y mediocre que no se puede diferenciar entre si genera rabia, vergüenza o lastima.

Una escena inventada donde ponen que Pablo Escobar hace algo malo, inmediatamente la siguiente es una escena de Galán —inventada— donde hace exactamente lo contrario, y para colmo lo adornan.

Lector y juez esta es tal vez la única serie en el mundo que lleva el nombre del antagonista teniendo tan "principales" protagonistas. ¿Por qué no le pusieron a la serie Galán el inmaculado, o Lara el faro de la moral, o Guillermo Cano el único hombre sin pecado en esta vida? Si lo que querían era hacerles una oda, una apología, un pean o una alabanza a estos Pepes ¿Por qué sencillamente no lo hicieron?, advirtiendo que era un homenaje de ellos, sus familiares, a estos señores a quienes consideraban unos hombres honestos, honrados, inmaculados o en general unos santos. Pero no, tienen que realzar a sus parientes hundiendo a otras personas, específicamente a Pablo Escobar, el hombre que los estaba dejando mal visto socialmente; mintiendo y manipulando a quienes creímos estar viendo la verdadera historia de Pablo Escobar y, nos hemos encontrado con un show barato de unos familiares, que han estado lucrándose de la muerte de sus seres queridos, vendiéndole a quienes ven esa serie una beatificación a la medida de sus familiares y una burda mentira sobre la vida de Pablo Escobar. Todo a costa del nombre, fama, prestigio y admiración que despierta el nombre de Pablo El Grande a nivel mundial, quien fue el hombre que en vida los combatió y dejó en ridículo, haciendo en pocos días cosas por los menos desfavorecidos de Colombia que ellos en siglos de poder no han hecho. Lector y juez dicen basarse en un libro para que usted se confíe y trague entero lo que ellos dicen. En él, que es el que contrastamos con la serie, NO dice nada de estos episodios que ellos dramatizan en la serie y yo les he transcrito.

De ese tamaño es el fraude de esa serie.

Aún con todo eso, con sus mismas mentiras a su favor, usándolas en su contra les voy a demostrar que la historia no es como la cuentan ellos.
Sale una periodista haciéndole una entrevista a Galán. No le dicen quién es la periodista. Ella la volverán a poner en la serie y yo le recordaré este momento. Solo sepa por ahora que por algo se ganó el calificativo de *Víbora del periodismo*.

En la "entrevista" esta periodista están dulce con el trato hacía Galán que casi parece una hermana o su madre. Y le hace una pregunta tan agradable y cándida que ya la deben estar llamando de todas las campañas políticas para que vaya a entrevistar a sus respectivos candidatos.

¿Qué candidato no va a querer ese tipo de preguntas que lo hacen quedar como un príncipe? ¿Por qué no le hizo preguntas fuertes, complicadas, como deben hacerles lo buenos periodistas a quienes aspiran a un alto cargo de la nación? ¿Por qué no le preguntó el por qué ahora habla mal de los partidos políticos si él tenía más de una década de ser de ellos? ¿Por qué no le preguntó por su jefe en la sombra, el ex presidente Carlos Lleras? ¿Por qué no le preguntó por la sirvienta de embarazó y echó de su casa?
 Le dice Galán que va a recorrer municipio por municipio llevando solo sus tesis sin comprar un solo voto.
¿Usted cree eso lector y juez? ¿Usted cree que un político va a reconocer en público que compra votos?

Son más de 1000 municipios en Colombia y más de mil ciudades. ¿Usted cree que recorrería todos los pueblos en menos de dos meses? Ni siquiera son conscientes de las barbaridades que dicen o son tan presumidos y arrogantes que les importa si nos damos cuenta.

¿Sabe el lector y juez cuánto cuesta desplazarse con una comitiva por todo el país, así no compres ni un voto directamente?, ¿sabe cuánto cuesta brindar, aunque sea una bolsa con agua a cada persona que llegue, sin meter que a algunas tienen que darle transporte? ¿De dónde cree el lector y juez que sale ese dinero? ¿En verdad usted cree ese discurso politiquero de que 'yo no compro votos'?

Aquí en Colombia eso es una bofetada a la inteligencia. El voto no solo se paga con plata, también con burocracia y Galán era un experto en eso. Ya vimos como su familia hoy sigue en esas vergonzosas prácticas clientelistas.

Es probable que Galán no tuviera esa gran cantidad de dinero para su campaña que sí tenían las otras, pero no era porque él no lo deseara, era porque él era un perdedor, no era mayor cosa en esas elecciones y los inversionistas electorales no son idiotas, no le apuestan a quien no creen que va a ganar. De pronto Galán compraba pocos votos, pero la principal razón era la falta de patrocinio y por ende la falta de dinero, y no la ridiculez que tratan de vender sus familiares atreves de la serie, aquella de que a Galán siendo uno de los de menos opciones le sobraban los aportes para su campaña y se daba el lujo de decir quien sí y quien no, y con un monto máximo tan "pequeño". Eso no se lo cree ninguna persona que haya vivido unas elecciones aquí en Colombia.

Dice Galán en la escena inventada que no aceptará aportes de más de 500 mil pesos a su campaña para evitar quedar con ataduras.

Lector y juez, 500 mil pesos de esos años son muchos millones de hoy. El salario mínimo mensual de esos días estaba alrededor de 20.000 pesos, deduzca de allí. Eran unos 25 salarios mínimos mensuales. En verdad la cifra es secundaria en estos casos.

¿Usted cree que si Galán ganaba las elecciones le iba a negar un "favor" a quien le dio 450.000, 400.000, 100,000 o 1 pesos? Nunca. A quien te da una ayuda en plata o de otro tipo, te queda difícil decirle que no, seas Galán o seas Pablo Escobar. Todos los políticos adquieren compromisos que deben pagar cuando ganen. Eso es mentira de que a Galán le daban sin esperar nada a cambio o, ¿cree que un banquero le daba plata a la campaña de Galán y luego Galán iba a hacer leyes desfavorables al banquero? Quien piense eso más que iluso es ingenuo. ¿Cuánto le costaba al norteamericano gerente de la Coca Cola el sostenimiento del avión que le ponía a disposición a Galán para sus giras?

Dice Galán que los partidos deben fortalecerse en el debate Público nacional.

Lo que no le dice —una vez más yo se lo recuerdo— es que Galán, hasta hacía poco, era de esos partidos, comía con ellos en la misma mesa, lo llevaron a vivir en Europa y le dieron todos los beneficios que se le da a uno de ellos, a un oligarca como Galán. Eso no lo dice. Tan cierto es que Galán era de ellos, de los que ahora según él despotricaba, que Galán en esos días era senador por el Partido Liberal Colombiano. Mismo partido que decía despreciar ahora en campaña electoral.

Ahora en campaña política salía con el cuento de que él era de los pobres. Eso es mentira lector y juez, usted lo puede notar aún en la amañada serie o comprobar con solo una breve investigación por internet.

Hasta música de piano le ponen en el fondo a esa escena para más dramatismo. Como lo hacen cada vez que aparece el atractivo Galán de la serie. Me veo forzado en este momento a adelantarle al lector y juez que el hijo del gerente de Ecopetrol muere siendo nuevamente del Partido Liberal, del que ahora despotrica.

Seguidamente ponen una escena de la plana mayor de lo que ellos en la serie ponen como el cartel de Medellín, hablando exactamente de lo opuesto a las ridículas mentiras puritanas que ponen en boca de su Galán.

Esto era lo que decía el verdadero Pablo Escobar sobre llegar al poder político:

PABLO ESCOBAR MI PADRE. Juan Pablo Escobar: *Una vez la Registraduría confirmó que mi padre había salido elegido representante suplente a la Cámara, mi madre empezó a pensar qué vestiría el día de la posesión, el 20 de julio siguiente. Esa noche, él llegó efusivo a la casa y le dijo a mi madre: —Prepárate para ser la primera dama de la nación. <u>Estaba eufórico y pasó buena parte de la noche hablando de sus proyectos, entre ellos crear universidades, construir hospitales, pero eso sí, gratuitos</u>.*

Esas eran las verdaderas intenciones de aquel hombre por llegar al Congreso de la República lector y juez, hacer una política de Estado lo que ya él hacía realidad de su bolsillo. Las mentiras que nos han vendido todos estos años desde Bogotá no son más que manipulaciones mediáticas para justificar la salvajes cacería a la que sometieron a ese señor, por no querer ser un político del montón, sumiso a la corrupción estatal regada desde Bogotá hacia toda Colombia.

Pusieron una vez más los maquiavélicos que hicieron esa serie en boca de su "Pablo Escobar" las palabras mi jefe, para que usted crea que Pablo Escobar en verdad se refería así a Luis Carlos Galán. O que siquiera lo consideraba como tal. Eso es mentira, eso es pensar con el deseo.

En la siguiente escena, en donde su obeso y patilludo "Pablo Escobar" le dice a la mamá que no puede ir de paseo con su familia por que la campaña es apremiante y espera la llegada de 'su jefe' el doctor Galán es mentira y no está tampoco en el libro en el que se basan cuando les conviene, ni en ninguna otra parte. La escena siguiente, como siempre, es Galán haciendo exactamente lo contrario a lo malo que ellos ponen que hace su obeso y patilludo "Pablo Escobar". Sale el buenmozo hijo del gerente de Ecopetrol jugando videojuegos con sus hijos y compartiendo con su familia. Eso es una verdad a medias y habla mal de Galán el que fuera adicto a los juegos. ¿Usted no sabía que Galán era adicto a los juegos de azar de casinos y a los video juegos, cierto? Ya lo sabe.

Nada de eso dice en el libro, es otra patética manipulación. Galán sale jugando Nintendo, a veces con sus hijos, pero con sus hijos de alcurnia, porque por esos días el hijo del que se avergonzaba andaba sembrando papa con azadón en mano en una vereda recóndita de Cundinamarca.

Eso no lo ponen en la serie lector y juez, a eso no le ponen música clásica de fondo.

Es tan burla esa escena que no merece que la analicemos, pero toca. Como explicarían que un aspirante a la Cámara, circunscripción local, no tenga tiempo para compartir con su familia por lo apremiante de la campaña electoral, sin decir que era un hombre multimillonarios al que le sobrara gente y plata para que lo hiciera por él, y un aspirante a la presidencia —de cobertura nacional—, faltando días para las elecciones está en su casa jugando videojuegos con los hijos. Solo hay tres respuestas para esta escena: Son tan mediocres quienes inventaron esa porquería de serie que no analizaron esos detalles, nos ven tan estúpidos que creen que no nos daríamos cuenta o les importa un culo que nos demos cuenta.

La entrevista entre Luis Carlos Galán y Guillermo Cano para hablar de un tal Pablo Escobar, es inventada, no está en el libro en el que dicen que se basan. Si se dieron muchos conciliábulos entre estos dos contra Pablo Escobar, pero es más adelante, cuando ya era congresista y les dio miedo su fulgurante carrera política. Se aprovecha para decirle que Guillermo Cano sí sabía quién era ese "tal" Pablo Escobar. Y ya lo había atacado, a él y al Movimiento Civismo en Marcha, mismo movimiento que desde hacía años venía haciendo obras sociales, deportiva, culturales y ecológicas en toda Antioquía, gestos dignos de aplaudir, pero que eran de corte izquierdista, ideología esta que despreciaba Guillermo Cano, además de tenerle la competencia en Antioquia con un periódico de la misma ideología, llamado Medellín Cívico. De esto hay un video que editaron en Bogotá y pusieron a circular, le cortaron astutamente la parte en la que Pablo Escobar le responde en una tarima a Guillermo Cano por sus ataques, desde el año 1981.

Desde estos momentos de la historia, este tipo de ataques y conspiraciones contra Pablo Escobar entre Galán, Cano y otros que iremos desenmascarando —casi todos oligarcas y casi todos de Bogotá— se harán más frecuentes y cada vez más agresivos.

Es por ello que le pido al lector y juez que me otorgue la razón en mi afirmación de que este es el nacimiento de los Pepes —Perseguidores de Pablo Escobar—. Cómo y con quien terminen aliándose los Pepes es otra cosa, pero este es su origen; en eso debemos convergir sin duda alguna. Hasta este momento, no hay guerra, no hay bombas, no hay muertos políticos, ni secuestrados políticos, no hay sicarios, tal vez derroches y excesos, no hay nada de lo que le venden mañosamente sobre el "malo" Pablo Escobar. Al contrario, hay humanismo, obras sociales, obras deportivas, obras ecológicas, generación de empleo, inversión económica, pero fíjese que ya están los Pepes formándose en Bogotá, con Galán, Lara y Cano y otros poderosos de esa ciudad a la cabeza.

Lector y juez puede usted notar que no hay motivos para atacar a Pablo Escobar en este momento de la historia, pero puede ver cómo se están coludiendo los Pepes ¿Cuál cree que sea la razón? Yo se la digo: ENVIDIA.

Estos ataques le muestran quien atacó primero. Una prueba vale más que mil series amañadas:

REVISTA SEMANA: ¿Y DEL GALANISMO QUE?

A los pocos años del magnicidio, algunos de sus colaboradores terminaron matriculados en líneas políticas contradictorias con los "ideales galanistas". <u>*Otros incluso terminaron inmersos en escándalos de clientelismo y corrupción.*</u>

Esta es la verdad del tal movimiento de Galán, autodenominado El Nuevo Liberalismo (*Nuevo Llerismo*), estos son los que mataron a Pablo Escobar, el hombre que siendo multimillonario se dedicaba a hacer obras sociales a los menos desfavorecidos y que soñó y llegó a tener posibilidades de ser presidente de Colombia, de corte izquierdista. Es el lector y juez quien tiene la última palabra sobre los supuestos honrados galanistas.

El Nuevo *Llerismo*, quise decir Liberalismo era una mafia y su capo era Galán:

La mafia no es un grupo de vendedores de drogas, la mafia es comportamiento amedrentador de un grupo de personas. Tal cual se comportaban los 'impolutos' de Nuevo *Llerismo*, quise decir Liberalismo.

PABLO ESCOBAR, EL PATRÓN DEL MAL. Episodio 8, minuto 30.

Luis Carlos Galán en una tarima en pleno Medellín, ante una multitud, dice que Javier Ortiz y Pablo Escobar no hacen parte, ni harán jamás, de su movimiento, porque ellos no pueden permitir la vinculación de personas cuyas actividades contradicen su tesis de restauración moral y política.

Lector y juez, todo eso es en su amplia mayoría **FALSO totalmente, y lo que no lo es, está manipulado.**

Luis Carlos Galán NUNCA mencionó ni a Pablo Escobar ni a Jairo Ortega en esa ocasión. Mienten nuevamente, y si tiene necesidad de seguir mintiendo es porque con la verdad no ganan. Créame que, de existir un video de Galán "expulsando" públicamente a Pablo Escobar, como maquiavélicamente lo han difundido desde 1982, y como lo recrean en su serie, ya nos lo supiéramos de memoria de tanto repetírnoslo.

Aquel día Galán dio un discurso larguísimo y, entre líneas, como 'puya', indirectas, hizo referencia al movimiento Renovación Liberal, que era en donde estaba postulado Pablo El Grande.

Solo las personas que sabían por dónde venía el tema entendieron. Es decir, la cúpula de los dos movimientos. La tal "expulsión" en público **NUNCA** existió. Estratégicamente lo han publicitado así para mostrar el puritanismo de Galán, tratar de humillar a Pablo Escobar y tener un móvil que lo relacione con su asesinato. El 95% de las personas que estaban ese día allí —la chusma como lo diría Galán y Lara— no sabían de que hablaba Galán.

Previo a este día hubo una serie de intercambio de mensajes entre las directivas de los <u>dos partidos</u> en la que no llegaron a un acuerdo sobre el tema que los dividía.
Es por eso que Galán hace una mención generalizada del tema en público.

Si el lector y juez lee este libro al tiempo que ve la serie, puede notar en este mismo episodio (8) al minuto 12, que en una conversación de Galán y Lara hacen un resumen del tema.

Es que es cuestión de lógica, raciocinio común, un poco de más de agudeza y cualquiera cae en cuenta de que estamos hablando de dos movimientos políticos diferentes. Eran aliados, podrimos convenir en que aquí lo que se finiquita es una sociedad, una alianza.

Eso no termina aquí, esta pelea entre estos divorciados apenas iniciaba, y como en todo divorcio: con más odio que razones.

Hay más de este tema, pero en la amañada y mediocre serie ni lo mencionan. Hubo una respuesta, también pública del Movimiento Renovación Liberal al Nuevo *Llerismo*, quise decir Liberalismo:

Medellín, febrero 8 de 1982 Doctor

LUIS CARLOS GALÁN SARMIENTO.

Con todo respeto, el Comando del Movimiento de Renovación se permite recordarle que nuestra organización se inició el *15 de septiembre de 1980,* con cuatro postulados que los estamos practicando, y que son: *la consulta popular, la no reelección presidencial, la renovación de la clase política, y la autonomía e independencia nuestra en el departamento de Antioquia.*

Basados en la no reelección presidencial le ofrecimos a usted apoyo a su candidatura condicionado a la consulta popular del 14 de marzo. *Pero si no obtiene la mayoría electoral, nuestros adherentes y participantes quedan en libertad de apoyarlo o no.*

Se equivoca el señor *Iván Marulanda G., cuando pretende interferir, sin tener autoridad para ello, en nuestra organización interna*, especialmente en cuanto se trata de nuestros candidatos a las corporaciones públicas. Renovación Liberal *no necesita* el beneplácito del Nuevo Liberalismo para presentar a consideración de la opinión pública, sus candidatos. De nuestra parte, no hemos pretendido inmiscuirnos en el desarrollo interno de la política que adelanta en Antioquia los del Nuevo Liberalismo o los del Directorio Liberal por Galán.

La moral no puede ser juzgada por quien no tiene autoridad para calificar la conducta humana y mucho menos cuando no se conocen las personas por *ser recién llegados a nuestro departamento y sin título alguno querer representarlo en las corporaciones públicas.*

Comedidamente le pedimos, doctor Galán, que nuestra libertad política, basadas en principios de autonomía e independencia, que son la esencia liberal, sea respetada, tal como usted mismo lo ha preconizado pública y repetidamente.

MOVIMIENTO DE RENOVACIÓN LIBERAL COMANDO DEPARTAMENTAL

JAIRO ORTEGA RAMÍREZ, Presidente. *JAIME TOBÓN LLANO*, Coordinador General.

Hubo un primer el mensaje real, enviado por la dirigencia del Nuevo Liberalismo en Antioquia —en verdad por el Iván Marulanda— al Movimiento Renovación Liberal, en cabeza de Jairo Ortega, en el cual explicaba o ratificaba su decisión de condicionar la permanencia en la campaña Galán presidente 1982, sino sacaba a Pablo Escobar y lo metía a él (Iván Marulanda) decía: *No podemos aceptar la vinculación de personas cuyas actividades están en contradicción con nuestras tesis de restauración moral y política del país. Si usted no acepta estas indicaciones, yo no podría permitir que la lista de su movimiento tenga vinculación alguna con mi candidatura presidencial.*

Esa es la parte del mensaje que únicamente dan a conocer los Pepes porque es la que les enorgullece, pues según ellos esa es la famosa expulsión —humillación pública— de Luis Carlos Galán a Pablo Escobar. Pero en verdad fue una carta más extensa. Ya mostramos que la respuesta pública de Renovación Liberal no se hizo esperar. Estoy convencido de que casi en su totalidad los lectores y jueces no tenían ni idea de lo que yo les estoy contando aquí sobre ese episodio, pues ellos, *los chachos de la película* tienen que mentir u ocultar información para poder ganar y, poder sentirse muy ufanos de decir a boca llena que Galán expulsó a Pablo Escobar de su movimiento. Usted puede ver que eso es falso: dan lastima.

Como puede notar el lector y juez Galán puso a Jairo Ortega y su movimiento —'Javier Ortiz' en la serie— a elegir entre él o Pablo Escobar. Eligieron a Pablo Escobar, eso no le gustó mucho a Galán, Lara y su pequeño movimiento. Quisieron humillar a Pablo El Grande y quienes salieron humillados fueron ellos, con esa elección que hicieron por él, en vez de ellos. Aquí comienza el desquite Galán y Lara contra Pablo Escobar. Candidatos a la presidencia había más y mejores, Pablo Escobar, solo uno, por eso optaron por él.

Lector y juez, si bien Pablo Escobar tenía un secreto oculto, como lo tiene cualquiera, incluso Lara y Galán con sus primogénitos, legalmente era un hombre limpio, si se retiraba del negocio en ese instante no pasaba nada y, ser narcotraficante era bien visto, así como lo lee, era bien visto. Es precisamente en esta coyuntura de ataques políticos que se comienza la estigmatización de esa actividad. Se preguntará usted porque si no era mal vista esa actividad y nadie sabía el *secreto* de Pablo Escobar, un hombre jurídicamente limpio, con un aura de benefactor al que invitaron a participar en la política nacional, qué motivó el rechazo de Galán. La otra razón, aparte de que opacaría a

Galán, es este que fue *envenenado*. Cierta persona nefasta le daño el oído a Galán y, como no tenía más por donde justificar sus cizañas se empecinó con aquello de lo de narcotraficante. Es el mismo oligarca, riquito, que mandó la carta a nombre del Nuevo Liberalismo de la que transcribimos la fracción un poco más arriba —de la que enorgullecen porque disque es la humillación de Galán expulsando a Pablo El Grande— que quería ir de suplente en vez de Pablo Escobar.

Este personaje malvado, inquisidor, instigador por el que comenzó todo NO era de Antioquia, no tenía mucho tiempo de vivir en Medellín y pretendía imponerse —aprovechando su posición en el movimiento del candidato principal— como representante de los *paisas* en el Congreso, como si los *paisas* no tuvieran suficiente gente capaz, que debían recurrir a un pereirano para que los representara. Puede usted ver en la carta de respuesta del Movimiento Renovación Liberal como no le aceptan esa conducta déspota a Iván Marulanda y le recuerdan a Galán que ese no era el trato, ni los ideales que en principio se habían sentado, que era precisamente el sentimiento de libertad frente a las directrices centralizadas de los partidos tradicionales lo que los había llevado a fijarse en su naciente y poco viable candidatura presidencial. También le recuerdan en la carta de respuesta que el apoyo a su candidatura estaba condicionado a unos resultados electorales previo a la elección presidencial, que él no era el jefe de ellos. En palabras colombianas y costeñas: *los frenaron en seco*, le bajaron las ínfulas de patrón.

Usted puede notar que Iván Marulanda manda la carta al Movimiento Renovación Liberal a nombre del Nuevo Liberalismo y estos le responden directamente a Galán, diciendole con ese gesto a Iván Marulanda: *Sapo, igualado, nosotros hicimos trato con el dueño del circo, no con el payaso.* De ese tamaño era aquel rifirrafe lector y juez.

¿Usted cree que está bien que quitaran a Pablo Escobar para poner a un pereirano a que representara a los antioqueños? ¿Cree usted que el Movimiento Renovación Liberal se debió dejar imponer aquello? ¿Qué imposición seguiría después?

Si el segundo a la Cámara de Jairo Ortega hubiese sido un homosexual, Iván Marulanda hubiese instigado a Galán para que lo sacara por marica y lo hubiese puesto a él.

Esta disputa que ahora era pública ya había tenido su primer *round* internamente. El Movimiento Renovación Liberal le dijo a Luis Carlos Galán en privado que preferían a Pablo El Grande por encima de él, *que cogiera su partido político de blanquitos y puritanos de papel higiénico.* Galán salió entonces con su orgullo ofendido a maltratarlos en público. Quien tomó y encabezó esa lista de aspirantes a la Cámara que quedaba vacía con la retirada de Renovación Liberal de la campaña Galán presidente fue este nefasto personaje, el tal Iván Marulanda, logró su objetivo. No hay que ser un genio para ver que sus ansias de figurar lo llevaron a tan perverso plan.

Ahora bien, hay otro suceso que pudo incidir en la decisión de los *galanista* de Antioquia:

Es muy famosa y conocida una reunión que se dio en un lujoso hotel de Medellín en esos días electorales, entre las directivas nacionales y locales de Antioquia de la campaña López Michelsen presidente —con el candidato presente— y un grupo de empresarios *paisas*. Los empresarios *paisas* eran Pablo Escobar y sus socios y entregaron muchos millones ese día como aporte a esa causa. Fue un escándalo cuando se supo y aun hoy es motivo de señalamientos para algunos, como Ernesto Samper, directivo entonces de la campaña liberal. Esto se dio semanas antes de que públicamente se divorciaran el Nuevo Liberalismo y Renovación Liberal por Pablo Escobar. ¿Se enteraron los *galanistas* de este coqueteo del segundo de Jairo Ortega con sus rivales Liberales? Yo sí creo, pues en la carta de respuesta de Renovación Liberal a Galán, hacen mención a la libertad de sus miembros de apoyar o no a Galán. Todas estas gotas sumadas llenaron la copa y el pretexto más fácil era desprestigiarlo por ser supuesto narcotraficante.

Este coqueteo de Pablo Escobar con los liberales deja sin piso la farsa *cachaca* de que Pablo El Grande se moría por estar en el paupérrimo partido de Galán. No se le olvide que Pablo Escobar era un ganador nato y Galán un perdedor.

No se le olvide que el Nuevo *Llerismo*, quise decir Liberalismo, era un partido fundado por liberales inconformes y Galán respiraba odio contra López Michelsen, porque botó a su papá de la gerencia de Ecopetrol, la empresa petrolera estatal. Lector y juez todos los que han dado su parte de la versión de la vida de Pablo Escobar coinciden en decir que a él le gustaba el futbol, jugarlo, y, que no le gustaba perder. Que los partidos duraban lo que tenían que durar, pero que hasta que su equipo, él, no fuera ganando o empatara no se acababan.

Con esto le quiero mostrar que no hay coherencia en que un hombre que era un ganador empedernido —eso es algo malo— quisiera estar en el equipo se un seguro perdedor, como lo era Galán en ese momento. Aún en la serie, amañada a favor de Galán, no lo pueden ocultar y en alguna escena su esposa se lo dice francamente.

El que Pablo Escobar y sus socios se reunieran con las directivas y aportaran a la campaña López Michelsen presidente, le demuestra a usted que no es cierto y que son mentiras difundidas de mala fe, decir que Pablo Escobar se quería esconder o que se sentía orgulloso de estar en el insípido mini movimiento de Galán. Usted puede notar con ese gesto que su corazón estaba en otro lado, que jugaba en ese equipo porque ahí era donde jugaba quien le estaba dando la oportunidad de mostrarse en la política nacional, que, si fuera por él, jugaría en los liberales desde el principio.

Ese cuento de que Pablo Escobar se quería arrimar a ese movimiento perdedor, y a Galán, y que lo llamaba mi jefe, no deja de ser patético e iluso, además de una mentira monumental. Pablo Escobar siempre fue superior a Galán, el hijo del gerente de Ecopetrol lo sabía y tampoco quería una estrella que brillara más que él en su show.

Nadie sabe quién es Galán sino es por el vínculo que tiene con la historia de Pablo Escobar. Ta cierto es esto que, Pablo Escobar le hizo saber a su familia en vida que él no fue su asesino, muchos testigos han dicho lo mismo, están los enemigos de Pablo Escobar pagando cárcel por eso, desenmascararon un plan que hubo con inocentes presos para inculparlo y, aun así, contra toda lógica y raciocinio medio, su familia tercamente dice que fue Pablo Escobar su asesino. Si desaparece Pablo Escobar de la muerte Galán, nadie nunca más habla de él. La figura de Galán solo vive porque está ligada a la historia de Pablo Escobar, duélale al que le duela.

Galán se refería en ese discurso de "expulsión" a las actividades ilícitas que se rumoraban de Pablo Escobar. Eso estaba bien, era válido. Ese era su movimiento y él ponía sus políticas y sus condiciones. Él era el gran dictador de su pequeño partido *democrático*.

Ok, bien. Galán podía hablar de moralidad frente a Pablo Escobar en cuanto a actividades del narcotráfico —sin decir que él le pudiera probar, hasta ese entonces, ningún vínculo con ese contrabando—. A los ojos de Galán es mejor ganarse el sustento de su familia robando al pueblo —que eso hacen todos los políticos sin excepción— que, contrabandeando cocaínas, con asocio de los *gringos*, a los *gringos*.

¿Y el resto de asuntos nacionales que también requieren de moralidad qué? ¿Con qué moral podía hablar Galán como padre? ¿Con qué moral podía hablar Galán como hijo? ¿Qué tenía para decirles a las mujeres de Colombia cuando se enterarán de lo que él había hecho con una campesina? ¿Qué tendría para decirles a los campesinos por avergonzarse de tener un hijo con una de ellos?

Si no queremos que sean injustos con nosotros, no debemos serlo nosotros con nadie. Aquí hay que ser justos y reconocer que Galán podía hablar de moralidad frente a Pablo El Grande en temas del narcotráfico y Pablo Escobar podía hablarle de moralidad a Luis Carlos Galán en muchos otros campos. Sobre todo, los familiares y los humanos.

Creerle a un político que habla de moral es como creerle a una veterana prostituta de que es virgen.

Lector y juez respóndase la siguiente pregunta: ¿qué era en esos momentos de la historia el rumbo de la vida del hijo y la madre que avergonzaban a Luis Carlos Galán?

Para esta época el ya adolescente no estudiaba. Era un joven campesino que trabajaba sembrando papas con sus abuelos maternos. Es decir, había crecido sin padre y sin madre, sin una familia. En esta etapa rebelde de su juventud, sin una familia funcional, sin una madre que por razones económicas seguía trabajando como sirvienta de familias prestantes bogotanas y sin un padre que lo guiara, antes, por el contrario, se avergonzaba de él, el imberbe

había dejado los estudios sin siquiera terminar la secundaria.

En la otra cara de la moneda los otros hijos de Galán estudiando en los mejores colegios de la capital con papá y mamá al lado y gozando de todos los privilegios de ser los hijos de un senador <u>liberal</u> y hombre de la élite política del país, y los nietos del ex gerente general de Ecopetrol.

¿Cree el lector y juez que este hombre puede hablar de moralidad? ¿Cree que este hombre que nos pintan como un santo es un ejemplo a seguir?

Lector y juez, ¿le gustaría que su padre le hubiese hecho a usted lo que le hizo Galán a esa criatura? ¿Le haría eso a usted a un hijo suyo? ¿Qué calificativo le pondría ese suceso?

Un presidente es como el padre de un país. Si Galán se avergonzaba de su hijo y de la madre de este por ser pobre, campesinos, sin apellidos prestantes, ¿Qué le impedía avergonzarse de los colombianos en el exterior, si Colombia es un país pobre y rural? ¿Un padre así sería un buen padre de la patria?

Lo que no le dicen en la serie ni el libro, y poca gente sabe, es que ése mismo día en que Galán puso al Movimiento Renovación Liberal a elegir entre él y Pablo Escobar y eligieron a este último, anduvo (el hijo del gerente de Ecopetrol) horas antes moviéndose solo por las calles de Medellín y sus alrededores en un automóvil, por cierto, Galán era un pésimo conductor y Pablo El Grande uno excelente, ni en eso le ganaba. La última vez que fue Galán a Medellín, más o menos un mes antes de su muerte en agosto de 1989, fue con un sin fin de escoltas, carros blindados, chaleco antibalas y hasta un supuesto atentado le hicieron.

Este año, 1982, era uno de los años dorados del narcotráfico en Colombia, tal vez fue el último.

¿Por qué dos realidades tan opuestas si el narcotráfico era lo malo y su bonanza ya había pasado? Porque nunca fue en verdad el problema. Fue el pretexto para atacar a un hombre de extracción humilde que era un fenómeno político y amenazaba en llegar a la presidencia en poco tiempo.

Si Pablo Escobar vendiera Coca Cola, Galán hubiera hablado en contra de esas 'malditas bebidas negras y azucaradas que matan a nuestros niños de diabetes o los hacen obesos'. No se deje engañar lector y juez, no coma carreta: ni el malo era Pablo Escobar ni el problema es el narcotráfico. Los malos son la elite política de Bogotá y el problema su insaciable corrupción.

Ese día que Galán y todo su cartel de moralistas fueron a Medellín dejaron basuras, desechos. Eso fue a parar al basurero de esa ciudad, donde vivían seres humanos en la detestable miseria y solo un hombre, tal vez el menos pensado, fue y los sacó de allí y les dio dignidad como personas.

Quiero que el lector y juez, vea, comprenda y acepte que el narcotráfico no era un problema en Colombia, qué no era una amenaza, que un Pablo Escobar dedicado a la política no era malo para la sociedad, que Medellín sin ser tomada como campo de batalla era una ciudad común y corriente, o mejor que eso. Quiero que se note que quienes prendieron la casa para decir que eran unos visionarios fueron Lara, Galán y Cano.

Esa tranquilidad con la que se podía transitar por Medellín fue trocada por bombas, asesinatos y paranoia social que llegaron cuándo Lara, Galán y Cano, por envidia, declararon la guerra a un hombre que era aclamado, respetado e idolatrado por su pueblo, contrario a ellos, qué eran visto como culpables de la miseria social de Colombia, como miembros de una clase social aristócrata, ladrona, indolente y mezquina que le robaba al pueblo en vez de darle, como les daba Pablo Escobar, el centro de sus envidias.

Esa fue la desnuda verdad lector y juez.

Volviendo a la historia, no le dicen lo siguiente en la mediocre serie: *Apoyamos la candidatura de Pablo Escobar para la Cámara porque su juventud, su inteligencia y su amor por los desprotegidos lo hacen <u>merecedor de la envidia de los políticos de coctel</u>. Porque lo apoyan todos los liberales y conservadores del Magdalena Medio, ya que ha sido el Mecenas de esta región.*
Los que lo conocen saben de sus cualidades <u>humanas e intelectuales</u>.

Estas es una fracción de un anuncio periodístico con el que le ratificaban a Galán y el Nuevo *Llerismo*, quise decir Liberalismo, a quien habían elegido en el Movimiento Alternativa Popular, y que ahora eran la competencia directa del de Galán. Eso fue publicado el 10 de febrero de 1982, en los principales periódicos regionales del país.

Por cierto, el primer canal de televisión regional de Colombia fue el de Antioquia, de Medellín y hecho por... Adivine el lector y juez. También en eso fue un visionario este genio. Hoy todos los departamentos tienen sus propios canales regionales, y nadie le da las gracias al pionero, al que abrió trocha. Yo si se las doy en nombre de los que así lo sienten y les da miedo expresarlo: Gracias Pablo Escobar.

En la nota publicada en los medios de comunicación regionales puede notar usted cómo en el mismo 1982 todo mundo se daba cuenta que era un problema de envidia. Esos políticos de cocteles a los que hace mención el mensaje todos sabían a qué supuestos santos inmaculados, resentidos políticos, hacían referencia.

El lector y juez puede ir armando su propio rompecabezas del por qué el encono y el ensañamiento de Galán, Lara y los perdedores del Nuevo Liberalismo contra la figura redentora y presidenciable de Pablo Escobar.

PABLO ESCOBAR, EL PATRÓN DEL MAL. Episodio 8, minuto 41.

Este episodio recrea la escena en la que Javier Ortiz llega a Bogotá con Pablo Escobar y Gonzalo. Allí, en una elegante oficina, Javier Ortiz le presenta a Alonso Santorini: *El senador más importante de la República*.

Alonso Santorini, un político vivaz, le dice zalameramente a Pablo Escobar que con su liderazgo y su dinero puede llegar a ser presidente de Colombia en poco tiempo. A Pablo Escobar le hacen eco esas palabras.

Javier Ortiz y Pablo Escobar adhieren a su movimiento político.

Lector y juez, nunca existió en la vida real ningún 'Alonso Santorini', todos en Colombia sabemos que quieren decir que este personaje representa a Alberto Santofimio Botero.
Para esa fecha en la vida real era senador, ex precandidato presidencial y el mejor orador de Colombia. Como él terminó de enemigo de Pablo Escobar, le toca defenderse solo.

Sería mucho afirmar que este señor era el mejor senador de Colombia para la época como dicen en la serie, pero sí era muy destacado. Además, había sido precandidato presidencial y, dueño del Partido Alternativa Popular, otra rama del Partido Liberal. Es decir: senador como Galán, precandidato como Galán y con un pequeño partido político derivado del Partido Liberal como el de Galán.

El jefe de Galán y López Michelsen no habían sido los únicos con precandidatos en el Partido Liberal y mucho menos ese partido era el único con precandidatos o candidatos a nivel nacional. Estaban los conservadores y un pequeño movimiento independiente. La serie está amañada para que usted crea que Galán era un gran líder político y que era el ganador. No le muestran ninguna otra campaña para que usted crea que Galán era la sensación, pero es mentira, Galán peleaba el descenso, era un colero.

Este detalle que le diré, lector y juez, es de suma importancia: Galán y Santofimio eran rivales. Competían por el mismo objetivo: ser los alumnos más destacados del Partido Liberal.

El alumno más destacado era Alberto Santofimio y Galán decía que era él. Por eso era un permanente celo entre ellos y Pablo Escobar cayó en medio de esa pelea. El maestro, mentor y padrino de Luis Carlos Galán, el ex presidente Carlos Lleras Restrepo, era rival político y del mismo partido político que el maestro y padrino de Alberto Santofimio, el expresidente Alfonso López Michelsen, quien le había ganado la consulta interna, en convención, a Carlos Lleras y a Galán y era desde entonces el candidato oficial del liberalismo. López también le había ganado a Carlos Lleras la consulta interna en el 1974.

Algo así como cuando usted llega nuevo a una cárcel y hay dos pandillas, y si recibe ayuda de una, automáticamente es enemigo de la otra. Así muy parecido le pasó a Pablo

Escobar. Al jugar para un bando, se echó al otro de enemigo, heredó sus guerras y sus aliados.

Si Pablo Escobar hubiese declinado de su aspiración y aceptado inscribir en su lugar a Iván Marulanda en la lis del RL en la campaña Galán presidente, el asunto se hubiese olvidado. Si se hubiese ibopara otro partido lejos del liberalismo, también se hubiese olvidado, o si no hubiese salido electo también se hubiese olvidado; pero, como cogió precisamente para donde el rival directo y de encono de Galán, la declaración de guerra de Galán, Lara y su pandilla al novato Escobar fue brutal.

Entre Galán y Santofimio, por aquellos días, en simpatía política y oratoria, Santofimio ganaba de lejos. Ventaja que Galán se negaba a aceptar.

Santofimio había sido congresista a los 25 años y ministro de Justicia poco después de los 30. Eso no te lo dicen en la serie, porque se les cae su teatro para idealizar a Galán.

Mire esto: Pablo Escobar era un pésimo orador, en verdad no se le puede decir ni siquiera que era un orador. En cambio, Galán era un gran orador y hablaba de manera contundente, con voz fuerte y total coherencia. Pero el mejor orador de Colombia, reconocido en unanimidad, por quienes vivieron en aquellos días era: Alberto Santofimio, el alumno promesa del liberalismo, a quien quería destronar Galán.

Galán quería ponerse en el radar de los presidenciables, Santofimio ya era un presidenciable.

BBC MUNDO: LA HISTORIA TURBULENTA DE SANTOFIMIO.

Por ser un orador que electrizaba a sus auditorios, pero también por ser hábil, lector incansable de literatura y dueño de una memoria envidiada por muchos, el abogado Alberto Santofimio Botero brilló durante casi cuatro décadas en este país.

Un amigo de su infancia le cuenta a BBC Mundo que Santofimio era capaz de recitar extractos enteros de libros y discursos de otros, y que luego hacía gala de su memoria en las reuniones sociales y políticas, donde siempre quería ser el centro de atención y hacía callar a quienes trataban de eclipsarlo.

Nacido en 1942 en Ibagué, en el centro del país, Santofimio, llegó a ser considerado no uno de los mejores, <u>sino el mejor orador de Colombia de los últimos tiempos.</u>

Ese título sólo se lo disputó otro abogado, Luis Carlos Galán Sarmiento, quien, al igual que Santofimio, también fue ministro muy joven, congresista, dirigente del Partido Liberal y candidato presidencial.

Al comienzo, muchos llegaron a creer que Santofimio sería presidente de Colombia, pero después ese favoritismo se volcó hacia Galán.

En cambio, Carlos Orlando Pardo, un empresario de la cultura en Ibagué, considera que Santofimio es "un intelectual y humanista".

Melo recuerda que Santofimio tuvo dos becas del Estado para estudiar abogacía y que cuando tomaba vacaciones en la universidad lo nombraban transitoriamente en Ibagué como funcionario público para que tuviera salario y auto a su disposición.

Santofimio no solo era mejor orador que Galán, también era más astuto políticamente, más taimado en esa arena. Era más político que Galán, con toda la ruindad o méritos —llámelo como mejor le parezca— que eso implica. Aquí le dan unos puntos favorables a Galán, pero en verdad eso es porque es un difunto y de muerte trágica.

Lector y juez, ya le he advertido de lo mediocre y mentirosa que es esta serie, además de afirmarle que no era ni el 5% de la historia real. Esto que le he ofrecido aquí no es nada comparado con el resto del contexto que le diré, en el segundo libro, sobre lo que pasaba aquellos días.

Por cierto, Pablo Escobar, el verdadero, no era tan tonto ni tan pendejo para dejarse ganar de lisonjas baratas, como lo dicen en el libro y lo aumentan en la serie, que le decían que va a ser presidente y perdía la cabeza.

Pablo Escobar era un genio y si alguna vez se hizo pasar por tonto o tímido fue como estrategia.

PABLO ESCOBAR, EL PATRÓN DEL MAL. Episodio 9, minuto 03.

En esta escena sale Luis Carlos Galán hablando con una periodista de El Espectador, explicando las razones de su proceder con Pablo Escobar y Javier Ortiz. Seguidamente sale un encuentro entre Guillermo Cano y su periodista Niki en donde analizan la consecución de pruebas contra Pablo Escobar.

Lector y juez, esto que recrean en la serie no lo dice en el libro en que se basan por ningún lado, pero si pasó algo parecido en la vida real.

No solo eran esos tres —Galán y los dos periodistas—, eran docenas de *cachacos*, de la clase pudiente de Bogotá y del país, conspirando para atacar a Pablo Escobar, sin que este les hubiese cometido agravio diferente a dejarlos en ridículo con sus obras sociales de corte izquierdista y de tener el legítimo y común anhelo de aspirar a un cargo de elección popular, además de tener millones de dólares que ellos no. Según los que hicieron la serie los ataques eran porque Pablo Escobar era un delincuente que no podía llegar al Congreso. La verdad era que le tenían envidia y temor a su avasalladora popularidad y lo lejos que se proyectaba si seguía en el camino de la política. Olvidan decir que en el Senado de Colombia todos son delincuentes.

No le dicen en el mediocre libro y menos en la despreciable serie que Galán y Guillermo Cano libraban desde antes de 1982 una guerra conjunta contra el hombre considerado por muchos, hasta el día de su muerte, como la mente más perversa e inteligente de Colombia, además del hombre más poderoso políticamente hablando. Hombre de quien se dice en los corredores que al final los mató a los dos, y no estoy hablando de Pablo Escobar.

Este trabajo aporta los testimonios, las pruebas, de por qué y contra quien peleaban Galán y Cano en común, que según fue quien realmente los mató y, cuya enemistad inocentemente heredó Pablo Escobar.

También les mostraré por qué a ese no lo atacaron en la serie, por qué le temen a su familia a pesar de que ya murió, y por qué siendo una persona tan notable e importante en esta historia, y en la del país, a estas alturas no lo mencionan ni por error en la serie.

Estos conspiradores anti Pablo Escobar se autodenominaban con un nombre: *El Klemrin* y, en su penúltima fase de mutación fueron conocidos como: los Pepes, según ellos "perseguidos" por Pablo Escobar, pero en verdad el nombre acorde era Perseguidores de Pablo Escobar, porque ellos eran los cazadores. Por último, se legalizaron con las siglas AUC.

PABLO ESCOBAR, EL PATRÓN DEL MAL. Episodio 9, minuto 9.

Pablo Escobar sale en un basurero hablando con *El Profe*, un líder de aquella comunidad. Le pregunta por la ayuda que les brinda el Estado, a lo que este niega que reciban ayuda alguna. Pablo Escobar promete ayudarles.

Sale Luis Carlos Galán con su comitiva de campaña en una plaza de mercado asediado por una multitud que lo aclama. Luego en una tarima pronunciando un discurso ante una multitud, luego va en un vehículo saludando la multitud que lo aclama.
Luego entrando a un pueblo a caballo con una multitud siguiéndolo en camiones repletos de gente y otra multitud esperándolo.
Luego lo muestran en lo que parece ser un salón amplio dando un discurso.

Mientras pasan estas imágenes se escucha un discurso que reza así: *El derecho a la salud, el derecho a una nutrición adecuada, el derecho a la educación y el derecho a la vivienda. Mientras no tengamos garantizados esos cuatro derechos principales para cada habitante de este país, tendremos una sociedad injusta o atrasada.*

Rodrigo Lara: *A las guerrillas les digo que su lucha es estéril, mientras pretendan convencer de sus valores al resto de la sociedad por medio de las balas. Si quieren derrotar a los políticos tradicionales, hay están las reglas de la democracia. Aquí estamos buscando su voto y ofreciendo nuestro compromiso de representarlos en el concierto de la política nacional.*

Luis Carlos Galán: *Porque ya es hora de que ciertos políticos encargados de ejercer el poder dejen de usurpar las arcas del erario público, y se lo devuelvan al pueblo, quien realmente lo aporta y lo necesita.*

Rodrigo Lara acompaña a su esposa en el hospital y carga al bebe que acaba de nacer.

Lector y juez, en el libro —medianamente fiable— en el que juran que se basan, no dicen nada, nada es nada, de ese gran despliegue que le dan a la paupérrima campaña

que desarrolló Galán y el Nuevo Liberalismo en aquel año electoral de 1982. Lo que sí dice y de forma extensa, y lo borran en la serie, es la convivencia y la amistad que se formó entre Pablo Escobar y la clase humilde de Medellín y de Antioquia, en especial los zarrapastrosos del basurero del barrio Moravia de aquella ciudad.

Lo siguiente es lo que dice el libro, y que ocultan los de la serie, sobre aquel padrinazgo que ejerció Pablo El Grande, uno de los hombres más ricos del mundo, con aquellos miserables del basurero de la ciudad, para que usted vomite al saber lo asquerosos que han sido los mentirosos que se inventaron esta serie al poner someramente lo que fueron las obras de Pablo Magno con los menos favorecidos por la vida, **LA PARÁBOLA DE PABLO,** Alonso Salazar, página 77:

Medellín, que crecía desmesuradamente, se tragó a Envigado y a otros municipios vecinos. El rio que atraviesa el valle se volvió oscuro y de aguas podridas. La industria, ante la competencia del contrabando y la obsolescencia tecnológica, entró en decadencia, y miles de obreros fueron arrojados a las calles. Las montañas se siguieron poblando de pobres ajenos de la economía formal y del Estado, y cada vez más distante de los poderes tradicionales y del catecismo católico que ordenaba resignación y sumisión.

<u>Esos pobladores, descreídos de los partidos políticos tradicionales, solo se ligaban a ellos por pírricos beneficios provenientes de un manejo clientelista de los recursos del</u>

Estado. Pero tampoco habían encontrado en la izquierda y las guerrillas una opción. En esas montañas, habitadas por desposeídos, que recorría en un Renault 18 habano, Pablo inició las obras sociales que le dirían por siempre entre las humildes fama de hombre bondadoso.

En sus recorridos, Pablo conoció el barrio Moravia, cuya gente estaría desde entonces indisolublemente ligada a su vida. Por una estrecha vía ascendió en círculos hasta la cima de un cerro formado de las basuras de la ciudad. Al llegar miró con asombro la estampa viva de una ciudad indolente. A lado y lado vio tugurios y sintió el hedor del metano. En la cima se asombró de ver como la multitud —de hombres y mujeres, de adultos, ancianos y niños— se arrojaba sobre la basura vaciada por los carros recolectores «no concibo que seres humanos vivan en estas condiciones» dijo mientras contenía la náusea que le producía ese estiércol de la sociedad.

Al caído, caerle. Unos días después las viviendas miserables de Moravia se incendiaron y los que no tenían nada que perder lo perdieron todo. «Nos vamos para allá» ordenó Pablo al enterarse de la noticia. Y de inmediato apoyó con materiales la reconstrucción de los ranchos. Además, prometió que les construiría viviendas y traería dignidad para sus vidas. En la noche se reunió con sus asesores. Mientras jugaba con un pedacito de papel que se metía y sacaba de la boca, preguntaba: «¿Cuánto vale construir una casa sencilla?», y hacía cuentas. Se creía en capacidad de construir cinco mil viviendas para erradicar *los tugurios de Medellín. A Diego Londoño White, profesional en el tema de la propiedad raíz, se enteró de esta necesidad y ofreció un lote que se ajustaba a un plan de vivienda popular.*

Pablo regresó a Moravia y, en un acto <u>multitudinario</u>, anunció que construiría mil viviendas para los llamados tugurianos. Entre el sequito se encontraba el <u>padre Elías Lopera</u>, encargado de darle la bendición católica al movimiento.

Eso solo es lo que dice ese libro, hay mucha más información en otros textos sobre aquel suceso que a medias dice el libro y omiten lógicamente la serie.

Lector y juez, quienes no somos asesinos no concebimos como hay personas capaces matar a otro ser humano. Así mismo quienes pretendemos llevar una vida justa y ecuánime, no concebimos como existe gente tan baja y ruin como las personas que han hecho esta porquería de serie. Se deben ser demasiado mal ser humano para intentar mentirle descaradamente al mundo entero.

En la serie ocultan casi todos los gestos nobles que hizo Pablo El Grande en aquellos días de paz, algunos narrados en el libro en el dicen basarse y muchos más de público conocimiento que no quisieron ver. En cambio, de manera descarada, se inventan unos episodios en los que se montan un gran teatro para favorecer a quienes fueron enemigos de él, que en vida hicieron todo lo contrario a como nos los pretenden vender hoy.

La mediocre escena del "Pablo Escobar" bobo grande de la serie hablando con esa persona mal presentada —no se ve claro que eso sea un basurero— dura 70 segundos. Y la presentan después de que es aspirante suplente a la Cámara para que usted crea que aquello lo hizo por conseguir votos. Le digo, lector y juez, que en el libro en el que dicen que se basan, ese aparte que yo le muestro sobre el padrinazgo de Pablo Escobar a esas personas, está mucho antes del secuestro de Martha Nieves Ochoa (1981), es decir mucho antes de que le ofrecieran ser suplente en el Parlamento colombiano. Pero en verdad aquello se dio en el 1983, después de elecciones, NO fue por proselitismo político como quieren venderlo quienes NO le han dado nunca nada a nadie, al contrario, le roban a los que nada tienen. Note una vez más, por favor, la mala fe. En el libro hablan de la presencia de jerarcas de la iglesia católica, en este suceso en especial, y en muchos otros, pero nada de eso muestran en la serie. Eso demuestra que aquello era plausible en su momento, no hoy, que es mejor negocio negar a Pablo Escobar, cómo Simón Pedro negó a Jesús de Nazaret. Curiosamente Simón Pedro es el creador de la Iglesia Católica.

Pablo Escobar andaba para todas partes con dos curas, esos eran sus "escoltas". Responda para sus adentros si un hombre así corresponde al monstruo terrorista que han tratado de venderle. Los cazadores Galán, Lara y Cano lo van a perseguir, exigirán su cabeza en bandeja de plata, entonces usted ya nunca oirá hablar del cura tal o el sacerdote tal. Se va a defender —porque tenía derecho a hacerlo— y es entonces cuando usted escuchará hablar de *Chopo, Arete, Popeye, Pasquín*… disque sicarios terroristas. Preste atención al esquema de seguridad del "temible" demonio que vendían los cazadores desde Bogotá.

El joven de suéter oscuro detrás de Pablo Escobar es *Pinina*, el "temible" sicario, terrorista… y todo el repertorio que le montaron para poder justificar ante la humanidad la cacería que inician contra un hombre multimillonario que se gastaba su fortuna ayudando a los miserables.

Tan "malo" era *Pinina* que tuvieron que buscar un actor con cara nata de diablo para poder venderlo como alguien malo.

El otro personaje que sale en la foto, es un sacerdote. Desde que comenzó la cacería de Guillermo Cano, Rodrigo Lara y Galán, a este señor lo mataron moralmente. La mafia de El Espectador, con su capo Guillermo Cano a la cabeza lo destrozaron.

Lector y juez aquí le aporto un testimonio periodístico, **TESTIGO REAL DE LA ÉPOCA,** que estuvo de "visita" por el basurero de Medellín de aquellos días:

VIRGINIA VALLEJO Y PABLO ESCOBAR "LA DIVA Y EL CAPO"

Álvaro García: *"Usted realmente creía que un hombre del origen de Pablo, en la actividad en la que Pablo Escobar estaba, rodeado de las personas de las que se rodeaba, con un temperamento cómo el que él tenía y capaz de hacer las cosas que él hizo, incluso estando ya al comienzo de la relación con usted, ¿podía hacer algo bueno por el país?*

Virginia Vallejo: *Sí usted hubiera ido a ese basurero Álvaro, usted hubiera entendido para qué servía el dinero de Pablo Escobar.*
...Ahora le voy a leer lo que se siente, lo que era el hedor, lo que era ese espectáculo y hubiera visto como ése hombre de 33 años, la edad mía, iba a sacar a esas 10.000 personas de ese basurero, que habían sido tratadas como escoria por la sociedad. Ése era el hedor de la injusticia, el hedor de la corrupción, el hedor de 10.000 cadáveres descomponiéndose en un campo de batalla a los tres días de una derrota histórica, se sentía a kilómetros antes de llegar a ese basurero, yo describo ese hedor en el libro, así empiezo. Y veo a aquel hombre que va a sacar a esa gente de allá, ya yo no me pregunto cómo hace su dinero sino la magia que hace con ese dinero.

«*El olor ha sido solamente el preámbulo de un espectáculo que haría retroceder de vergüenza al más duro de los hombres. El infierno de Dantes que se abre ante nosotros parece medir varios kilómetros cuadrados, y la cumbre es el espanto en toda su magnificencia: arriba de nosotros contra un fondo gris sucio que nadie en su sano juicio osaría llamar cielo, revolotean miles de gallinazos y buitres con picos como navajas bajo ojillos crueles y plumas tan asquerosas que hace rato dejaron de ser negras. En actitud superior, como si fuesen águilas, los miembros de la dinastía reinante en ese submundo evalúan en segundos nuestro estado de salud para continuar con su festín de un caballo muerto cuyas vísceras húmedas brillan al sol. Abajo centenares de canes recién llegados nos reciben enseñando los dientes afilados por el hambre crónica junto a otros veteranos que, menos flacos y más despreocupados, menean la cola o se rascan el escaso pelaje invadidos de pulgas o de garrapatas. Toda la montaña parece estremecerse con una agitación ondulante y frenética: son millares de ratas, tan grandes como gatos, millones de ratones de todos los tamaños. Nubes de moscas se posan sobre nosotros y nubarrones de zancudos, mosquitos y 'Anapheles' celebran la llegada de sangre fresca. Para todas las especies del bajo mundo animal parece haber aquí un paraíso de nutrientes.*

En la distancia comienzan a aparecer unos seres cenicientos, distintos de todos los demás. Primero se asoman los pequeños curiosos de barrigas infladas, llenas de lombrices; luego unos muchachos de mirada hosca...»

Léase completo el capítulo ¡*Pídeme lo que tú quieras*! Del libro AMANDO A PABLO, ODIANDO A ESCOBAR, de Virginia Vallejo. Llorará con lo que esa testigo presencial describe sobre las condiciones de esas personas en esos basureros. Esto es solo una prueba, un testimonio de los tantos que hay sobre ese mismo asunto. Compare y juzgue —lector y juez— si lo que se recrea en la serie corresponde en algo mínimo a lo que testigos de la época, **NO PABLISTAS**, han dicho.

Los que hicieron la serie, que se cree más listos que el resto del mundo, muestran algo fugaz y mediocre sobre las ayudas que Pablo Escobar brindó a los miserables de Medellín —insinuando siempre que lo hacía por interés electora— para lavarse las manos y no ser acusados de omitir aquello. Pero en verdad no pusieron esmero en recrear lo que realmente pasó.

Prueba contundente de esta descarada manipulación, es que nunca mencionan los actos benéficos que lideró Pablo Magno para el recaudo del dinero para hacer aquellas obras sociales.

Solo dejan ver, venden, que las hizo porque le sobraba dinero, cuando la verdadera historia de la financiación de esas viviendas daba para un Nobel de Paz.

Caso contrario pasa con las escenas de Galán, que nada de eso dice en el libro en el que dicen basarse, ni en ninguna otra parte, son inventadas, y dura la escena 150 segundos. Es decir, dura el doble la escena inventada que favorece a Galán. No solo hacen mediocre la escena que debía favorecer a Pablo Escobar y dura la mitad de la inventada a favor de Galán, sino que le montan un gran discurso y con una música entusiasta de fondo. Cuando salieron los miserables del basurero, que sí merecía música clásica dramática de fondo esa escena de la degradación humana, la pasaron lo más rápido que pudieron y las mentiras para favorecer a Galán le dan el doble del tiempo.

Los Canos y los Galán que hicieron esa serie creen que nadie los vio hacer esa patraña.

Lector y juez ¿Cuántas veces más cree que le costó a los que hicieron la serie la escena de Galán en campaña que la de su "Pablo Escobar" en el "basurero"?

¿Sabe el lector y juez porque no hacen una serie que se llame Galán o Lara y se explayan allí en sus odas y apologías? Por qué nadie quiere ver a dos politiqueros, ricos, hijos de papi y mami, echando carretas en campañas políticas en contra de otros politiqueros ricos e hijos de papi y mami. Es decir, nadie los quiere ver, nadie se come sus mentiras. Por eso estafan a la audiencia que viene a ver la "verdadera" historia de Pablo Escobar y cuando llegan, estos estafadores —familiares de Galán y Cano— comienzan es a darle pantalla a Galán, Lara y Cano con cualidades que en vida nunca tuvieron.

Así es que trabajan los estafadores vulgares, te muestran algo que tú quieres y sin darte cuenta, de a poco te van cambiando el producto hasta que te han metido el producto estafa, así hacen estos con Galán, Lara y Cano en la serie que lleva el **NOMBRE DE PABLO ESCOBAR**. Ahora vamos a acabarlos con su mismo cuchillo:

Ponen unos discursos esplendidos en boca de Galán y Lara: *El derecho a la salud, el derecho a una nutrición adecuada, el derecho a la educación y el derecho a la vivienda. Mientras no tengamos garantizados esos cuatro derechos principales para cada habitante de este país, tendremos una sociedad injusta o atrasada.*

Según Galán el derecho a la salud. Lector y juez en la vida real, el verdadero Pablo Escobar, no el actor que han puesto allí para denigrarlo y que algún día deberá rendirle cuentas a Dios por lo que ha hecho, construyó y dotó hospitales y puestos de salud, con sus propios recursos en sitios remotos a los que Galán iba —si acaso— solo en tiempos de elecciones a buscar votos. Galán o Lara, y mucho menos Guillermo Cano, no le regalaron ni una pastilla de chicle nunca a nadie.

El segundo derecho que ponen en boca de Galán, el de una nutrición adecuada, les recuerdo lo que ya habíamos puesto un poco más arriba, sobre los comedores escolares que de su bolsillo financiaba Pablo Escobar. Lo repito:

EL MUNDO: RECORRIENDO LOS ESCENAROS DE PABLO ESCOBAR.

Como la doña era maestra, comprobó que los niños comían mal y aprendían peor. "Fue la pionera en implantar un programa de alimentación escolar: Si comen bien, aprenden mejor. Pablo le daba dinero y pagaba diez mujeres que preparaban el desayuno, un vaso de leche a media mañana y el almuerzo. Le mostró al gobierno ese camino y hoy día todos los colegios de Colombia tienen restaurantes así. Le agradecemos a la mujer que fuera la pionera.

Esto lector y juez lo hizo Pablo Escobar, no Luis Galán, Rodrigo Lara o Guillermo Cano, los súper héroes que nos quieren imponer aquí.

¿Sabe a cuantos niños escolares dio de comer Galán Lara o Cano? Ni uno solo. Galán y Lara —los santos que nos quieren vender— tenían hijos extramatrimoniales que ni siquiera reconocieron, mucho menos le daban de comer y, aquí los ponen ahora sus familiares como unos románticos de la nutrición para seguir robando a los colombianos a nombre de sus memorias. Usted tiene la última palabra en todo esto lector y juez, yo solo le pido que sea justo, para que un día pueda pedir justicia para usted.

El siguiente es Galán sacando provecho en un show populista de campaña política comiendo junto a un niño humilde. Usted puede ver como todos están bien vestidos menos el menor, puede notar que era una ruin parafernalia, qué no era auténtica su humildad. Casi puedo jurar que esa comida no la pagó Galán. Niños como ése había por miles en Medellín y Antioquia y Pablo Escobar no les daba una comida para sacarse una foto, y conseguir con ello una falsa humildad, él les daba las tres comidas los 365 días del año y no los explotaba electoralmente. Galán no le daba de comer a su hijo mayor que cultivaba papa ahora iba a alimentar niños ajenos.

Nunca más volvió aquél pequeño a saber de Galán y váyase a saber cuántos miles de millones le han sacado Galán y su familia a esa foto.

Galán nunca hubiese ido a las zonas del país que recorrió en campañas electorales, si no anduviera consiguiendo votos. El no hacía nada de eso por amor al pueblo, estaba haciendo su negocio. Como todos los políticos.

Según el Galán de la serie el tercer derecho era a la educación: Galán fue ministro de Educación y no dejo nada, nada es nada, porque ser recordado. Nadie recuerda nada del ministro de Educación Luis Carlos Galán, solo los maestros de la época a quienes les bajó el sueldo y prebendas laborales, de eso hay pruebas. No construyó ni una escuela, ni mejoró en algo la educación de Colombia, tan buen ministro fue que después se fue a educar a sus hijos a Europa, al igual que lo hicieron con sus crías Lara, Cano y todos los ricos de Bogotá. Por cierto, de la mano de esa clase política de la que en tiempos de campaña decía despreciar.

Miremos a Pablo Escobar 'el monstruo' que ellos quieren vender.

LA PARÁBOLA DE PABLO, Alonso Salazar, página 79:
Pablo Escobar: En 1968 me vincule a junta cívica de mi barrio. Muchas veces he echado pico y pala alegre y sudoroso. Desde pequeño tuve la obsesión por las escuelas, tal vez porque soy hijo de una abnegada educadora que ama su profesión. Cuando ayudamos a construir escuelas parece que nos reencontráramos con la patria que anhelamos. Hemos visto con dolor a muchos niños sentados sobre adobes, en locales destartalados, y a los maestros viviendo sin ninguna protección ante la indiferencia del Estado.

Lo puede ver lector y juez, Pablo Escobar construyó y dotó con su esfuerzo y liderazgo muchas escuelas, incluso desde que era un muerto de hambre. Galán, Lara y Cano, nunca le dieron ni un cuaderno a nadie, y eran ricos de cuna. No se deje ver la cara de estúpido de sus familiares que quieren convertirlos en mártires para seguir exprimiendo al Estado colombiano a nombre sus familiares muertos en una guerra, guerra que ellos propiciaron creyendo que nunca les tocaría vivirlo en carne propia.

Por último, según la amañada serie, el derecho a la vivienda: Este ni siquiera merece testimonio porque todo el mundo sabe que ese hombre hizo un barrio completo para los míseros habitantes de un basurero y regaló cientos de casas y parcelas a personas que no tenían hogar. Galán, Lara y Cano no le dieron ni un ladrillo NUNCA a nadie. Siguiendo con el discurso que ponen en boca de Lara y Galán, esta vez en boca de Lara: *A las guerrillas les digo que su lucha es estéril, mientras pretendan convencer de sus valores al resto de la sociedad por medio de las balas. Si quieren derrotar a los políticos tradicionales, hay están las reglas de la democracia. Aquí estamos buscando su voto y ofreciendo nuestro compromiso de representarlos en el concierto de la política nacional.*

Esto es importantísimo lector y juez: mire como Lara les dice a las guerrillas que abandonen las armas y se acojan a la democracia. Eso es un cinismo de talla mayúscula, eso es una burla. Eso es precisamente lo que hizo Pablo Escobar en la vida real y no lo pueden ocultar en la porquería de serie que se han inventado, optar por la democracia y no por las balas y fue —en la vida real— precisamente Rodrigo Lara, secundado por Galán, quienes lo obligaron a tomar las armas. Usted podrá verlo incluso en esta amañada serie, como ellos conspiran y delinquen con la única intención de sacar a Pablo Escobar del camino de la democracia. Aquí quieren poner a Lara como un demócrata cuando fue un hombre que prefirió, instigó e inició la guerra. Este episodio se lo voy a recordar varias veces más adelante, lector y juez, para que vea las joyitas que eran Galán y Lara.

También recuerde que el grupo guerrillero M-19, el de la vida real, no ese tal 'MR-20' de la serie; se originó cuando la élite de Bogotá de la que hacían parte Galán, Lara y Cano se robaron descaradamente las tras antepenúltimas elecciones presidenciales (1970). Esa gente no se armó por gusto, no había garantías electorales, ahora Lara los llama a la democracia para que usted crea que aquí había garantías democráticas y ellos optaron por las armas por placer. Falso, siempre ellos los ricos de Bogotá han ganado con sus reglas en su "democracia".

Por estos mismos años en que vamos en esta historia las FARC y otros grupos guerrilleros formaron un movimiento político y un proceso de paz, para pasar de guerra a la política y, Lara, Galán, Cano y el resto de élite de Bogotá, los mataron, los exterminaros, con una cepa de su brazo armado que algún momento se habrán de llamar los Pepes, Perseguidos por Pablo Escobar, según ellos, cuando en verdad ellos eran PERSEGUIDORES, cazadores. Aquel movimiento político de origen guerrillero se llamaba la Unión Patriota. Ya veremos más de esto a su debido momento.

Podrá el lector y juez por si solo notar que los muertos a los que no dejaron entrar a la democracia Lara y los suyos eran de izquierda, como Pablo El Grande.

Ponen el remate del discurso en boca de Galán: *Porque ya es hora de que ciertos políticos encargados de ejercer el poder dejen de usurpar las arcas del erario público, y se lo devuelvan al pueblo, quien realmente lo aporta y lo necesita.*

¡Mentiras!, falso, tetra. Galán y Lara eran esos politiqueros. Eran esos políticos encargados de ejercer el poder, eran esos usurpadores del erario público, eran esos ladrones del pueblo. Ellos mismos eran, y sus familias. No hay político bueno, no hay político honrado lector y juez. Vienen con el engaño de decirnos que los dos únicos políticos buenos y honrados en la historia de la humanidad estaban aquí en Colombia, ¡qué suerte la nuestra!

Ellos eran unos títeres de esos políticos tradicionales, ellos seguían ordenes de Carlos Lleras Restrepo, ex presidente, hijo de expresidente y cuyo nieto, un polluelo de 20 años, era el segundo al mando del Nuevo *Llerismo*, quise decir Liberalismo. Si algún día Galán era presidente por el Nuevo Liberalismo, el siguiente en postularse por ese partido era el nieto del jefe. Lo estaban puliendo. Eso se lo callan los muy picaros.

PABLO ESCOBAR, EL PATRÓN DEL MAL. Episodio 9 minuto 16.

Pablo Escobar da un tour por la hacienda Nápoles a unos visitantes entre los que se encontraba Regina Parejo.

En las imágenes que hacen de los animales se ve la de una leona y la de un tigre.

En uno de los camperos sin techo va Pablo Escobar y Alonso Santorini de pies, y Javier Ortiz. En otro va Regina y su acompañante de pie, quien parece más que un amigo.

Subrayo una mentira más para que el lector y juez la anote, si aún le queda espacio para otra en la ingente lista que ya llevamos: En su libro AMANDO A PABLO, ODIANDO A ESCOBAR, Virginia Vallejo —'Regina Parejo' en la serie—, además de decirlo en múltiples entrevistas, deja claro que ella conoció y visitó la hacienda Nápoles y a Pablo Escobar por primera vez a finales del año 1982, después de ser él congresista activo. Es decir, que ella conoció y visitó a un congresista, NO aun candidato al Congreso como lo ponen en la mediocre serie. Todos esos detalles que manipulan desde Bogotá, aunque parezcan insignificantes tienen su veneno detrás.

Alberto Santofimio, el tal 'Alonso Santorini' en la serie, también conoció a Pablo Escobar cuando este ya estaba electo.

Toda esta información es de público conocimiento, cualquiera está a un clic de verificarla y dejarme como embustero o ratificar que los embusteros son los enemigos de Pablo Escobar que explotan los dineros públicos de Colombia vendiendo lastima con el nombre Galán, Lara y Cano, entre otras "dignidades" *cachacas.*

Lector y juez, era ampliamente sabido, de público conocimiento, que en el zoológico de la hacienda Nápoles NO había animales feroces.

Todo el mundo sabía que los animales en Nápoles tenían la mejor simulación posible para la época de su habitat natural y una libertad casi absoluta. Que esa era una de las razones principales para no tener fieras, pues devorarían a otras especies y muchos de esos ejemplares eran muy costosos de conseguir y traer a Colombia para que murieran devorados, además del peligro que natural que son para los seres humanos.

¿Qué querrán dar a entender los de la serie poniendo esas fieras en el zoológico de Pablo Escobar? ¿Para qué querrán asociar a los animales feroces con la imagen de Pablo Escobar? ¿Estarán tratando una vez más de influir en su subconsciente?

Esto es lo que dice el libro respecto a eso, libro en el que dicen basarse: *El zoológico se convirtió en un gran atractivo. Miles de personas lo visitaban cada semana <u>gratuitamente</u>. «El zoológico es del pueblo colombiano y el dueño no puede pagar por lo que es suyo», proclamaba Pablo con orgullo. <u>No gustaba de los peces, las serpientes, los perros, los gatos, los tigres y los leones</u>; amaba las aves exóticas y, según recuerda Arcángel, solo cazaba ocasionalmente babillas.*

Enésima prueba de la burla que es esta serie.

Más evidente no puede ser el libro en el que dicen basarse, y van y muestran exactamente lo contrario, siempre y cuando haga ver mal a Pablo Escobar o bien a Lara, Cano y

Galán u otra "dignidad" *cachaca*. Esto debe ser razón suficiente para que el lector y juez vea quienes son el verdadero demonio en esta historia, quienes han sido los malos siempre y, a fuerza de prensa nos han vendido que quienes los combaten son los malos y ellos los buenos, tal como hace los Estados Unidos en el resto del mundo.

Lector y juez, si usted no es de Colombia déjeme decirle que acá era de dominio público que para ingresar a ver el zoológico se llegó a tardar hasta 3 horas el solo ingreso. La fila de autos era enorme. ¿Usted ve eso en la serie? ¿Usted ve en la serie al pueblo colombiano de todos los rincones del país acudir en masa a disfrutar lo que aquel

civil hizo para ellos con dinero de su bolsillo y nunca cobró un peso por aquello? Ahora pregúntese por qué se lo ocultan, así irá entendiendo por que desprestigiaron primero y luego mataron a Pablo Escobar.

¿Conoce a algún otro mortal que haya hecho y sostenga semejante obra solo para que su pueblo lo disfrute?

No sea idiota útil de estos manipuladores.

El verdadero Pablo Escobar usaba palabras como: *«El zoológico es del pueblo colombiano y el dueño no puede pagar por lo que es suyo»* y, en la serie, el bobo grande que ponen allí, el cara de mongólico, en el mismo capítulo, unos minutos antes del aparte que analizamos le dice a 'Regina': *Nosotros queremos invitarlas a ustedes a un pequeño paseo en los 'buggys' para que tengan también la posibilidad de personalmente conocer estos hermosos animales de la selva y mi colección privada y espectacular de aves que tenemos aquí en la hacienda con mi primo.*

Descarados, sinvergüenzas. Como ponen sin tapujos exactamente lo opuesto a la verdad, eso es carecer totalmente de vergüenza alguna.

Y así pasó en la vida real: Pablo Escobar hacia lo privado público y los Pepes se cogen lo público para hacerlo privado.

¿Se preguntará usted lector y juez si los ricos de Bogotá se enteraron de este zoológico y otros ejemplos de amor por el pueblo que estaba dando un venido a más, un igualado según ellos, llamado Pablo Escobar? Sí, si se enteraron. Y le juro por lo más sagrado que crea usted cree que debe tener un hombre, que lo último que hicieron fue ponerse alegres.

Pablo El Grande los estaba humillando. Les estaba enseñando con hechos lo que es darle un poco de lo que te sobra al que nada tiene. Les estaba quitando la máscara y mostrándolos como los avaros y ladrones del erario público que son.

Galán, Lara, Cano y los otros ricos de Bogotá no fueron a conocer el zoológico, porque ellos estaban en la otra esquina conspirando como quitar del camino aquel hombre que les estaba dañando el negocio, tal como hicieron los sumos sacerdotes cuando apareció Jesús de Nazaret a quitarles la máscara frente al pueblo expulsando a los mercaderes del templo. Seguro Galán, Lara y Cano conocían ese tipo de animales, exóticos en estas tierras, pero por que los habían visto en sus paises de origen, a donde viajaban muy a menudo a costa de los impuestos de los pobres, al final de todo ellos eran ricos y son los dueños del país. Nunca más el pueblo de Colombia ha tenido la oportunidad de disfrutar algo parecido y mucho menos gratis. Gratis de verdad, no sobre pagado por ellos mismos a través de los impuestos al gobierno.

Hay miles de testimonios de primera mano que hablan de la magnitud y gratuidad del zoológico de Nápoles. Todos contrarios a lo que muestran en la amañada serie. No le dicen, por ejemplo, que había animales de los cinco continentes y a algunos se les podía dar de comer en la boca sin bajarse de los carros o, que cada especie en vía de extinción tenía varias hembras por cada macho.

El hombre que va de pie con 'Regina' en el carro mientras les muestran el zoológico, y que no le dicen nada de él en la serie, es importante en esa historia. Como el lector y juez ya debe estar acostumbrado a sospechar, por algo lo ocultan.

Por supuesto que les diré quién es, de qué apellido y adicto a qué era, y el resto de cosas que los de la serie tapan: Se llamaba Aníbal Turbay, sobrino del presidente— aún vigente en la mediocre serie— Julio Cesar Turbay, quien aceptó, pero NO firmó, bajo chantaje el mal llamado "Tratado" de Extradición, entre otras cosas que ya sabemos.

El padre del narcotraficante por el que los EE.UU. chantajeó al presidente Julio Cesar Turbay y lo obligó a vender la dignidad del pueblo colombiano con ese mal llamado "Tratado" de Extradición se llamaba Aníbal Turbay Ayala, es decir hermano del presidente y padre del joven que sale en la serie y sobre el cual callan, este es el fulano del que se valieron los Estados Unidos para el chantaje. Sírvase la ocasión para notar cómo era la vida social de Pablo Escobar en esos días y como no corresponde en nada a la del monstruo antisocial que han querido vender.

Por cierto, nunca existió ninguna 'Regina Parejo', ese es otro personaje inventado. Todo el mundo sabe que tratan de usar la imagen de Virginia Vallejo, para muchos la mujer más bella de Colombia de la época, de gran clase, alcurnia e inteligencia. Se movía como pez en el agua en las altas clases sociales de Bogotá y por ende del país.

Como sucede con los adolescentes cuando un *Don Juan* de otro lugar llega y conquista a la hembra más hermosa del barrio, los jóvenes, machos, locales no lo ven con buenos ojos y empiezan con el matoneo. Ni más ni menos harán en Bogotá cuando Pablo Escobar conquiste el corazón de la diva Virginia Vallejo, el amor idílico de muchos de la clase alta en Bogotá.

De la manera en que narran en la serie en que se conocieron Pablo Escobar y Virginia Vallejo no dice nada en el libro en el que disque se basan, en el libro hacen otras anotaciones, dejando en claro quién era esa mujer en el Jet Set nacional de aquellos días, no esa aparecida que los Pepes que ponen en la serie.

Esa versión que mediocremente recrean en la serie de cómo se conocieron ha sido contada en múltiples ocasiones por Virginia Vallejo, quien a aún vive.

Sobre el momento en que se está ahogando y Pablo Escobar la saca dice esto:

VIRGINIA VALLEJO Y PABLO ESCOBAR "LA DIVA Y EL CAPO

Virginia Vallejo: *Hay una cosa ominosa y fatalista, y es que ese día estuve a punto de morir dos veces. Y una vez me la salvó él.*
La segunda vez estaba muriéndome yo delante de 50 personas, que no se dieron cuenta que yo tenía 30 segundos de vida. Y ese hombre seguro y valiente se tiró a salvarme, a una mujer, y arriesgar su vida, cuando los otros 50 no se habían dado cuenta. Porque estábamos en un grupo grandísimo, yo no recuerdo si eran familiares o guardaespaldas el grupo nuestro, estábamos todos en un paseo, era un montón de gente.

Y el único, el único, de todas esas cincuenta personas, incluyendo a mi novio, que vio mis ojos y se arrojó a salvarme, arriesgando su vida fue él.

Se le recomienda al lector y juez ver el testimonio, no es lo mismo que leerlo. Podrá comparar mejor y ver si lo que narra la protagonista es semejante en algo a lo que recrean en la serie, comenzando por que solo hay pocas personas, y no 50 como dice la protagonista.

PABLO ESCOBAR, EL PATRÓN DEL MAL. Episodio 9 minuto 17.

En esta escena se ve a Luis Carlos Galán y Rodrigo Lara conversando en una oficina para intentar entorpecer la candidatura de Pablo Escobar a la Cámara de Representante después de verlo en la prensa nacional junto a Santorini y Javier Ortiz en un evento político.

Luis Carlos Galán: *Vea Rodrigo es evidente que ese par van a llegar al Congreso de la mano de Santorini. Con tanta plata que le han metido a la campaña es imposible que no ganen, y tenemos que evitar que llegue al congreso, tenemos que evitarlo como sea. Y para eso necesitamos pruebas que demuestren que ese sujeto es un narcotraficante.*

Rodrigo Lara: *Y tiene que ser ya, porque una vez que llegue al Senado con la inmunidad parlamentaria, no habrá nada que hacer.*

Lector y juez eso que se resume en esa escena fue cierto. Lara, Galán, Cano y otros muchos envidiosos, los que posteriormente se llamaron LOS EXTRADITADORES, después fueron *socios mayoritarios* de los autodenominados Pepes y por ultimo gerentes generales de las AUC, se dedicaron a hostigar a Pablo Escobar cuando este soñaba con cambiar al país de sus costumbres de desigualdad social y, las multitudes comenzaban a seguirlo en toda Colombia por sus ideas innovadoras en el campo social, económico, ecológico y político.

Usted puede notar como ellos atacaban a un competidor político fenomenal, con liderazgo, dinero y bondadoso que los estaba dejando, en tiempo récord, rezagados y mal vistos, amparadores o excusados en temas NO políticos. Si no era por narcotráfico se hubieran agarrado de cualquier otro pretexto como su estatura o falta de estudios, pero con las manos cruzadas no se iban a quedar. Jesús de Nazaret también se dedicaba a ayudar a los necesitados y los que decían ser más limpios que todos buscaron la manera de venderlo como un peligro para justificar su asesinato y el exterminio de sus seguidores. En esencia usted está viendo la misma historia.

Si Pablo Escobar era o no era narcotraficante no les importaba en lo más mínimo, si entraba o no a la política no les importaba en lo más mínimo. Recuerdo en este punto que Pablo Escobar era un líder político reconocido y querido en Antioquia y ya había sido concejal de Envigado.

1: Si era narcotraficante ¿Por qué antes de estas elecciones no se metían Galán y Lara con él?

2: Sepa el lector y juez que había más aspirantes al Congreso, y después congresistas, que tenían sindicaciones de ser narcotraficantes ¿Por qué Galán y Lara no se metieron con esos otros? la respuesta es muy sencilla: eran del montón, no tenían ni el talento ni el prometedor futuro de Pablo Escobar, estaban por debajo de Galán y Lara y no por encima como El Patrón.

Galán y Lara tenían envidia del explosivo despegue político de Pablo Escobar, y mucha más envidia y miedo de su proyección. A ese paso con ese carisma y ese dinero sería presidente en poco tiempo, cosa que Galán y Lara sabían que ellos no serían NUNCA. Al final ninguno de los tres lo fue, pero Galán y Lara deben estar contentos en el infierno por haberle metido el pie a la carrera de Pablo Escobar.

Si Galán rechazó el apoyo de Jairo Ortega y Pablo Escobar por sus supuestos principios morales, o porque Pablo Escobar era un contrabandista de cocaína, o cuales quieran que fueran sus pseudo-razones, hasta allí era su deber. Pero no, entre tantos otros aspirantes en el país a Cámara y Senado, muchos peores seres humanos que Pablo Escobar, entre esos tantos otros se la dedicaron especialmente y conspiraron en todo momento enfermizamente contra él. ¿Cree el lector y juez que si Pablo Escobar no hubiese quedado electo Galán y Lara lo seguirían atacando por más mafioso que fuera? ¿Cree que si hubiese sido electo por otro partido diferente al de los rivales directos de Galán y Lara los seguirían atacando?

En verdad ellos atacaban a un rival político, lo de narcotraficante es pura cuento para tontos.

Galán encontró en los ataques a la persona de Pablo Escobar un atajo fácil para aumentar sus escasos adeptos.

Creía que hablando mal de Pablo Escobar, un hombre inmensa mente popular y querido, quedaba bien él. Eso es típico de los envidiosos. En vez de esforzarse por superarlo optó por hablar mal de él para que los adeptos de Pablo Escobar se le endosaran. Eso es muy parecido a cuando alguien quiere ganar puntos hablando mal de la competencia.

Usted ya puede ver como Galán, Lara y Cano, en ataques individuales y mancomunados se dedicaron a entorpecer la prometedora carrera política del verdadero Pablo Escobar, no el bobo grande de la serie. Se olvidaron de sus propias campañas y de los verdaderos problemas de la Colombia de aquella época, que no eran pocos, por dedicarse a eliminar a un rival político que los estaba superando rápidamente, todo bajo el pretexto de ser narcotraficante, que, si no era por eso, lo atacarían por X o Y excusa. Querían afanadamente quitarse a un rival político y creían que nadie se deba cuenta. Además, en ese momento de la historia, la adición de Pablo Escobar a Alternativa Popular ponía en amplia ventaja al eterno rival de Luis Carlos Galán en el liberalismo: Alberto Santofimio Botero, el mejor orador de Colombia, seguido de Galán, según dicen los testimonios.

Es como si una mujer —o un hombre— lo rechazara a usted y luego se pusiera celosa cuando lo ve con otra. Tal cual pasó con Galán cuando Jairo Ortega y su equipo fueron recibidos en las toldas rivales y estas quedaron robustecidas con aquella fusión.

Desde ese día en adelante Galán haría sus campañas políticas a costa de vapulear y humillar a Pablo Escobar. Buscaría subir a la presidencia siempre pisoteando su nombre y la honra. Este atento y verá que es así a cabalidad.

La supuesta inmunidad parlamentaria que buscaba Pablo Escobar ha sido una mentira repetido tantas veces para ser convertida en verdad. Pablo Magno no tenía para entonces ningún proceso jurídico abierto o investigación alguna y a pesar de que había extradición nunca había sido puesta en práctica, ni había razones para hacerlo. ¿Para qué te vas a tomar un remedio si no estás enfermo?

Él pudo haberse retirado del narcotráfico en ese momento y quedar limpio judicialmente y multimillonario, como lo hicieron muchos narcotraficantes de la época por ejemplo Fidel Castaño ¿Para qué te vas a poner una vacuna y te metes donde está la peste a buscar nada, pudiendo no entrar donde está la peste o marcharte lejos de ahí?

Atento lector y juez: Pablo Escobar tenía en ese momento papeles en regla con otros nombres y otros aspectos físico de ¡14 países diferentes!: Pudo irse con sus millones de dólares y vivir tranquilo lejos de estas tierras.

A Galán y Lara también los cobijaba la inmunidad parlamentaria, y hoy sabemos que tenían sus pecados guardados, y según la élite de Bogotá para ellos no era mala dicha inmunidad, que eran políticos y corruptos tradicionales.

PABLO ESCOBAR, EL PATRÓN DEL MAL. Episodio 9, minuto 27.

Hermilda, la madre de Pablo Escobar lo llama de urgencia para decirle que les van confiscar las casas que están construyendo para la gente del basurero, que los acusan de no tener los permisos reglamentarios y que todo aquello son órdenes impartidas desde Bogotá, porque no quieren que él tenga más aceptación entre la clase pobre de Antioquia.

Lector y juez, sabotajes con esas casas si hubo, hasta me extraña que lo digan en la serie, seguro lo ponen porque es algo demasiado público y quieren tener de dónde agarrarse para decir que están contando la verdadera historia y, que son imparciales en la narración de la misma. Con esta prueba usted puede comprobar la veracidad de lo que he dicho hasta ahora: aquello de que era narcotraficante es un embeleco de Galán, Lara, Cano y los grandes *cachacos* para sacar del camino a quien encarnaba una figura redentora y que tenía planeado acabarles con el negocio de vivir del Estado.

Galán y los otros ricos del país no hacían nada diferente a robarle al pueblo colombiano y ahora que alguien hacia algo por los menos desfavorecidos y no robaba del erario público se valían de artimañas y retorica moralista para entorpecerlo.

Los de la serie solo hacen el comentario generalizado de que esas órdenes vienen de Bogotá, pero no hacen una escena de los Galán y su clase pudiente organizando aquella bajeza, y no lo hacen porque eso mostraría la verdadera cara de Galán y su combo, quienes no son para nada la de los angelitos que han tratado de vendernos o imponernos. Nunca le dieron nada a nadie y en cambio trataron de impedir que Pablo Escobar ayudara a aquellas personas.

¿Usted cree que esos ricos que todo lo tuvieron y querían dejar sin un techo a quienes por única vez podían disfrutar de uno propio merecen el altar en que sus familiares quieren que nos arrodillemos? Sea justo al responderse lector y juez y piense con sinceridad como sería su actitud si estas malas acciones no las cometieran contra Pablo Escobar, sino contra su padre, hermano, hijo, o tal vez contra usted mismo. Si usted es de los que ha aplaudido estas acciones de Galán, Lara y Cano, pídale perdón a Dios, si cree que hay un Dios justo.

Cualquier ser humano que haga lo que hizo Pablo Escobar por el menos desfavorecido es digno de reconocimiento, y cualquier ser humano que haga las mañas que hicieron Galán, Lara, Cano y su mafia politiquera desde Bogotá para impedir que esa gente recibiera una vivienda digna, es digno de reprochar. Aquí tenemos el mundo al revés, despreciamos a Pablo El Grande y alabamos a los *cachacos*. Todo eso lo han logrado matando a todo el que no cuente la historia como ellos quieren y con manipulaciones a través de sus poderosas maquinarias de comunicación, con el beneplácito de los Estados Unidos de Norte América.

¿A quiénes precisamente cree el lector y juez que ocultan los de la serie poniendo el nombre generalizado de "Bogotá"?

Embolatan unas pocas figuras todo poderosas entre los millones de habitantes que tiene aquella ciudad, porque es algo vergonzoso, porque saben que eso que hicieron es asqueroso ¿Cree que esas órdenes venían del barrio el Cartucho, barrio de indigentes de Bogotá? ¿Por qué esconden los nombres propios de Galán, Lara, Cano, Andrés Pastrana entre otras dignidades *cachacas* en la generalización "Bogotá"?

Hay pruebas, evidencias, de que todo lo malo que pasaba en Medellín, en Antioquia y hasta en todo el país, los chachos desde sus grandes medios de comunicación se lo achacaban explícitamente a Pablo Escobar. Aquí vemos como ahora hacen todo lo contrario generalizando cuando los culpables son personas con nombres y apellidos de la alta alcurnia de Bogotá. El capo de esa política manipuladora anti-Pablo Escobar era Guillermo Cano, desde su tanque de guerra llamado El Espectador.

Puede ver usted desde cuando vienen los anti-Pablo Escobar, quienes son sus fundadores y desde cuando operaban. Más adelante se harán llamar LOS EXTRADITADORES, después los Pepes (Perseguidores de Pablo Escobar) y por último AUC (Autodefensas Unidas de Colombia).

Ya puede ver usted quienes iniciaron todo esto.

Dos detalles altamente importantes sobre este suceso que "olvidaron" poner los maquiavélicos que se inventaron esta serie. No le han mostrado —ni por equivocación—

todo lo que hizo Pablo Escobar para conseguir los recursos para brindar dicha ayuda. Porque, sepa el lector y juez, más que plata, el verdadero Pablo Escobar, el de la vida real, no el mongólico que ponen en la serie, antes que plata puso su liderazgo y disposición para sacar aquella empresa a buen puerto. Desde Bogotá, en su campaña de desprestigio, siempre han repetido que aquello lo hizo Pablo Escobar porque le sobraba el dinero, para desmeritarlo, pero no fue así y hay pruebas, y se las voy a mostrar, para que los *cachacos* sientan vergüenza, si es que conocen que es eso los que hicieron esta mala serie. Recolectaba plata entre algunos narcotraficantes que trabajaban con él, hizo actividades y espectáculos para conseguir fondos en los cuales participaron grandes figuras públicas del país, quienes hoy lo niegan por miedo a que los maten físicamente o moralmente los Pepes, por haber colaborado en lo que en ese momento era una loable causa, y aún lo sería hoy en cualquier parte del mundo que no fuera Colombia.

El otro detalle de no menor importancia es que esas casas fueron entregadas cuando Pablo Escobar ya era congresista. Es decir, después de campañas políticas, pues la campaña de Pablo Escobar solo duró unos 45 días. No escatiman esfuerzo en hacerle creer a usted de que eso lo hizo Pablo Escobar por conseguir votos. Mostraré las pruebas de lo contrario para seguir dejándolos como los estafadores que son.

Galán y el resto de políticos de ayer y hoy, solo aparecen en tiempos electorales mostrándose como gente del pueblo —como se ve en la serie que lo hacía Galán y Lara— después se pierden y no conocen a nadie.

Después de ser elegido congresista Pablo El Grande siguió con sus programas sociales, en este caso con el llamado Corporación Medellín Sin Tugurio. La continuidad de sus obras sociales después de elecciones era otro detalle que llenada de preocupación a la alta clase pudiente colombiana, esto fue otra cachetada, ahora con el anverso de la mano.

Los de la serie le siguen mintiendo, tratan de que usted crea que lo hizo en tiempos de política y en la vida real esto lo hizo <u>después de elecciones</u>, algo *sui generis* en la Colombia de ayer y de hoy; y en el mundo entero. Aún hoy no ha habido político o civil alguno más con tales actitudes.

Si deben mentirle sobre la verdadera historia es porque con la verdad nadie les otorgaría la razón. Al descubrirles estas mentiras automáticamente debe otorgársele la razón a Pablo Escobar.

Si ellos dicen ser los buenos y Pablo Escobar el malo ¿Por qué tienen la necesidad de mentir?

Como las pruebas las daré mucho más adelante en el tiempo correcto de la verdadera historia, de momento le mostraré con lógica, con raciocinio que esto es mentira:

¿Cuánto cuesta hacer una casa básica de interés social? ¿Cuánto cuesta un voto en Colombia?

Una casa básica al gobierno de hoy le cuesta entre 30 y 40 millones de pesos. Informes periodísticos dan fe de que ponen a votar a los más necesitados por una gaseosa y un tamal, algo así como 4000 pesos.

Ninguna persona de nivel de raciocinio básico será ajena a darse cuenta que no es lógico ni rentable cambiar casas por votos. Además, las casas iban a ser entregadas amobladas totalmente y con dos años de servicios públicos básicos totalmente pagados.

Esas casas las hizo la Corporación Medellín Sin Tugurio, donde Pablo Escobar era su figura más notable, pero no era el único. Participaron personalidades de alta talla nacional e internacional. Aquello fue un acto humanitario mancomunado que haría sentir orgulloso a cualquier ser humano que hubiera participado allí, pero contrario a eso, las personas que participaron hacen cuanto está a su alcance porque nadie sepa que ellos participaron en tan noble causa. La razón: Los Estados Unidos y la clase alta de Bogotá atreves de sus grandes medios de comunicación acaban con todo el que no hable mal de Pablo Escobar. El hombre que los hizo quedar en ridículo y como ladrones.

Por cierto, mucha de esa gentuza que vivió en el basurero no tenía cédula o ni siquiera sabían votar. No cayeron en cuenta en este pequeño detalle los que hicieron la serie, o les importó un comino mentir descaradamente, en decirnos que un genio como Pablo Magno, que le ganó la guerra a la potencia número uno del mundo y a su lacayo número uno (la oligarquía colombiana), no se daba cuenta de algo tan básico. Que menosprecio a la inteligencia de sus televidentes.

Fue después de elecciones que el partido político Renovación Liberal, emprendió un nuevo programa denominado Medellín sin Tugurios, una vez más bajo la batuta de su líder: el campeón Pablo Escobar. Él solía decir que podía ser tolerante con la pobreza, pero jamás con la miseria.

Estas viviendas que se pretendían construir no eran para los pobres, eran para los miserables, por eso se planearon una serie de estrategias para conseguir los fondos para llevar a buen puerto esa nueva empresa.

Esto que anoto aquí es importantísimo lector y juez, pues siempre que usted vea a sus enemigos referirse a este tipo de obras sociales y cívicas, notará como se afanan en menospreciarlas o mentirle en cuanto a la manera en que se realizaron o el fin de las mismas.

Las mentiras más recurrentes es decir que lo que Pablo El Grande hizo por sus hermanos menos desfavorecido, lo hizo porque le sobraba la plata, que era para limpiar su conciencia y otro sin número grande de estupideces que solo tienen como fin restarle importancia y negarle el elogio que esos actos por si solos merecen.

Le recuerdo en este punto, que el programa bandera del Movimiento Renovación Liberal que lideraba Pablo Escobar se llamaba: Civismo en Marcha. Mírese bien: Civis-mo. No donación, ni fundación, ni regalo ni otra cosa diferente. Es decir, que eran obras cívicas, obras donde la comunidad también aportaba su grano de arena.

Los líderes de dicho movimiento buscaban la manera de conseguir los recursos y luego, junto con las comunidades realizaban las obras.

Para la construcción de las viviendas de los moradores de los basureros, que eran las personas a quienes se les quería brindar la oportunidad de tener una vivienda digna se realizaron varios eventos o campañas destinadas a conseguir los fondos.

Aparte de los eventos para conseguir los recursos, la misma gente de la comunidad beneficiada ayudaba a construir sus casas, era civismo, no era un regalo en su totalidad y menos para conseguir votos.

Miles de testimonios de personas necesitadas de aquellos días que recibieron la ayuda de Dios a través de la mano Pablo Escobar son una prueba tangible —que no han podido sabotear desde Bogotá, aunque lo han intentado— de la magnanimidad de aquel hombre y, que no es el malo de esta historia. En un país donde hemos vivido la corrupción en su máximo esplendor, la guerra es un negocio de unas pocas familias capitalinas y es nula la falta de soberanía e independencia de Colombia frente a las imposiciones norteamericanas, no puede, es imposible, que sea el malo el hombre que con obras y no con palabras se opuso a estos tres monstruos que han desangrado al pueblo colombiano. No puede ser el malo quien combatió a los malos, así los malos lo llamen malo.

Miles de personas en Colombia y el mundo rezan por el alma de Pablo Escobar, incluso antiguos enemigos de él.

¿Quién reza por el alma de Rodrigo Lara? ¿Quién reza por el alma de Guillermo Cano? ¿Quién reza por el alma de Luis Carlos Galán?

Seguramente ni sus familias ya lo hacen.

Esta faceta de Pablo Escobar que muestro en este momento de la historia, lector y juez, es el hombre antes de la guerra. Este era él en su estado natural. Los cambios que se den serán forzados por las circunstancias.

Este es el hombre más envidiado por la clase alta de Colombia en toda su historia.

Estas son las obras que Guillermo Cano criticaba y vapuleaba, a lo mejor Guillermo Cano también vivía en basurero y no lo sabemos, y por eso criticaba estos actos de ayuda de Pablo El Grande.

Le reitero: Eso que sale allí en la serie fue cierto y mucho peor lector y juez. Con extrañeza tengo que reconocer que no pensé que fueran a hacer reseña de aquella bajeza de

Galán y los otros Pepes de Bogotá. Llegaron al extremo de militarizar las casas que aún estaban en obra negra para impedir que aquellos desamparados tuvieran vivienda propia y digna. Es decir, usaron la fuerza pública, que está para defender al pueblo, en contra del mismo. Estos son los que se quieren vender como los buenos a las malas.

Galán, Lara y Guillermo Cano desde Bogotá movieron cielo y tierra para que esas personas miserables no tuvieran una vivienda digna y todo por dañar a Pablo Escobar.

¿Cree usted que era buena esa conducta de impedir que esas personas miserables tuvieran su vivienda digna solo por no ver a Pablo Escobar recibir los elogios merecidos?

¿Aún cree que Lara, Galán y Guillermo Cano que tenían muchas mansiones por todo el país y fuera de él, que trataron de impedir que esos miserables tuvieran una vivienda digna son los buenos de esta historia?

No eran 60 como lo dicen en la serie —que ya estaba demorando en mentirle— eran 1000 en la primera etapa y 500, según la página 21 del libro en el que disque se basan y que acomodan a su conveniencia o perjuicio de Pablo El Grande; en verdad eran 2500 y la meta eran 5.000 en dos años. Al final, hoy, hay poco más de 4.000, él hizo hasta donde lo dejaron trabajar.

Mire como minimizan descaradamente los puntos favorables a Pablo Escobar, de 1000, bajan a 60, sólo el 5.2% aproximadamente, eso es comparación con el libro en el que disque se basan, pero en la realidad eran 2.500 en la primera etapa, solo ponen 2,4% del total. Poco a poco van bajando la cifra hasta que un día dirán que eso es un mito y que nunca hubo tales obras humanitarias.

Si según ellos son los buenos y Pablo Escobar el malo, ¿por qué la necesidad de mentirnos?

Pablo Escobar fue a dos sesiones en el concejo de Envigado antes de renunciar, y no sé cuánto tiempo transcurrió entre esas dos sesiones, diré arbitrariamente que Pablo Escobar fue concejal de Envigado por dos meses, como máximo, más un año como suplente en la Cámara de Representantes —recordemos que él fue electo como suplente—, y mire todas las obras plausibles que dejó para mostrar, sin tocar el erario público, liderando obras para conseguir recursos, que no todo fue plata de su bolsillo.

Pablo Escobar soñaba con construir por toda Colombia hospitales y universidades gratis para el pueblo, como lo hizo en Antioquia y sus alrededores. Eso no lo manifestó ni en tarima ni en público, lo decía a menudo en su intimidad. Lo que le da un valor especial y un sello de sinceridad. ¿Por qué una persona así habría de ser un mal presidente? ¿Porque lo decía Galán o Lara que veían en el a un rival?

Hay muchísimos más actos de muestra de solidaridad, humanismo y civismo espontáneos de Pablo Escobar. Pero no se mostrarán porque es muy difícil favorecer al Magnánimo sin hundir a Luis Carlos Galán, que no tiene ni uno solo para mostrar y, como se ha expresado ya, éste no es un libro precisamente en contra de Galán y su banda, si no a favor de Pablo Escobar.

Narcotraficantes había muchos —y más ricos que él—. Ricos 'legales' había muchos otros, pero ninguno hizo lo que hizo Pablo Escobar por su gente. Duélale al que le duela.

Ahora, completando lo que esconden en la mediocre serie debo anotar algo que en su momento será relevante. El lote en donde se construyó el barrio Medellín sin Tugurios fue comprado con toda la documentación correcta para un plan de vivienda popular a Diego Londoño White, un pudiente de Medellín, ex director de Planeación Municipal y amigo de Pablo Escobar. Esto está en el libro **LA PARÁBOLA DE PABLO**, mismo libro en el dicen basarse los de la serie, pero del cual no respetan su contenido.

Esto se anota para que se vea que el pretexto de la supuesta ilegalidad de las casas era una excusa barata, así como aquello de que había atacar a Pablo Escobar porque era un narcotraficante.

Este hombre habrá de pagar con su vida por haber facilitado dicho lote, y en su momento le mostraremos este homicidio ordenado desde Bogotá, bajó otro pretexto difamatorio.

Es que el lector y juez debe saber algo: Esas personas, indigentes, iban a recibir una vivienda básica, pero digna.

Una, solo una. Eso era su todo, eso fue una felicidad imposible de describir para quienes vivían en ranchos en medio de un basurero. Ver los rostros de esas personas cuando recibieron ¡Por fin! una casita propia, son de esas imágenes que quien las vive no puede evitar las lágrimas, ni puede olvidarlas jamás. Tanto y todo significaban esas viviendas básicas para esas personas.

Los malparidos que se opusieron a que esas personas miserables tuvieran una vivienda digna —que Dios los perdone— tenían majestuosas casas en Bogotá, como Galán, Cano y Lara, que además de tener mansiones en la capital tenían otras tantas en todo el país y fuera de él. Júrelo que ninguna bien habida.

Por ejemplo, para que se haga una idea: vendiendo periódicos, según él, Guillermo Cano y su familia —el viejito con cara de inocente que montan en la serie— adquirieron una isla privada en el Caribe, en el archipiélago de Las Islas del Rosario, cerca de Cartagena (por cierto, en una ocasión le incendiaron la mansión que tienen allí y culparon a Pablo Escobar). ¿Usted cree que es correcto que una persona que tenga estos privilegios de la vida se obstine en que unos miserables no tengan una vivienda digna?

Lo que más duele es que esas islas son propiedad de la Nación y Cano y otros tantos ricos de Bogotá se adueñaron de ella y se han valido de su poder para no devolverlas y hacer allí lo que les da la gana de manera impune. En una ocasión una autoridad ordenó que las devolvieran, que demolieran unas construcciones ilegales que habían hecho y que iban en contra de las normas ambientales, porque habían destruido unos manglares y rellenado esos espacios para ampliar sus construcciones, afectando fuerte e irreversiblemente unos arrecifes coralinos muy especiales de en la vida marina del planeta. Ninguna autoridad en Cartagena se atrevió a dar cumplimiento a la orden. Se pasaron el balón las unas a las otras hasta que se olvidó el tema. La verdad es que les tienen pánico a poderosas familias de Bogotá. Y así, con este comportamiento mafioso Guillermo Cao tenía el descaro de llamar mafioso a Pablo Escobar.

Lo verá usted más adelante (al hombre de la isla en el Caribe) azuzando a las autoridades para que vayan a matar a Pablo Escobar, y cuando las autoridades tienen que ir a cumplir su deber en contra de ellos, las amedrantan.

PABLO ESCOBAR, EL PATRÓN DEL MAL. **Episodio** 9, minuto 30.

Pablo Escobar, su mamá, su papá, *Peluche*, Gonzalo y el *Chili* montados en una pequeña tarima entregando las casas a medio construir.

Pablo Escobar dice que son en principio 60 casas, que la intención es llegar a las mil.

Gonzalo toma el micrófono y pide apoyo para la candidatura de Pablo Escobar a la Cámara como suplente.

Lector y juez, lo que le ocultan en la serie es que esas casas estaban militarizadas cuando fueron ocupadas. Que aquellos indigentes tuvieron que meterse a la fuerza exponiendo su vida porque Galán, Lara, Cano y *el cartel de la moralidad* (así se les conocía en la década de los 80 y 90), pusieron a la fuerza pública a sus servicios politiqueros y no al servicio del pueblo. No olvide esto, porque esta es apenas la primera vez que Galán y Lara utilizan nuestra fuerza pública —pagado con el sudor de cada colombiano— para peleas personales, en este caso para quitarle méritos a un rival político. La próxima vez que yo le recuerde estos abusos de poder por parte de Lara y Galán, será para mostrarle como lanzan nuestra fuerza pública contra la persona de Pablo Escobar, un rival político, eso es como un prevaricato.

Tampoco le ocultan que aquellas casas iban a ser entregadas totalmente dotadas y que ante aquel intento de Galán, Lara y Guillermo Cano por dejar a esas personas sin viviendas se creó el caos y el desorden, cada quien cogió lo que primero pudo. Además de que la intención era tenerles pagos totalmente todos los servicios públicos por dos años.

Ya sabemos que tampoco es cierto que fueran 60 casas y llegarían a mil. Hay testimonios que aseguran que eran dos mil quinientas y llegarían a cinco mil en dos años. Con todo el dolor del mundo debo decirle que esa meta Galán, Lara y Cano no la permitieron cumplir.

Los que hicieron la serie ponen solo un puñado de personas allí recibiendo las casas, para que usted crea que Pablo Escobar solo ayudó a unas pocas personas. Ahora que salga elegido congresista dicen que fue por las personas que le pagaron con votos las casas que les dio. Eso se llama incoherencia, si Pablo El Grande ayudó a tan pocas personas como lo muestran en la serie ¿De dónde salieron los supuestos votos canjeados por casas para ser elegido congresista de Colombia?
Si ayudó y cobró con votos a tanta gente que votaron por él para ser congresista de Colombia ¿Por qué solo muestran un puñado en la serie?

La consigan de los Pepes es que con cara ganen ellos y con sello pierda Pablo Escobar.

Esto es importante que usted lo sepa, para que vea con quien estamos tratando: 15 años después de la muerte de Pablo Escobar y 25 de que el entregara estas casas, aquel barrio que la Corporación Medellín sin Tugurios construyó, no tenía una escuela, ni una cancha deportiva, ni otros servicios PUBLICOS básicos. Todo porque aquel era el barrio construido por Pablo Escobar y llevaba su nombre, contra la voluntad de Bogotá, como muestra de gratitud hacía su gestor.

Los descendientes de los Pepes, posicionados en altos cargos, chantajeaban a aquellos moradores para obligarlos a ser ingratos con el único hombre que les tendió la mano cuando ellos los escupían.

Dicho chantaje lo hacían con dineros públicos, es decir con dinero de todos nosotros, ese era un derecho de aquellas personas y de nuevo los dueños del país, los que se venden como los buenos, hacen con los recursos de públicos su voluntad privada.

Pablo Escobar hizo obras para los pobres con capital privado, algo a lo que no estaba obligado, y estos pillos — los Pepes— dejan de hacer con el capital público lo que sí están obligados, para cogérselo.

Es usted quien decide si esto que hicieron con la gente del basurero de Medellín está bien o mal hecho, y si estos merecen ser llamados los buenos.

¿Sabe el lector y juez quien fue uno de los alcaldes de Medellín que chantajeaba con servicios básicos públicos a aquellos moradores del barrio que construyó Pablo Escobar para que renegaran de él? Alonso Salazar, el hombre que escribió el libro **LA PARÁBOLA DE PABLO**, mismo libro en el que dicen basarse los que hacen esta maquiavélica serie y que nos toca citar recurrentemente aquí. Deduzca por qué entre docenas de libros escritos sobre Pablo Escobar eligieron este; además este mismo señor escribió un libro a favor de Galán. No sé si por encargo.
Ahora bien, en el libro en el juran los de la serie que se basan, dice claramente y ya lo anotamos un poco antes, que lo que detonó la construcción del barrio llamado hoy **PABLO ESCOBAR** fue un incendio que arrasó con los *cambuches* del basurero donde vivían estas personas, si a esas condiciones se le puede llamar vida. Nada de ese

drama humano muestran en la serie. En nada se parecen lo narrado en el libro y lo recreado en la serie sobre las condiciones de vida de esas personas.

PABLO ESCOBAR, EL PATRÓN DEL MAL. Episodio 9, minuto 32.

En esta escena recrean el día de las elecciones y más concretamente cuando daban los resultados. La presentadora de las noticias da el último boletín con los resultados parciales para presidente: Silvio de la Cruz, del Partido Conservador 2.200.300 votos. Alfonso López del Partido Liberal 1.604.000 votos. Luis Carlos Galán del movimiento Nuevo Liberalismo 780.000 votos.

Rodrigo Lara y Alonso Santorini salen electos como senadores. Y Javier Ortiz como Representante a la Cámara por Antioquia. Muestran a Galán y los suyos festejando el tercer puesto y felices por sacar cerca de ochocientos mil votos.

Lector y juez, esto se lo muestro para vea la cara de estúpido que nos han visto los creadores de esa serie al querer vendernos un patético Galán inmaculado y una historia ridícula.

¿Había visto usted a ese tal 'Silvio de la Cruz' en la serie? Claro que no, y de repente sale ganando las elecciones.
¿Había visto a ese tal Alfonso López? Claro que no, y sale de segundo.

Todo un show mostrando a Galán y su campaña como un fenómeno electoral cuando en la vida real eso no fue así, y usted lo puede comprobar por estos resultados, ya que los que dan en la serie fueron en algo parecidos a los que se dieron en verdad en la vida real.

Si tanto les interesa que se vea a Galán como un caudillo ¿Por qué no hacen una serie especial para él? Seguramente no la ven ni ellos mismos. En cambio, aprovechan el nombre de Pablo Escobar para hacer una oda a Galán. Eso sí que es no tener autoestima, tener que usar el nombre de tu enemigo, al que tanto has criticado, para poder alabarte.

Ya usted con estos resultados debió haberse dado cuenta de que Galán no era la maravilla de político que pintan en la serie. Tanta parafernalia de los de la serie para quedar al final al descubierto con los resultados.

Ese que aquí hacen llamar 'Silvio de la cruz', todo el mundo sabe que es para representar al ex presidente Belisario Betancur. Lo ponen con 2.200.300 votos.
Todo lo que ellos ocultan aquí yo se los voy a develar. No le están contando ni el 5% de la historia verdadera, ni el 1% de la verdad; ya le había advertido.

El otro que mencionan allí es a Alfonso López con 1,604,000 votos. Ese es su nombre original, ahora pregúntese ¿Por qué a ese no le cambian el nombre? Decían que Alfonso López Michelsen era la mente más perversa de Colombia, por su inteligencia y perspicacia. Su familia es una de esas pocas que mandan aquí, él ya había sido presidente, al igual que su padre. ¡Ese si tenía poder!, a esos sí le temen los de la serie, por eso a este señor y su familia le ocultan cosas negras que toda Colombia sabe. Los de la serie manosean a todo el que les da la gana en su historia amañada, con los López van a tientas. *El mico sabe en qué palo trepa.*

¿Qué tiene para festejar el sacar apenas el diez por ciento de la votación general? ¿Qué tiene que festejar ser el tercero si solo debe haber un ganador?

Con sinceridad lector y juez, ¿usted cree que no nos ven la cara de idiota a quienes vimos la serie?

Los resultados verdaderos de aquella elección fueron 3.189.278 para Belisario Betancur, 2.797.627 para Alfonso López y 745.738 para Galán. Puede usted notar como los sinvergüenzas familiares de Galán de la serie le quitan votos a los otros dos candidatos que van arriba para acortar la diferencia con Galán y, ¡a él le ponen otros de más para decir astutamente! *casi ocho cientos mil votos¡,* cuándo lo correcto al redondear una cifra es bajarla sí la fracción está antes de la mitad, redondeando la cifra en miles Galán sacó 700 mil votos ¿Por qué estas patrañas sí Pablo Escoba fue tan malo y ellos tan buenos?

Lo que NO le quieren decir es que si suma —tan solo la mitad— los votos de Galán con los de los liberales, ganaban los liberales y, que esa pataleta de Galán que les costó la pérdida del poder nunca se la perdonaron. Se la harán pagar más tarde con su vida, eso sí, cuidadosamente planeado para que se culpara a Pablo Escobar, al que había que cambiarle a cualquier precio la imagen de hombre bondadoso y benefactor para poder justificar su asesinato. A los políticos o politiqueros que pierden en unas elecciones, la votación que sacan solo les sirve para negociar burocracia, vamos a ver qué hace Galán con esos sobre valorados 745.000 votos. Le recuerdo lector y juez que esos pocos votos los ganó con discursos en contra del clientelismo y otras prácticas politiqueras. Esperemos a ver qué hace con esa votación.

En virtud de las leyes de la Colombia de la época, Galán quedaba como senador.

Pablo Escobar quedó, en calidad de suplente, cómo miembro de la Cámara de Representantes. Ambos eran congresistas. A está posición qué alcanzó Pablo Escobar, y pisando fuerte, fue a la que le temieron.

Hilando aún más delgado, para Pablo El Grande el haber entrado en la política directamente y a nivel nacional, no fue su infortunio. Lo fue el potencial político, peligroso para ellos, que vieron en él los políticos de Bogotá: Que era un presidenciable.

Pablo Escobar aspiró como suplente —o sea compitió— a una curul en la Cámara de Representantes ¿Qué cree el lector y juez que hubiese sucedido si no hubiese sacado los votos necesarios para alcanzar la curul? Nada, hubiese sido otro —de los muchos que lo han intentado— iluso que quiso incursionar en la política. Hoy quizás estuviera con vida y no fuera el monstruo que quieren que compremos. Todo el problema fue el potencial que tenía para ser un fenómeno político a nivel nacional y que lo pondrían en corto tiempo en el Palacio de Nariño. Lo vieron como una amenaza a sus intereses y lo atacaron, Pablo Escobar simplemente respondió fuego con fuego y por ahí empezó la guerra. Póngale a eso la ñapa: era de tendencia izquierdista, en plena guerra fría mundial.

A usted lector y juez, o a mí, nos va a pasar lo mismo si algún día llegamos a ser presidenciables: los políticos nos atacarían. En este caso el turno de ser atacado fue para Pablo Escobar, pero cualquier ciudadano que no sea de esa *rosca* y se perfile como un presidenciable, se lo comen vivo.

Es importante que el lector y juez sepa lo siguiente: en la Colombia de aquellos años, como en la de hoy o la democracia de cualquier otro país del mundo, los grandes grupos económicos tienen interés en las leyes que se dictan, por eso financian campañas de legisladores para que defiendan sus intereses. ¿No era más adecuado y sabio que los exportadores de cocaína, tal vez el gremio más rico y prometedor del mundo, tuviera su propio representante en el Parlamento? Precisamente un interlocutor político propio hubiese evitado una guerra y un baño de sangre como el que se está por narrar, los cuales se les debe a ladrones de cuello blanco como Luis Carlos Galán, Rodrigo Lara y Guillermo Cano, entre otros cazadores.

Repetiré cuanto sea necesario al lector y juez, que Colombia no era el paraíso que pintan en la serie y, que esta no cuenta ni el cinco por ciento de la historia real, ni el uno por ciento de la verdad.

Hay una región en Colombia famosa a nivel mundial por producir esmeraldas de apreciada reputación. Los esmeralderos tienen mucho que ver en esta historia y en las guerras de Colombia, pero nada de eso ve usted en esa porquería de serie. Precisamente, de la zona esmeraldera era el *Mejicano*, el tal 'Mariachi' de la serie. Esta zona siempre ha estado en guerras, en ese tiempo más, por el control de las minas, han sido eternas, con menos o más intensidad, y son mejor conocidas como las famosas guerras verdes. Millones de dólares circulando, ejércitos privados, guerras sin reglas contra las guerrillas, eran estados 'independientes' de Colombia y siempre han tenido sus representantes en el Congreso, principalmente de línea conservadora. Por eso es que el *Mejicano* era conservador o godo a morir.

Sí hubiesen sido producto de las esmeraldas los millones de dólares que Pablo El Grande cogía para realizar sus obras cívicas, sociales, deportivas, ambientales y culturales; además tuviera la misma aceptación social y él camino expedito hacía la presidencia, Lara, Galán, Cano y los otros cazadores estuvieran diciendo: *esmeraldas de sangre* o *esmeraldas de contrabando* o cualquier otro tipo de justificación que les permitiera engañar a sus conciencias mientras planeaban y justifican la eliminación de un adversario político, seguro ganador. Porque el problema nunca fue la actividad a la que se dedicaba Pablo Escobar para conseguir el dinero, sino lo que hacía con él.

¿Quién financiaba las campañas de Galán? ¿Que ofrecía él a cambió? ¿Cree que sus financistas le daban dinero para que después fuera en contra de sus intereses en el Senado? ¿Cree que Galán y Lara ponían la plata de su bolsillo para no recuperar casi nada sumando todos los salarios? Político es político lector y juez.

Pablo Escobar se amparó políticamente en el movimiento del más firme candidato a la presidencia de la Republica, Luis Carlos Galán. Quien en intensos debates al interior del Congreso lo expulsó de su movimiento.

Esto lo dice un documental muy publicitado llamado PABLO ESCOBAR ÁNGEL O DEMONIO. Más o menos al minuto 27. Con esto le demuestro a usted que es una directriz el tergiversar la verdadera historia. ¿Cuál es la explicación lógica para qué los "buenos" tengan que cambiar la historia? Hay una sola respuesta para eso: No eran los buenos en verdad.

Imposiciones mentirosas como estas que acabo citar aquí, las cuales he tomado de un documental muy publicitado, son los motivos me han llevado a esta defensa. Galán **NO** era el más firme candidato de la presidencia de 1982. Galán para ese entonces era una gema del árbol del liberalismo. Era visto como un revoltoso que no se dejaba imponer de algunos caciques tradicionales del liberalismo, aunque en la sombra estuviera el ex presidente Carlos Lleras Restrepo. Era un *rebelde* del Partido Liberal, uno de los dos grandes partidos de esa época en Colombia. Pero no tenía opciones de ganar.

¡Galán sacó cuatro veces menos votos que lo que sacó el primero! Al poner que Galán era el más firme candidato y que Pablo Escobar era el que se le arrimaba, dibujan una escena en donde este último quisiera montarse en el bus ganador del primero. Lo cierto es que Pablo El Grande simpatizaba en un principio con Galán, por su supuesto nacionalismo, pero iba era a empujar el bus rezagado de él, no ha montarse.

Mire el lector y juez una prueba de que Pablo Escobar no buscó montarse en el bus ganador de Galán, porque no fue cierto aquello y porque Galán no era favorito:

PABLO ESCOBAR MI PADRE. Juan Pablo Escobar, página 217: *Entre tanto, la discusión en torno a si era conveniente o no que mi padre se lanzara a la política llevaba ya dos horas en el apartamento de mi abuela Nora. Hasta que finalmente cedió a la tentación y aceptó que lo incluyeran como segundo renglón en la lista que encabezaba el abogado Jairo Ortega para la Cámara de Representantes por el Movimiento de Renovación Liberal,* MRL. <u>*Mi padre supo ahí que el* MRL *ya había adherido a la candidatura de Luis Carlos Galán por el Nuevo Liberalismo.*</u> *A él le pareció bien porque tenía un muy buen concepto de Galán por su trayectoria política y su gran capacidad oratoria, pero sobre todo por sus ideas.*

Pablo Escobar lo que hizo fue dejar todo como estaba hasta el momento en el que él llegó. No fue que buscó sumarse a la campaña de Galán.

Este tipo de versiones falaces como las que dicen en el aparte del documental que estamos analizando son las que han llevado a las guerras.

Dice el documental que intensos debates en el Congreso Galán expulsa a Pablo Escobar de su movimiento. Tampoco es cierto, Pablo Escobar apenas era aspirante, y era su primera vez; o sea que no tenía curul aun, así que no podía haber debates en el Congreso. Y si Galán hubiese expulsado a Pablo Escobar de su movimiento en el Congreso, querría decir eso que Pablo Magno había alcanzado la curul estando como militante en el partido de Galán, y eso es falso.

Por este tipo de falacias es que las guerras estallan y se recrudecen.

La contienda política entre Pablo Escobar y Luis Carlos Galán se dio en tarimas, en la plaza pública, en campañas electorales.

En el Congreso la pelea fue entre Pablo Escobar y Lara Bonilla. Al decir que Galán lo expulsó en un debate en el Congreso le dan un toque de importancia y moralidad a Galán, cuando la verdad es que fue una pelea callejera, para ese entonces. ¿Qué intensión hay al mentir? ¿Por qué será que deben recurrir a la mentira para enaltecer a Galán? ¿Será que no es tan principal como nos lo han embutido?

Debates en el Congreso entre miembros del mismo partido para expulsar a alguno de sus miembros no se dan.

Le dejo este detalle de este episodio lector y juez: el fulano aquel que llenó la cabeza de Galán de cizañas contra Pablo Escobar y el Movimiento Renovación Liberal, para quedarse el con ese cupo, no salió electo, se *ahogó*, se *quemó*.

PABLO ESCOBAR EL PATRÓN DEL MAL. Episodio 9, minuto 37.

En esta escena sale Luis Carlos Galán en piyama con sus hijos, juegan en la cama. Después de mandarlos a su cuarto a dormir, uno de ellos se devuelve y le pregunta: ¿Por qué si perdiste las elecciones estamos celebrando? ¿Quiénes son los conservadores?, porque en la televisión dijeron que por tu culpa ellos ganaron.

Luis Carlos Galán: *Es como si un corredor de un país que nadie se espera, va a unas olimpiadas por primera vez y llega de tercero.*

A ver cómo te explico esto. Eso es un sofisma de distracción, exactamente eso: un sofisma. Yo no le resté votos al Partido Liberal, yo lo que hice fue restarle a la diferencia con la que los conservadores le ganaron al Partido Liberal.

Lector y juez, otra escena patética del Galán familiar.

¿Usted cree que después de un día electoral para un candidato presidencial tendrá ánimo para juegos infantiles? Quieren que le compremos a Galán al precio que sea.

Tratan de subsanar la idiotez que pusieron de un perdedor festejando su derrota con la primera pregunta del niño. Galán allí embauca a un niño, no creo que usted sea un niño y si es un niño debe ser un niño inteligente para estar leyendo este tipo de libros.

No importa si un corredor va a una olimpiada por primera vez, si queda de tercero entre un millón, se puede consolar. Lo que Galán no le dice al niño que embauca en la serie —o los que hicieron la serie— es que ese corredor quedo de tercero entre tres. Mejor dicho, quedó de último.

¿Quién festeja el último lugar? ¿Si Pablo Escobar hubiese quedado de último como Galán, cree que iban a ponerlo festejando?

Además, Galán no era ningún novato electoral, no se le olvide que era senador vigente y que su auspiciador era el ex presidente Carlos Lleras Restrepo.

La segunda pregunta que ponen en la boca del niño se la reclamaron infinidad de veces a Galán en vida. Y dio la respuesta tonta que le da al niño en la serie.

Lo que no le dicen en la serie es que los liberales, el partido del que venía Galán, y que despotricaba en tarima, tenían el poder, es decir el presidente actual —y el anterior a este— era liberal, y ahora ganada un conservador, su archí rival. Es solo cuestión de usar la lógica: si Galán, Lara y los demás miembros de su disidencia eran de los liberales, venían votando por las toldas liberales, ¿cómo es que les restan votos a los conservadores? Porque ese es el sofisma que Galán utiliza con el niño —y que dio en la vida real— que si no es por él los conservadores les hubiesen dado una paliza más grande a los liberales. Le salieron a deber los liberales a Galán. ¿Por quién hubiese votado Galán si el no fuera candidato? Pues por un liberal.

Hay que ser demasiado ingenuo para creerse semejante razonamiento tan mediocre. Y así con esa lógica paupérrima nos lo quieren vender como una mente brillante, y así con esa lógica nos lo quieren vender como un supuesto buen presidente.

Hay veces que es mejor callar.

Los liberales perdieron por Galán y eso no tiene discusión. Eso es fácil decirlo hoy, pero en su momento perder esa presidencia fue fatal para los liberales. Miles de millones se perdieron. A Galán le cobrarán esa pataleta.

Estamos casi en siete décadas de guerra interna en Colombia por que los liberales y conservadores se hacían matar por sus respectivos partidos. Liberal votaba Liberar y Conservador votaba Conservador. Los votos de Galán eran liberales.

Tampoco es cierto que Galán no tuviera maquinaria, él se llevó parte de la maquinaria de los liberales. Tenía una maquinaria pequeña, tal vez, pero tenía. Una campaña presidencial no se hace a pie ni solo. Él era senador y había reclutado a otros inconformes, que los hay en todos los partidos. En falso que estuviera sólo y sin maquinaria.

Aunque viéndolo bien Galán si tenía razón para festejar: Que no había ganado Alfonso López Michelsen, misión cumplida.

PABLO ESCOBAR EL PATRÓN DEL MAL. Episodio 9, minuto 43.

Sale un subtítulo que dice MADRID, ESPAÑA. Sale Pablo Escobar acompañado de una mujer.

Sale un subtítulo que dice MIAMI, FLORIDA. Sale Pablo Escobar con la misma mujer en playa. Luego en un hotel reuniéndose junto a su primo Gonzalo con dos personas de habla anglosajona. Llevan portafolios.

Sale un subtítulo que dice: LAS VEGAS, NEVADA. Sale Pablo Escobar y su primo Gonzalo disfrazados de gánster tomándose una foto.

Esto es lo que dice el libro sobre este suceso:
LA PARÁBOLA DE PABLO, Alonso Salazar, página 97:
De estos viajes se recuerdan especialmente dos: el 1 de octubre asistió con Santofimio Botero y Jairo Ortega, invitados por el Partido Socialista Obrero Español, a la ceremonia de posesión de Felipe González como presidente de gobierno, quien era entonces el gran héroe de España y reflejaba poder y gloria. Alguno de los asistentes a la reunión privada que siguió al acto recuerda dos anécdotas

incidentales: que Pablo actuaba como un hombre silencioso que respondía solícito a las peticiones de Alberto Santofimio, quien incluso lo encargaba de servir los whiskys, y que ante la petición de cocaína que le hizo un reconocido periodista colombiano Pablo dijo: «Yo soy un hombre sano, yo no meto de eso».

*El segundo viaje fue a los Estados Unidos, país que lo atraía como ningún otro. Lo hizo acompañado por el Osito, Gustavo Gaviria y Pinina, un <u>joven **que le** servía de maletero y mensajero</u> que luego se convertiría en uno de sus pistoleros más reputados y al que nunca llamaría por su verdadero nombre, John Jairo Arias Tascon.*

En Miami se alejaron en una casa con playa privada, que Pablo había comprado por setecientos mil dólares, y se desplazaron en una limosina. Miami, a la que ya por entonces se le decía la capital de América Latina, ejercía una seducción especial para los narcos. Allí tenían las cosas que brindaba el consumismo, tenía las marcas que en ella habían dejado las mafias estadounidenses de diferentes épocas, pero al ser una sociedad sin memoria pudo ser en alguna medida moldeada por los latinos. El narco emergente que era rechazado en su propia tierra por su origen humilde y su marca de bandido, en Miami se convertía en una persona reconocida por que, en esa ciudad, desde los tiempos en que Al Capone la utilizaba como lugar de verano, el dólar era el que marcaba la jerarquía social.

Lector y juez, una vez más le pido que compare lo que dice el libro en el que dicen basarse y lo que recrean en la serie. Juzgue y vea que tanto se parecen, que tanto se "esforzaron" por hacer bien su trabajo.

Otras versiones hablan de que Pablo Escobar viajó fue a las elecciones en las que Felipe González resultó electo. No a la posesión.
Felipe González recibió, conoció y trató fue al parlamentario Pablo Escobar Gaviria, de tendencia social demócrata como él, no al narcotraficante, asesino o terrorista que vendieron después. Esto lo digo porque aquel viaje del parlamentario Pablo Escobar a España fue leña para el fuego de odio y envidia que sentían los sectores selectos de Bogotá por aquel hombre. Galán y su banda no fueron invitados a ese paseo, eso no les gustó mucho. Si el invitado a aquel suceso de trascendencia mundial hubiese sido Galán y Lara ¿Cree que sus familiares que hicieron la serie hubiesen omito su recreación? Claro que no, hubiesen mostrado su mejor versión de Galán. Pero como es Pablo Escobar oficiando como congresista, es mejor hacerse los locos.

Hablan en el artículo del libro de un periodista reconocido de Colombia que le pidió cocaína para su consumo a Pablo Escobar. Eso no lo recrea la serie, ni lo dirán jamás, es uno de los suyos y *entre bomberos no se pisan las mangueras*. Pero yo les diré quién posiblemente es.

Eso no deja de ser un asunto privado de ese periodista y lo que se meta por su nariz o cualquier otra cavidad. Lo relevante de este episodio es que ocultan el nombre de ese periodista, quien solo ha hablado pestes de Pablo Escobar todos estos años. Ya había advertido que muchas de las personas que usted lleva su vida oyendo despotricar contra Pablo Escobar tienen rabo de paja y la manera de congraciarse con cierta élite es dañándole el buen nombre que algún día tuvo Pablo El Grande. Muchas de esas personas saldrán a la luz en estos escritos y usted verá la verdad detrás de la máscara anti-Pablo Escobar. Un periodista que ha expresado sus anécdotas al lado de Pablo Escobar en aquél viajé se llama Gonzalo Guillén, curiosamente se ha dedicado a despotricar en su contra, aun cuando fue el Magno quien lo coló entre el grupo cercano a Felipe González para que diera la primicia periodística. Por ahí tiene un libro anti Pablo Escobar que utiliza para sus peleas políticas.

También vale decir que en otras versiones se habla de dos congresistas colegas que, estando alicorados en una discoteca de Madrid, le pidieron cocaína para el consumo. En ambos casos Pablo Escobar se molestó, porque él solo veía aquello como su negocio, ni consumía, ni promovía su consumo y, en ambos casos usted puede ver como la alta clase colombiana y estadounidense tienen algo en común: en privado son consumidores de cocaína y en público despotrican de los que la venden. Como se dice que era Rodrigo Lara. Por eso a veces los llamamos LOS CONSUMIDORES, en lugar de LOS EXTRADITADORES.

Otro dato de igual relevancia del viaje a los Estado Unidos es en donde dice el texto que he transcrito para usted: *Lo hizo acompañado por el Osito, Gustavo Gaviria y Pinina, un joven que le servía de maletero y mensajero que luego se convertiría en uno de sus pistoleros más reputados y al que nunca llamaría por su verdadero nombre, John Jairo Arias Tascon.*

Lector y juez atento a esto: es la primera vez en el libro en que se menciona a *Pinina*. En la serie ya lo habían puesto desde 1973 —una década antes— y matando. Mató a un personaje puritano inventados por ellos llamado don 'Aldemar' cuando Pablo Escobar era un muerto de hambre y más joven, más joven no, de menor edad, porque es el mismo actor pipón patilludo con cara de mongólico que montaron en la serie. ¿Lo recuerda?

Mire como dice el texto que era su maletero, su mensajero. Era finales del año 1982. No había guerra, no habían atacado a Pablo Escobar, no querían matarlo, no lo querían mandar para Estados Unidos preso de por vida sin un juicio justo.

Cuando toda esta gente que está gozando de lo que antes carecían, sea atacada, se van a defender con lo que puedan. Entonces le salen a vender a usted que eran asesinos, terroristas, monstruos etc. Ya usted puede ver que no eran nada de eso. Les cambiaran el entorno y ellos deberán adaptarse si quieren sobrevivir, eso es humano y no se quien se atreva a cuestionarlos. Hasta el más manso de los animales, si usted lo acorrala se defenderá.

Si a usted lector y juez, que seguro lleva una vida normal, lo obligan a defender su vida, su libertad, su familia o a la persona que lo sacó de las calles cuando era una escoria social; usted se convertirá fácilmente en un Pablo Escobar, o en un *Pinina*. Si la pelea es contra la clase más poderosa de tu país, que tienen en su bolsillo los grandes medios de comunicación para repetir día y noche una mentira tantas veces hasta convertirla en "verdad", a usted lo llamarán terrorista, asesino, monstruo y todos los demás calificativos despectivos que le han vendido de Pablo Escobar y su grupo de muchachos. Usted puede ver que nada de eso eran hasta aquí y, qué en la serie mediocre, el tal 'Chili' no corresponde en nada, absolutamente en nada, a *Pinina*, el legendario guerrero que luchó en las huestes de Pablo El Grande.

Note algo importante que dice el fragmento del libro que estamos analizando: *Miami, a la que ya por entonces se le decía la capital de América Latina, ejercía una seducción especial para los narcos. Allí tenían las cosas que brindaba el consumismo, tenía las marcas que en ella habían dejado las mafias estadounidenses de diferentes épocas, pero al ser una sociedad sin memoria pudo ser de alguna moldeada por los latinos. El narco emergente que era rechazado en su propia tierra por su <u>origen humilde y su marca de bandido,</u> en Miami se convertía en una persona reconocida por que, en esa ciudad, desde los tiempos de Al Capone la utilizaba como lugar de verano, el dólar era el que marcaba la jerarquía social.*

No solamente en Miami, en cualquier otra parte del mundo cualquiera de ellos, pero específicamente mi defendido: Pablo Escobar, se pudieron haber ido a vivir llenos de millones dólares, sin ningún problema legal. Incluso, puede ver, que en el mismo Estados Unidos viviría como un rey.

Aquel hombre se quedó aquí, en su tierra, con su gente, y ayudando a los más miserables, a los que nada tenían. ¿Por qué eso es malo lector y juez? ¿Porque lo dicen quienes habían tenido de todo desde que nacieron, robando del erario público y ahora estaban quedando en ridículo? Sea justo, solo así podrás pedir que sean justo con usted. Me permito recordarle que un millón de dólares de 1982 es tal vez 10 millones de dólares hoy, 2019. A Pablo Escobar le atribuían para entonces ¡3.000 millones dólares! ¿Qué haría usted con 30.000 millones dólares en el bolsillo y socio del negocio más rentable del mundo? ¿Se iría usted para el basurero de su ciudad a ver que necesitan las escorias que viven allí? ¿Cree que Galán, Lara, Cano u otro rico de Colombia hubiesen tenido esos 3.000 millones dólares en su bolsillo, siquiera vivieran en Colombia? Las respuestas a todas esas preguntas deben dárselas usted mismo en su intimidad, yo sé que no se engañará.

¿Sabe por qué en cualquier otra parte del mundo estos señores serían tratado como reyes por su inmenso capital menos en Colombia? Por qué nunca el amo tolerara que un día el sirviente sea más rico que él.

Ese cuento de que el narcotráfico era malo es puro embeleco, pura justificación. Usted puede ver que Pablo Escobar a pesar de comercializar con esas sustancias no era mal visto, al contrario, mejor tratado no podía ser. Todo empezó por la envidia.

Ponen de mala fe o mañosamente los de la serie que su "Pablo Escobar", cara de bobo grande, no quiso llevar a su esposa para irse con mozas. Todo esto lo inventan para distraer la atención sobre aquel acto histórico, quieren borrarlo de la historia. Después de qué se han cansado de venderlo como un monstruo, como el diablo en persona, ahora les queda mal aceptar que aquel hombre fue en representación de todos los colombianos en aquella ocasión, gústeles o no.

Es de público conocimiento y abunda material sobre aquel viaje. ¿Por qué los de la serie prácticamente se lo vuelan y tergiversan?

Esta foto es real, adivine cual es Galán ahí. La foto de Pablo Escobar disfrazado de gánster sí la recrearon con pelos y señales y esta qué he mostrado se les "olvidó". Note el lector la falta de seriedad, la mala fe y la manipulación de estos señores familiares de Galán y Cano, los que se venden como los buenos de esta historia.

PABLO ESCOBAR EL PATRÓN DEL MAL Episodio 10, minuto 02.

A la entrada del Capitolio Nacional la periodista Niki Polania de El Espectador hace una incómoda pregunta a Pablo Escobar sobre el origen de su fortuna. Él llega al Capitolio Nacional para su posesión como suplente a la Cámara de Representante. Un guardia de seguridad niega la entrada a Pablo Escobar a la ceremonia de posesión, mientras no se ponga una corbata. En un subtítulo dice 1983.

Lector y juez, nunca existió en la historia verdadera la tal 'Niki Polanía', este es otro invento. Dicen algunas voces que se trata de representar a María Jimena Duzán, *La Víbora*, quien fue una periodista Pepe, cazadora, de El Espectador. Ella en la vida real era una de las que conspiraba enfermizamente para atacar a Pablo Escobar, y por instinto masculino tengo una fuertísima sospecha de que fue amiga especial de Rodrigo Lara.

Puede ver que la periodista de la serie siempre que entrevista al Luis Carlos Galán o Rodrigo Lara de la serie, le hace las preguntas fáciles para que estos queden en una inmejorable posición, contrario a ésta ocasión en la que el entrevistado es el "Pablo Escobar" bobo grande y le hace las más incomodas para que este quede mal posicionado. Ya ni siquiera disimulan su inclinación en favorecer a cualquier precio la imagen de Galán y hundir a la de Pablo Escobar.

El famoso incidente de la corbata fue más que eso. Fue una demostración de poder y una "bienvenida" de la clase alta de Bogotá a la presencia desafiante del *paisa* Pablo Escobar en el Congreso de la República.

El día de la posesión, lector y juez, Pablo Escobar en vez de poner su mano en señal de juramento, hizo la V de victoria con sus dedos —esto lo omiten en la serie, está en el libro en el juran basarse y hay una fotografía—. Ese mensaje era claro para los que habían tratado por todos los medios de impedir su llegada al Congreso. También era un mensaje para la clase alta bogotana que no soportaba a ese arrimado que tenía más dinero que ellos, que tenía una aceptación masiva y que se perfilaba como un seguro presidente en corto tiempo. Esto le debe dar una idea de la tensión política que se vivía en aquellos días por la llegada de Pablo El Grande al Congreso y como aquello era hasta esos días una pelea política, con "armas políticas" y en un escenario político; sí había en el fondo una lucha de ideales y de clases, en la que Pablo Escobar representó a la izquierda y a la clase pobre. Y no que era un simple bandolero que quería poder político para traficar como tratan mostrarlo para que sea menospreciado. Los siguientes son dos cortos testimonios que le narran lo que en verdad pasó en ese suceso:

PORTAL KIENYKE: CONFESIONES DE PABLO ESCOBAR A POPEYE'

Popeye: —Patrón, con todo respeto y perdone que meta tanto la cucharada, ¿sí es verdad que al llegar al capitolio, se le olvidó llevar corbata y como allá sólo puede entrar uno disfrazado de pingüino, le tocó pedir una prestada? – le pregunte sonriendo, traté de suavizar mi impertinencia.

—El que le contó el chisme no miente. Así fue –me contestó de buen humor. Yo iba muy bien vestido, pero sin corbata, nunca me gustó usarla, además con el tiempo se convirtió en el símbolo de mis enemigos, los políticos a las órdenes de la DEA y no al servicio de los colombianos.

PORTAL TNN@: EL MINISTRO DE JUSTICIA QUE EL NARCOTRAFICANTE ESCOBAR GAVIRIA NO LOGRÓ ASESINAR, COMENTA LA NOVELA 'PABLO, EL PATRÓN DEL MAL' DEL CANAL CARACOL.

Apareció otro de los porteros de apellido Pinagua que se quitó su corbata y se la prestó a Pablo Escobar Gaviria con la cual pudo ingresar al recinto en donde se desarrolló el debate contra el ministro de Justicia Rodrigo Lara Bonilla. Escobar Gaviria en gratitud con Pinagua por la corbata le regalo 30 mil pesos de la época.

El astuto portero aprovecho la generosidad del mafioso y le echo el cuento que estaba levantando una casita en el barrio 'Diana Turbay' al sur de Bogotá, a lo que Escobar Gaviria le pidió el número de cuenta de banco y le habría consignado cien mil pesos, contaría después Paniagua.

El famoso incidente de la corbata mencionado en el texto que analizamos, en el fondo deja traslucir la lucha de clases. La corbata es un símbolo de estatus, de clase, de poder, sobre todo de los *cachacos*, la clase alta de Bogotá, la capital. Exigirle el uso de esa prenda en el Capitolio Nacional era un mensaje de los *cachacos* prestantes de Bogotá: *Este es nuestro territorio y aquí mandamos nosotros.* Obligar a Pablo Escobar se pusiera la corbata fue el primer pulso que le ganaron, porque sabían que no le gustaba.

Como cuando un preso llega nuevo a una cárcel y los guardias le hacen saber a punta de bolillo quien tiene el control allí, u otro preso le enseña a puñal quien es el jefe del patio.

El no usar Pablo Escobar corbata, dice mucho de su personalidad. Esa rebeldía de querer entrar sin corbata, porque no le gustaban, y de poner los dedos en señal de victoria en el juramento eran un mensaje directo de su desafío a la clase de alta alcurnia política de Bogotá, los mismos que habían puesto toda clase de palos en las ruedas a su candidatura a la Cámara de Representantes. Aunque fue el primero de los pulsos que perdió Pablo Magno en su efímero paso por el Congreso, el talante de rebelde y anti oligarca quedo sentado con esos desafíos, se sentía en el ambiente, su presencia en ese recinto era una incomodidad para la clase dirigente. Por más dinero que tuviese —bien o mal habido— era visto como un arrimado y, desenmascarándolos antes el pueblo, más odio le tenían.

Este tipo de celos es propio del reino animal cuando ven amenazado e invadido su 'reino'. Los ataques contra Pablo Escobar por parte de la élite de Bogotá, tenían más el innato sentimiento humano de envidia y celos, que verdad en las razones que esgrimían de moralidad, de querer sacar a un narcotraficante de un puesto político.

En ese Congreso comenzó una masacre moral y política contra Pablo Escobar ordenada por los americanos, pero no terminó allí. Terminó en las calles, donde al final muchos inocentes y ellos mismo terminaron muriendo... y la DEA ganando.

Lara y Galán fueron inmisericordes con el neófito congresista Pablo Escobar y le dieron con todo. ¿Eso si hay que aplaudirlo? ¿Eso si hay que festejarlo? ¿Dónde están las voces de protestas cuando Lara y Galán acribillaban a Pablo Escobar en el Congreso de la República?

Cuando Pablo Escobar los contraataques, entonces cobardemente, llorando salen a decir que era el demonio en persona.

En el campo político en el que se encontraban, mírese quien tenía el látigo ¿Quién vapuleaba a quien entonces? porque siempre han vendido a Pablo Escobar como el agresor. Podemos ver cómo fueron ellos los que despiadadamente acribillaron y humillaron al novato Pablo Escobar cuando apenas llegaba a la arena política, escenario en el que Galán y Lara eran unos zorros veteranos y mañosos.

Aquél incidente de la corbata lo recuerdan en Bogotá porque hubo una *lluvia* de personas de todo tipo que se apresuraron a ofrecerles la suya. Los *cachacos* siempre que hacen mención del suceso los tildan de lagartos o lambones. Esas atenciones con Pablo Escobar les dolió. Eso deja ver lo importante y reconocido que era él en poco tiempo. También sirve para dimensionar quien era la joven promesa de la política colombiana.

Detrás de las críticas a los *lambones* que ofrecieron su corbata a Pablo Escobar está la envidia escondida. Sí hubiese sido a alguno de ellos que le hubiesen exigido la corbata, seguramente nadie le hubiese ofrecido ninguna. El pulso por la corbata no fue exactamente el día de la posesión, pero si sucedió.

1983

Este es el verdadero año en el que se lleva cabo el programa Medellín sin Tugurios. No fue en el año 1982 como lo han querido vender para asociar esa gran obra humanitaria a intereses electorales.

El sábado 13 de marzo de 1983 se presentó un espectáculo de rejoneo en la plaza de toros "La Macarena" de Medellín a favor de "Medellín sin Tugurios" que se hizo famoso porque Escobar recibió varios brindis de los toreros y rejoneadores durante esa tarde y en cada vez venciendo su timidez y natural retraimiento una ovación de la plaza llena; el cartel de esa tarde estaba compuesto por los rejoneadores: Alberto Uribe Sierra (el padre de Álvaro Uribe Vélez), Andrés Vélez, Dayro Chica y Fabio Ochoa Vásquez y toreros de a pie, que eran César Rincón y Pepe Cáceres, con toros españoles de "Los Guateles" y colombianos de Rocha hermanos. La plaza la abrieron un ramillete de reinas donde estaban Julie Pauline Sáenz, Eddy Cano Puerta y María Teresa Gómez Fajardo; en las graderías estaban sentados entre otros Victoria Eugenia su esposa, Juan Pablo, su hijo, Alberto Santofimio y don Abel Escobar, su padre.

Corrida de Toros de "Medellín sin Tugurios" 1983

Imágenes del portal: WWW.PROYECTOPABLOESCOBAR.COM
Note y corrobore, lector y juez, en los textos de las imágenes lo dicho en el capítulo del año 1982 de este libro, sobre la calidad de personas que apoyaban las obras sociales y cívicas de Pablo Escobar, en especial el programa llamado Medellín sin Tugurios.

Cualquier ser humano se hubiese sentido orgulloso de ser partícipe de tan humanitarias obras. Y lo estaban en esos días. Días en que Guillermo Cano, Rodrigo Lara, Luis Carlos Galán y la gran mafia *cachaca* no habían empezado una campaña de desprestigios contra el buen nombre de Pablo Escobar.

Obras cívicas y sociales parecidas las pudieron iniciar Luis Carlos Galán, Rodrigo Lara o Guillermo Cano en Bogotá o en cualquier otra parte de Colombia y los aplausos los abrían recibido ellos. Pero no, se dedicaron a envidiar los merecidos honores recibidos por Pablo Escobar como retribución a su labor para con los más necesitados.

Usted puede ver que estas obras sociales más que plata necesitaban liderazgo, y era eso lo que aportaba Pablo El Grande, que sí era un líder y no como Galán que se creía un santo inmaculado por haber nacido en cuna de oro, y solo se dedicaba a mirar y criticar los defectos de los demás.

En vez de combatir las obras sociales de Pablo Escobar con obras sociales hechas por ellos, optaron por atacar su inmejorable nombre y persona, promoviendo violencia en un país ya en guerras.

En este momento de la historia Pablo Magno seguía con su movimiento político y sus obras cívicas, sociales, deportivas, ecológicas y culturales, siendo ya un congresista en ejercicio. Galán y Lara ya andaban en Bogotá con su saco y su corbata o en Europa dándose la buena vida ellos y su familia a costa del erario público. Ya no andaban con su falsa humildad recorriendo Colombia hablando mal de sus colegas de elite de Bogotá, o aparentando ser gente del pueblo, con sombrero, suéteres y bluyines, comiendo y juntándose con aparente agrado con la clase humilde de Colombia. Ya no andaban en eso, ya no necesitaban votos, ese show lo repetirían otra vez en las próximas elecciones.

Pablo Escobar seguía siendo el mismo hombre humilde y sencillo de trabajo comunitario y cada vez más rico y popular. Eso la gente lo reconocía cada día más y en la misma proporción crecía la envía de Galán, Lara y Cano. Este era el verdadero Pablo Escobar, este era él en su estado natural, sin guerras, sin persecución, sin ataques. Lo que venga después será consecuencia de las circunstancias, y lo que hará será necesario para salvar su vida y la de su familia. Un hombre es él y sus circunstancias, no lo olvide.

Los cazadores Galán Lara y Cano cegados de la envidia cambiarán a las malas las circunstancias de aquel hombre y por ende él también cambiará.

Nadie puede jactarse de decir que por salvar su vida o su familia no hubiera hecho lo mismo o más de las cosas "malas" que le endilgan a El Magnánimo, que no son tantas ni tan malas como las promocionan. Este que está aquí es él genuino, natural, como lo somos de genuinos en este momento usted o yo, que no nos están buscando para matarnos, que no estamos viendo impotentes los atropellos a nuestras familias, que no nos están saqueando nuestros bienes, que no estamos viendo morir violentamente a nuestros familiares; si estuviéramos viviendo eso seguramente usted o yo no fuéramos tan mansas palomas como creemos serlo.

Lector y juez, en este punto le pido que tenga en cuenta lo siguiente: mírese la fecha en que se realizaban estas obras —1983—, es decir que las elecciones ya habían pasado, es decir que ya no estaban en campañas electorales, es decir que Pablo Escobar ya era un congresista. Esto se recalca para los que taimadamente insisten en decir que lo hacía por recibir favores políticos.

Los políticos en los días de campañas son los más sociables del mundo. Saludan a todos, responden todas las llamadas, sonríen con todos, entienden todos tus problemas, te besan, te abrazan, te elogian, te ayudan en tus necesidades, te visitan en tu vivienda... En suma, son unas maravillas de personas. Al día siguiente después de las elecciones esa persona maravillosa desaparece. Ya tiene la agenda muy ocupada, ya tienes que coger una cita para hablar con ellos, pasan en sus carros con un séquito de escoltas y con vidrios oscuros para que no los vean... En fin, un sin número de conductas contrarias a las que realizan en los días de campaña. Y que sé que el lector y juez no ignora.

En esta parte de la historia ya habían pasado los tiempos electorales y Pablo Escobar seguía liderando obras sociales y cívicas, seguía visitando las comunidades menos desfavorecidas, seguía juntándose con los zarrapastrosos, seguía aliviando el hambre y las penas de todo el que podía, seguía demostrando que lo que él hacía, lo hacía porque le nacía del corazón. Que no era por que esperara nada a cambio o que le favorecieran electoralmente. Las muevas elecciones serian dentro de 3 años.

Sé que un lector y juez agudo ya debe notar el por qué muchas personas dieron su vida por Pablo Escobar o mataron en su defensa en la guerra por venir.

La meta de ese proyecto era construir cinco mil viviendas de ese tipo en un plazo de dos años. Hubiera cumplido su promesa, como era característico en él, de no haber sido por los férreos obstáculos que le pusieron Galán, Lara, Cano y la gran élite de Bogotá. Personas que tenían mansiones en los mejores barios de Bogotá, de Europa y hasta islas privadas, y aquí vemos como por envidia evitaban que unas personas que vivían en *cambuches* tuvieran la oportunidad de tener una casa digna con las cosas esenciales.

Pero no solo eran las viviendas para los habitantes de los basureros las obras que realizaba Pablo Escobar, Civismo en Marcha y el Movimiento Renovación Liberal eran muchos los programas cívicos, deportivos, ecológicos y culturales que aquel hombre realizaba, por toda Antioquía y empezaba a desplegar por toda Colombia, inclusive Bogotá.

Oiga —lea— bien lector y juez: 2 mega lotes estaban listos para ser construidos con mega universidades totalmente gratis, con profesores extranjeros y toda su construcción y sostenimiento pagado por Pablo Escobar, o por su corporación. Le pusieron un sin número de trabas burocráticas ordenadas por Galán, Lara, Cano y la élite bogotana con el único fin de dar al traste con tan ejemplar y plausible proyecto, que le hubiera cambiado la vida a miles de jóvenes de las comunas aquellos días, que, por supuesto no eran apellidos Galán, Lara, Cano, Turbay, López, Pastrana, Santos...

Este es el año de 1983. Para principio de los 90, en plena guerra, esos mismos jóvenes de apellidos mundanos que no eran Galán, Lara, Cano, López. Pastrana, Santos... y otros *cachacos,* que estos ricos en un acto mezquino le truncaron la posibilidad de acceder a estudios superiores, estarán con armas en la mano defendiendo a Medellín, defendiendo a Pablo Escobar de la barbarie ordenada desde Bogotá. Son los mismos jóvenes a los que denigran como sicarios, los mismos que vienen desde las hábilmente mal llamadas escuelas de sicarios, son los mismos que en esta parte de la historia los "buenos" le están negando la posibilidad de acceder a una educación gratuita y de calidad. Todo por envidia a la popularidad exponencial que se estaba <u>ganando</u> Pablo Escobar.

Pablo el Grande era el centro de toda actividad importante en Medellín, inauguraba canchas y el mismo con guayos y pantaloneta tomaba parte en los partidos, mientras las atiborradas graderías vitoreaban su nombre como muestra de aprecio.

Centenares de personas hacían filas y formaban romerías para tener la oportunidad de ofrecerle negocios, de pedirle ayudas o simplemente estrecharle la mano. Gente de toda índole: ciudadanos marginados, obispos, sacerdotes, reinas de belleza, policías y de otras las fuerzas públicas y, los infaltables políticos.

Cada vez que Pablo Escobar tocaba el balón los espectadores cantaban el coro que les dolía a Galán y los demás políticos de Bogotá: Pablooo, Pablooo, Pablooo. Normalmente después de cada evento de esos, de manera humilde y sencilla aquel *REY* atendía a todo mundo y escuchaba las sensateces e insensateces de quienes lo requerían.

¿Qué cree que podían sentir en Bogotá las élites capitalinas al ver el surgimiento de un personaje así? ¿Cree que se alegraron?

Esa era realidad de la vida que llevaba el entonces congresista suplente Pablo Escobar, ¿qué tal si ese señor fuera congresista titular o presidente de Colombia?

No solo con su liderazgo organizaba corridas de toros, también organizaba clásicos entre Deportivo Independiente Medellín y Atlético Nacional para recoger fondos. También "obligaba" a los narcotraficantes para que de las ganancias de su actividad dejaran algo para los más pobres. Tan cierto es esto, que la debacle de Pablo Escobar, muchos traidores justificaban sus ataques en decir que Pablo Escobar les quitaba plata para estas obras y sé quedaba el con los créditos.

Hablando de créditos, Jorge Luis Ochoa —'Pedro Motoa' de la serie— era también impulsor y labriego de ese plausible proyecto, pero ha sido opacado por la imagen del notable Pablo Escobar.

PABLO ESCOBAR EL PATRÓN DEL MAL. Episodio 10, minuto 7.

En esta escena sale Rodrigo Lara jugando con sus hijos futbol en el jardín de su casa. Recibe una llamada del presidente de la República:

Rodrigo Lara: *Presidente que sorpresa ¿cómo está? lo escucho bien, cuénteme… Primero que todo muy honrado, pero quisiera saber si usted le consultó esto a Luis Carlos Galán, usted entenderá que con esta situación el Nuevo Liberalismo comienza a ser parte del gobierno.*

Presidente si usted cree que esta es la manera como yo le puedo servir al país, pues la respuesta es sí. Honor que me hace.

Lector y juez, Rodrigo Lara era un senador para entonces, y nuevamente lo ponen como un vago que, en vez de estar viendo los menesteres del país, por lo que se le pagaba, estaba jugando futbol con sus hijos. Nuevamente el melodrama para generar empatía donde no hay coherencia. Casualmente Galán y Lara son los únicos congresistas en Colombia, y en el mundo, que se la pasaban jugando con los hijos. Pudieron haber grabado la escena mostrándolo sentado en una oficina, laborando, pero no, ellos solo quieren apelar a sus emociones porque no tienen argumentos.

¿Por qué tanto afán en mostrarlos como hombres de familia que dedicaban tiempo a sus hijos? ¿Será un lado flaco que tuvieron los verdaderos Galán y Lara que quieren fortalecer? ¿Creerán quienes hicieron la serie que no se sabe que ellos no eran tan familiares como los muestran? En todo

caso note el menosprecio a la inteligencia e irrespeto a los televidentes y con la historia.

Le recuerdo que en esta serie no le cuentan ni el 5% de la historia verdadera ni el 1% de la verdad.

En el "dialogo" que recrean de Lara con el presidente no dejan claro de que hablan, pero si dejan claro y firme:

«pero quisiera saber si usted le consultó esto a Luis Carlos Galán».

Primero: Un ministerio no se otorga por teléfono, ni de improviso y muchísimo menos a quienes fueron tus rivales en campaña.
Esas reparticiones de la *torta* burocrática —corrupción— se hacen a puertas cerradas y entre negociaciones de: este puesto para ti, este otro contrato para mí. Como todos sabemos que se hace en la política, por lo menos en la colombiana no es de otra forma.

¿Necesitaría yo otorgar otra prueba de que los discursos de Galán y Lara contra la clase política tradicional eran demagogia electoral?

Ahí estaban los que nos quieren vender como los dos políticos más honrados del mundo. Estos eran los que hablaban de la clase políticas tradicionales del país que se lo robaban, hay estaban trabajando para ellos, nuevamente. Es usted quien pone precio a su dignidad e inteligencia lector y juez colombiano.

En un país tan corrupto como lo era, y aún lo es, Colombia; nadie entra a la *torta* burocrática a dárselas de moralista. Se entra a formar parte del equipo de los saqueadores o como muy mínimo a guardar silencio de lo que ven hacer. Nadie te va a llevar a ti, siendo oposición, a que formes partes del gobierno para que vayas a delatar todo lo que veas que se hace con el presupuesto, te llevan para que *comas y calles*. Colombia en esos días tenía escasos entes de control administrativos, Lara lo sabía e iba por su porción de la *torta* presupuestal.

Galán y Lara eran corruptos como todos los políticos. Fin de esa discusión.

Segundo: Toda la Colombia política de época supo que ese negocio lo hizo Lara sin consultarlo con Galán y tuvieron una fuerte pelea por eso.

Sus familiares tratan de esconderlo detrás de un error de comunicación, porque creen que los demás somos idiotas que no vamos a creer el cuento que nombran un ministro de la noche a la mañana por arte de magia brincándose al jefe del partido y no pasa nada.

Cual Patroclo, Lara sonsacado por Belisario Betancur y los norteamericanos, se puso la armadura de su líder y a escondidas salió a la lisa en busca de gloria.

¿Sabe cuántas personas calificadas y <u>experimentadas</u> en Colombia deseaban semejante cargo y sí habían estado en la campaña del presidente Belisario Betancur?

Ya verá por qué escogieron sorpresivamente a Lara.

Tercero: a Galán lo culparon por haber debilitado a los liberales para que ganaran los conservadores. Ahora se va a trabajar con los conservadores. ¿Tiene eso alguna presentación? ¿Cómo cree que se debieron sentir los liberales al ver a Galán y al Nuevo Liberalismo recibir su parte del botín? Vaya viendo quienes tenían verdaderos indicios para odiar a Galán y su banda, no sin razón.

Encontré varias evidencias de prácticas clientelistas y politiqueras de Galán, que sirven como evidencia de que era un político como el resto: ladrones, corruptos, demagogos... etc. Pero no ahondaré en eso porque este libro no es contra de Galán, si no a favor de Pablo Escobar —si hay aquí ciertas críticas a la figura de Galán es por que quienes lo mataron y después lo volvieron un icono, lo han enfrentado a la figura de Pablo Escobar, el Genio, en deterioro de éste, mi defendido—. Este ministerio de Justicia en cabeza de Rodrigo Lara Bonilla dado al Nuevo *Llerismo*, quise decir Liberalismo, de Luis Carlos Galán es una prueba de politiquería.

No se olvide que Galán fue adversario de Belisario Betancourt en la contienda electoral por la presidencia de 1982, quien al final fue el candidato presidencial electo.

Eso es clientelismo.

¿Por qué darle un ministerio a quien no apoyo tu campaña, y por el contrario fue tu adversario?

Difícil —imposible— creer que no sea como en los tiempos de ahora, que se reparte esa participación burocrática, *mermelada*, a cambio de que se queden callados y acoliten corrupción, y el robo de la plata de todos.

PABLO ESCOBAR EL PATRÓN DEL MAL. Episodio10, minuto 11.

Regina y Pablo Escobar cenan en un lujoso restaurante.

Pablo Escobar le dice que después del Papa él es el segundo hombre más importante del mundo y la mitad de los periodistas de Colombia querían una entrevista con él. Que ella era la elegida para hacerle esa entrevista.

Lector y juez, para esa fecha ya Pablo Escobar había dado muchas entrevistas, así que no es cierto que fuera a perder su "virginidad" en los medios con ella. Miremos lo que dice el libro sobre eso
LA PARÁBOLA DE PABLO, Alonso Salazar, página 95:
Él ya andaba obsesionado con su imagen: «¿Qué han dicho hoy de Reagan y de mí?», preguntaba a cada rato, <u>en tono de chanza</u>.

En un juicio, una sola mala fe probada acaba todo el caso. Aquí he dado muchas pruebas de malas fe y mentiras de los que hicieron esa serie —y el libro en menor proporción— contra Pablo Escobar, quien en vida fue su enemigo y, nadie habla bien de sus enemigos. Al contrario, lo normal es que mientan en su contra.

Note como en el libro dice CLARAMENTE: "EN *TONO DE CHANZA*" es decir: en broma. En la serie su "Pablo Escobar" bobo grande lo dice muy seriamente y en muchas ocasiones, para convertirlo en una verdad. ¿La intensión? Que usted crea que era un hombre megalómano y no el hombre desprendido de vanidad que fue en la realidad. Si tienen necesidad de mentir es porque con la verdad no ganan. Nadie que gane diciendo la verdad opta por la mentira, con esto se descubre quiénes eran los malos en toda esta historia.

Note este INMENSO detalle lector y juez: en la serie el "Pablo Escobar" mongólico que tienen allí le dice a 'Regina' que él es el segundo hombre más importante en el mundo después del Papa. En el libro mencionan a Reagan, el para entonces presidente de los Estados Unidos. Pregúntese ¿Por qué hacen referencia a dos personas distintas?

Lo que sucedió fue lo siguiente: para esos días salió el resultado de una encuesta en donde se decía que el Papa, Ronald Reagan y Pablo Escobar eran las personas más mediáticas de esos días en Colombia. Después de saberse aquello, él cuando se perdía algún noticiero, cosa que no le gustaba, les preguntaba como de costumbre a sus allegados o, a unas personas que tenían contratadas especialmente para que le hicieran un resumen de las principales noticias del día; irónicamente les decía: «que han dicho hoy del Papa, de Reagan o de mí», en vez de decirles que han dicho las noticias. Digamos que usaba una sinécdoque.

Note la mala fe una vez más.

Note y verá que un hombre multimillonario, que era sencillo en todo, que se juntaba de tú a tú con la escoria social, no encaja con la imagen de hombre megalómano que quieren que usted tenga del verdadero Pablo Escobar.

Quien se agarra de una broma para ponerlo como verdad es de temer, téngales miedo a estos Pepes, son capaces de cualquier cosa.

Ahora fíjese en el siguiente detalle: el tercer hombre más mediático, y el séptimo más rico del mundo era Pablo Emilio Escobar Gaviria. NO Luis Carlos Galán, ni Rodrigo Lara, ni Guillermo Cano ni ningún otro rico de Bogotá. ¿Cree que ellos se pusieron muy contento con ese desplazamiento? Popularidad, dinero, amante de una diva, mediático… y ya estaba en la Cámara de Representantes ¿Cuántos días faltaban par que fuera presidente de la República? Vea la verdadera razón de querer sacarlo del camino a cualquier costo.

Tal vez si usted o yo, lector y juez, estuviéramos en la posición de Galán, Lara, Cano y toda la élite de Bogotá, hiciéramos lo mismo. A nadie le gusta ser desplazado, pero eso no quiere decir que está bien hecho o que se tenga razón en ese proceder. Le trato de decir que la envidia es humanamente entendible, pero no es lo correcto.

Todo aquel desplazamiento lo estaba haciendo un hombre que hacía cinco años era un muerto de hambre. Eso duele, lo reconozcan o no.

Todo aquello lo había conseguido Pablo Escobar en 5 años. Cinco años en los que pasó de vender lapidas, de vender contrabando, de que le cerraran las puertas en la cara, a ser uno de los hombres más ricos del mundo, a que todos lo solicitaran por algo, a tener prácticamente cualquier cosa que deseara. En tan solo cinco años lector y juez, aquel hombre de verdad había aprovechado su oportunidad y cada día avanzaba más. Pero no hay felicidad completa y, Galán, Cano y Lara, entre otros, se encargarían de convertir el sueño en pesadilla. La envidia siempre hace su aparición cuando de bienestar ajeno se trata. Ellos son los tres *Caines* de esta historia.

PABLO ESCOBAR EL PATRÓN DEL MAL. Episodio 10, minuto 11

En esta escena recrean el momento en el que Pablo Escobar y Regina hacen el amor por primera vez.

Lector y juez, el poder de Colombia siempre ha estado en Bogotá, y entiéndase por Bogotá un puñado de familias y no más. Son conocidos como los *cachacos*.

Siempre han tenido un competidor que, sin ostentar el poder máximo, le han ganado en muchas cosas: los Antiqueños, los *paisas*.

Esa rivalidad ha estado latente siempre.

Bogotá está por encima de Medellín a la fuerza, digamos que, por tradición, porque los *paisas* siempre han hecho más méritos para ser el eje de Colombia.

Galán, Cano, Lara y los demás *cachacos* de Bogotá, versus, Pablo Escobar su gente y otros de Medellín. Pero no de los ricos de alcurnia de Medellín, a quienes se les conocía como los *blancos*, en relación a los blancos y los negros en los tiempos de la esclavitud, sino unos aparecidos más ricos que los ricos tradicionales de Medellín y Bogotá juntos, y que tenían ideales independentistas.

Pablo Escobar ya era más rico que ellos, sin robar; ya era más popular que ellos, sin tener a su disposición grandes medios de comunicación; ya estaba en el Congreso, y con todo lo necesario para ser presidente. Ahora poseía la mujer más bonita, inteligente y deseada de Bogotá.

Es entendible lo que debieron sentir Galán, Lara, Cano y los demás *cachacos* de élite. Eso le produciría celos e ira a cualquiera. Pero eso no quiere decir que será correcto lo que harán para recuperar el terreno perdido.

Virginia Vallejo se harta de decir que tuvo a sus pies los magnates más ricos de Colombia y de haber declinado 52 propuestas de matrimonia de *hombres formidables* de Colombia y el mundo.

Todos y cada uno de esos poderosos hombres que ella había despreciado era un anti Pablo Escobar más que nacía.

Por cierto, el cerdo con patillas que ponen en la serie a hacer de "Pablo Escobar" no hubiese nunca logrado ni tocarle la mano a la verdadera Virginia Vallejo. Pese a todo era una mujer muy inteligente, un payaso descerebrado como ese "Pablo Escobar" de la serie solo le hubiera producido asco, por el físico y poco intelecto, sin importan cuánto dinero tuviera.

Por cierto, la escena esta que estamos viendo en la serie no se dio así, no se desalojó el restaurante para ellos solos, por el contrario, los presentes no dejaron de murmurar y mirarlos cuando llegaron y, ese mismo día, en el día, habían estado grabando el especial sobre el programa Medellín sin Tugurios directamente, a sol y sombra, en el mismo basurero. Eso se lo ocultan en la serie, porque las obras plausibles de Pablo Escobar los hacen quedar mal a ellos, que son mezquinos natos.

PABLO ESCOBAR EL PATRÓN DEL MAL. Episodio10, minuto 13

Pablo Escobar y su amante Regina se encuentran leyendo una revista mientras disfrutan la piscina. El intitulado de la revista reza: Un Robín Hood Criollo, con la imagen de Pablo Escobar, quien no está muy contento con eso y se siente ofendido por qué cree que es un ataque en su contra. Regina le explica que más que un ataque, entre líneas se deja ver que es un alago. Que es un nuevo rico, que hizo plata sin que se sepa cómo, pero que les da a los pobres.

Su esposa lo llama en ese preciso momento para decirle que está embarazada y él le dice que está en una reunión con unos políticos.

Ese artículo merece un capítulo aparte. Salió en la revista de circulación nacional SEMANA, desde hace muchos años la más importante del país. Fue otra cachetada al orgullo de Galán, Cano y Lara. Si antes temblaban de envidia ante el ascenso de Pablo Escobar como líder social y político en Antioquía, ahora estaban seguros de tener que usar todos los trucos, santos y no tan santos, para frenar la vertiginosa carrera política de aquel igualado que estaba desafiando su hegemonía en las esferas del poder político y popular a nivel nacional. Con un Pablo Escobar con reconocimiento nacional como un benefactor de los humildes —la gran mayoría de los colombianos— ya nada lo podría detener.

Ese artículo que mediocremente recrean en la serie no salió de la nada, tiene una historia detrás, y es bastante extenso. Lo degustaremos profundamente por porciones en el siguiente libro que será un gran documento histórico.

Esto dice sobre ese episodio el libro en que se excusan para decir sus mentiras en esta serie:
LA PARÁBOLA DE PABLO, Alonso Salazar, página 97:
La revista Semana, la más importante del país, le dedicó la portada y un extenso reportaje en el que se reseñaban sus obras sociales y lo llamaban el Robín Hood paisa.
«El solo hecho de nombrarlo —se afirmaba en la revista— produce todo tipo de reacciones, desde explosiva alegría

hasta un profundo desprecio. Para nadie, sin embargo, el nombre de Pablo Escobar es diferente. Dará mucho de qué hablar en el futuro».

Pablo Reunido con sus asesores, comentó el artículo. Al final, mirando su foto en la portada, se quedó un minuto en silencio y salió.

Ya ve usted que no estaba con una amante en la piscina mientras hablaba con su esposa por teléfono como lo ponen de mala fe en la serie. Al contrario, la mentira que ponen en su boca en la serie, es la verdad que dice el libro. A su esposa en la serie le miente diciéndole que está en una reunión cuando estaba era en piscina con otra mujer, y ya puede usted ver que en el libro en el que dicen basarse dice que estaba con unos asesores en su oficina. Enésima prueba de mala fe de los estafadores que hicieron esa serie. Les salía más fácil y barato contar la verdad, prefirieron gastar más, pero decir su mentira que dejara mal visto a Pablo El Grande.

En cambio, a Lara, un senador de la República, que debería estar trabajando solucionando los problemas del país, que era por lo que se pagaba, lo ponen como el ejemplar hombre de familia que se la pasaba jugando futbol con los hijos. Tal vez el que se pasaba en piscina con mujeres era Lara, esperemos a ver que dicen las investigaciones, le aseguro que de ese político que tienen listo para beatificar no va a quedar mucho.

También le anoto que al primero a quien se le conoció en Colombia como un Robín Hood fue a un mítico y guerrero bandolero de los años 60 llamado **Efraín González Téllez.**

Estos son apartes del artículo original:

REVISTA SEMANA: 'UN ROBÍN HOOD PAISA': EL PRIMER ARTÍCULO SOBRE PABLO ESCOBAR

En la edición No. 50, del 19 de abril de 1983, se publicó el perfil del 'Robín Hood paisa'. Luego en 1989, para la edición No. 367 del 16 de mayo de 1989, se reproducía aquel trabajo con el siguiente sumario:

Lector y juez, fíjese en la fecha en que salió aquel artículo. En la amañada serie antes de que hagan referencia al artículo ya Rodrigo Lara ha sido nombrado ministro de Justicia.

Esto es alta mente relevante y demuestra que mienten porque con la verdad no ganan. Lara fue nombrado en ese cargo en agosto de 1983 y puede ver que el artículo vio la luz en abril de aquel mismo año.

El artículo era la proyección nacional de Pablo Escobar como redentor de los pobres y el nombramiento de Lara como ministro de Justicia fue la movida que hicieron para contrarrestar eso.
Al invertir los tiempos tratan de ocultar aquella jugada y borrar la relación que existe entre un suceso y otro.

Le dejo estas preguntas de momento: ¿Por qué cree que lo nombraron en el ministerio de Justicia precisamente? ¿Por qué no en el ministerio del Medio Ambiente, otro menos agresivo o una embajada? ¿Qué presidente le da uno de sus ministerios más importante a un rival electoral?

De los doce cambios ministeriales que se hacían el más importante era ese. Y se lo dan sin que lo pida a Lara, una persona inexperta y adversario de campaña. Pero público rival político —como todo el Nuevo Liberalismo— de Pablo Escobar y Renovación Liberal y quien ya había dado muestras de su hostilidad al citar un debate contra los dineros ilegales en la política, en clara alusión a Pablo Escobar, su ex conmilitón y ahora enemigo público, acusado y "expulsado" por tener una fortuna de dudosa procedencia.

Todo el mundo sabía por qué a Lara y por qué en ese cargo. No hay peor ciego que el que no quiere ver.

La familia Lara siempre se ha querido hacer la ciega para no ver quienes pusieron a su pariente en el campo de batalla, y tozuda para reconocer que nadie lo obligó. Solo quieren culpar a Pablo Escobar porque de ese viven y ganan mucho.

Este es, sin lugar a dudas, el artículo más controvertido que ha aparecido en la historia de SEMANA. *Se trata del primer reportaje sobre Pablo Escobar publicado en Colombia. A través de este se le presentó a la opinión pública el polémico personaje que habría de jugar un papel tan determinante en la vida nacional en estos últimos seis* *años. El informe se hizo en abril del 83, <u>cuando Escobar era solamente un suplente a la Cámara de Representantes y contra él no cursaba proceso judicial alguno ni en Colombia ni en el exterior.</u> Las dimensiones que iba a adquirir el fenómeno del narcotráfico eran insospechadas aún para los más <u>obsesionados</u> con el tema, como el entonces ministro Rodrigo Lara Bonilla. En su momento el artículo fue interpretado por algunos sectores más como apología que como denuncia. Por considerarlo de interés histórico lo reproducimos, y dejamos al lector que juzgue por sí mismo.*

Note como Pablo El Grande NO tenía problemas legales con nadie en esa fecha. Se los ganó por defenderse. Note la palabra obsesión para referirse a la persecución enfermiza de Lara, que no era ministro cuando salió el artículo —pero si senador obsesivo—, eso es una falla de la revista en la repetición del artículo en el año 1989, que además era la misma enfermedad que tenía Galán y Cano contra Pablo El Grande, el hombre que los estaba abrumando. Los envidiosos eran los que llamaban a ese artículo apología, una persona normal veía un simple reportaje.

En el basurero municipal de Medellín más de <u>2.500</u> familias han improvisado sus viviendas en torno a <u>su única fuente de subsistencia: la basura.</u> <u>Allí cohabitan con ratas, perros y gallinazos con quienes se disputan los desperdicios y comparten los fétidos olores de la zona.</u> Parecen <u>no tener esperanza distinta</u> que la de rebrujar entre los *desechos el resto de sus vidas. Pero un ocasional observador se habría quedado sorprendido al presenciar la llegada de un automóvil <u>Renault 18</u> color habano. De él se baja un hombre joven vestido como <u>cualquier ciudadano corriente del centro de Medellín</u>. De inmediato es abordado por los niños que se acercan a tocarlo, por las mujeres que se disputan la palabra para agradecerle algún favor o contarle algún problema, y por los hombres, que parecen observarlo <u>como un líder que les merece todos sus respetos</u>. "¡Llegó don Pablo, llegó don Pablo!", se escucha gritar a algún pequeño. "Don Pablo, le resultó el puesto a mi sobrina", exclama agradecida una mujer.*

Note si eso se parece a lo que recrearon en la amañada serie sobre las personas que vivían en aquel muladar. Eran 2500 familias, no los pocos que ponen en la serie para restarle importancia a aquello. Por eso era un número igual de casas, no sesenta como lo redujeron.

Lector y juez si usted es cristiano o cree en la existencia de algún Dios debe tener mucho cuidado en su juicio, porque les estoy mostrando todo lo que aquel cristiano hizo por sus prójimos y en qué condiciones se encontraban cuando él hizo esto por ellos. Esto no es censurable bajo ningún punto de vista, por el contrario, es digno de admiración y agradecimiento, digan lo que digan sus enemigos desde sus poderosos medios de comunicación, yo si confío en su criterio y buen juicio, y le he mostrado todo tal cual pasó.

No puede ser el buen samaritano el malo de parábola.

Mire como dice que vestía y en qué tipo de carro andaba uno de los hombres más ricos del mundo. Cualquiera puede criticar a Pablo Escobar, pero a su vez está perdiendo el derecho de criticar a quien no sea sencillo o conserve humildad cuando la fortuna le sonría.

¿*Quién es don Pablo, esa especie de Robín Hood paisa, que despierta tanta excitación entre centenares de miserables que reflejan en sus rostros una súbita esperanza, que no es fácil de explicar en medio de ese sórdido ambiente?*

«desde hace cerca de tres años muchos sienten que casi nada de lo que ocurre en el departamento se lleva a cabo sin su participación directa o indirecta. Y a pesar de que en el resto del país Pablo Escobar continúa siendo un personaje desconocido, el rumor de su enorme fortuna ha logrado traspasar las fronteras colombianas, hasta el punto de que se afirma que una importante revista norteamericana lo habría citado hace algunas semanas entre los cinco hombres más ricos del planeta, atribuyéndole un capital aproximado de cinco mil millones de dólares, cuyo origen nunca cesa de ser objeto de especulaciones.

Note que ese que mencionan allí es Pablo Escobar, no ha Galán, ni Lara, ni a Cano. Eso les daba envidia.

¡Cinco mil millones de dólares (sabrá Dios cuento sea exactamente esa cantidad reajustada a hoy) y andaba juntándose con la gente del basurero! Tal vez nunca más volverá a haber hombre igual.

Lector y juez respóndase con sinceridad ¿Usted con 50.000 millones de dólares, de hoy, se iría personalmente a ayudar a harapientos de los basureros?

Este era el verdadero Pablo Escobar. Este era el hombre en estado natural, sin guerras, sin persecuciones, sin intentos de matarlo o llevárselo.

Seguramente el lector y juez también está en estado natural en este momento y por eso ve mala algunas cosas de las que acusan a Pablo Escobar; pero, piense hasta donde llegaría usted por defender su vida, su familia, su libertad y sus bienes.

Este hombre utilizaba su dinero para ayudar de corazón, no estaba pensando en matar, ni en poner bombas y usted lo puede notar aquí, a esas cosas se vio forzado, cualquier persona justa y sensata entenderá eso.

«Aunque es difícil determinar si su fortuna asciende a esta astronómica cifra, lo que es un hecho innegable es que es inmensa y que va acompañada por un <u>estilo de vida desconocido hasta ahora en Colombia</u>, particularmente tratándose de una <u>persona de 33 años</u>. Solamente su hacienda "Nápoles", en las cercanías de Puerto Triunfo, está avaluada según los vecinos en una suma cercana a los 6 mil millones de pesos».

Ese ranquin no era cierto. Pablo Escobar sabía que en eso tenían las manos metidas los norteamericanos atreves de la de DEA. Con esa jugada política le bajaban el perfil a las obras sociales que él hacía. Comenzaron a propagar a diestra y siniestra que lo que Pablo Escobar daba eran migajas y otras frases parecidas, en sentido de menosprecio a sus gestos sociales. Sobre todo, Guillermo Cano desde El Espectador.

La mentira sobre el supuesto ranquin es fácil de probar lector y juez. Se dice que Gustavo Gaviria el socio y hermano de Pablo Escobar en todo, era más rico, porque a diferencia de él, era tacaño o mesurado en los gastos. También hay quienes juran que Pablo Correa —otro gran contrabandista de drogas de aquella época— era más rico que cualquier otro contrabandista de Medellín. El *Mejicano*, los cuatro de la cúpula del cartel de Cali, *don Efra* del cartel del Norte del Valle, Amado Carrillo —el *Señor de los Cielos*— en Méjico, eran todos más rico que Pablo Escobar. Y puedo sumarle a esa lista los jeques árabes, petroleros rusos, los multimillonarios de Europa, Asia y Estados Unidos.

Si Pablo Escobar era el quinto ¿Qué lugar les tocaría a estas otras personas?

La única diferencia entre estas otras personas y Pablo Escobar era que el hacía con su riqueza obras sociales y la plebe veía en él un redentor, estaba en carrera política y se perfilaba en poco tiempo como presidente de Colombia. ¿Cree que es casualidad que lo pusieran solo a él tan arriba en esa lista?

Cuando el *Mejicano* forme el bloque defensivo con Pablo Escoba, también lo pondrán en esa lista.

Cuando se suiciden el *Mejicano* y Pablo Escobar, pondrán en esa lista a los Rodríguez Orejuela, y así lo harán los norteamericanos con todo el que querían desprestigiar o poner como objetivo de alto valor. Todo el mundo sabe que eso es una táctica macabra de los americanos cuando se van de cacería.

Mire la edad de aquel hombre lector y juez, 33 años, era un *pelao*, un joven. Podía estar haciendo quien sabe que locuras, propias de esa edad, en otro lugar del mundo con todo ese dinero.

Precisamente por verlo tan joven se animaron más a atacarlo, creyeron que sería presa fácil, pero nunca imaginaron que trataban con un genio que les daría la pelea hasta el último segundo de su vida.

Lector y juez, Pablo Escobar dejó vigente una recompensa de diez millones de pesos (unos 120 en el 2021) puesta en el año 1983, para quien le trajera un ejemplar de las revistas PEOPLE O FORBES en donde saliera esa nota. Nadie la llevó. Todo el mundo sabía que eso eran cosas de los *rumorólogos* de la embajada americana en Bogotá.

«En lo que sí no tiene recato en hablar es sobre cómo la gasta. A pesar de algunas extravagancias aisladas, como un reloj con incrustaciones de diamantes, <u>su apariencia personal y su personalidad son sorprendentemente sencillas.</u> Su interés se concentra más bien en aquellas <u>causas</u>

cívicas y políticas que promueve. Su vocación cívica parece no tener límite. El mismo afirma que tiene orígenes en sus épocas escolares, cuando "no tenía dinero y, sin embargo, siendo miembro de la acción comunal de mi barrio, promoví la construcción colectiva de un colegio y la creación de un fondo para los estudiantes pobres". Hoy, sus obras cívicas incluyen urbanizaciones enteras, canchas de fútbol, sistemas de iluminación, programas de reforestación, donaciones de tractores, buldóceres, etc. En la actualidad adelanta un programa de construcción de mil casas en un gigantesco lote de su propiedad.
Lo compró con el objeto de edificar un barrio, para trasladar a él a cientos de familias que habitan en la zona tugurial de Medellín e inclusive le ha dado empleo en su compañía constructora a algunos de los futuros beneficiados».

Imagínese lector y juez la cara de Lara, Galán y Cano cuando leyeron esto.

Aquel antaño muerto hambre dejando a los ricos tradicionales como unos trapos sucios ante el país y la humanidad, con ejemplos de humanismo y civismo. Ellos (Galán, Lara y Cano) ricos de cuna, nunca le dieron ni un pan a nadie, o un ladrillo. Llega este hombre y sin reparo alguno comparte su riqueza y su esfuerzo con los más necesitados. Este es el hombre, lector y juez, que se han afanado en venderte como el malo, como el diablo en persona. Es tu decisión amigo mío si te dejas engañar. Yo solo te estoy presentando lo que ellos desesperadamente te ocultan, para que según tu sentido de la justicia: juzgues.

Ve que no eran 60 casas, sino 1000 inicialmente, se "robaron" 940 los de la serie.

«Como una de sus pasiones es la de los deportes, concentra parte importante de sus esfuerzos en la adecuación e iluminación de canchas de fútbol comunales. Cuando estas obras están terminadas, él mismo con pantaloneta y guayos toma parte en el partido inaugural».

Galán, Cano y Lara nunca le dieron ni una pelota de trapo a nadie. Menos se iban a poner guayos y pantaloneta para jugar con la chusma.

¿Sabía usted amigo lector y juez que muchos de los íconos del futbol de Colombia nacieron en esas canchas hechas o adecuadas por Pablo Escobar, un civil con delirio de civismo social? ¿Le suena el nombre de René Higuita, Víctor Hugo Arizábal, Mauricio *El Chicho* Serna, James Rodríguez, entre otras glorias? Bien, esos jugadores iniciaron en esas canchas. Escenarios deportivos que NO adecuó o hizo ni Rodrigo Lara, ni Luis Carlos Galán o Guillermo Cano, las hizo o lideró Pablo Escobar, el que pretenden vender como el diablo en persona.

Muchos de esas figuras de futbol de Antioquia —tal vez todos— se lo agradecen en su interior a Pablo Escobar, pero no lo reconocerán en público, ¿sabe por qué? Porque desde Bogotá los acabarían, desde sus tanques de guerra llamados Medios de Comunicación. Los mismos tanques de guerra que han vendido a Pablo Escobar como un asesino, matan al que le reconozca algo bueno.

«Con la misma intensidad con la que se dedica a las obras cívicas se dedica a la política. Aunque a nivel departamental no es más que el suplente de Jaime Ortega en la Cámara de Representantes, a nivel nacional es el principal impulsor del santofimismo. <u>El carisma de Santofimio</u>, respaldado por el dinero de Escobar, <u>están transformando las costumbres políticas del país.</u> Las giras que antes se hacían lenta e incómodamente en chalupas y en flota, hoy se realizan con la velocidad y comodidad que proporcionan sus aviones y helicópteros. En las manifestaciones, los oradores hablan desde tarimas de madera, construidas específicamente para la ocasión con cordones de seguridad y bombas de colores al estilo americano. En ocasiones importantes, los discursos son difundidos a todo el país en espacios comprados a las cadenas radiales. La jornada política generalmente termina con veladas multitudinarias amenizadas por el conjunto de Alfredo Gutiérrez y en donde se mezclan democráticamente los electores santofimistas con personalidades de la comitiva como Virginia Vallejo. Dada la imposibilidad de prever el número de asistentes a estos 'open house', la comida no tiene las elegantes pretensiones de un buffet, sino más bien la funcionalidad de una comida de cafetería. El otro eje de su infraestructura organizativa es su gran amigo José Ocampo, apodado cariñosamente "Pelusa", quien es el dueño de la discoteca "Kevins", donde tuvo lugar <u>el foro</u> <u>contra la extradición</u>, y dispone de instalaciones como una finca, "La Virgen del Cobre", con facilidades comparables a las que se encuentran en Nápoles».

Mire todo lo que no le dicen en la serie, y lo que falta. Por algo le decía yo que esa serie no dice ni el 5% de la historia verdadera ni el 1% de la verdad.

Mire la verdadera razón de los ataques de Galán, Lara y Cano a Pablo Escobar: Estaban perdiendo. El jugador que habían despreciado, les estaba haciendo todos los goles. Eso duele. En el futbol le llaman la ley del ex.

Algo así sucedió con Lionel Messi, quien primero fue llevado al Real Madrid de España; lo descartaron y este se fue al Barcelona, archí rival del Real Madrid. ¡Cuántas no fueron las cuitas de los madridistas por los goles que le marcó Messi con el Barcelona y los títulos que le ganó al Madrid! En este símil ya sabemos quién es quién.

Santofimio, su rival directo en la política lo estaba dejando votados con la ayuda de Pablo Escobar. ¿Usted cree que Galán y Lara estaban contentos de aquello? El tal narcotráfico es puro cuento para bobos. El narcotráfico no era un problema en esos días, por el contrario, era una bendición para muchos, como usted lo puede notar.

Lo que sí era un problema para ellos era la tunda que les estaba dando Santofimio, que como usted lo ha podido ver era un político carismático y según, el mejor orador de Colombia para entonces, seguido por Galán.

El verdadero Sanofimio no tiene nada que ver con el bribón que tratan de poner en la serie.

«Como es de esperarse, este nuevo estilo de hacer política <u>causa indignación</u> en sus rivales que, a su vez, son los rivales de Santofimio. Inmutable ante las acusaciones, afirma: *"cuando uno es político tiene enemigos" y luego aclara que si tiene tantos defectos como los que le atribuyen, <u>por qué no se los señalaban en el pasado, cuando algunos candidatos presidenciales aceptaron sus aportes financieros o el préstamo de sus aviones</u>. No le tiembla el pulso para decir que "<u>Galán es un falso moralista que incluye entre sus filas a los secuestradores de Gloria Lara</u>" y en respuesta a unas declaraciones de Ernesto Samper sobre la vinculación de las mafias a las campañas electorales, afirma que no tiene autoridad moral para hacerlo, cuando desde hace años viene hablando de la conveniencia de la legalización de la marihuana».*

Vaya viendo por qué en la serie solo mencionan el título del artículo y lo pasan rápidamente.

Hace Pablo Escobar alusión a un candidato presidencial que aceptó sus aportes y viajó durante la campaña presidencial en aviones de ellos. Todo el mundo sabía que era una indirecta a Belisario Betancur, actual presidente. Ya veremos a quien nombra en el ministerio de Justicia Belisario Betancur para atacar y acallar única y exclusivamente a Pablo Escobar, y como lo sostendrá a todo pulmón para que arrecie contra él.

¿Quiere saber quién era Gloria Lara, mencionada allí? Esta historia de Gloria Lara merece un libro aparte. Seguramente lo trataremos más en el gran libro histórico que estaremos construyendo y que tendremos más adelante.

En este momento solo le puedo decir que aquel fue un secuestro y asesinato que estremeció al país en el año 1982. Fue tan dramático aquello que a pesar de que en la Colombia de esos días se convivía con el secuestro y el asesinato como pan de cada día, la sociedad se conmovió. Culpable fueron muchos y al final no fue nadie.

Uno de esos sospechosos eran unos exguerrilleros que habían aspirada a la Cámara de Representante en las filas de Luis Carlos Galán, por eso con frecuencia Pablo Escobar y su grupo político respondían a los ataques de Galán con esos señalamientos.

Quiero que el lector vea de todo esto dos cosas:

1: Que en la serie le muestran que Colombia era un paraíso. Eso no es cierto, era un infierno y ellos por conveniencia lo omiten, y usted puede ver que era un país en guerra civil.

2: Que la pelea entre Pablo Escobar y su equipo y, Luis Carlos Galán y su banda, era una pelea po-lí-ti-ca. Es decir, de intentos de difamación y esas cosas, pelea de boca. Y que **SÌ** había una pelea por política y **NO** un disque moralista que quería salvar a las ratas del Congreso de la Republica de la presencia un delincuente.

El hombre que al ver a su equipo perdiendo va a pasar de la pelea verbal a las balas se llama Rodrigo Lara.

Lector y juez los Pepes de la serie le van a negar el sol si es necesario, aunque se estén quemando, solo para hacer quedar mal a Pablo El Grande. Cada quien mirará si les cree. Aquello de que Pablo Escobar era narcotraficante y ellos se preocupaban por el consumo de droga de los *gringos* es pura mierda, estaban quedando muy rezagados con sus competidores políticos y eso era lo que los tenía nerviosos.

«Su principal preocupación política actualmente es la de la extradición de colombianos. Un tratado en vigencia, según el cual los colombianos residentes en Colombia que hayan incurrido en determinado tipo de delitos en Estados Unidos pueden ser requeridos por las autoridades de ese país, constituye para él "una violación de la soberanía nacional". Por esto ha sido el organizador del <u>foro</u> *contra la extradición, celebrado la semana pasada en Medellín».*

Lea bien lector y juez: **F-O-R-O**. No bombas, ni balas, ni torturas, ni secuestros políticos.

El asesino que ellos le pintan, ahí lo puede ver usted haciendo foros, como un *wevon*. Aquí en Colombia toca es a las alas y de eso se dará cuenta Pablo Escobar tarde.

En la serie no le han mostrado ni uno solo de los foros —ni los mostrarán—. Se hicieron varios y muy exitosos por todo el país.

Al inicio se escribían mensajes por todas partes, grafitis, se convocaban marchas pacíficas, se hacían foros y se pagaban propagandas masivas en los principales medios del país para difundir la posición nacionalista anti extradición. NO se ponían bombas ni se mata a nadie, esa barbarie la promoverán desde Bogotá el hijo del gerente de Ecopetrol y su banda de cuello blanco del Nuevo *Llerismo*, quise decir Liberalismo, Pablo Escobar solo responderá, en defensa y hastiado, fuego con fuego.

¿Por qué cree que en la serie ocultan tantas verdades? Por ellos quieren venderle a usted a toda costa un Pablo Escobar asesino y terrorista; lo que demuestra que ellos lo ven a usted como un idiota útil. Si ellos recrean estos foros y ponen a los parlamentarios, magistrados y gente prestante de la nación que iban a discutir sobre lo grave y humillante que era el mal llamado "Tratado" de Extradición, quedan como los malos, y eso no les conviene. Se les daña el negocio.

En todo este artículo usted puede ver que Pablo Escobar no tenía problemas judiciales y que enfrentaba la extradición por nacionalismo puro, por orgullo patrio. Deberíamos sentirnos orgullosos de un compatriota así. La sola intención de que alguien defienda nuestra patria es un gesto de agradecer, si se está o no de acuerdo con las razones o las maneras ya es otra cosa.

Si el lector y juez es colombiano entenderá lo siguiente: a nosotros ya nos acostumbraron a servirles a los *gringos*, ya estamos adiestrados, por eso no lo notamos, pero desde fuera de Colombia nos ven como unos arrodillados, como el trapo de cocina de los Estados Unidos.

Cuando esta humillación apenas comenzaba, por separado, muchos colombianos se opusieron, unos de forma pacífica y otros de forma armada al final, entre ellos Pablo Escobar. A todos nos lo han vendido como los malos y los que han vendido nuestra patria, según, son los buenos.

«El surgimiento de Pablo Escobar en el escenario nacional es un acontecimiento de trascendencia cuyas implicaciones están por verse aún. <u>No hay antecedentes de respaldo financiero en política de esa naturaleza, ni obras cívicas de esa magnitud, emprendidas por particular alguno. De extracción humilde, con el poder que le otorga una fortuna incalculable y el deseo de ser el primer benefactor del país, este nuevo mecenas sin duda alguna, dará mucho qué hablar en el futuro»</u>

Esto era lo que temían en Bogotá, a este fenómeno llamado Pablo Escobar. Un hombre que los estaba dejando ante el pueblo como mediocres y ladrones. Eso no les gustaba.

Pablo Escobar fue único en su especie y así de fascinantes hubiesen sido los cambios que hubiese introducido en esta nación... Sino lo hubiesen cazado con a un perro.

El reportero que hizo este artículo —del que solo ponen lo negativo en el libro y en la serie solo un título parecido— no hizo ni una apología, ni una denuncia. Dijo lo que vio y lo que se vivía en ese momento.

Hoy todo el que lo quiere agredir le saca en cara este artículo y le dice que era una apología a Pablo Escobar y él insiste en que era una burla, una denuncia. Ambas cosas son mentiras.

Él mismo periodista en otro artículo de la misma revista narra la 'operación' para aquella entrevista a Pablo El Grande de la que escribió el artículo, reconoce que realizó "trabajos" de intermediario para entrevistas con medios internacionales interesados en conversar con la nueva estrella de la política nacional. Cuando este cayó en desgracias y lo convirtieron en un paria, se fue a trabajar con los enemigos de él y a agredirlo.

Así de ruin y bajo era el mundo en el que le tocó vivir a Pablo Escobar, póngase en sus zapatos lector y juez para que por un minuto sienta lo que es ser despreciado y atacado por quienes alguna vez le tendiste la mano.

Usted puede apreciar aquí quien era en verdad Pablo Escobar. En qué lo obliguen a convertirse es culpa de quienes lo forzaron. Y que tire la primera piedra quien diga que por defenderse o defender a su familia no haría tales cosas de las que se le acusa a Pablo El Grande, de las cuales muchas no hizo.

Al siguiente domingo de publicado este artículo iba a salir uno del mismo protagonista en El Tiempo. Pero fue tanto el matoneo de los otros medios de comunicación de Bogotá a la revista Semana, que lo desaparecieron. Por nada en el mundo debía dársele vitrina a los gestos humanitarios del *paisa* Pablo El Grande, esa era la nueva directriz.

Ahora bien, lector y juez, como ha podido evidenciar Alberto Santofimio no era el político con cara de malo y sin mucha trascendencia que representan en el personaje de 'Santorini'. Era un presidenciable, mejor perfilado, mejor posicionado, mejor orador, más carismático que Galán y, aun así, ¡lo opacó, lo eclipsó, Pablo Escobar!

Nadie en el puto mundo sabe quién es Galán, Lara, Cano, Hugo Martínez, Hugo Poveda, Virginia Vallejo, Cesar Gaviria, el cartel de Cali… las lista serie eterna, si no es por Pablo Escobar. A todos los relegó. Incluso a Lehder que era más famoso, rico y buenmozo que él en el principio. ¿Cuánto más no iba a quedar relegado Galán ante la arrolladora imagen de Pablo El Grande si no lo hubiese marginado de su campaña? ¿Entiende ahora por qué Galán no quería una estrella más rutilante que él en su show? Eso hasta es entendible.

Eso sirvió de poco, pues nadie recuerda a Galán sino es por Pablo Escobar. Tienen que venderlo como "victima de Pablo Escobar" para que pueda ser recordado.

Hubo en reportaje a nivel nacional sobre Pablo Escobar previo a esta entrevista para el artículo que estamos analizando. Era para un medio de comunicación televisado. Lo hizo Virginia Vallejo, allí fue donde precisamente empezaron a relacionarse. Ese reportaje no fue tan impactante y menos recordado que el de la revista Semana, pero de él es que se conservan la mayoría de imágenes que conocemos de lo que era aquel antro del desperdicio del que Pablo Escobar sacó a aquellas personas, las pocas imágenes que sobrevivieron, porque cuando Pablo El Grande cayó en las redes de las mentiras mediáticas de Lara, Galán y Cano, mucha gente se le apartó y esos videos fueron quemados por la socia de Virginia Vallejo. Es más, en la noche de la cena entre estos dos, que recrean en la serie y que ya comentamos, venían de grabar en el día, en el basurero, a las personas que serían beneficiadas con una vivienda digna.

Cuenta Virginia Vallejo que tuvo que exigirle a Pablo Escobar que dejara hacer ese reportaje, pues él no quería en un principio y después solo aceptó una breve nota. Si él no aceptaba un amplio reportaje ella no aceptaría una pauta publicitaria que Bicicletas el Osito había contratado con el programa televisivo que ella hacía en asocio con una amiga y, que pasaba por difíciles momentos financieros, de esa manera se dio aquello y nunca fue una figuración buscada de Pablo Escobar para presumir de las obras sociales que estaba haciendo. En esa nota periodística dejaba claro que eran 2500 casas —eran igual número de familias—, no las 60 que escuetamente muestran en la mediocre serie (de 2500 han bajado a 60, un día dirán que no hubo tal barrio construido por él) y, que Jorge Luis Ochoa, 'Pedro Motoa' en la serie, también estaba liderando ese proyecto. Nunca Pablo Escobar pretendió llevarse todos los créditos, eso se ha dado por defecto, por ser él el más notable de ellos. Así como también por ser la cabeza visible le achacan a él actos censurables de la guerra que hicieron otros miembros de su organización, entre ellos los Ochoa.

Le anoto, para que lo tenga en cuenta, que Virginia Vallejo era en ese momento una emprendedora en el negocio de la televisión que pasaba por duros momentos financieros, pero poco antes era la presentadora estrella de un noticiero de horario triple AAA, al que se había visto en la obligación de renunciar por que su director, un oligarca, un tal Mauricio Gómez —nieto de un ex presidente conservador—, la quería obligar llamar al grupo guerrillero M-19 «banda de facinerosos», lo que ella cambiaba, por uno menos venenoso como grupo alzado en arma o algo así. Fue por este gesto gallardo que Pablo Escobar la socorrió con pauta publicitaria de la fábrica de bicicletas de su hermano. Las cosas del destino, con el tiempo miles de periodistas han sido inducidos a referirse en malos términos a Pablo Escobar y nunca ninguno ha hecho lo que esta mujer hizo sin que los del M-19 hasta entonces se enteraran o se lo agradecieran.

UN ROBÍN HOOD PAISA, eso no se lo rotularon por robar a los ricos para dar a los pobres, era por dar de lo suyo a los pobres. Que esto es más meritorio.

Si alguien ha de sentirse orgulloso con esa comparación ha de ser Robín Hood.

Este dato es súper importante: ya se estaban organizando cien comités parecidos a los de Antioquia y Medellín, con programas cívicos, sociales, culturales, deportivos y ecológicos en Bo-go-tá. Lara fue metido al partido para que sacara a Pablo Escobar del mismo, ya fuera en a los puños, en camilla o en cajón, pero debía sacarlo como fuera.

Venga y le cuento algo personal: Lara me hace recordar al *Chacho*.

Un amigo de juventud, jugador de futbol, de esos talentos que se pierden por nuestro subdesarrollo, media 1,6… y algo, felino goleador, tanto como brusco y conflictivo en los partidos, que sus equipos siempre estaban en las finales; era tan buen goleador que desde los 13 o 14 años jugada cada domingo hasta tres partidos (gratis) en diferentes pueblos (somos de un pueblo) y la figura de a cada equipo era él. Nunca jugó —ni a él le gustaba— jugarlos inter-cursos en el colegio, porque desequilibraba mucho la balanza, lo ponían de árbitro, lo hacía bien, además del respeto que infundía.

Él solo jugaba con nosotros en los inter colegiados y, como éramos dos colegios en el pueblo, nos teníamos eliminar entre nosotros para ver quien representaba al municipio. Cuando el otro colegio nos ganaba igual a él se lo llevaban para reforzase. No jugaba con nosotros ni a plata en el recreo, no se rebajaba a nuestro nivel promedio. La verdad es que desde que salió de a jugar lo hizo en el campeonato libre, con los grandes en la noche —los domingos eran de futbol, pero los días de semana era micro futbol en las noches— en donde había desde rechiflas, hasta peleas con machete. En los clásicos, o los partidos decisivos, a cada rato debían parar los encuentros porque el tumulto traspasaba las líneas e invadían el terreno de juego. El límite lo ponía el público o, a veces no se podían cambiar de portería en el entre tiempo porque las barras apostadas al lado de lo portería les sonaban machetes contra el pavimento al portero rival, le metían la mano al balón para meterlo en la portería, le gritaban duro para aturdirlo… mejor dicho, en donde al resto de pollos nos temblaba las piernas mi amigo era titular y goleador indiscutible. No lo trataban suave por ser menor, al contrario, le daban duro, porque él era *puerco*, brusco y mal intencionado en el juego. Todo por un trofeo, o cervezas y un sancocho, nunca hubo premio en plata. El caso es que ya casi nosotros adultos por alguna razón me contó la historia del *Chacho*:

Lo llamaban *Chacho* por peleonero, era grandote y acuerpado, yo lo conocí, pero no como jugador de futbol, ya era él bastante adulto. Y recuerdo de dos características particulares: La una que siempre andaba para todos lados con un canario en una jaula, él revendía verduras o limón en el mercado de Cartagena —la capital—, así que eso era normal en ellos. Y la otra es que siempre —99% de las veces— usaba el suéter en el hombro. Era reconocido por eso, por andar con el pecho y su pipa descubierta y el suéter tirado en uno de los hombros.

El técnico del equipo en el que jugaba el *Chacho* era un ex jugador, defensa zurdo, con fama de sucio y sin asco a la hora de dar patadas. El *Chacho* jugaba poco y solo lo metían en ocasiones espéciales: Para que entrara a ganarse una tarjeta roja directa. «Chacho ya tu sabes, tú sales con roja, pero él no entra más»

Ese era el trabajo del *Chacho*, sacar del partido al adversario que marcaba la diferencia. Por eso me recuerda a Lara.

PABLO ESCOBAR EL PATRÓN DEL MAL. Episodio10, minuto 17

En esta escena sale Rodrigo Lara dando una entrevista telefónica a una cadena radial:

Rodrigo Lara: *Yo quiero aprovechar la oportunidad para hablar de un tema del que mucho se habla en privado pero pocas veces se menciona en público, es el tema de los famosos dineros calientes.*
Mire yo quiero hoy hacer un llamado a los clubes de futbol de este país, a sus dirigentes, para que definitivamente se nieguen y no permitan el ingreso de esos sucios dineros dentro de sus equipos. Yo puedo entender que eso puede resultar particularmente difícil para las precarias finanzas de un club deportivo negarse la oportunidad de recibir millones de dólares. Pero yo le quiero recordar que esos no son actos benéficos, son solamente un hecho más dentro de la cadena de lavados de activos de estos bandidos.

Periodista: *¿Pero ministro a quienes se refiere?*

Rodrigo Lara: *No señor periodista yo a usted no le puedo dar nombres en este momento. Creo yo también que es parte del oficio de los periodistas investigar y dar con estos nombres. Pero de igual manera creo que es bastante claro y evidente. Mire si usted quiere yo en privado le puedo dar esos nombres, pero yo estoy seguro que no es necesario mencionarlos para que el país sepa de quienes estamos hablando. Hablemos por ejemplo de un equipo de fútbol en Medellín, todos saben quién está detrás eso.* Es que mire lo que yo creo es que nos toca definitivamente hacer una gran reforma penal en este país. No puede ser que estos bandidos se puedan pasear a lo largo de Colombia como si fueran 'Pedro por su casa' sin que nadie pueda hacer nada contra ellos, y que incluso tengan hasta la oportunidad de llegar al Congreso de la Republica, esto no puede seguir pasando.

Galán festeja con sus escoltas los ataques de Lara. Luego felicita a Lara por las declaraciones.

En el periódico El Espectador Niky Polania y Guillermo Cano rebuscan en todos sus archivos pruebas contra Pablo Escobar.

En la síntesis de la escena se puede ver que Lara fue puesto en ese cargo para atacar. Él lo sabía, fue por gloria a costa del pellejo de Pablo Escobar, como usted puede ver, y hoy cobardemente su familia posa de víctima. Lara era el victimario.

Lector y juez, Rodrigo Lara en la vida real creyó estar haciendo una jugada magistral. Ya le explico por qué, primero déjeme hacerle una anotación: Para esos años Colombia llevaba tres décadas y media de guerra civil. Desde mucho antes de que la guerra contra la extradición y la no injerencia de los Estados Unidos en los asuntos internos de Colombia estallara, hasta el día de hoy, han estados presente los Estados Unidos mandando aquí. No importa el presidente, ellos son los que mandan. ¿Usted ha visto a un solo americano en todo esto? ¿Cree que se les olvido ponerlos? Ellos, los de la precaria serie, humillan y mienten es contra otros colombianos, a esos, a los norteamericanos, no se atreven a decirles la verdad. Le tienen pánico.

Eso sí es temor, porque eso si son el diablo. Solo le digo esto: a finales de los 70 mataron al más alto funcionario de la DEA en Colombia, un cubano nacionalizado americano, todo el mundo saben que fueron ellos mismos. Nunca hubo nadie preso por eso, ni investigado.

Eso le da una idea de quienes mandan aquí.

Lara fue puesto en ese ministerio en concertación con la DEA. Todo el mundo político en Colombia sabía que allí había sido colocado por exigencia del gobernador para Colombia, perdón quise decir embajador, de los Estados Unidos.

Bueno, les decía que Lara hizo sus cálculos y armó sus planes.

Lara se quiso saltar a Galán. Ese ministerio lo aceptó a espaldas de Galán, en la serie tratan de disimularlo y que todo sigue amistoso, pero en la vida real eso fue una gran pelea. Lara suponía que una vez acabara con Pablo Escobar como se lo pidieron los americanos, ellos como jefes que son, lo ayudarían a venderse como el hombre firme que necesitaba Colombia, es decir le pagarían sus servicios llevándolo a presidencia y tendrían en él a un hombre de total confianza en el poder y a sus órdenes. ¿En verdad creen los lectores que a Lara se le olvidó decirle a Galán que lo habían nombrado ministro? Galán si se dio cuenta y apenas pudo se las cobró. No piense que Lara una vez viniera de la lisa con la cabeza de Pablo Escobar como trofeo iba decirle a Galán: toma, ve, recibe los honores tú.

No hay que ser un genio para darse cuenta que Lara iba por su gloria personal. Y es válido, lo malo es que como los planes no le salieron, perdió, lo ponen como una víctima, como una mansa paloma.

Lara no era el segundo del Nuevo Liberalismo como venden hoy, dependiendo de si Galán algún día alcanzaba o no la presidencia, el siguiente en la lista era el nieto del poder en la sombra detrás de esos descendentes: Carlos Lleras Restrepo.

Ya sabemos que Lara con esa jugada se echaba al bolsillo a los norteamericanos —nada más y nada menos— y se posicionaba mejor que Galán políticamente y, por último, le ayudaba a un viejo socio o patrón que estaba teniendo problemas comerciales con Pablo Escobar.

Solo había que quitar una ficha y el Rey sería él, todos quedaban contento. Los Estados Unidos eliminaban la cabeza de la organización que más millones de dólares le sacaba a su economía y a un detractor político, Guillermo Cano eliminaba una amenaza izquierdista, Galán y él se quitaban un prometedor rival político y hacían retroceder a Santofimio y su combo y, su "amigo" y financiador, el narcotraficante Evaristo Porras, mejoraba su negocio.

Así es amigo lector y juez, Lara a estas alturas tenía un *pacto en la sombra* con un amigo suyo narcotraficante para sacar del mercado de la cocaína a Pablo Escobar. Los términos de ese trato serán mostrados más adelante.

En suma: primero Galán y ahora Lara labrando su camino político a costa del pellejo de Pablo Escobar. A nadie le gustaría que hicieran con su papá, su hermano o su hijo lo que Lara, Galán y Cano estaban haciendo con el líder político, civil, ecologista, deportivo y cultural Pablo Escobar.

Lo que él nunca calculó es que todos tenemos planes, y su "aliados" también los tenían con él.

Volviendo a lo que recrean en la serie puede usted ver como su único objetivo era Pablo Escobar, perdón el narcotráfico. Es que, para la élite y la prensa de Bogotá, y sus dueños, el único narcotraficante para el que tenían ojos era Pablo Escobar. La única cocaína que hacía daño era la de Pablo Escobar, los únicos dólares que "dañaban" la economía eran los de Pablo Escobar y sus allegados, casualmente el hombre que llevaba pasos agigantados hacia la presidencia y que los denunciaba ante el pueblo como ladrones, ineptos, indolentes de las clases sociales bajas, pero es solo "casualidad" aquello, no vaya pensar nada malo.

Lector y juez, para eso días Colombia iba a cumplir un siglo —100 años— de tener la misma constitución política. Puede ver usted como a Lara como ministro de Justicia no le importaba un proyecto de renovación legislativa, nada de eso, el solo tenía ojos para su obsesión enfermiza: Pablo Escobar. Lara estaba usando los recursos del pueblo para una pelea y beneficio personal, respeto a quien opine que eso era bueno.

Para esos mismos días, desde el extranjero se habían robado 13,5 millones dólares del ministerio de Defensa. ¿Pregúntese que hizo Lara por recuperar el dinero de los colombianos? Nada. El solo quería acabar con Pablo Escobar, no con el narcotráfico. Él solo quería ese cargo para atacar a un rival político, no para servir a gente, los que pagábamos su sueldo.

Usted puede ver a los Pepes —Perseguidores de Pablo Escobar— aun en la porquería serie planeando y festejando los golpes ilegales que le daban a Pablo Escobar. Eso se le llama coludir, y eso es un delito, pero no para ellos que eran el poder y, según juran: los "buenos" de esta historia.

¿Sabe cómo se auto denominarán un poco más adelante esa asociación para delinquir que habían formado en contra de Pablo Escobar? *El Klemrin* como el ruso. Después se llamarán LOS EXTRADITADORES, después los Pepes y, por último: AUC. Es por eso que Galán, Lara y Cano son fundadores de los Pepes —cazadores–, aunque no tuviera ese nombre en sus inicios.

Lara dice en su entrevista a los dirigentes deportivos que no reciban el dinero, que se abstengan de recibir los millones de dólares. Ya a esta altura de la historia él no se había resistido a unos miles de pesos, pero creía que nadie sabía, ignoraba que lo habían grabado para cuando se negara.

Les dice que eso son migajas. Ese fue el discurso que acuñaron cuando estaban quedando como ladrones, ineptos e indolentes sociales, tratar de menos preciar las obras de Pablo El Grande. Con palabras como esas trataron de cambiar la realidad. Nunca le dio Lara ni un balón a ninguno, nunca le regaló un par de guayos a nadie, nunca pisó una cancha de un barrio pobre, nunca supo lo que era colaborar con un simple uniforme y, sale como dueño de la moral a decirles a los nacientes futbolistas que no recibieran apoyos.

Fue cierto que Lara, el ministro de Justicia de un país, andaba acusando sin pruebas. Aquello era un mal ejemplo para los ciudadanos. En otro país serio la misma justicia lo hubiese ajusticiado. Pero esto es Colombia un país donde la justicia nunca ha servido, exceptuando cuando el acusado era Pablo Escobar.

También era cierto que festejaban los golpes que le daban a Pablo Escobar y su equipo. Eso es entendible.
Cuando los golpes los reciban ellos se volverán unas niñas llorando y apelaran a la lastima para confundir.

Póngase en el lugar de Pablo Escobar lector y juez, que hace usted si ve que empoderan una persona envidiosa y mezquina como Rodrigo Lara única y exclusivamente para que vaya por su cabeza. Sabiendo usted que está haciendo cosas buenas por los más necesitados, actos que a ellos les daña el negocio de hacer politiquería.

Habían tratado en las elecciones por todos los medios de evitar que Pablo Escobar resultara electo democráticamente, no lo pudieron conseguir, habían perdido en franca lid en las urnas y ahora iniciaban el juego sucio.

Puede seguir viendo el lector y juez quienes atacaron primero, bajo que pretextos y las verdaderas razones que ocultaban. Todo esto hace a la guerra de Pablo Escobar una guerra defensiva.

Lara se creía intocable como ministro, su arrogancia y sobrades no tenía límites. Respaldado por los dueños de Colombia, los norteamericanos, se creía un ser de otro planeta.

PABLO ESCOBAR EL PATRÓN DEL MAL. Episodio10, minuto 23

En estas escenas sale Pablo Escobar en la inauguración de un estadio de futbol. Las gradas atiborradas, pancartas y pascales de agradecimiento a él, quien con micrófono en mano emite un lánguido discurso.

La multitud a su alrededor no lo deja avanzar y como puede hace el saque de honor.

Muchas de esas escenas son imágenes reales del verdadero Pablo Escobar y lo que se vivía en esos días, es muy fácil diferenciar las imágenes originales de las mediocres ficticias.

Esa es solo una pequeña muestra del fenómeno Pablo Escobar en aquella Medellín. A ese hombre por el cual se congregaban esas multitudes solo para verlo o tocarlo era que le temían en Bogotá, era al que envidiaban los Galán, los Lara, los Cano, los Pastrana, los Turbay y muchos otros "dignos" de la capital.

En un partido de futbol, todo el mundo lo iba a ver a él, que no era jugador, eso es increíble.

Que la gente acudiera solo a verlo, que vitorearan su nombre, que lo idolatraran; es el sueño de la mayoría de los hombres, y eso genera envidia entre los que estaban acostumbrados a ser el centro de atención y Pablo El Grande los estaba desplazando.

Antes de empezar la guerra Pablo El Grande era una persona que tenía muchas más cosas buenas, dignas de admirar y emular, que cosas negativas. Después, en la guerra, se degeneró, como se degeneraron todos los que participaron en ellas, de todos los bandos, y como nos hubiésemos degenerado usted o yo, lector y juez, de haber participado en ella.

Todos llevamos un 'monstruo' dentro, que bajo ciertas circunstancias sale sin control a flote, y Pablo Escobar no era la excepción. Pero hay que entender y ponerse en el lugar de la persona que explota, y culpar, más que a nadie, a quienes lo llevaron a esa condición.

Nadie pasa de ser extremadamente rico, sencillo y humilde a ser un monstruo terrorista despiadado —supuestamente—, a no ser que le hayan cercado tanto, que solo le quedo defenderse como *gato boca arriba*.

Usted puede notar, y si es justo debe reconocer, que este hombre se quería ganar el favor del pueblo. ¿Por qué después iba a querer hacer cosas para que ese mismo pueblo lo odiara?

Solo hay una respuesta para eso y es la verdad: fue obligado a ello, para defender su vida y la de su familia y, por su vida y la de su familia cualquiera está en derecho de hacer lo que sea, cualquiera es cualquiera y lo que sea es o que sea.

Lector y juez, ¿usted le ve al verdadero Pablo Escobar patillas largas en las imágenes originales? ¿Usted ve en el verdadero Pablo Escobar similitud alguna con el obeso y cara de viejo que ponen en la serie? ¿Usted le ve al original la *pelea de perros* en los dientes que tiene el "Pablo Escobar" de la serie? ¿Usted le ve los ojos endiablados que le ponen en la serie? O, tan solo responda esto: ¿usted le ve la cara de hombre malo que se esfuerzan en ponerle los que hicieron esa falaz serie?

Era tan "malo" Pablo Escobar que se tienen que esforzar en ponerle cara de malo.

No era un astro del futbol, no era una estrella de rock, no era un galán de telenovela, no era actor de Hollywood, no era presidente de ningún país. No era nada de eso y la muchedumbre corría al lugar donde se encontraba solo para verlo. Tan solo era un civil sencillo, y sin gracias alguna aparente, que se había ganado el cariño de todo un pueblo. Tan vez sea el único hombre que ha logrado eso en la historia reciente de la humanidad.

Era todo un fenómeno que movía las masas y estaba incursionando en la política, muchos políticos no estaban alegre con su llegada al escenario nacional, ya sabemos cuáles hijos de papi deseaban esa popularidad y devoción para ellos.

No solo fue una cancha lector y juez, como la única que muestran en la serie, fueron muchas canchas de futbol las que hizo o mejoró el movimiento Renovación Liberal con su programa llamado Civismo en Marcha, liderado por Pablo Escobar en Medellín y Antioquia, principalmente. No fueron solo canchas de futbol, también lo hicieron con pistas de patinaje, canchas de básquetbol, entro otros deportes. No fueron solo escenarios deportivos, también fueron hospitales, centros de salud, dotados con medicamento y personal médico, en lugares selváticos de Colombia. No solo fueron escenarios deportivos y centros de salud, también escuelas y bibliotecas lector y juez. No solo fueron escuelas dotadas y con alimentación gratuita para los niños, también siembra de árboles, por miles. No solo fueron arboles por miles, también daba tierra a los campesinos que habían emigrado a la ciudad por culpa de la violencia. No solo daba tierras a los desplazados, también daba dotaciones de tractores y maquinaria para quien la necesitara. No solo ayudaba con maquinaria a la gente del campo, también daba motores fuera de borda y cualquier equipamiento que se necesitara para quienes vivían de la pesca. También ayudaba a adquirir casas a gente del común que no necesariamente vivía en los basureros, regalaba taxis y te apoyaba en tu negocio para que vivieras dignamente, pagaba carreras universitarias o cubría cualquier cirugía o tratamiento médico con todo pago sin importar el costo o si era la primera o última vez que te veía en su vida.

De todos los actos dignos de Pablo Escobar que he mencionado aquí hay pruebas. No las cito literalmente con sus respectivos créditos por que este ya es un libro muy extenso.

Todo esto lo hacía un solo hombre que cinco años atrás revendía lapidas para bóvedas, como lo dicen con desprecio para mofarse de él.

Este muchacho de 33 años podía estar cometiendo un sin número de excesos y abusos en cualquier parte del mundo con esa fortuna, pero no, aquí estaba con su gente, ayudando a quienes ni siquiera conocía.

La fama, el prestigio y el respeto del que gozaba Pablo El Grande no eran gratuitos, se la había ganado a pulso, haciendo lo que egoístas como Galán, Cano y Lara nunca hicieron, ni ellos ni sus hijos hoy en altos cargos públicos. Cuando Pablo Escobar comenzó a cosechar los frutos de su generosidad enseguida salieron los envidiosos, que ya sabemos quiénes son y de que apellidos.

Es el lector y juez quien dirá si Pablo Escobar merecía lo que le hicieron desde Bogotá.

Le pido que se pregunte quien conoce usted que haya hecho algo similar desinteresadamente, pudiendo estar gastándose su fortuna en cualquier otro lugar paradisiaco del mundo.

Lector y juez Pablo El Grande no era enemigo tuyo, era opositor político de ellos, y aunque no está bien lo que le hicieron sus opositores, tenían una excusa para atacarlo, pero muchos otros que se las dan de anti-Pablo Escobar no tienen una razón justa para atacarlo, y lo hacen solo por lo que le venden los enemigos de él desde Bogotá, mismos enemigos que lo obligaron a dejar de ayudar a los más necesitados e irse a una guerra. ¿Por qué atacar y juzgar mal a este hombre viendo lo que hacía hasta este momento? ¿Con qué derecho nos quejaremos de otro ser humano que sea egoísta, prepotente e insensible con sus semejantes si a este hombre que fue todo lo contrario también lo destrozamos?

¿Tendrán los anti-Pablo Escobar el cinismo de decirles a sus hijos que sean humildes? ¿Tendrán el cinismo de decirles que sean dadivosos? ¿Tendrán el cinismo de decirles que sean sensibles con los menos desfavorecidos? ¿Que sean ecologistas o humanitarios?

Todo mundo puede ver qué era lo que hacía Pablo Escobar antes de ser atacado.

Estas imágenes son solo un par, de cientos, que hubo en donde la comunidad le agradece a Pablo Escobar lo que hacía por ellos. Si los Pepes —cazadores— me muestran una, y solo una, imagen legitima en donde la comunidad le agradezca alguna obra social a Luis Carlos Galán, Rodrigo Lara o Guillermo Cano, abandono en el acto esta defensa.

Galán solo se jactaba de tener una gran retórica, solo verborrea bonita al final de todo. El hijo del gerente de Ecopetrol **NUNCA** le dio ni un trozo de pan duro a nadie. Pablo Escobar era un hombre de hechos. Lo malo fue ser bueno.

PABLO ESCOBAR EL PATRÓN DEL MAL. Episodio10, minuto 24

Luis Carlos Galán y Rodrigo Lara se encuentran teniendo una conversación en un restaurante.

Rodrigo Lara le explica a Galán que su nombramiento se dio de manera urgente y que por eso no se dio tiempo para consultarle.

Galán le resta importancia al asunto y le reseña sus logros en el Senado, que lo hacen merecedor de ese nombramiento:
-El Estatuto de Seguridad.

-El debate sobre la nacionalización de la banca.

-La investigación sobre los dineros sucios en la política.

Mentiras. Sus familiares se están esforzando por mostrar a Galán y Lara como un equipo, como Batman y Robín. Pero eso fue una pelea fuerte. Porque Lara tenía sus propios planes y quería ser el jefe.

La relación entre Lara y Galán no era la mejor en esos días. Si bien no eran enemigos, si eran ya rivales. Lara había destapado sus cartas políticas, no quería seguir en la lista de espera detrás de Galán, seguramente sospechaba que Galán nunca sería presidente y que sus años pasarían en la eterna suplencia; además, de saber que el sobrino del *dueño del circo* cuando estuviera listo tendría un lugar privilegiado. Lara tenía sus propias aspiraciones presidenciales, que es algo válido legítimo y hasta bueno, así como también eran válidas legitima y buenas las de Pablo Escobar. Galán se había ganado la simpatía de muchos colombianos por su rebeldía al interior del Partito Liberal, ahora no le gustaba mucho que hubiera rebeldía dentro de su pequeño reino. A ningún ladrón le gusta que le roben.

NO es cierto que lo hayan nombrado ministro a las carreras, eso fue negociado, Lara entró al gobierno un año después del presidente, eso fue hablado y con cabeza fría.

Nadie en su sano juicio les va a creer que no dio tiempo de avisarle al jefe, a no ser que te importe un pepino el jefe.

Las preguntas aquí son: ¿Por qué a Lara y no a Galán? ¿Por qué a espaldas de Galán? ¿Por qué el ministerio de Justicia y no otro? ¿Por qué dar uno de los más importantes ministerios a alguien que no era de los tuyos? ¿Qué se negoció antes de que Lara firmara? ¿Quién era el ministro en esa cartera antes que Lara y por qué ese no hizo el trabajo sucio que le encomendaron a Lara?

Esas explicaciones de Lara a Galán sobre su nombramiento como ministro que recrean los de la serie no es trascendental para los que la ven, no parece tener ninguna importancia. Y es cierto; en la serie si lo ponen o no, no importaba. Pero, en la historia verdadera aquello fue escandaloso. Todo el mundo sabe que Galán y Lara terminaron en malos términos, y no que son las almas gemelas que quieren vendernos a la fuerza. Por eso es que se esmeran "disimuladamente" los de la serie de presentar la perfección entre las relaciones de Galán y Lara. Ellos eran PO-LI-TI-COS, pillos y todo el mundo sabe que en ese mundo no hay lealtades.

Si le hubiesen consultado a Galán no hubiera sugerido a Lara y Belisario Betancur y los americanos querían era a Lara. Algo se tramaban en donde Lara cumplía el requisito.

PABLO ESCOBAR EL PATRÓN DEL MAL. Episodio10, minuto 32

En esta escena se encuentran reunidos en Nápoles Pablo Escobar y sus amigos.

Pablo Escobar le presenta uno por uno sus amigos a Regina. Luego se ponen a departir con juegos de mesa.

Lector y juez eso lo mencionan en el libro en el que dicen basarse. Solo que omiten unos "pequeños" detalles, **LA PARÁBOLA DE PABLO, Alonso Salazar, p**ágina 108:

Siguió Fidel Castaño, *oriundo de Amalfi, un pueblo lejano del departamento de Antioquia, renombrado no por narcotraficante —oficio que ya había abandonado—, sino por su decisión de enfrentar a la guerrilla y a sus supuestos aliados. Castaño era un hombre recio, discreto, callado pero enfático, bien vestido, que solo tomaba un poco de buen vino, que no fumaba y era deportista consumado. Trotaba diez kilómetros diarios aun en el calor de treinta o más grados del departamento de Córdoba, al norte de Colombia, donde tenía sus dominios. Un gentleman, dicen quienes lo conocieron. Castaño hacía el contraste con sus amigos porque no usaba carros pomposos o cosas semejantes, podía incluso desplazarse en autobús, taxi, en carros sencillos o a pie. Había comprado a un industrial una casa llamada Monte Casino, que al parecer de algunos constructores era la más bella de Medellín de aquellos tiempos. Allí tenía una colección de vinos que despertaba la envidia de sus socios.*

En el libro habla de los personajes que le presentan a "Regina" en la serie, pero este lo ocultan. Si lo ocultan es por algo y ese algo es no conveniente para ellos.

Fidel Castaño es un hombre inmensamente importante en esta historia, es determinante.

Desde esta parte de la historia, en que no hay guerra, en que no hay bombas, en que todos ellos son amigos y unidos, ya se mencionan a este hombre, incluso ya vimos que dice en el libro y omiten en la serie, que estaba en la creación del MAS.

Más adelante a este hombre lo meten en la serie como por arte de magia, de buenas a primera para acomodar la historia su favor, porque si dicen la verdad la gente le otorgaría la razón a Pablo Escobar.

En el libro a estas alturas ya Fidel Castaño ha sido mencionado en otros pasajes. Les iré mostrando por qué lo ocultan estos detalles.

En esa escena muestran lo que según ellos era el falsamente llamado cartel de Medellín, que en verdad era un grupo muchísimo, pero muchísimo más grande. Esa gente apenas es como el 0.3% de toda aquella estructura. Ya sabemos la mediocridad de la serie.

Por vez primera aparecen dos hombres más en escena, como narcotraficantes. No dicen quienes son, de donde viene o algo así. Los clavan en la serie de buenas a primera.

Todas esas personas tienen una razón, una coherencia, de cómo o bajo qué condiciones llegaron esta historia. Todo eso está entre lazado, todo eso son piezas de este rompecabezas y harán falta en cualquier momento.

PABLO ESCOBAR EL PATRÓN DEL MAL. Episodio10, minuto 34

En esta escena se encuentran reunidos, Guillermo Cano, Rodrigo Lara y Luis Carlos Galán en una oficina. Hablan sobre el debate al que han citado en el Congreso de la República al ministro Lara.

Dice Guillermo Cano que esa citación es una abierta declaración de guerra. Y que en la política siempre hay intereses.

Lector y juez, la citación al mencionado debate pasó en la vida real a finales de 1983. Y la última escena antes de esta, en el libro, habla de principios de 1983. Con esto le quiero decir que se han volado muchos meses de un solo golpe. Meses cruciales, pero que les desfavorece a los familiares de los que hicieron la serie en esta historia, por eso los excluyeron. Apenas termina este análisis le hago un resumen de lo que se volaron le cuentopor qué se vuelan esos meses.

En la escena usted ve a los tres mismos perseguidores de siempre: Lara, Galán y Cano —dos políticos y un periodista, algo así como dos bandidos y un "policía"— coludiéndose, conspirando contra Pablo Escobar, un político rival de corte izquierdista.

Le pido por favor al lector y juez responderse la siguiente pregunta: ¿Qué de malo le había hecho Pablo Escobar a

esa gente en este punto de la historia?, su respuesta es crucial, por favor hágalo.

Aún en la mediocre serie puede ver que no les había hecho nada malo diferente a dejarlos rezagados políticamente y, colateralmente dejarlos vistos como ladrones e indolentes ante el pueblo con su forma deprendida de ser, pero era un efecto colateral de sus obras humanitarias. NO hay nada que justifique los ataques de la élite de Bogotá a Pablo Escobar, falsas razones se han inventado de sobra.

No solamente eran esos tres, eran muchos más, principalmente de Bogotá, distinguidas familias y dueños de grandes medios de comunicación, conspirando para desprestigiar y acabar con un neófito *paisa* en el Congreso llamado Pablo Escobar.

No estaba bien que un dueño y director de un diario de circulación nacional se metiera a defender a políticos. Todas las artimañas que cuadraban en contra de Pablo Escobar las "legalizaba" Guillermo Cano desde su periódico. Eso no era correcto, ni era legal, ni era serio que un diario de circulación nacional se preste para esas peleas políticas. A nadie le gustaría que estas mismas personas poderosas estuvieran ensañadas conspirando contra su papá, su hermano o algún ser querido, solo porque la gente lo aclama, sigue y ven en él una esperanza de cambio. Ese cuento del narcotráfico es solo un pretexto. Había muchas personas con tacha de tener vínculos con narcotraficantes en toda Colombia, incluso en familias pudientes de Bogotá, como los Turbay y Ospina, y ellos tenían solo ojos para el que les estaba haciendo quedar mal ante el pueblo con sus obras cívicas, que casualidad.

Dice el Guillermo Cano de la serie que aquella citación a Lara era una declaración abierta de guerra. No es cierto, usted puede verlo en la mala serie que quien llegó "disparando" contra Pablo Escobar específicamente fue Rodrigo Lara. Esa solo era la respuesta a los ataques que él empezó haciendo. La guerra la iniciaron ellos escudados en Rodrigo Lara, eso hace la guerra de Pablo Escobar una guerra defensiva. Quienes atacaron primero fueron ellos, sin tener en cuenta que fueron estos mismos los que trataron de impedir a toda costa que Pablo Escobar llegara a ser elegido democráticamente representante suplente a la Cámara por su departamento, quitándole el "piso" y "humillándolo" públicamente, entre otras artimañas politiqueras que Pablo Escobar evadió.

No debe quedar duda lector y juez de que ellos no eran ningunas mansas palomas como los quieren vender sus familiares, que ellos estaban en pie de guerra y habían atacado primero. Ellos son los victimarios, son los atacantes. Este intento de ponerlos como víctimas en esta serie hecha por sus familiares solo nos deja un camino expedito: en la vida real Lara, Galán y Cano actuaron mal en contra de Pablo El Grande y por eso tratan de corregirlo en la serie, sino fuera así no lo trataran de corregir.

También ponen en boca de Guillermo Cano las palabras: *en la política siempre hay intereses.* Eso es cierto y no solo en la política también en la guerra, ahí estaban en ambas, esa es una verdad universal. Ahora pregúntese, ¿qué hacía Guillermo Cano tomando partido en una pelea política? O ¿qué intereses tenía en esa guerra?

Yo le digo: Pauta publicitara. El Estado colombiano era el mejor cliente del país, pagaba miles de millones en pauta publicitaria y puntalmente. Si Galán y Lara tenían poder en los órganos del Estado ¿A quién le darían esos jugosos contratos? Blanco es, frito se come…

Toda la vida El Espectador ha sido un periódico con saldo en rojo, siempre ha sobrevivido de la pauta publicitaria del Estado.

Ahora atento a lo siguiente: ¿recuerda que ya le había dicho que Lara había llegado a ese ministerio en agosto de 1983 y no a principios de ese año, como lo ponen en la patraña de serie? Ahora es cuando yo le digo porqué de esas manipulaciones: no lo dicen en el libro en el que juran basarse, no lo dicen en la mañosa serie y casi no lo va a encontrar en ningún otro texto, porque la mentira que han difundido esta enraizada: Disque citaron al ministro para hacerle una encerrona en el Congreso, la verdad es otra: Ese debate en el Congreso sobre dineros calientes en la política lo cito: el senador Rodrigo Lara. El mismo que ahora debía ir a responder como ministro de Justicia, víctima de su propio invento. Lara cayó en su trampa. Ese cuento de que fue una celada, que fue una emboscada… y tantas pendejadas más, es pura mierda, Lara se ahorcó con el nudo que había puesto para otro.

En ese tiempo las leyes colombianas permitían que los senadores fueran nombrados ministros.

Sepa usted que cuando Lara se vio enredado en su misma trampa intentó parar ese debate que él mismo había organizado para poner en aprietos al gobierno —que ahora defendía—. Buscó a López Michelsen —de quien tanto hablaba mal en público— para pararlo, pero no pudieron, ya eso estaba muy avanzado.

Así sucede muy frecuentemente con candidatos políticos que en campaña atacan a los gobernantes de turno para ganar adeptos, cuando ganan las elecciones deben responder como funcionarios por lo que tanto habían criticado.

Como el mentiroso debe tener buena memoria, tan solo un poquito más arriba —PABLO ESCOBAR EL PATRÓN DEL MAL. EPISODIO 10, MINUTO 24— analizamos la escena sin sentido en donde Galán y Lara hablan en un restaurante, en la cual Galán le hace un recuento de los "méritos" de Lara para ser nombrado ministro; bueno entre esos "méritos" —el tercero— hace referencia a la citación al debate en mención, revise y verá.

Ahora lo borran de la serie.

PABLO ESCOBAR EL PATRÓN DEL MAL. Episodio10, minuto 36.

En esta escena Pablo Escobar es informado de que sus cebras fueron incautadas por la policía.

Toman unos burros los pintan de blanco y negro y los cambian por las cebras.

Esto dice en el libro PABLO ESCOBAR MI PADRE, de Juan Pablo Escobar, página 141:
El zoológico nunca dejó de ser el niño consentido de mi padre y se preocupaba por cuidar todos los detalles. Como aquel día que recorría la hacienda en su campero y notó que los flamencos habían perdido su hermoso color rosado y el plumaje era casi blanco. Convencido de que la decoloración se debía a la mala alimentación, consultó un veterinario inexperto y les dio langostinos durante seis meses. Claro, no funcionó. Otro día notó que los elefantes parecían aburridos con la comida, pues no sabían muy bien con qué alimentarlos; probaron con pasto picado de todas las clases y hasta con caña de azúcar, pero los Paquidermos siguieron inapetentes por largo tiempo. Entre tantos ensayos, un día mi padre mandó comprar tres toneladas de zanahorias para que se animaran. Pero tampoco surtieron efecto.

Este, lector y juez, es una muestra —entre muchas— de lo que hacía Pablo Escobar para tener a sus animales lo mejor que podía.
Se la presento para que halle usted, ya que yo no pude, la razón para que estos animales sean sacados de estas condiciones y llevados a unas peores. El mejor zoológico de Colombia, de América de Latina y tal vez del mundo era el de Nápoles. No se ahorró ningún dólar en tratar de recrear los habitas naturales de aquellos animales lo mejor

que se podía para la época y que estuvieran lo más libremente posible.

Los llevaron a un zoológico público de muy malas condiciones, no solo fueron cebras (una de las cebras murió) trocadas por burros pintados, también aves exóticas de todas partes del mundo, entre otras cacatúas de la Indonesia, cisnes blancos de Europa, faisanes, grullas reales…, y antílopes, que fueron trocadas por gallinas y otras aves vernáculas y chivos y cabras locales cuando fueron incautadas.

Es que la primera vez le incautaron, las jirafas, el hipopótamo, rinocerontes, elefantes, canguros entre otras especies.
Aquello sucedió en el aeropuerto de Medellín, ante el asombro de todos, y fue imposible llegar a un arreglo económico con las autoridades de inspección, porque el suceso se hizo muy ostensible y había llegado cuanto funcionario público se creía con derecho de preguntar. Todo fue confiscado.

La astucia, genialidad o malicia de Pablo Escobar —llámela como guste— salió a flote. Ordenó separar los animales y cargarlos en dos grupos, el uno con todos los animales grandes y de difícil similitud en la zona, y los otros los más pequeños y que se pudieron encontrar un "doble" nativo, además de mandar en el acto a un trabajador a que fuera organizando con plata al vigilante del zoológico para donde llevarían los animales, le dieron un año de sueldo.

El cargamento salió rumbo al zoológico de Medellín; pero, uno de sus hombres tenía la orden de hacer cualquier maniobra para distraer al pequeño y solitario carro de la autoridad que los guiaba mientras una parte de los carros cargados con la confiscación se le perdía, y así se hizo. Los camiones con los animales grandes se fugaron para Nápoles y los pequeños fueron confiscados e inventariados. A las tres de la madrugada llegaron a hacer el trueque y cuando ya estaba todo listo se dieron cuenta que las cebras estaban en el acta y no habían llevaba con que suplantarlas. Es por eso que se tuvieron que buscar a las carreras burros y pintarlos, porque había un acta que debían dejar tal cual. Es más, buscaron por largo tiempo un hipopótamo pensando que en todo el tropel se les había perdido, la hembra. Solo después de revisar los documentos de compra se dieron habían comprado solo el macho. Si se hubiesen quedado con ese solo hipopótamo hoy no hubiera el problema que hay con ellos en Puerto Triunfo, donde hay más de 80 y no saben qué hacer con ellos. Ahora bien, estos animales a pesar de pertenecer a los cinco continentes, fueron comprados casi en su totalidad en los Estados Unidos, con sus papeles en regla.

Esta no fue la única vez que se los incautaron, unos meses después, con Rodrigo Lara como punta de lanza, ya obsesivo, furibundo e irracional contra Pablo Escobar, se volvió a ordenar que se llevaran otros animales, Pablo Escobar los volvió a recuperar en un remate de aduanas atreves de un tercero.

En la serie no se lo muestran, pero esa orden, como el resto de ataques, venía dirigida desde Bogotá, de donde ya habían mandado a evitar que Pablo Escobar entregara las casas que regalaría a los habitantes del basurero y, de donde también habían puesto todo tipo de trabas para la construcción de las dos mega universidades totalmente dotadas y gratis para las clases populares de Medellín y sus alrededores. Era un hostigamiento total, una provocación constante. La obsesión con el zoológico era porque su ingreso era totalmente gratis para el pueblo. Pablo Escobar había tratado de ingresarlos legalmente y le pusieron cuanta traba insulsa les fue posible, ya los animales estaban listos para viajar y su costo de manteamiento en el lugar en que aguardaban costaba varios miles dólares, fue entonces cuando los mandó a traer sí o sí. Le repito, y me disculpa: los animales eran comprados de manera legal y con toda su documentación en regla en zoológicos de los Estados Unidos. Se valían de cualquier documento insipiente como un certificado de vacunación —o algo parecido— para parar el proceso. Aunque técnicamente era un contrabando, no era que venían cazados furtivamente evitando contrales por todo el mundo ni nada de eso que siempre han insinuado.

Suplico al lector y juez que note como ellos atacaban enfermizamente las obra generosas y loables de Pablo Escobar para con el pueblo humilde, que vea como el problema no era como conseguía su dinero, sino las obras para los menos desfavorecidos que hacía con él, porque esas obras plausibles desde todo punto de vista, los hacia quedar a ellos, como indolentes y mezquinos.

Si el zoológico cobrara una entrada solo posible de pagar para los ricos, no se hubiesen metido con esos animales, pero como era gratis y la gente le agradecía el gesto al parlamentario Pablo Escobar...

Mire por qué querían quitarle el zoológico a Pablo Escobar:
PABLO ESCOBAR MI PADRE, de Juan Pablo Escobar, página 140:
Así, con la avioneta en la entrada, el automóvil baleado cerca de allí y decenas de hermosos y exóticos animales en el zoológico, mi padre abrió Nápoles al público. El éxito fue inmediato porque además de que la entrada era gratis, los turistas podían recorrer el inmenso parque en sus propios vehículos. Un fin de semana feriado llegaban a entrar <u>hasta veinticinco mil automotores</u>. Familias enteras de todos los rincones de Colombia viajaron a disfrutar del lugar. Mi padre estaba feliz y yo le preguntaba por qué motivo no cobraba la entrada si podría ser un buen negocio. —<u>Hijo, este zoológico es del pueblo. Mientras yo viva jamás voy a cobrar, porque me gusta que la gente pobre pueda venir a ver este espectáculo de la naturaleza</u>. La avalancha de turistas llegó a tal extremo que mi padre hizo construir una carretera nueva, pues incluso a él se le hacía imposible llegar. El recorrido normal de siete minutos entre la entrada y la casa principal llegó a tardar hasta dos horas.

Gastó millones dólares en crear y sostener un zoológico público con dinero de su bolsillo. Todas esas personas que iban en familia y tenían la oportunidad de hacer realidad el sueño de ver un gran zoológico en vivo y en directo totalmente gratis, veían en Pablo Escobar una persona singular que contrastaba con los *seudo-ricos* de Colombia, quienes nunca perdían tiempo en poner barreras entre ellos y la plebe.

El decomiso de los animales del zoológico era orden dada y planeada por Lara, Cano, Galán y sus compinches en Bogotá para golpear en otro frente la popularidad del parlamentario Pablo Escobar.

¿Por qué hay gente que cree que lo que esto que hacía Pablo Escobar era malo? ¿Por qué hay gente que se ha dejado engañar creyendo que Lara, Galán, Cano y la alta clase política del país son los buenos?

Galán, Lara y Cano no iban ellos mismo a decomisar esos animales ni a quitar las casas que le iban a dar a los habitantes del basurero, ellos mandaban a la "fuerza pública", es decir soldados y policías, que a su vez eran humildes personas que estaban allí por un sueldo y que creían estar cumpliendo un servicio a la patria, cuando en verdad estaban siendo carne de cañón en una pelea política de Lara, Cano y Galán.

Esto es importante no perder esto de vista, lector y juez, porque un día, cuando Pablo Escobar se comience a defender de estos ataques, los primeros en caer serán estas pobres personas (policías y soldados rasos) que por un sueldo pagado con dineros de todos los colombianos deberán morir por caprichos de Lara, Galán, Cano y los demás ricos de Colombia. A sus familias les han vendido que el culpable es Pablo Escobar y no se han detenido a pensar justamente que los culpable son Galán, Lara, Cano y los demás que los ponían de primero en la línea de batalla de una guerra por política, cuando ellos estaban trabajando por un servicio público, no por un servicio privado como lo sienten Galán, Lara, Cano y su mafia politiquera de Bogotá, que siempre han tenido a las fuerzas publica de los colombianos como su ejército privado para atacar a quien no se someta sus caprichos o a sus intereses ladrones.

¿Usted cree que Lara, Galán y Cano iban a mandar a esos policías o soldados a Medellín a provocar a Pablo Escobar si ellos fueran sus hijos? Claro que no. Los mandaban porque eran hijos de quien sabe que, *muertos de hambres*. ¿Cree que ellos iban o ponerse un uniforme, fusil en mano e iban a ir a Medellín a quitarle a Pablo Escobar sus cosas? Esos cobardes solos mandaban. Les importaba un pedo si esos *muertos de hambre* morían.

Colombia era un país con innumerables problemas sociales, somos un país pobre y en aquello días éramos aún más pobres, con problemas por doquier. En vez de estar pendiente a esos problemas, el senador Galán y el ministro Lara estaban pendientes en atacar a Pablo Escobar, su rival político. Tantos problemas que tenían en aquella Colombia y ellos utilizando los recursos del pueblo en sus peleas privadas, y hasta en detrimento de los inocentes animales.

Con ese gasto de dinero y de recursos humanos que votaron en decomisar y sostener después a aquellos animales, han podido solucionar no sé cuántos problemas a otros ciudadanos que sí lo necesitaban y con urgencia; con esos dineros y esos recursos humanos que se iban a gastar sosteniendo en malas condiciones aquellos animales en un zoológico público, se han podido solucionar miles de necesidades básicas a otros colombianos. Pero ya vemos en que se gastaban Galán, Lara y Cano la plata de la gente, cuando no se la estaban gastando con sus familias por Europa.

Mire como ellos andaban atacando y provocando. Un día en esta historia a Pablo Escobar se le rebosará la copa de tanto abuso, desde entonces le han dicho a usted que Pablo Escobar es el malo de esta historia, pero se cuidan de callar lo que ellos le hicieron primero.

Solo muestran cuando el explotó, pero callan cuanto les aguantó.

Pablo Escobar prometió no cobrar nunca el ingreso al zoológico mientras él viviera, y así lo cumplió. Hoy quien no pague a los políticos que se quedaron con la hacienda Nápoles no ingresa a las ruinas de lo que fue aquella maravilla.

El mundo al revés, el dueño del pollo asado lo regalaba, los ladrones que se lo quitaron venden los huesos.

Nápoles fue construido para que cualquiera, sin importar su nivel social, disfrutara de lo que allí se encontraba, tanto como sus mismos dueños o sus familiares, NO para ser un cuartel de guerra. Esa desviación de la finalidad de aquel paraíso agradézcasela a la envidia de Guillermo Cano, Rodrigo Lara y Luis Carlos Galán, entre otros disque pudientes de Bogotá.

Aun hoy existen algunos animales de aquello en Nápoles, si se lo hubiesen quedado los políticos como Lara y Galán, ya no existiera ninguno.

Ya que estamos hablando de los animales de Nápoles déjeme y le cuento algo: Pablo El Grande mando a comprar todos los conejos posibles en el departamento de Córdoba, los traían en helicópteros y los soltaba en Nápoles y en toda la rivera.

A algún campesino de aquellos se le ocurrió propagar el chisme de que unos médicos *paisas* habían encontrado la cura contra el cáncer con la sangre de los conejos. Se paró la venta de los conejos a los *paisas* en Córdoba.

Pablo Escobar hizo traer a aquel campesino en helicóptero hasta Nápoles y le mostró que los conejos eran para liberarlos. Santo remedio. Eso sí, después había invasión de conejos hasta en la otra orilla del rio.

¿Conoce usted a otro ser humano que haya comprado miles de animales solo para ponerlos en libertad? Eso solo lo hizo el "monstruo".

PABLO ESCOBAR EL PATRÓN DEL MAL. Episodio10, minuto 44

En esta escena se recrea el debate contra el ministro de Justicia Rodrigo Lara en el Congreso de la República.

Todos en el recinto en silencio escuchando la exposición de Javier Ortiz, quien tilda a Lara de cínico por hablar de los dineros del narcotráfico en el futbol y en la política, mientras esos dineros "calientes" entraron a sus campañas para el Senado.

Rodrigo Lara muy tranquilo le pidió pruebas.

Lector y juez, durante toda la serie insisten en hacerle creer que aquello fue una trama de Pablo Escobar para desprestigiar al ministro Lara como venganza por haber expulsado —supuestamente— a Pablo Escobar y Jairo Ortega de su movimiento político en los días de campañas políticas.

<u>Es falso</u> que fuera una venganza, es lo que han querido imponer a fuerza de repetición, para mitigar la conducta corrupta y farsante de Lara.

El día del debate en la vida real el recinto no estaba en silencio, había barras, más precisamente Carlos Lehder y gente de su confianza en los lugares asignados a los periodistas en donde aplaudían o abucheaban según fuera el interventor. Eso lo dice el libro en el que disque se basan los mediocres de la serie.

Tampoco es cierto que no hubiese pruebas, como lo dicen en la serie. Fue público un cheque por un millón de pesos que recibió Rodrigo Lara de manos de Evaristo Porras, un narcotraficante de Leticia, departamento cercano de donde era oriundo Lara Bonilla, es decir un vecino de él. El cheque fue exhibido públicamente por Jairo Ortega, el representante que acusaba en el debate y, en el puesto de cada parlamentario había una copia del mismo. Por lo tanto, es falso que no hubiese pruebas, como puede ver que se lo están ocultando en la serie. Puede usted notar que en la serie nunca muestran el cheque, por algo lo ocultan lector y juez. Aparte del cheque había un recorte de prensa que daba cuenta de la captura por narcotráfico de Evaristo Porras en Perú en el 1978, había un video, léase bien un vi-de-o y, aparte de Evaristo Porras había un testigo presencial de todo aquello. Había pruebas de sobra.

Tampoco es cierto que Lara Bonilla estuviera tan tranquilo como el que nada teme, mire:

REVISTA SEMANA: SE PRENDIO LA MECHA

SERIAS ACUSACIONES DE RECIBIR "DINEROS CALIENTES" CONTRA RODRIGO LARA, EL PRINCIPAL PROMOTOR DEL DEBATE SOBRE LOS MISMOS. 9/19/1983

El representante Jairo Ortega acusó al ministro de haber recibido un cheque por valor de un millón de pesos, girado el 20 de abril por un señor de nombre Evaristo Porras quien, algunos años atrás, había sido sindicado por tráfico de estupefacientes en el Perú. Interrogado Lara sobre si *conocía a este individuo, <u>el ministro pareció sorprenderse y titubear antes de afirmar que dejaría esa respuesta para más tarde</u>. A esto, Ortega aseguró que tenía manera de demostrar que sí se conocían, por medio de una grabación hecha el 20 del mes de abril en el Hotel Hilton de Bogotá, durante una entrevista del <u>entonces senador</u> Rodrigo Lara con Porras.*

Lara, ofuscado, exaltado y fuera de sí, se defendió de la acusación en términos emocionales y enérgicos, afirmando que su vida era un libro abierto.

Usted puede ver si lo que pasó se asemeja a lo que amañadamente recrean en la serie. A todas luces se ve que mienten descaradamente porque con la verdad no ganan. Hasta un ciego ve que quieren favorecer a Lara a la brava. En la serie no le muestran por ningún lado el cheque que fue de dominio <u>público</u>, y si usted intenta conseguir imágenes de ese cheque no las consigue por ninguna parte. Las han desaparecido. En cambio, todo lo negativo de Pablo Escobar lo encuentra facilísimo. Se nota quienes con el verdadero poder en esto.

Si se les cae el falso ídolo, se les cae el negocio.

Si tienen necesidad de hacer toda esta manipulación es porque no son tan santos como dicen.

Mire en el artículo que Lara era el impulsador del debate de los dineros calientes. Lara atacaba, a eso lo llevaron los americanos y Belisario Betancur. Recuerde que le había dicho que Lara había sido el gestor de ese debate cuando era senador y ahora el tiro se le devolvió como ministro. Todos los grandes medios de Bogotá pactaron callar el asunto para ayudar a Lara. Empezando por El Espectador. Esa conducta de los medios de comunicación, que dicen estar en favor del pueblo es reprochable en cualquier país serio del mundo. Se coludió la gran prensa Bogotá para salvar a un ministro que estaba quedando expuesto como un farsante y corrupto.

La siguiente es una confesión hecha por uno de aquellos periodistas en un oportunista libro sobre Pablo Escobar. La serie le dice mentiras, yo les dejo la verdad con evidencias, para que usted en su criterio juzgue:

OPERACION PABLO ESCOBAR, German Castro Caycedo, página 197

...de manera que cuando ese martes terminó el debate contra Rodrigo Lara Bonilla, <u>pensé</u> que todo estaba montado como venganza contra el Nuevo Liberalismo.
<u>Entonces con la ilusión de tratar de aliviar la avalancha inhumana que soportaba solo el ministro de Justicia —mi amigo— imaginé un programa de televisión. El plan era preguntarle por lo de la venganza a Escobar y a Carlos Lehder, a Rodrigo Lara y a Luis Carlos Galán y presentar los testimonios —con el video del discurso en el momento de la expulsión— en un espacio especial.</u> Todos estuvieron de acuerdo.

Esto NO lo hace un periodista serio. Si el ministro es corrupto debe irse, aunque sea su amigo.

Esta es una prueba de lo que era, o es, la prensa en Colombia, mírese a que, y quienes, se enfrentaba Pablo Escobar, el "malo" según ellos.

Hizo todo el periodista —lo que describió en el aparte mostrado— bajo un supuesto. Según él movido por la amistad que lo unía con el mal llamado ministro de Justicia.

Para muchos, prácticamente todos, los que vivían el día a día político de aquella Colombia, el escándalo y las acusaciones contra ese ministro, fueron verdad. Fue sostenido a todo pulmón, pues lo contrario significaba reconocer un golpe político de Pablo Escobar contra la élite política de Bogotá.

Que todo era un montaje por la expulsión del Nuevo Liberalismo, puede ser. Pero también no puede ser. Eso decían en esos días los que querían sostener a Lara. Hoy para defender lo indefendible dicen que fue porque Lara denunciaba el narcotráfico, ni siquiera se ponen de acuerdo en las mentiras. Porque la verdad es que Lara era un pillo, que fue pillado.

¿Los periodistas se deben dedicar a hacer show para ayudar a políticos corruptos? Hoy no sé, pero en esos días (1983), podemos ver que sí. En ese ambiente hostil, conspirador y ruin le tocó moverse a Pablo Escobar cuando ilusamente pensó que los patricios del país dejarían que un plebeyo como él siquiera oliera la presidencia.

Refutando el pretexto que sacó el periodista-escritor y Pepe —Perseguidores de Pablo Escobar— Germán Castro Caycedo, de que era una venganza, ¿por qué habría Pablo Escobar de vengarse porque lo bajaran del bus perdedor? —Galán no tenía mucho apoyo, sacó solo el 10% de la votación—. Pablo Escobar, al fin y al cabo, había conseguido la curul y, había ganado uno de los dos candidatos a los que les habían apostado para la presidencia.
Esa supuesta venganza carece de sentido. Además, el cheque de Lara fue girado para las elecciones de marzo de 1982, año y medio atrás y Lara había sido pillado en abril de 1983, medio año atrás ¿Quién pudiendo vengar enseguida va a esperar año y medio para ver si puede hacerlo?

La supuesta venganza contra el Nuevo Liberalismo es un pretexto para atacar a Pablo Escobar en ese momento, cuando tenía a Lara Bonilla contra las cuerdas. Más bien recuerde el lector y juez que fue Lara quien llegó atacando, fue él quien se prestó para ponerse como punta de lanza de una naciente guerra ¿Entonces de que se queja su familia hoy en día?

A Jairo Ortega lo pusieron a elegir entre el Nuevo Liberalismo y Pablo Escobar, eligió a Pablo El Grande, ¿venganza de qué entonces? La venganza la pretendió hacer Lara citando el debate sobre los llamados dineros calientes como senador.

Socorrer a su amigo era su deber (Castro Caycedo), sino como podría llamarse amigo. Su deber era socorrerlo fuera culpable o no. Pero como amigo, no como periodista.

Otros "amigos" dejaron solo a Lara como dice el escritor –periodista de Bogotá, pero su ética como periodista dicta que tenía que hacer otra cosa. Estoy juzgando aquí es al periodista no al amigo, así como el debate por recibir dinero de un mafioso para la campaña de Galán a la presidencia era contra el ministro de Justicia, no Lara como ciudadano, por eso fue citado al Congreso y no en un estrado judicial ordinario, como cualquier otro delincuente.

Cuando dice: *el plan era...* Demuestra que era algo maquinado, más para que Lara Bonilla, el ministro corrupto, saliera de las cuerdas, que por que estuvieran convencidos de su inocencia. Más bien *el plan era* para tapar la culpabilidad de Lara Bonilla con la excusa de la tal expulsión. Se ve diáfano que era una trampa para desacreditar las pruebas que presentaron Pablo Escobar y su movimiento en el Congreso contra un ministro cínico y corrupto.

Una persona que está haciendo algo indebido y sale sin ninguna vergüenza a señalar a otros de estar haciendo lo mismo, ¿cómo más se le puede llamar?

Si fue necesario buscar cortinas de humo para defender a Lara Bonilla, es porque sí era culpable y legalmente no podían demostrar lo contrario. Como se ha confirmado hoy, 33 años después.

Cuenta el señor Germán Castro Caycedo —más adelante en el mismo libro— que ese programa de televisión como estaba orquestado nunca salió al aire. Dice que el programa quedó inconcluso porque Luis Carlos Galán nunca quiso grabar su parte. Eso de que Galán no le pusiera interés, que le sacara el cuerpo a defender a Lara, sumado a otros testimonios donde se quejan porque Luis Carlos Galán lo dejó solo cuando se supo lo del cheque y lo que pasó en la reunión entre Lara con Evaristo Porras, dejan deducir fácilmente que lo de ese cheque era cierto. Y no un montaje como han tratado de amortiguarlo.

Unos años más tarde el hermano de este periodista bogotano se lanzó al Cámara de Representante —de donde sacaron a patadas a Pablo Escobar— y su fórmula al Senado fue el señor Fernando Botero Zea, a la postre ministro de la Defensa y condenado por recibir dinero de los narcos de Cali para la campaña Samper presidente, en cuya campaña trabajó la esposa del escritor-periodista que montaba el show para proteger a un ministro corrupto. A Pablo Escobar su red de inteligencia le informó alguna vez que este mismo señor colaboraba con las agencias americanas para que dieran con su ubicación y que lo mataran, ya que él había ido a algunos de los lugares que frecuentaba Pablo Escobar con el pretexto de trabajar en un libro sobre el narcotráfico.

Probar que, al movimiento de Lara y Galán, que se les llenaba la boca gritando que eran inmaculados, y se daban golpes de pecho en público contra los dineros de los narcotraficantes, hubiese recibido dinero de estos, era quitar el naipe del equilibrio.

Galán no se prestó para ese show porque sabía que Lara era culpable y tarde o temprano lo arrastraría con él. Además, si Lara era inocente y ellos tenían la razón, no tenían por qué estar conspirando con bajezas para salvarlo. Este debate en el **CONGRESO DE LA REPÚBLICA AL MINSITRO DE JUSTICIA** y no ante un juez a Rodrigo Lara Bonilla le demuestra al lector y juez que esto era una pelea política. **ESTO ES VITAL**, supremamente importante que se tenga en cuenta, porque será Lara Bonilla quien pasará esta pelea de la política a las balas. Es Lara quien prende la mecha que quemará a miles de colombianos que nada tenían que ver con esto y hoy solo saben culpar a Pablo Escobar.

No es cierto que Lara manejara esa calma que le muestran en la serie. Una vez más digo que sí tienen que mentir es porque quedarían automáticamente como los malos de esta película si dicen la verdad.

Lara quedó pálido, quedo aturdido, privado, y de eso hay imágenes en videos. Algún periodista que vio atreves de la puerta de su oficina medio abierta después del debate ha contado como caminaba desesperado de un lado a otro.

Nadie que sea pillado está en calma.

PABLO ESCOBAR EL PATRÓN DEL MAL. Episodio 11, minuto 6.

Luis Carlos Galán llega hasta la oficina de Rodrigo Lara y le pide explicación sobre las acusaciones que le hicieron del cheque girado a su nombre y la grabación en donde él tiene una conversación con un narcotraficante.

Lara dice que todo es mentiras, que es un montaje.

Cuando Galán le pregunta sobre la autenticidad de la grabación Lara comienza a rememorar…

Sale Rodrigo Lara en un concurrido restaurante al aire libre, parece ser una mañana, sentado en una mesa conversando con un hombre, Lara tiene un vaso con agua y su acompañante un vaso con leche. Salen unas letras en subtitulo que dicen: FLORENCIA CAQUETÁ -1983-

Lara: *Pues como usted sabe yo estoy aspirando al Senado de la República.*

Crisanto Pérez: *Claro que sí doctor Lara. Para está tierra es un honor que una persona tan ilustrada como usted nos represente por allá por la capital.*

L: *Bueno pues muchas gracias, esperemos que todo salga bien. Me dicen que usted es un empresario con mucha ascendencia en el Caquetá…*

C. P.: *Por supuesto que si doctor, yo tengo muchos cultivos.*

L: *¿Cultivos de qué? Perdóneme.*

C.P.: *Cultivo de todo, usted sabe la tierra me ha tratado bien.*

L: *Pues que bueno. Bueno, fue un gusto conocerlo….* (Se pone de pie para marcharse)

C.P.: *Doctor Lara por favor siéntese, aun no le he dicho por qué pedí la cita con usted.*

L: *Si, entiendo que usted quería conocerme, por supuesto, es un gusto.*

C.P.: *Ha no si, también, que gustazo doctor. Pues yo quiero ofrecerle una contribución a su candidatura.*

L.: *Mire señor Pérez, de verdad yo le agradezco mucho, pero en este momento no es necesario.*

C. P.: *Doctor no me vaya a salir con el cuento de que a usted le sobra el billete, porque esa si en este país no se la cree nadie. Yo creo y quiero que usted llegue al Senado de la República.*

L.: *Mire por qué no hacemos una cosa, porque no me habla un poco más de usted.*

C. P.: *Bueno doctor, pues haber... yo me muevo mucho por el Amazonas, por el Caquetá*

L.: *¿Cómo político?*

C. P.: *Como político y como lo que toque doctor, yo soy como usted, si hay que ayudar al pueblo, pues ahí estamos, por eso quiero que me acepte la contribución.*

Mentirosos, cínicos, desvergonzados, manipuladores. Estas personas que participaron en esta serie no deben tener la cara para exigirle la verdad nunca a nadie, debe darles vergüenza mirar a sus hijos a los ojos.

Nuca existió en la historia real ningún 'Crisanto Pérez'. Todo el mundo en Colombia sabe que tratan de decir que era Evaristo Porras y la historia entre este y Lara es muy diferente, y perjudicial para Lara.

En el libro en el que estos ponzoñosos de la serie dicen que se basan dice claramente que Lara no le dio la cara a Galán cuando este quiso hablar del tema, es decir que ese encuentra amigable en el que Lara le da sus explicaciones a Galán NUNCA existió. Además, le recuerdo que Lara se voló la jerarquía de Galán para conseguir el ministerio, ya esos dos venían quebrados.

Lector y juez ¿Usted cree que con una escena así de inocente como el encuentro entre Lara y Porras que mostraron en la serie se puede ir al Senado de la República a acusar a un ministro de Justicia? no solamente son cínicos y mentirosos sino también mediocres.

Ese comportamiento que muestran de Lara no es el normal ni lógico de aspirante al Senado aquí en Colombia, y menos en aquellos años, prácticamente 'Crisanto Pérez' le rogaba para que recibiera el dinero. Eso sí es al colmo de las mentiras. Era totalmente lo contrario, los políticos eran, son, los que le rogaban a los a adinerados para que les dieran para sus campañas, literalmente hacían filas. Todo el puto mundo sabe eso.

Lector y juez, Galán sí sabía de los contactos y del encuentro de Lara con unos narcotraficantes, pero no sabía toda la verdad.

Lara le dijo que era para conseguir información para sus denuncias contra los llamados dineros calientes, cosa que es verdad a medias, o sea una mentira doble. También le dijo que le habían ofrecido ayuda económica pero que él la había rechazado.

Lara le mintió a Galán en la cara sobre la aceptación del dinero, tampoco le dijo que era un vecino de zona de él y que no eran desconocidos de un todo, tampoco le dijo que habían llegado a un acuerdo de ayuda mutua, y que no era la primera vez que Porras le daba dinero para sus campañas o que Porras había encabezado alguna vez una lista a la Asamblea departamental del movimiento de Lara en Leticia (Dignidad Liberal). Es totalmente falso que fueran dos extraños que por primera vez hablaban como lo ponen en la serie.

Todos tenían sus planes montados, los de Lara no eran seguir siendo el segundo, que tampoco es cierto que Lara lo fuera, era el cuarto o quinto en jerarquía de ese insípido partido político, hasta este escándalo y el sospechoso, impensable e inadecuado nombramiento como ministro, él no era nadie en la vida nacional. Ya vinos como había aceptado ser parte del gobierno sin consultarlo con los jefes.

Volviendo a la mentirosa y nauseabunda serie, que ya no sé si los que la hicieron son demasiado cínicos o demasiados brutos, porque es solo cuestión de poner el Google ese tema y se despliegan un sin número de artículos verdaderos sobre el particular, es solo cuestión de minutos para que quien los lea se dé cuenta que no se parecen en nada la serie con lo que dicen los reportes de la época.

No es cierto que se dudara de la autenticidad de la grabación o del cheque. Desde el principio se supo de su autenticidad de ambas cosas. Primero Lara lo negó, después no tuvo más que reconocerlo y tratar de dar la explicación del por qué. Cuando las dio se enredó más, tanto se le complicó más la cosa que hay un video del mismo Pablo Escobar llamando a los argumentos del ministro débiles e ingenuos, pues Lara, entre otras mentiras, dijo que él no sabía 18 meses después que ese cheque había sido girado a su nombre, algo imposible para la época y la culpa la asumía atreves de una carta un empleado de su familia en el Huila, un hombre de apellido Bahamón, que oportunamente salió a decir que él había falsificado la firma de Lara en el endoso del cheque; nadie se comió el cuento. En esos años, después del dinero efectivo lo más utilizado eran los cheques.

Según Lara le apareció esa plata en su cuenta y él no se había enterado (20.000 dólares de época)
Todas las mentiras que dijo Lara para defenderse fueron tumbadas. Es por eso que había dos partes del video.

No es cierto que el encuentro se hubiera dado en Florencia, Caquetá, toda Colombia supo que fue en el Hotel Hilton de Bogotá. Un poco más abajo está la fracción del artículo de la revista Semana de la época en donde subrayo en donde dice que fue la reunión. Tanto no fue en Caquetá como quieren engañarnos, que ante lo monumental del escándalo el Hotel Hilton quedó en el fuego cruzado cuando fue requerido por todos para confirmar si el 20 de abril de 1983 Evaristo Porras se había alojado en la *suite* presidencial de aquel hotel.

Salen los sinvergüenzas de la serie con su cara lavada a mentir diciendo que fue a miles de kilómetros, cuando lo hizo en su cara, en el mismo Bogotá.

Tampoco es cierto que fuera en un restaurante al aire libre. Fue en un salón del Hotel Hilton, como ya se sabe. Lara no era tan tonto para ir a recibir a un narcotraficante informante contra Pablo Escobar en un lugar a la vista de todos, ni Lara ni el supuesto informante serían tan idiotas. Eso carece de todo sentido.

Tampoco es cierto que hubiera solo dos personas: Lara y Evaristo Porras. Había un tercero:

REVISTA SEMANA: SE PRENDIO LA MECHA

En cuanto a la posibilidad de que Porras y Lara Bonilla se hubieran conocido, SEMANA obtuvo la cinta aportada por Ortega al debate (ver transcripción), en la cual se sustenta su acusación. A pesar de que ésta, por haber sido grabada clandestinamente y tener ruidos ambientales, no es nítida, <u>alcanza a revelar una voz que parece ser la de Lara en una conversación cuya espontaneidad y fluidez hacen difícil presumir su falsedad</u>.

La conversación registrada en la cinta se hizo en presencia de una <u>tercera persona</u>, un comerciante antioqueño identificado en el debate con el nombre de <u>Gilberto Molina</u>, quien corrobora la realización de la reunión. Sin embargo, *este testigo, entrevistado por Semana, agrega un elemento de suma gravedad que no consta en las transcripciones de la cinta. <u>Según él en la reunión se llevó a cabo la transacción del millón de pesos</u>. Aun cuando la grabación está llena de vacíos por interferencias de sonidos, el sentido general de la conversación permite deducir que en ese momento no hubo movimiento de dinero.*

Estos es solo una muestra de lo que hay sobre ese tema. Vaya analizando para que vea quienes son los mentirosos. No es cierto que Lara en la reunión estuviera tomando agua. Incluso uno de los argumentos que utilizaron los medios de comunicación para defender lo indefendible era que Lara no pudo haber pedido un vodka con tomate y pimienta porque sufría de *gota* y esa bebida era perjudicial para él.

Ahora que lea la transcripción usted verá que el pidió vodka y no agua como lo ponen en la serie para vendérnoslo como una persona disciplinada. Además, todo el mundo sabía que Lara era rumbero, bebedor, mujeriego y según consumidor de cocaína —hay testimonios que dejan ver que lo hizo ese día con Evaristo Porras, que también era consumidor de cocaína—, que por eso sugieren sus defensores que lo eligieron a él para "entrampar" y no a Galán. Pablo Escobar y Gustavo Gaviria no tomaban licor en la vida real y los manipuladores de la serie no pierden oportunidad de ponerlos con licor en sus manos, el mundo al revés. Ahora pretenden venderlo como hombre que solo bebía agua. Cínicos e irrespetuosos los que hicieron esta porquería de serie.

Esto es lo que pasó realmente:

REVISTA SEMANA: SE PRENDIÓ LA MECHA.
LAS REVELACIONES DEL CASSETTE

SEMANA reproduce el contenido de la cinta presentada como aporte en el debate sobre los dineros calientes contra el ministro Lara Bonilla.

Lara*: Consígame un vodka con...tomate y pimienta.*

Porras*: Y a mí dos cafecitos. Y hacedme un favor. Consígueme una llamada a Medellín.*
¿No me han llamado todavía de la oficina? (se escuchan voces)

L: Nosotros nos conocimos en el año 78. . . 77. Yo fui a Leticia en el 78. (Conversación confusa)

P: ¿Y ha vuelto?

L: No... Me vi con unos muchachos el año pasado y no más.

P: Está desvinculado completamente del Amazonas usted.

L: El problema más jodido es ese. Yo tengo todos los fines de semana comprometidos. Unos en Bogotá, otros en el Huila...

P: ¿Cuántos senadores tiene el Huila?

L: Somos tres liberales y dos conservadores. Cuatro. (Confuso: sólo se escucha el nombre de Felio Andrade).

P: Vea doctor yo me he enterado por la prensa que usted está empeñado en hacer moralización por el lado de... (confuso) Pablo Escobar es considerado una vaca sagrada.

L: Si, he sabido yo que es la vaca que más caga. ¿Y tiene mucho dinero?

P: (...) Tiene mucha plata. Mucha. Él está apoyando a Santofimio y eso nos está perjudicando, no nos está dejando trabajar.

L: Los perjudica por muchos motivos. En el momento en que Santofimio aparece como promotor de la desaparición o lo que sea de este tratado de extradición con los EE.UU. automáticamente genera opiniones contrarias. (...) La mayor estupidez que comete Escobar es meterse a la política tan abiertamente además de una forma tan descarada, tan... Yo sé que anda comprando concejales en los pueblos (Confuso)... y les dice después en tal parte, yo les pago, y venga pa'cá.

P: A nosotros nos tienen cerrados, comercialmente a nosotros nos tiene ya terminados.

L: Pero él tiene más gente con él, o que...

P: Claro, claro. Ese es un grupo grande, nosotros somos un grupo pequeño. Nosotros tenemos también (...) podemos abrirle un hueco. No con tanto dinero como él, pero también podemos trabajar.

L: ¿Cuántos grupos hay allá en Antioquia que estén por fuera de Pablo Escobar?

P: Los que están con nosotros.

L: ¿Pero fuera de los que están con ustedes, hay algunos otros?

P: No, no. Usted sabe que... (confuso)

L: Ah, pero ustedes tienen un bloque y el otro bloque es el de allá de Pablo Escobar.

P: (confuso)

L: (confuso)... pero a ellos también los jode. ¡Olvídese! Desde el momento mismo en que se meten a la política, automáticamente se exponen a lo que no tienen por qué estar expuestos los que no están en esto. Cuando uno es político todo el mundo tiene derecho de esculcarle a uno la vida de la cabeza a las patas.

P: Si doctor. Yo me retiré de la política totalmente, porque a mí me dieron muy duro cuando me metieron preso.

L: ¿Y dónde estuvo preso?

P: *Estuve preso en Lima.*

L: *¿En el Perú? ¿En qué época?*

P: *Yo estuve preso en 1978.*

L: *¡Ah! Despuesito de que yo estuve en Leticia... (confuso) ¿Y lo agarraron ahí y lo metieron tres años...?*

P: *Tres años. Me torturaron y... (confuso). Yo salí de ahí y me volví a levantar y volví a trabajar y todo...(confuso). Yo no quiero dar la cara...Yo estoy dispuesto y nosotros hicimos una reunión en Medellín y todos a ayudar. Nosotros íbamos a hablar con el doctor Galán, hubo varias citas, pero por el itinerario de él no llegamos a ningún acuerdo. (Confuso) Es mejor trabajar desde afuera. A mí me consultan y me dicen las cosas y yo, pues les colaboro, pero así verbalmente. Pero yo no me paro a invitar a la gente a votar o a lanzarme al concejo.*

L: *Muy buena cosa. ¿Y entonces, en qué planes anda Escobar?*

P: *El plan es que anda aliado con ese señor Santofimio, y estamos jodidos, mejor dicho.*

L: *Pero ¿cómo los bloquean ellos a ustedes?*

P: *En el mercado. Salimos a vender algo y no hay mercado para nosotros, menos precios... nos tienen bloqueados.*

L: ¿Pero ¿cómo hacen ellos para controlar esa demanda? (confuso... frases sueltas) Es uno de los hombres más millonarios del mundo. ¿En qué tiene invertido? ¿En muchas cosas? ¿Fuera del país? ¿En toda parte?

P: Queríamos contar con un medio para solucionar este problema. Nosotros no podemos ayudarles con mucha plata, porque no tenemos la plata de él, pero si podemos colaborarles.

L: Pero además ustedes pueden darme información que a mí me interesa en materia política. (confuso)

P: Usted nos dice cuál información y nosotros tenemos contactos que nos tienen muy bien informados. (confuso...)

L: En los planes políticos que están planeando, que están pretendiendo hacer, yo creo que lo primero (confuso), el doctor Santofimio no será presidente de este país. En la próxima elección no, en la que sigue menos (confuso). Eso es un consenso que ya llegó a este país, aunque le metan toda la plata que le metan. Si la política se hiciera solamente con plata... (confuso)

P: Como han trabajado en esa vaina de Medellín sin tugurios. Y han recogido y allá los domingos tienen un programa y hacen un programa en el estadio (confuso)

L: ¿Y con esto le quitaron los votos a Guerra? ¿Todos o qué?

P: *Claro, es que vea las obras que está haciendo. A ver yo le cuento una de las que está haciendo: es que está iluminando las canchas de fútbol de los barrios y cuando llega él allá eso es todo el mundo encima de él. Bueno es que tienen otra ventaja, es que él llega a una vereda o a cualquier parte que llegue y pregunta. ¿Aquí hace falta una escuela? (confuso) Vez, es que el h. p. ese es echado. Es un tipo de gastarse de 30 a 40 millones de pesos. Si él sale con su gente hoy y sale a una correría y tiene, que gastarse 30 o 40 millones los tiró (confuso)... Mejor dicho, yo creo que Antioquia le pone a él los senadores que le dé la gana. Que no vaya Santofimio a la presidencia es una cosa. Pero que le pone los senadores y los representantes que quiera. Él se los pone.*

L: *¿Por qué no sacó más votos en la elección pasada?*

P: *Porque estaba empezando... (Confuso) Y es ahora que está haciendo campaña. Él está saliendo todos los fines de semana a todas partes. Y él llega a una vereda, llega a un pueblo. Llega a Recuerdo o se va, por ejemplo, para Santuario, ¿y qué hace falta aquí? Que vea, que don Pablo, que necesitamos que nos regale una plática para la junta de acción comunal (confuso). No es el que puede decir en la Cámara voy a ver si les saco esta partida, nada de eso (confuso) Aquí tiene la plata. Lo está demostrando con hechos. Es verraco. Si usted va a Medellín se da cuenta de lo que le estoy diciendo yo. Es un putas, es un putas, hay que reconocerlo. Ese (contuso) hace mucho rato. Si ese hombre no se ha tirado 500 millones de dólares no se ha tirado nada.*

L: Ay jue'madre (riéndose) 500 millones... (Contuso) Estoy litigando.

P: Pero es que es mucha la plata que este hombre ha regalado. Escuelas, ha regalado... (contuso).

L: (Se oyen palabras sueltas como San Vicente, pero no se entiende nada).

P: No, no se preocupe. Yo no... (confuso hablan en voz baja) . . .

L: En las "cosas del día" comentan la noticia del "Robín Hood" y eso está ahí. (contuso)

P: Pues doctor usted verá. Yo le colaboré a usted con votación y con campaña y ahora no lo puedo hacer. Pero cualquier cosa que haya que hacer, si tiene que irse usted (confuso) no le digo que le pongo (confuso) a disposición. Porque no conviene. Pero a la hora que usted quiera trasladarse o hacer cualquier visita o cualquier cosa cuente conmigo (confuso) y económicamente, si tiene algo pensado.

L: Muy amable.

P: Lo que queremos es empezar a ver cómo es (confuso).

L: A ver cómo destapo esta cosa. No hay que jugar con ilusiones. Usted o alguien le está diciendo a la gente esto va a ser, esto va a ser, tan pronto lo vean que no lo hizo... *(confuso)*

P: *Ya ustedes se están movilizando.*

L: *Sí nosotros nos estamos moviendo por todas partes...(confuso) Estamos muy mal de plata estamos sumamente pobres, a nosotros nos toca hacer política (confuso) este es un movimiento que vive más con déficit que con activos... Esa es la verdad de lo que pasa. Ahora (confuso) yo viajo con alguna frecuencia a Medellín, tenía precisamente una conferencia el lunes, pero no voy a ir.*

P: *Si ahora están haciendo campaña y están un poco mal de plata, yo les puedo facilitar, (contuso) y cuente conmigo doctor, que yo, como digo, no tengo la misma solvencia de este señor Escobar.*

L: *(carcajada) Oiga, ¿Cómo hizo Escobar para montar semejante imperio?*

P: *Ha tenido suerte.*

L: *Pero ¿cómo hizo? ¿Cómo logró recoger a los demás? (confuso) ¿Cómo hizo para recoger ese negocio, porque eso estaba repartido entre mucha gente? ¿Cómo hace el pisco para él quedar con toda esa vaina (confuso), porque él tuvo que empezar como los demás, comenzar de nada (confuso)*

P: ¿Usted se dio cuenta del comentario que hicieron en la revista Selecciones? ¿Que sacaron a Alfredo Gómez y a él entre los seis hombres más ricos del mundo?

L: ¿Y Alfredo Gómez también con mucha plata?

P: No tenía la centésima parte de lo que tiene Pablo Escobar.

L: ¡No! ¡Carajo! yo sabía que era muchísima la plata del tipo, pero eso de tener (confuso), no se sabe si mil o cinco mil millones eso me parece...

P: Tiene una hacienda que sus amigos dicen que tiene un zoológico privado (confuso), rinocerontes (confuso). Imagínese usted la plata que ese hombre debe tener cuando tienen hipopótamos. Es el único hombre en Colombia que tiene 10 jets (confuso).

L: No ¡carajo! ¿Y él fue el que provocó la reunión última para discutir lo de la ley de extradición?

P: Sí, se han hecho varias reuniones de eso.

L: (confuso) ¿Pero Pablo Escobar no aparece requerido?

P: No, no, no. Ese hombre tiene todo arreglado, ese no tiene problema en los Estados Unidos, ni en ninguna parte del mundo. Tiene una hoja de vida totalmente limpia.

L: No ¡carajo! (confuso)

P: ¿Tiene por ahí una tarjetica?

L: Bueno Evaristo (dirigiéndose a otra persona) ¿Cuál es su nombre? (confuso) (hablan en voz baja)

L: ¿Cuénteme una cosa, no es muy azarosa la vida de ustedes?

P: No, ¡qué va! tenemos problemas como todo el mundo (contuso) que han llegado a cierto "status".

L: ¿Pero dentro de las mismas organizaciones?

P: No, cada uno trabaja muy independiente ya. (confuso)
L: ¿Y no se ha caído mucho el mercado?

P: A nosotros se nos ha caído mucho.

L: ¿Pero para todos no? P: (no se entiende)

L: ¿Muchos golpes en Estados Unidos?

P: Si, muchos golpes, muchos golpes. A nosotros nos ha ido relativamente bien.

L: ¡Carajo! Siempre tiene sus bemoles.

P: Lo que nunca nos soñamos era que la política nos iba a afectar a nosotros.

L: (carcajada) ¿Los ha afectado? ¿cómo? (confuso). (Se oyen frases como "Ahí está mi teléfono", "cualquier cosa", "yo no le pongo aviones a disposición porque no le *convienen, pero cualquier cosa que se le ofrezca, lo que necesite doctor, en lo que nosotros podamos colaborarle"*)

L: Esto, esto (contuso)

P: Eso es una sociedad comandita que tengo yo. (confuso)

L: ¡Ah! Esto es una sociedad para moverse uno con bienes raíces.

Bueno, mira, lo que pasa es que no soy tesorero de campaña. Cuando se trata de dineros (confuso) hay que hacerlos llegar (confuso) Cuénteme una cosa, el problema, por ejemplo, en este momento, (contuso)

P: Lo que pasa es que... (no se entiende)

L: No, ¡carajo! (no se entiende) Es que yo sabía, yo me encontré un amigo en Nueva York ahora en diciembre... que había un colombiano que era el que controlaba y era el que manejaba todas las vainas. (no se entiende)

L: ¿Pero por qué es que se ha caído el precio internacional y la demanda?

P: (No se entiende)»

Sin saber yo quienes al final leerán estas líneas, desde el primer momento he tenido respeto por todos los potenciales lectores. Por eso le pido que relea bien los dos diálogos y vea como los que hicieron esta serie, contrario a mí, han pretendido burlarse de la inteligencia de los que vimos esa serie ilusionados con estar viendo la historia verdadera de Pablo Escobar, la historia de Colombia.

Usted puede ver que Lara sí era culpable de lo que se le acusaba. Y no es como tratan de manipularlo burdamente en la serie de que todo era un montaje.

Tratare de construir un libro histórico para analizar más a fondo todo el dialogo entre Lara y Porras, porque hay más material, para ponerlo en las circunstancias de modo y lugar en que se dieron.

Los medios de comunicación de Bogotá se confabularon para respaldar a Lara —de su bando— y atacar a los que habían denunciado las andanzas de aquel funcionario "publico".

Se inventaron montajes e hicieron pactos de silencio. Hubo un solo medio de comunicación, llamado El Espacio, que se portó serio y dio a conocer al mundo lo que estaban haciendo para sostener a una persona que ya no era indicada para estar en tal alto cargo.

En vez de darle un premio a aquel periodista (paisano de Lara, subdirector y director encargado en el momento de los hechos) por su valor ciudadano, lo matonearon hasta el día de su muerte, llamándolo auxiliador o mandadero de los narcotraficantes, solo por reusarse a participar en el complot que armaron para sostener a Lara en el cargo después de que quedó al descubierto. Incluso, todo el material probatorio en contra de Lara que publicó este señor en su momento fue desparecido "misteriosamente". Y así nos venden que Pablo Escobar es el malo y los niños ricos de Bogotá los buenos.

Muchos periodistas rasos no estaban de acuerdo con lo que estaban haciendo sus directrices, pero los jefes no estaban dispuestos a tolerar opiniones distintas. No solo los echaban, sino que los estampaban de por vida como aliados de los narcotraficantes, algo así de perverso como el que no está conmigo está contra mí.

Quien no atacara a Pablo Escobar —aún contra su voluntad— automáticamente era enemigo del resto del gremio y como enemigo lo trataban, principalmente Guillermo Cano desde El Espectador su pequeño imperio del que él era el emperador.

El lector y juez debería repasar bien los diálogos y notar que Evaristo Porras y Lara ya se conocían desde 1978 y, que Evaristo Porras había sido político también (fue concejal de Leticia), y que le había hecho campaña a Lara, al Nuevo Liberalismo. Más aún, testigos importantes de la época afirman que Porras figuraba personalmente como aspirante a la Asamblea Departamental de Amazonas en la lista del Movimiento de Lara en ese departamento. Eso que ponen los mañosos de la serie de qué Porras era un admirador de Lara que lo quería conocer es totalmente falso. También puede ver que no fue al aire libre, que no estaban los dos solos, que Lara sí sabía con quién hablaba y no fue que Porras le mintió o le rogó para que aceptara el dinero. Quien va a grabar una conversación a escondidas no lo hace al aire libre, en donde el sonido del ambiente lo haría muy dificultoso, súmele a eso la precaria tecnología de la época. Puede usted notar que Lara aparte del dinero que dicen que recibió ese día estaba haciendo una alianza en donde la ganancia de sus socios —un cartel de Medellín pequeño— era sacar a Pablo Escobar del negocio. Esto era abril 20 del 1983. Los ataques que desde entonces hizo Rodrigo Lara al narcotráfico, es decir solo a Pablo Escobar, y su tan cacareada supuesta lucha frontal contra el narcotráfico era una cortina de humo para favorecer en el negocio del narcotráfico al grupo minoritario que representaba Evaristo Porras, su patrocinador, como lo dice en la grabación que transcribieron.

El tan cacareado debate sobre dineros calientes que se le devolvió a Lara como un bumerán no era ninguna lucha frontal contra el narcotráfico, era la ejecución de su alianza con esos narcos pequeños de Medellín.

Lector y juez, ellos eran viejos amigos, se hablaban con familiaridad y no había nada de políticamente correcto en esa charla, era un Rodrigo Lara y un Evaristo Porras muy desabrochados (Lara se refiere a Pablo Escobar como *la vaca que más caga*). Y fue una larga charla, no de un minuto como el que pasaron en la serie, que si fuera algo dañino para Pablo Escobar lo hubiesen extendido, pero para perjudicarlo más. Lara atacó a Pablo Escobar, no al narcotráfico, por el compromiso de beneficio mutuo que había hecho con Evaristo Porras; además, de la rivalidad política con el Nuevo Liberalismo.

Había carteles en la Costa, el Pacífico, en Cali, en Bogotá, en Caquetá, en Pereira, en el Valle…, y otros miles de narcos a granel regados por el país, otros tantos independientes en Medellín y sus alrededores ¿Por qué especialmente Lara buscaba la caída de Pablo Escobar, uno entre miles, si según él luchaba era contra el narcotráfico en general? ¿Cree que es casualidad que sea el mismo que tenía comercialmente bloqueado a Evaristo Porras, quien le dio 20.000 dólares?

Además, el lector y juez puede ver en el dialogo real las obras que hacía Pablo Escobar, como se había gastado, según Evaristo Porras, 500 millones de dólares —unos 5.000 millones hoy— en ayuda a los más necesitados de su departamento y, que lo estaba haciendo después de elecciones, que eso no lo hace **NADIE** en este planeta. Pasadas las elecciones todos recogen su circo y se marchan. A eso era lo que le temían. Pablo Escobar era un titán que venía a pasos agigantados.

Evaristo Porras le da una dimensión real de lo que en verdad era la figura de Pablo El Grande en Antioquia y lo que sería en corto tiempo en Colombia, de allí usted puede deducir porque lo atacaron Galán, Lara, Cano y los otros *cachacos* de élite. Usted allí lo oye hablar de gastarse la plata en ayudas a la comunidad, en salir todos los fines de semana a una vereda o pueblo distinto y ofrecer su ayuda en obras que les mejoraría la vida a esas personas. Usted **NO** lo oye decir que van a salir a matar a nadie, a poner bombas o a secuestrar a alguien. Eso NO estaba en los planes de Pablo Escobar ni de su gente.

Un día el dinero, la gente y la voluntad que se utilizaba para obras cívicas y comunitaria se usaran para defenderse, ya sea matando, poniendo bombas o secuestrando. A eso lo van a obligar, pero usted puede ver que esa no eran sus intenciones. Esos 500 millones de dólares que se gastaban en obras sociales se gastarán en la guerra iniciada por la envidia de Lara, Galán y Cano entre muchos otros privilegiados de Colombia.

Hablan Lara y Porras del artículo el ROBÍN HOOD PAISA. Siempre se ha mencionado que el peor error de Pablo Escobar fue entrar a la política, pero eso no es del todo cierto.

La publicación del artículo UN ROBÍN HOOD PAISA y previo a un reportaje a Pablo Escobar hecho para la televisión nacional por Virginia Vallejo, desde el basurero donde sobrevivían los beneficiarios y el terreno en donde se construía el proyecto de viviendas Medellín sin Tugurios, fue el paroxismo del pánico de la clase pudiente de Bogotá, los puso en alerta máxima, dispuestos a hacer cualquier cosa con tal de acabar con la avasalladora simpatía con que venía la figura política de Pablo Escobar; un hombre excepcional que en poco tiempo sería un seguro presidente.

Puede usted ver como para la misma fecha en que Pablo Escobar hacía eventos para recoger fondos para construcción de viviendas para unos zarrapastrosos, Lara hacía alianzas con unos narcotraficantes para empezar una guerra sucia contra quien los estaba dejando rezagados en la carrera política. En vez de competir con obras sociales cívicas también.

Lector y juez una década después, finales del 1993, principios del 94, para elecciones presidenciales de ese año, por enésima vez estallaba un escándalo de políticos que en público hablaban mal de los narcotraficantes y en privado le recibían dinero, como Lara. En esta ocasión además de congresistas o ministros como Lara, fue envuelto en el escándalo el mismo candidato presidencial, quien había resultado electo. Quien recuerde sobre ese tema, perfecto, quien no, que se lea todo lo que pueda sobre el llamado *Proceso 8000*. Es un tema muy extenso y tienes muchos libros escritos sobre el mismo.

Al final de aquella historia prácticamente todos los que participaron en ese trato fueron reconociendo que sí sabían lo que se estaba haciendo y que el presidente, entonces candidato, también. Esto incluye al tesorero de su campaña y luego ministro de Defensa: Fernando Botero Zea, uña y mugre con él. Ese ministro estuvo preso, pagó su condena y se fue avergonzado del país, si lo hubiesen sacrificado como a Lara hoy nos estuvieran metiendo gato por liebre como a Lara. ¿Sabe por qué ese ministro sí se cayó? Porque la prensa, peleándose la pauta publicitaria, estaba dividida, a unos les convenía la caída de Samper y a otros no, Samper le había ganado a Andrés Pastrana una familia oligarca y dueños de medios de comunicación, en cambio en el caso de Pablo Escobar estaban todos contra él.

Si Guillermo Cano hubiese estado vivo entonces, seguramente hubiera defendido a Samper y a Botero, porque él era bueno defendiendo bandidos de cuello blanco, como Lara.

Aunque todos los testigos dijeron que Samper sí sabía, puso su boca dura y no lo pudieron tumbar del cargo, ni fue condenado por ello. No existía un audio, ni un video, ni un cheque girado a título personal como en el caso de Lara Bonilla, y muchos de los periodistas que sostuvieron a Lara promovieron por cielo y tierra la caiga de dicho presidente, entre ellos María Jimena Duzán, *La Víbora*, quien en la serie llaman Niki Polanía, y que para el 1994 ya tenía otras amistades políticas.

Lara con video, audio, cheque, testigo y confesión, no se cayó.

Nos están vendiendo a través de esta porquería de serie desde Bogotá que eso fue mentira, que fue un montaje, aun con audios, video, testigos, cheque y aceptación de Lara de los hechos. ¿Qué mentiras más crueles no nos dirían si no existiera ninguna de esas pruebas? Menos mal a Porras se le dio por grabar a este político que de seguro lo iba negar todo, como lo hizo, pero no contaba con las pruebas irrefutables. Pruebas que, al NO poder ser refutadas, es cambiada totalmente la historia como lo están haciendo los malparidos de esta serie, que se creen los dueños del suelo que con nuestro sudor mantenemos todos.

En tiempo récord usted verá como Rodrigo Lara en un par de meses después de ser pillado en asociación con los narcotraficantes, asesta, según él y sus políticos aliados, los más duros golpes contra el narcotráfico en más de cuarenta años que llevaba aquel de ser tipificado como un delito. Y Samper en su momento capturará a toda la cúpula del cartel de Cali, sus patrocinadores, en pocos meses, cuando llevaban casi dos décadas de estar operando sin una sola orden de captura. Ridiculeces de políticos y periodistas.

En ambos casos hay un factor común: los pillaron con las manos en la masa y se vieron obligados a dar resultados, con falsos positivos, para demostrar lo contrario.

Vea lo que es la justicia y la prensa de Colombia, el país en el que tuvo la desgracia de nacer Pablo El Grande. Lector y juez diga si Pablo Escobar es el malo de esta historia.

Concluyamos en que la historia entre Evaristo Porras y Lara NO pasó, ni en lo más mínimo, como la montaron en la serie. Si no pasó en la vida real como lo muestran en la serie, ni dice eso en el libro en que se basan ¿Por qué mienten?

Cada mentira le otorga la razón a Pablo Escobar, porque deja al descubierto que si necesitan corregir la historia apunta de serie es porque en la historia real no hicieron lo correcto. Pablo Escobar era la víctima en esto.

Para cerrar esta parte, le digo que Evaristo Porras fue sorprendido en el año 1993, una década exacta después, reunido y financiando candidatos al Senado.

Lo hizo antes de Lara, lo hizo con Lara y lo hizo después de Lara.

Lo de Lara no fue una celada como torpemente lo venden, era una costumbre o un negocio de Evaristo Porras, político primero y después patrocinar campañas políticas.

Aquí está la prueba:

EL TIEMPO: DETENCIÓN A EVARISTO PORRAS

El nombre de Porras Ardila se dio a conocer en los medios de comunicación en 1993. En plena campaña presidencial, el fiscal ético del Liberalismo, Jorge Valencia Jaramillo, expulsó a los políticos Rodrigo Turbay Cote y Jorge Eduardo Gechem por haber participado en una reunión política en la que estaba presente Porras Ardila.

La hipocresía y doble moral de los políticos como Lara y Galán. En el artículo de prensa vemos como expulsaron a dos miembros del partido Liberal por estar cerca de Evaristo Porras, un narcotraficante. un año más delante de la expulsión en mención se supo que todo el Partido Liberal había recibido 15 millones de dólares del cartel de Cali. ¿Por qué no se expulsaron todos?

A Lara lo sostuvieron en el ministerio después de haberle recibido dinero en varias ocasiones y apoyo electoral de la misma persona.

Frente a un enemigo como los despreciables políticos, el malo no puede ser Pablo Escobar.

Evaristo Porras tenía constancia de sus aportes a la campaña de Lara Bonilla y de otros políticos, entre esos del mismo Belisario Betancur, presidente en ejercicio, como seguro. Él no era el único que tomaba aquellas precauciones básicas con los políticos, todos sabemos que son unos en campaña y otros cuando ya están en los cargos.

Es precisamente esa actitud de hipocresía de los políticos la que nos tiene preguntándonos aún hoy por qué Porras hizo saber que tenía esas pruebas. ¿Le habrá incumplido Lara Bonilla en algo? o ¿Quiso ganar puntos comerciales con Pablo Escobar y le hizo ese regalo?

Ahora bien, lector y juez, otra arista de este suceso de Lara es que aquello no era un problema legal para él muy complicado, como lo fue para Samper y su gente o como lo sería hoy. Le recuerdo que el narcotráfico no era ese gran "monstruo" que nos han pintado hoy. Aquello era más un problema moral y político.

Mucha gente ha ido a prisión por menos plata y con menos prueba. Hoy a esa conducta de Lara se le cataloga como Enriquecimiento Ilícito:

"El que de manera directa o por interpuesta persona obtenga para sí o para otro incremento patrimonial <u>no justificado</u> derivado, en una u otra forma, de actividades delictivas, incurrirá, por ese sólo hecho, en prisión de cinco (5) a diez (10) años y multa equivalente al valor del incremento ilícito logrado".

Esta ley está vigente y comenzó a regir desde 1989, 5 años después de la muerte de Lara.

No así es el caso con los Estados Unidos, en donde del mismo suceso se desprendía un delito más grave aún y otro reseñado dentro de los válidos para requerir en extradición:
A Lara un juez norteamericano lo pudo acusar de Conspiración para introducir cocaína a los Estados Unidos, técnicamente lo mismo por lo que un día será requerido Pablo Escobar o por lo que fue extraditado Carlos Lehder. Mire:

HISTORIA DEL CARTEL DE CALI: CAMILO CHAPARRO.

"Pero Estados Unidos no se conformó con esta petición. El 11 de julio de 1996 el vocero del Departamento de Estado, Nicholas Burn, anunció que su gobierno había cancelado la visa del presidente Ernesto Samper, entre otras razones, por haber <u>"ayudado y sido cómplice conscientemente del tráfico ilegal de narcótico"</u>

A Lara no lo jodieron los americanos porque no les convenía, así de sencillo, lo demás son payasadas de los títeres de los medios de comunicación.

13. Receptación o transporte de dinero, valores u otros bienes, a sabiendas de que han sido obtenidos ilícitamente.

Este es uno de los delitos descritos en el "Tratado" de Extradición.
Lara recibió ese dinero consiente de su procedencia, por lo tanto, era propenso a ser pedido en extradición, por estrategia no lo hicieron, pero eso no quita la verdad en el fondo.

Daría esta y vida y la otra por verles la cara o escuchar las sandeces que dirían LOS EXTRADITADORES, si obrando en justicia y no en política, Lara hubiese sido extraditado y condenado por sus crímenes.

Esta historia continúa ….

Nota extra: Hoy — 4 de mayo de 2021— tuve que reabrir el archivo a publicar para incluir el ISBN. Aprovecho para decirles que van 7 días de un Paro Nacional agresivo. Desde el segundo día las masas comenzaron a tumbar las estatuas de los conquistadores españoles y las de Misael Pastrana.
Además de irse contra los grandes medios de comunicación.

La gente está harta de ellos, porque saben que son los verdaderos malos, nunca lo fue Pablo Escobar.

Ingram Content Group UK Ltd.
Milton Keynes UK
UKHW011836050723
424611UK00001B/176